中山大学青年法律评论

第1卷

《中山大学青年法律评论》编辑部　组编

执行主编　黄蔚菁

法律出版社

LAW PRESS · CHINA

目　录

卷首语

读书·思考·表达

——写在《中山大学青年法律评论》创办之际

黄　瑶

读书、思考、表达，是学问进步的三个环节，三者相辅相成。“人之立身，不可以无学”，读书是思考的基础和原料，“不学无以思”。学习的主要方式是读书或阅读，思考是读书的方向和指针。“学而不思则罔，思而不学则殆。”“勤学多思”“好学深思”，这是学问进步的不二法则。然而，要有更大的学问，唯有学与思还不够，还应把学与思的心得转化为表达。表达的过程就是检视读书、矫正思考的过程，通过表达方知“学有不足不广，思有不周不深”。可以说，表达是读书、思考的进一步提升和深化。在求学问道中，表达是最重要的一环。

对于法学院学生而言，读书是应有之义，思考也早已是学生生活的一部分，唯独欠缺的就是表达。相较于其他学科，法学也许是最需要表达的专业。无论是法庭上的唇枪舌剑，还是法庭下的法律文书，都需要精准到位的表达。善于表达、精于表达，应成为法学生不可或缺的技能。客观地讲，不少在校的法学生不够重视表达，特别是书面表达。换句话说，他们不够重视培养和提高写文章做论文的能力。“学而不著”“思而不著”，何来体现你的知识、学问和思想？学问和思想只有表达出来，方可为人们所认知。

《中山大学青年法律评论》是中山大学法学院为青年学子们搭建的表达思想、交流学问、展现观察与思考结果的平台。这是一本完全由中大法学院学生独立创办、独立运行的法学学术连续出版物。本评论面向国内外的优秀大学生征稿。青年学生具有丰富的想象力、敏锐的观察力、大胆的创造力和对新事物的高度敏感。他们不守成、不守旧，善于创新、敢于挑战、勇于尝试，有一种“初生牛犊不怕虎”的精神。他们具有的优秀学习能力、研究能力，特别是良好的外语能力和通过网络快速搜索学术资料的能力，使其在学术研究领域屡屡创新。近些年，中大法学院学生(包括本科生)参加全国或全省学术年会提交的论文频频获奖，作为从事法学教学和科研的老师，我们乐见其成，也十分愿意尽己所能助其成功。

青年学生是法学发展、法治建设的未来和希望，我们衷心希望他们在读期间以追求学问、研究学术为要务，多关注现实问题，常探索理论前沿，在学与思的基础上，勤于表达自己对法学的所思所想，提笔撰写有理有据、有真知灼见的文章。

“合抱之木，生于毫末。”《中山大学青年法律评论》只是一株刚萌芽的幼苗，衷心祝愿这棵幼苗在同学们的精心养护下，能长成参天大树，并结出累累硕果！

互联网法治的多维图景

共享困境：网约车监管法治化的现实难题与解决路径*

芮容容　黎子仪　何思萌　万稷丞　颜诚毅**

摘要：

作为一种名义上的共享经济平台业务，网约车服务在便捷人们生活的同时，其立法监管问题引起广泛关注。本文通过实地调研了解到，在中央下发网约车监管政策后，由于地方情况各异且缺乏监管理论指导，地方立法程度低、执法难度高的现实问题接踵而来，网约车监管法治化不尽如人意。本文通过分析共享经济的监管规定厘清当前共享经济治理困境，以法经济学的视角分析困境，认为上下级政府之间立法控制不当、信息获取能力低下是其产生根源。解决上述问题，需要重新定义"共享"法律含义、贯彻比例原则与披露原则，这也是寻求"后互联网+"时期共享经济监管的必要途径。

关键词：

共享经济；网约车；法经济学；平台监管

共享经济可被界定为一种通过新兴技术平台分享住房、汽车、技能和生产能力等闲置资源、在满足社会需求的同时提高社会资源利用率的绿色发展模式，常用于描述涉及网络交易的社会活动。本文以共享经济模式下的交通新业态及其引发的问题为主要研究对象，第一部分介绍共享经济产业监管理论研究与现实难题；第二部分从法经济学视角分析政府对共享经济平台的监管困境，

---

* 本文系中山大学2016年第二批大学生创新训练计划省级项目的阶段性研究成果。

** 芮容容，中山大学法学院2015级法学本科生；黎子仪，中山大学法学院2014级法学本科生；何思萌，中山大学法学院2015级法学本科生；万稷丞，中山大学法学院2015级法学本科生；颜诚毅，吉首大学法学与公共管理学院与中山大学法学院联合培养本科生。

由此探索平台治理问题的突破点;第三部分结合重新界定“共享”含义并探讨如何分配政府制衡比例,以期为共享经济发展提出建设性解决方案。

一、共享经济与网约车监管现状

(一)文本中的共享经济规制理论

1. 规制共享经济的必要性

以交通出行为例,共享经济模式下的顺风车服务不仅能满足市场的多元化需求,还推动了社会优化资源配置。而其他如专车服务这样近似出租车业态的运行,究竟是由市场调节,还是要通过构建监管框架来规制,则需进一步探讨。

从法律层面来看,我国行政许可法对政府和市场的活动边界作了原则性界定,其中第12条、第13条的规定体现了有限政府的理念,目的是在程度和范围上减少政府干预,让市场在资源配置中发挥更大的作用。但是,市场化改革并不意味着完全取消政府职能,政府仍需承担经济调节、市场监管、社会管理和公共服务的职能。从经济学角度来看,在讨论网约车规制的必要性时,有必要探索网约车运营是否存在一些标志着“市场失灵”的情况。

一方面,在早晚打车难的高峰期,网络出行平台公司往往会采用奖励、补贴或动态调价等手段来刺激网约车司机接单运营,这就使得城市在高峰期内的交通拥堵情况更为严重。在《2015年度中国主要城市交通分析报告》中,高德公司通过交通大数据揭示出,相较于非运营车辆,运营车日均出行里程对道路的占有率是非运营车辆的5~10倍,由此分析出互联网打车软件改变了人们主要靠公交出行的传统方式,网约车在不同程度上加重了城市的拥堵状态。由于道路资源始终是稀缺的,而网约车的运行有一定的负外部性,不受限制的接入很有可能降低高峰时段城市道路的通行效率,而在低谷时段则会增加空驶或导致运价的恶性竞争。[1] 从环境角度来看,有国外学者认为汽车共享会通过增加汽车的易用性来提高尾气排放。[2] 其实网约车的运营在减少新车使用和行程之

---

〔1〕 参见《2015年度中国主要城市交通分析报告》,载中国网:http://union.china.com.cn/cmdt/txt,最后访问日期:2017年4月1日。

〔2〕 Schor J, Debating the Sharing Economy: Proc. of the International Conference on eCommerce[Z]. 2014:11, pp. 322-326.

时,也会因为其使用成本低、便捷性高等优势而激发人们对网约车的更多需求,那么行驶里程和新车的使用又会增加。

另一方面,网约车平台公司为抢占市场,争相降低车价,采取高额的奖励,甚至使用风投融资。平台提供的补贴和奖励使得网约车的价格远低于出租车,这种没有正当理由以低于成本价的价格来服务的现象其实构成不正当竞争,持续的冲击或许会导致出租车运营体系面临崩溃的状态,如何规制其滥用市场支配地位的行为是很重要的问题。

可见,网约车运营过程中,当市场竞争机制因负外部性或特定主体处于垄断地位而调节失灵时,政府的规制就具有了必要性。

2. 共享经济规制措施的制定权限问题

共享经济模式下的产品种类有很多,以交通新业态为例,网约车服务基本上在城市的范围内,因此有学者认为其相关问题应属地方管理范围,其立法也属于地方性事务,网约车的运营规制应由地方先行立法。甚至认为,交通运输部制定规章就会使地方试点失去空间。[3] 也有论者主张,即使进行中央立法,也应当由国务院制定行政法规。还有论者认为,交通运输部制定的《网络预约出租汽车经营服务管理暂行办法》(以下简称《暂行办法》),是设定网络预约出租车许可,而国务院部门规章无权设定许可。[4]

关于中央地方立法权限的问题,我国宪法第3条第4款有所规定:"中央和地方的国家机构职权的划分,遵循在中央的统一领导下,充分发挥地方的主动性、积极性的原则。"此外,据《中华人民共和国立法法释义》第64条可知:"地方性法规可以就下列事项作出规定:(一)为执行法律、行政法规的规定,需要根据本行政区域的实际情况作具体规定的事项;(二)属于地方性事务需要制定地方性法规的事项。"[5]可见,在立法权限划分的问题上,其实没有地方专属立法事项的划分,因此从形式合法性来说,没有哪个具体事务是专属于地方的,也没有中央立法不能进入的领域。然而,如果中央国家机构在不需要其作统一规定的

---

[3] 参见顾大松:《"专车"立法刍议》,载《行政法学研究》2016年第2期。

[4] 参见张效羽:《互联网租约车规章立法中若干法律问题分析》,载《行政法学研究》2016年第2期。

[5] 全国人大常委会法制工作委员会主编:《中华人民共和国立法法释义》,法律出版社2015年版。

事务上强加规定,将不利于地方因地制宜治理社会问题,也会在一定程度上阻碍地方处理事务的积极性和主动性。

3. 共享经济的规制原则和方法

从行政法角度来看,规制者的活动一方面要遵守职权法定原则,另一方面又要坚持比例原则,行政主体自由裁量权应受限制,其监管模式和手段应具备合理性。此外,规制模式的选择在很大程度上取决于政府在新经济模式中的角色。张守文从宏观层面提出:基于资源配置系统中的"二元配置"以及我国突出的行政干预过多的问题,应当强调转变政府职能,简政放权,充分保护市场主体的经济自由权。为此,应加强法律规制,通过转变立法思路、结构和内容,来提升各类主体能力及整体经济治理能力。然而该理论是基于传统经济资源配置模式提出的,对完全产生于市场与技术相融合的共享经济则没有给予充分的认识。此外,现有研究仍然存在宏观与微观分离、理论与实践分离的问题。[6]

当前市场创新面临的最大阻碍在于规制者倾向于凭借现有的规制手段去限制新兴行业的发展,以僵化的态度对待市场创新,难以指望立法或司法机构能迅速纠正有关规制失灵的问题。有学者认为,无论是国务院简政放权、推动行政审批制度改革的原则和要求,还是行政许可法的具体规定,都应尽量减少市场的准入管制,更多通过事中事后监管履行管理职责。[7] 在"大众创业、万众创新"的政策背景之下,规制者不应局限于现有法律所设定的框架,而应以平衡市场创新和潜在风险为目标来探讨规制背后的深层理据。总之,"互联网+"时代下发展的共享经济是市场经济发展中技术推动形成的新经济模式,其为政府监管带来各种各样的新挑战,无论是监管理念和模式,还是具体监管措施的选择和设计仍然有待探索。

(二)现实中的共享经济治理困境

网约车的发展冲击着传统出租车行业,由此引发诸多规制问题,这些现实问题甚至超出了上述理论文本的想象。为了探究新规视野下政府在网约车监管模式上遇到的困境,笔者前往江门市交通局调研,总结出了以下两方面的问题。

1. 行政执法的反馈与难题

笔者在和江门市交通运输局相关官员进行访谈后得知,新政出台后,政府

---

[6] 参见唐清利:《"专车"类共享经济的规制路径》,载《中国法学》2015年第4期。

[7] 参见王静:《中国网约车的监管困境及解决》,载《行政法学研究》2016年第2期。

部门对网约车的执法效果不甚理想,主要体现在执法成本高、效益低和缺乏有效的强制性搜查令等方面。此外,出租车司机和网约车司机对峙、殴打等各类群体性纠纷事件为监管带来了巨大的维稳压力。在执法实践的基础上,交通局执法人员基本认同网约车治理关键在于对平台本身的治理而非简单地认定民事或劳动关系。而目前地方政府只有形式上的约谈,欠缺有效的规制手段,因此无法控制网约车平台在脱离共享经济道路上越走越远的现象。

挣脱了地方行政制约的网约车平台,共享经济成分微乎其微,绝大部分被专车等业务占据。然而专车在本质上就是出租车,是和出租车竞争的、以营利为目的的低端服务业,而非补位出租车的高端出行业务或共享经济范畴。在打压、排挤出租车与私人车辆,扶持自身承包的"专车"以争取更多用户的规模扩张中,渗透在互联网平台公司基因中的对规模化的追求体现得淋漓尽致。当市场份额扩大到乘客和司机都无法选择的时候,共享之色渐渐褪去,一个空前全国垄断的"共享利维坦"将浮出水面。要想治理网约车问题,就必须从垄断性的平台组织下手。

2. 行政立法的缘由与缺憾

交通部于2016年7月出台的《暂行办法》,对于网约车的定性有了重大变化。此前的征求意见稿要求网约车辆的使用性质登记为"出租客运",《暂行办法》则是明确将其登记为"预约出租客运"。两字之差,兼顾了出租客运的性质和新兴业态的特征。

江门市交通局之所以把网约车的资质门槛写进规章里,是因为他们根据《暂行办法》中的上述定性描述,参照出租车运营标准适当放宽,将滴滴等网约车纳入了出租车范围。而之所以纳入出租车范围,是因为网约车现在的业务"已经不是共享经济,与出租车无异,而且还是全国垄断"。

根据中央部委先前制定的征求意见稿,地方政府被赋予了对辖区内网约车业务停业整顿的权力,但在之后出台的正式文件中,这个受权条款消失无踪。这无疑夺去了地方执法的"警棍"。删除的原意可能是"拔掉老虎的牙",避免出现个别地方政府把车辆数量管制和准入审核垄断在手中影响市场效率,导致权力"寻租"的情况。但立法者没想到的是,"拔牙老虎"即将面对的是一头"饥饿的狮子"。

共享经济理想已被扩张逐利的网约车平台逼进了困境。尽管国外学者一再强调政府应当放松监管、与平台组织协作交流,但我们的调查结论是令人诧异的,即当下处于弱势的并非平台公司,而是缺乏行政授权的地方政府。理论文本中描述的监管理论已不足以应对现实的需要。

二、共享困境的法经济学阐释

该部分主要从法经济学视角来分析,可以具体分为两条论证路径:第一条路径是从政府本身的立法控制出发,上下级政府之间立法的权限、时机均存在制约关系,既导致立法市场供应严重短缺,也造成地方政府在与平台的博弈中,缺乏有效的监管"威胁"手段;第二条路径是从网约车平台公司对政府的影响出发,由于政府缺乏数据监管手段,不能准确获取网约车的运营情况,因此来自社会公众的舆论压力,往往成为各级政府立法或制定政策的直接诱致因素,而舆论恰恰是网约车平台公司"俘获"政府的非正式制度力量。

(一)授权的失调:控制立法难以实现目标的根源

1. 地方立法的权限控制

地方立法权限控制不仅是理论界重点关注的问题,而且也是许多当地网约车主管部门的官员最关切的要点。有学者认为,"《关于深化改革推进出租汽车行业健康发展的指导意见》(以下简称《指导意见》)与《暂行办法》实际上给网约车的发展前景留下了巨大的想象空间,为各利益相关方提供了进行博弈的多重可能性"。[8] 相比抽象笼统的立法保留原则、比例原则等,主管部门监管更加强调自身可以得到的立法授权。

所谓地方政府责令停业权,来自2016年7月的《暂行办法》第35条,其规定:"网约车平台公司不再具备线上线下服务能力或者有严重违法行为的,由县级以上出租汽车行政主管部门依据相关法律法规的有关规定责令停业整顿、吊销相关许可证件。"地方政府行使责令停业权的前提较为微妙,仅仅规定为"能力丧失"与"严重违法"。对于前者,可以理解为两个层面:一是不再具有法人格或基础经营能力;二是被剥夺特定业务的经营能力。但此类前提本身就属于对全国性总公司的行政处罚,其触发概率低,对地方网约车平台并没有实质的约束作用。对于后者,本文认为"严重"与"违法"两方面都存在较大的自由裁量空间,就"违法"的"法"而言,鉴于《暂行办法》这一国家部门规章本身就仔细规

〔8〕 蔡乐渭:《网约车新政下的规制博弈空间》,载《领导科学》2017年第8期。

定了几项违法类型,从体系解释的方法来看,在此处将部门规章纳入“法”的范围,并无不妥。对地方政府执法真正重要的是,违反地方性法规与部门规章等究竟是否应当触发地方政府的责令停业权。一方面,从《暂行办法》本身的条款来看,其明确授权、鼓励地方制定相关法规进行治理,逻辑上也理应同意将地方性法规等包括在内,各地“新政”实践也实质上认可了“违法”的“法”包括行政规章;另一方面,也有学者指出,虽然《立法法》第 80 条对增设部门权力、增加公民义务的条款进行了立法保留,但“还应精确区分‘减损权利’和‘以限制权利为手段的规制’之间的关系,否则所有部门规章中的规制性内容均可能面临《立法法》的武断窒息”。[9] 综合以上分析,对《暂行办法》第 35 条的“严重违法”,应当给予“法”以更宽松的界定。

然而真正的问题在于,“地方政府责令停业权”于学理似乎可供实施,于实践却被置空甚至废弃、被认为其“在新的规定中被删除”,其在实践中被压制的事实可见一斑。且不探讨何种政治机制促成了这一后果,至少在全国范围内,目前尚未观察到任何一个地方主管部门尝试过“责令停业整顿”。

这一权力无疑大大增强了地方政府监管网约车业务的执法能动性,但也有可能加剧执法中的地方保护主义。那么,为了避免地方保护主义的消极后果而放弃提升监管效能的积极作用,究竟是否有必要,本文暂持保留意见,原因有三:第一,就补救途径而言,网约车平台遭受地方保护主义性质的执法,可以对执法的具体行政行为连同部门规章、规范性文件制定的抽象行政行为一并提起诉讼;但在平台责任探讨尚十分贫乏的当下,一旦失去责令停业整顿这一实质性的“胁迫”,难以想象地方政府还有何种补救方式,对游走于“灰色地带”的网约车平台予以有效制约。第二,就立法过程而言,监管部门规章一类的文件在正式出台或生效之前,往往会先公布一份“征求意见稿”,而从《暂行办法》2015 年“征求意见稿”到 2016 年正式文件的差别来看,管理原则从原来按照出租车运营“一刀切”到给予地方政府足够多的自由裁量权,学者批评与舆论意见对这一转变起到了相当的推动作用。因此各种明文或潜在的地方保护主义条款,都可能在生效前经历学界与媒体的拷问,并非一定能获得执行。第三,就两者的交互影响而言,一旦如原因一所述,剥夺了地方政府仅有的有效制约基础,那么

[9] 郑毅:《中央与地方立法权关系视角下的网约车立法》,载《当代法学》2017 年第 2 期。

就会形成一种规范贯彻上的“滤过”效应,即使之后制定了更为严格或精确的“良法”,也会被平台“滤过”而作用于网约车服务的用户,造成社会资源的损失。

这里可以利用一个完美信息的子博弈模型说明问题:在第一阶段,政府选择宽松立法或严格立法,所谓的宽松或严格是通过增加平台的违法成本来实现的,但执行严格立法也会增加行政成本;在第二阶段,平台根据政府选择的立法类型来确定自己的回应策略,即规范运营或不规范运营,但值得注意的是,不规范运营虽然会付出较高的违法成本,但此行为本身可以增加市场中的交易单数,平台可以通过适当上调价格来弥补这一损失;在第三阶段,政府根据平台的行为,可以实施“放任”或“制裁”两种手段。倘若地方政府没有责令停业权这种实际上的手段,其“制裁”充其量只能相当于“约谈”,对最终政府与平台的效用没有实质影响。因平台知晓政府缺乏这种制裁,其必定会选择不规范运营,然后上调价格以弥补违法成本。再进一步,因政府知道平台必定会作出不规范运营的抉择,其实行严格立法并贯彻,只能徒增自己的执法成本与社会负担,降低自身效用,因此会选择宽松立法。综合起来看,严格立法执法非但不能降低平台的效用,反而会把平台违法成本转嫁给社会,如同被“过滤”了一样,不能构成政府在博弈中的占优策略。

2. 地方立法的时机控制

对地方立法问题的探讨,立法学和行政法学层面主要集中在立法主体、规范文件中的具体内容等方面,而对立法本身的时机抉择则考虑较少。但在第一部分的实践发现中,有一个十分有趣的现象,即地级市的交通主管部门领导主动“请命”,要率先制定本市的地方性法规,却被省里的领导以“时机不成熟”为由“叫停”之。这种情况表明,无疑为原本就众说纷纭的网约车立法控制问题增加了不少复杂性。

从法经济学视角来看,法律文件作为立法机关或授权行政机关的“产品”,同样遵循着市场的供需原理,然而由于立法成本高、立法者内部存在分歧,法律供应往往严重短缺,对法律的需求得不到满足,因此催生了各种非正式的社会制度。在网约车地方立法的案例中,需求短缺问题因立法层级的分化而愈加明显:较低层级的立法—行政机关,一方面与一线执法部门联系更加紧密,另一方面本身立法成本比较高层级立法机关要低,更倾向于根据实际情况,制定适应社会趋势的规则;但较高层级的立法—行政机关需要考虑其工作的高昂成本,难以灵活制定规则。更严重的是,高层级立法—执法机关可能会“叫停”低层级的规则制定工作,如此一来,原本可以弥补法律市场供应短缺的基层立法又被截断,供应进一步减少,那么较低层级的立法—执法机关就更加难以通过《暂行办法》的授权对网约车平台运营给予有效制约。

(二)制度的压力:被信息不对称俘获的监管

经济学上有一个专门的术语“规制俘获理论”,揭示了企业或利益集团向规制机构支付“价格”,俘获政府,从而使产业内部或产业之间出现进入壁垒的现象。[10] 在2015年10月交通部两份规范文件出台之后,就有学者批判这两份文件是政府被出租车公司“俘获”之后的产物;[11] 而在2016年7月正式的《指导意见》与《管理办法》出台后,社会认同度较高,未见学者或媒体使用“俘获”等术语来描述之。[12] 然而,2016年10月各地开始公布地方“新政”时,类似于2015年交通部文件的严格规制主义又浮上水面,再次受到媒体的质疑。[13] 在“规制俘获”的视角下看,这一系列规则制定过程可以用两种思路看待:第一种思路预设了政府与出租车公司的利益联系,并认为,直接管理市区出租车公司的地方政府,被公司“俘获”的可能性比中央更高,且摆脱“俘获”更加困难。第二种思路则将网约车平台的角色加入“俘获”过程,出租车公司可以俘获政府并获得对其自身有利的监管制度,网约车平台也未尝不可,甚至拥有比出租车公司更强的俘获能力。

第一种思路可能更容易被接受,但它也存在难以克服的逻辑缺陷——其预先排除了同样作为利益团体的网约车平台的俘获能力;第二种思路虽然克服了这一缺陷,但需要回应经验上的对质——网约车平台是如何将政府“俘获”的,而地方政府又为何发布了与交通部意见不一的“新政”。本文认为,网约车平台“俘获”政府的基础是网络时代的信息不对称,渠道则是舆论监管的非正式制度。

按照信息支持模型的理论,“在信息不对称条件下,规制俘获与规制机制或

---

〔10〕 参见李健:《规制俘获理论评述》,载《社会科学管理与评论》2012年第3期。

〔11〕 参见王锡锌:《在纠结中前行的网约车改革》,载《人民论坛》2016年第1期。

〔12〕 参见石宁钰:《网约车新政满月的表面狂欢》,载《中关村》2016年第9期。

〔13〕 参见冯俏彬:《网约车新政“地方版”说明了什么?》,载《金融经济》2016年第21期。

合同的激励强度有关。高强度的激励合同将使企业得到很高的信息租金,但却会使俘获政府变得有利可图;低强度的激励合同对企业福利影响较小,政府被俘获的可能性降低,但与此同时也造成企业缺乏激励、效率降低。从这个意义上讲,规制俘获是政府在效率和抽租之间权衡的一种选择”。[14] 所谓信息租金,可以理解为在信息不对称的情况下,拥有信息优势的一方基于其额外信息所能多获得的利益。网约车平台一天产生的数据量相当可观,而这些数据尚未能对接政府监管,除去地方执法经验的积累,政府所能获得的网约车平台信息十分有限,造成了显著的信息不对称。在这种情况下,政府可以选择对网约车平台实行严格监管,即低强度激励合同;也可以选择放松监管,即高强度激励合同。低强度激励合同固然能够降低政府被“俘获”的风险,但也带来了额外的负担,这种负担可能不与经济收入直接挂钩——至今许多网约车营运司机仍游离在税收边缘,但可能给政府带来更大的负面影响,如严格制度公布后造成的舆论倒逼。

舆论评价,根据新制度经济学的广义界定,属于非正式制度的一种。相比依靠法律规范强制贯彻的正式制度,非正式制度往往通过调整人的“行为—认知”模式而发挥作用。[15] 打车发放红包是一种习惯诱导行为,以“共享经济”的概念取得公众关注则是一种认知植入行为。社会大众习惯网约车、认同网约车背后所代表的“共享经济”价值后,政府一旦发布强行规定,对网约车经营进行严格管控,则容易被解读为“打压共享经济”,继而受到舆论的压力。在舆论的挤压下,政府不得不去选择高强度激励合同来达成妥协。这在表面看似乎是政府平息舆论压力,实质上则是网约车平台依托非正式制度,间接地“俘获”了政府。这种被舆论挤压而出台的监管制度,即“压力型立法”。[16] 要解决这种问题,根本的手段应当是获得平台数据的对接权,根据实时数据进行立法探讨甚至信息披露,这将会在下一部分的解决方案中予以详细说明。

---

〔14〕 李健:《规制俘获理论评述》,载《社会科学管理与评论》2012年第1期。

〔15〕 参见卢周来:《新制度经济学,新政治经济学,还是社会经济学?》,载《管理世界》2009年第3期。

〔16〕 张欣:《新媒体、公众参与和压力型立法》,载《河北法学》2016年第10期。

三、“后互联网+”共享监管的重构

(一)重新界定“共享”的法律含义

从经济学层面来看,传统意义对共享经济的定义指在市场化机制下,借助网络等第三方平台将供给方闲置资源使用权暂时转移,实现生产要素的社会化,通过提高存量资产的使用效率为需求方创造价值,促进社会经济的可持续发展。[17] 但随着现实中快速发展的共享经济形态,我们需要更恰当的界定才能使经济规律不被违背。“共享经济”的经济学本质是“市场交易成本小于企业内部交易成本”,以此为基础构造其法律含义,可以拓展为:在市场隐藏供需的背景下由拥有闲置资源的机构或个人有偿(或无偿)让渡资源使用权给他人,让渡者获取一定回报,分享者利用分享他人的闲置资源创造价值的一种契约。[18] 由于该契约效率收益高于自营,故习惯背离度较低。

此前,在法学领域,“共享经济”始终被作为一种新兴事物去看待,而其经济结构却被研究者们忽视。如果“共享”作为一种推动经济社会进步的经济现象而应该受到法律保障,那么其也应当遵循上述定义进行法律边界的修整。衡量某种经济现象是否应当予以鼓励的标准需要得到调整,如未扭曲供需,效率收益可长期提高,不违反基本经济秩序与法治观念等。

基于此,我们不难从法律边界上确认,通过资金运作压低价格的恶性竞争,最终导致更严重的垄断与低效率的业务是不应得到支持的。而共享经济在现实生活中的运行实际——网约车,已逐渐演变为大范围替代出租车的专车,进而挤占出租车市场形成全国范围的垄断形势。平台以这类业务为主导,实质上是以占据出租车市场支配地位为目的,借助资本运作进行的不正当竞争,不应当得到经济法制度上的支持。相反,倘若网约车可以通过分时租赁、拼车、顺风车或特定专车等真正符合共享经济法律定义的形式,合理调配社会资源,进而达到节约资源、增加收益的结果,则是值得利用正式制度提倡的。基于上述分

---

〔17〕 参见郑志来:《共享经济的成因,内涵与商业模式研究》,载《现代经济探讨》2016年第3期。

〔18〕 参见李真:《共享经济的勃兴与挑战——经济学和法律视野下的分析》,载《当代经济管理》2016年第38期。

析我们可以得出一个结论,即真正值得鼓励培育的"共享经济",在全国范围内不应当"一刀切",而需要一分为二。在小城市较值得推广的是顺风车与拼车模式,大城市则是通过私家车接入平台的高端专车发展模式。

可以看出,法律监管的关键是限制专车业务,在安全前提下鼓励真正"共享"的顺风车、拼车等模式,实现监督执法部门对平台的有效管理,最终促进共享经济良性协调发展。

(二)行政比例原则的贯彻

比例原则,又称为均衡原则或平衡原则,一般认为比例原则是一个具有宪法位阶的法律原则,在网约车监管模式和监管手段问题解决上有重要的贯彻意义。[19]

1. 行政措施对目的的适应性原则。即所采取的国家措施适应于它所追求的或者法律所规定的目的,不得偏离。在利益驱使下,越来越多的专职司机出现,"专车"的性质越发趋近出租车。因而规范市场经营、乘客人身安全与司机劳动保障、保护传统出租车的竞争力成为网约车立法的重要目标。然而,现有网约车立法最常见的管理方式是"准入限制",即通过规定车型、车牌甚至加装利于监管的卫星定位与保障安全的紧急求助功能,将监管的成本负担转移给私家车车主,导致乘客利益受损、专车市场难以管控。与此同时,符合共享性质的私家车车主大量退出平台,车内空间大量浪费、交通拥堵状况无法缓解。显然,"一刀切"的立法模式不符合目的适应性。

对此,应当从立法层面明晰共享网约车与网约出租车的性质,以出租车的硬性条件标准规定专车,并以出租车管理方式对专车市场进行监管。另外,对真正进行"共享经济"服务的私家车放松准入门槛,授权或协同平台公司核准其基本资质,对违反诚信原则的车主予以市场禁入处分。

2. 最小干预可能的必要性原则。倘若以国家措施干预公民自由为实现公共利益所不可缺少,那这种干预应当是最低限度的,最大限度地维护公民的基本权益。在网约车立法中,要明确政府在网约车管理中的职能、清楚解释相关立法术语,划清公权力与私权利的界限,不作不必要的禁止。

在交通部牵头完成的《暂行办法》中,第五章详细规定了行政、网信部门及出租汽车行业协会组织的监管职责。出租汽车行政主管部门担负着定期组织

---

〔19〕 参见王静:《中国网约车的监管困境及解决》,载《行政法学研究》2016年第2期。

开展网约车服务质量测评、完善政府监管平台、加强网约车市场监管等职能，宏而大的表述虽给地方立法留下空间，但在未明晰网约车内部类型、区别处理之前，这种不清晰的规定使得法规在执行中不得不抓大放小，本质上对市场规制作用不强。

解决这一问题的根本在于协调好央地关系、政企关系。一方面，中央给予地方足够的时间，结合地方特色进行立法，故在《暂行办法》给出了3个月期限，配合地方《细则》出台。但是，地方仍存在照搬中央文件、枉顾地方特色，导致《细则》难以实施的错误做法。另外，应当重视立法成本，在立法前强化评估工作，寻求“协同”。考虑网约车流动性大、跨区域服务多，多地协同立法、执法也是可行举措。另一方面，政府部门与平台不应该成为彼此提防的对手，而应该成为协调制衡、交换监管经验的伙伴，达到政府与平台之间的“协同”。

3. 禁止过分的适当性原则。比例原则要求行政目的与行政手段相适应、成比例，要求行政措施符合行政目的且为侵害最小，应避免过度立法，“有形之手”伸得太长、管得太宽。网约车的问题从根本上说是对平台与市场的规制问题，对这类问题应当充分发挥市场的决定性作用，交给市场去协调，而不应以面面俱到的立法与无所不包的执法去应对。[20]

（三）重拾被忽视的披露原则

参考与网约车有密切联系且信息披露制度较为完善的金融行业，其通过《萨班斯—奥克斯利法案》和《企业风险管理—整合框架》建立了有效的内部控制—风险管理机制。[21] 从交易结构来看，网约车平台与金融交易平台，都是整合买卖双方的供需信息，促成交易、提高市场效率的信息中介，且网约车服务提供者与金融证券提供者的资质与能力，都属于买方单独无法获知的范畴，因此需要一个可信赖的交易平台来缓解信息不对称的问题。把金融监管制度中的信息披露义务移植到网约车平台治理，问题不大。但与此形成鲜明对比的是，在我国学术讨论中，对网约车平台公司的信息披露却鲜有问津。但披露才是解决当前共享监管困境下政府与平台之间信息对称性破缺的关键所在。

在实地调研中，行政部门对数据接入与监管法律制定表现出高度重视，也

---

〔20〕 参见郑磊：《网约车地方细则，需要管到这么细吗？》，载《南风窗》2016年第23期。

〔21〕 参见赵息、路晓颖：《上市公司内控信息披露与政府监管的有效性——基于信息不对称理论的博弈分析》，载《山西财经大学学报》2010年第4期。

表示在当下技术条件下该方法具有可行性。在地方对网约车的监管方面,若政府可以从数据管理的角度对网约车公司进行管控,即相当于有权利控制网约车平台在地方的业务,能够随时要求违法平台停业整顿。[22]

在信息披露过程中,最大问题在于企业、个人隐私与政府执法所需资料之间的界限划分。由于监管部门与网约车平台信息沟通不畅,企业拒绝主动披露司机个人信息、司机乘客数量、平台纳税及营运资质等监管关键信息,导致执法困难重重。在《暂行办法》中提到,网约车平台公司,需要满足"具备供交通、通信、公安、税务、网信等相关监管部门依法调取查询相关网络数据信息的条件,网络服务平台数据库接入出租汽车行政主管部门监管平台,服务器设置在中国内地,有符合规定的网络安全管理制度和安全保护技术措施"等条件,但在实际执行中,以个人隐私为由不向监管部门提供数据,导致执法艰难。

本文认为,在平台治理中应用披露原则,需要以交通部统一规定方式,要求各地区平台承担持续信息公开的义务。一方面,对发生的可能对监管、顾客、司机产生较大影响的重大事件,受众尚未得知时,应及时上报并予公告,说明事件的起因、目前的状态和可能产生的法律后果。另一方面,对于网约车司机非理性注册平台的情况,较为清晰的数据披露制度的建立可以削弱这种非理性。此外,对披露的信息有虚假记载、误导性陈述或者重大遗漏,致使四方协议各主体强烈不满并造成实质损失的,则应当依法惩处。

---

〔22〕 资料来源于项目组成员在项目研究过程中对江门市交通运输局进行访谈所获得的一手调研材料。

论我国非交互式传播的著作权法规制

王美阳*

摘要：

三网融合下，我国现行著作权法不能应对新型非交互式传播案件。这使著作权法立法修改协调交互式传播与非交互式传播的困难，也使非交互式传播司法实践法律适用的不统一。从立法修改与司法实践展开分析论证，总结出非交互式传播规制的解决之道是重新定义著作权法修改送审稿中的播放权，让播放权规制非交互式传播，并坚持信息网络传播权规制交互式传播。

关键词：

非交互式传播；著作权；播放权

由于技术的发展，传统互不干预的电信传输网、广播电视网、计算机互联网，可以实现各自传播手段的合一，实现三网融合，即用户可以通过电视、手机、电脑任何一个终端获取本来只能通过其他终端才能获得的信息，此时电视兼容电脑，电脑涵盖电视，电信网、广电网、互联网彼此互相兼容。[1] 虽然人们可以享受技术带来的便利，但是三网融合使得传播方式趋于复杂化，对相关法律产生很大影响。

表现在著作权法领域：原本各不干预的广播权与信息网络传播权都不能满足规制新出现的三网合一传播方式之需求。一方面，互联网平台的有线广播以及无线转播得不到严格定义的广播权的控制；另一方面，我国信息网络传播权主要规制交互式网络传播行为，但是新出现的网络定时播放、网络直播不满足交互式的特征，因此不能受到信息网络传播权的规制。我国现阶段新型非交互

* 王美阳，中山大学法学院2016级法学硕士研究生。

〔1〕 参见焦和平：《三网融合下广播权与信息网络传播权的重构——兼析〈著作权法（修改草案）〉前两稿的相关规定》，载《法律科学》2013年第1期。

式传播既不能得到广播权的规制又得不到信息网络传播权的规制,使得著作权人利益受到较大损失;同时造成司法适用困难,如网络定时播放适用信息网络传播权还是著作权法规定的兜底权利。现行法院会大都倾向选择"兜底权利",但如果一直用著作权法兜底权利来应对非交互式传播的问题,会使法律不稳定性增加,但也有法院不选择适用兜底权利,而是类推解释适用广播权或信息网络传播权,这更不利于法律的稳定性与确定性。因此,有必要对非交互式传播行为给予关注。

本文首先通过分析三网合一下,传播技术的各种情况,分析我国现行著作权法中广播权与信息网络传播权不能规制的情况;然后结合具体案例分析相关司法态度,同时分析著作权法修改草案一审稿、二审稿、送审稿相关法条以分析立法修改方向,从这两方寻找解决途径;最后对照《世界知识产权组织版权公约》(World Intellectual Property Organization Copyright Treaty,WCT)相关条文的规定,提出关于规制非交互式网络传播行为的建议,从正确界定播放权规制范围入手。

一、非交互式传播著作权法规制的缺陷

(一)非交互式传播的界定

非交互式传播[2]是相对于交互式传播而言的,这种分类标准主要是公众对于作品的获得能否自由选择来进行分类的。在我国著作权法权利体系中,信息网络传播权规制交互式传播,传播方式包括有线传播与无线传播。规制非交互式传播的权利主要是广播权与放映权,传播方式主要是指电磁波与有线传播。但是在三网融合下,非交互式传播的方式增多,因此给著作权法带来的挑战的巨大的。

三网融合下,传播方式交叉纵横,传播行为方式复杂。以现阶段家庭流行的互联网电视机为例,就可以总结出五种传播行为。在通过互联网电视机的作品传播行为中:既有无线传播,也有有线传播;无线传播中既有传统的无线电磁波传播,也有现代的 WiFi 无线网络传播;有线传播中既有传统的有线电视传

〔2〕 有部分对交互与非交互的分类进行了详细的论证。参见岳林浩:《"非交互式"网络传播行为的法律属性——"圣火耀珠峰"节目网络直播侵权案评析》,载《科技与法律》2010年第3期;焦和平:《论我国〈著作权法〉上"信息网络传播权"的完善——以"非交互式"网络传播行为侵权认定为视角》,载《法律科学》2009年第6期。

播,也有以互联网宽带进行的有线网络传播;这些无线或有线传播既可以通过交互式进行,也可以通过非交互式进行;传播或广播中有直播与转播,初次传播与再次传播。这些方式可以用图描绘出,如图1所示:

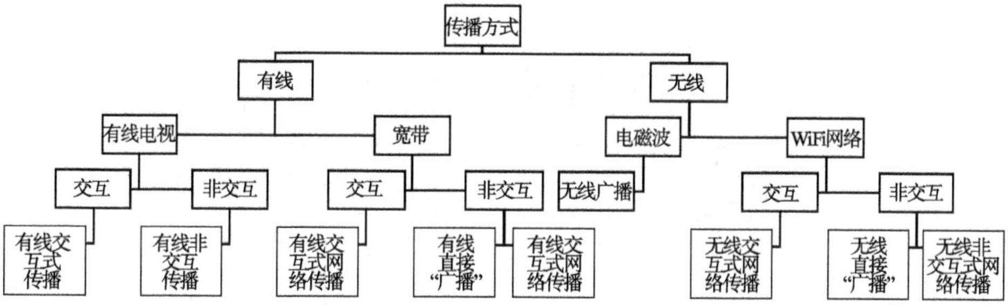

图1

从图1中可以看出以有线与无线为基础,各种传播方式异常复杂,笔者总结出种五种传播方式[3]与行为。需要说明的是,广播本质上也是非交互式的,但因为传统立法习惯,因此把传统的无线广播单独列出来,以与传统保持一致;无线直接"广播"列入无线非交互式传播中,有线直接广播列入有线非交互式传播中,同时需要说明的是一方面无线直接"广播"与有线直接"广播"中的有线与无线中的"线"指的是网线光缆,另一方面这里的"广播"打上引号是因为虽然与传统广播有着相似地方,但本质上并不是电磁波传播。

因此本文把在三网合一趋势下的传播方式总结一下,有以下五种传播方式:(1)无线广播;(2)有线交互式网络传播;(3)有线非交互式网络传播,这里有传统电视系统的有线,也有网线;(4)无线交互式网络传播;(5)无线非交互式网络传播,这里仅指网线。

经过上述分析,可以看出我国现阶段的非交互式传播类型,如图2所示。

---

〔3〕 焦和平总结出了6种传播行为,分别是:有线直接广播、无线广播、有线单向式网络传播、无线单向式网络传播、有线交互式网络传播、无线交互式网络传播。本文认为传统的电磁波传播做不到有线直接广播,有线直接广播中的"线"指的是网线,因此把有线直接广播归入到有线非交互式传播中。同时,非交互式虽然是单向的,但是为了与交互式特征更好地对应,因此采用"非交互式"的称谓。参见焦和平:《三网融合下广播权与信息网络传播权的重构——兼析〈著作权法(修改草案)〉前两稿的相关规定》,载《法律科学》2013年第1期。

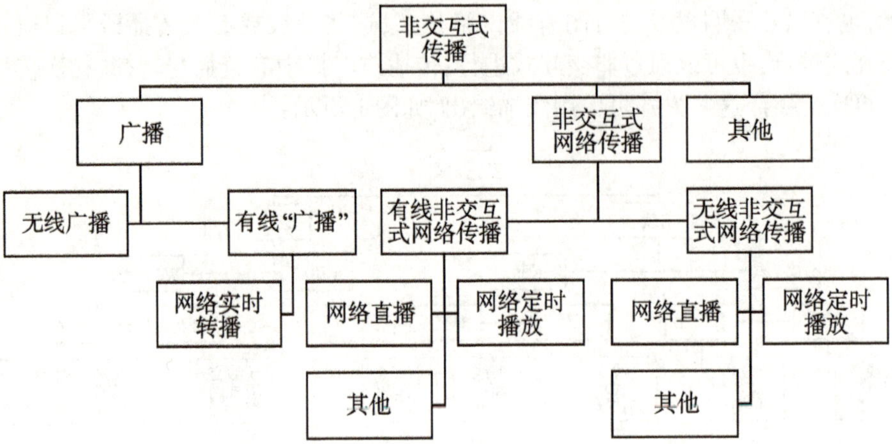

图2

如图2所示,非交互式传播正如前文所述根本特征是公众没有办法随意选定时间与地点观看或获得作品,目前主要表现形式是广播传播与网络传播,随着技术的发展,新的非交互式传播方式在未来会出现,因此用“其他”来应对未来新出现的技术。目前,司法实践中应对难题主要是网络实时转播、网络直播、网络定时播放。

(二)著作权法无法全面规制非交互式传播

前文分析交互式传播与非交互式传播在我国现行著作权法体系下,来进行规制,不能完全包含,虽然当时立法者设想的是如图3所示的情况。广播权与信息网络传播权各行其道,各自发挥自己的功能。但是随着技术的发展出现了广播权与信息网络传播权规制不到的范畴,这就出现以下几种不同的情形。

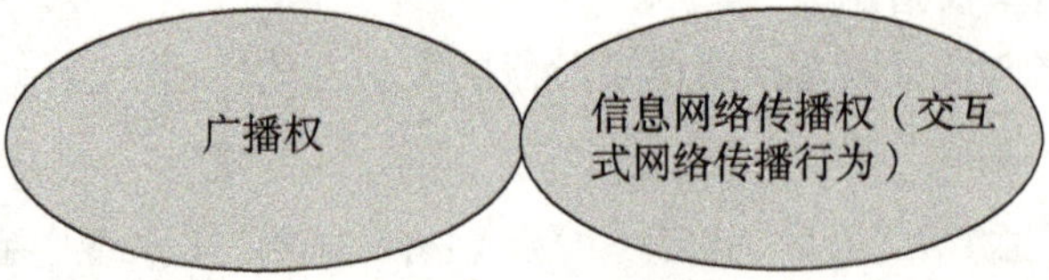

图3

第一种情形是传统电磁波非交互式传播受到广播权的规制。符合现行《著作权法》中“广播权”的规定,本节第一部分所述的“无线广播”正是通过无线电波采取无线非交互方式进行的作品广播或者传播,受到广播权的规制。

第二种情形是网络交互式传播受到信息网络传播权的规制。网络交互式传播是符合现行《著作权法》中"信息网络传播权"的规定,其法律后果是落入"信息网络传播权"的控制范围。第一部分所述上述第(2)类"有线交互式网络传播"、第(4)类"无线交互式网络传播"即属于此种情形,因为信息网络传播权控制的正是"以有线或无线方式向公众提供作品,使公众可以在其个人选定的时间和地点获得作品"的"交互式"信息网络传播行为。

第三种情形是网络直播、网络实时播放、网络定时播放等新出现的非交互式传播得不到信息网络传播权与广播权的规制,只能使用"兜底条款"进行规制。网络直播、网络实时播放、网络定时播放等新型非交互式传播是既不符合现行《著作权法》中"广播权"的规定,也不符合"信息网络传播权"的规定,由此导致的法律后果是一种是类推适用信息网络传播权或广播权,另一种是适用"兜底权利"。广播权规制的另外两种范围,一是有线转播,二是公开播放广播。这两种范围根据《伯尔尼公约》中的"有线"仅指转播已经播放好的作品。[4] 但除了无线广播外,现在技术支持有线"广播",有线"广播"是通过金属导线或者光导纤维等有线装置将广播节目直接传送给用户设备的区域性广播。[5] 这种方式得不到广播权的控制。有线"广播"与第(3)类"有线非交互式网络传播"和第(5)类"无线非交互式网络传播",这三类行为正是目前广播权和信息网络传播权面临的规范难题,因而论述应该怎样解决他们,是本文的重点。由于传播技术的发展,广播权与信息网络传播权组成的向公众传播权有了各自规制不到的范围,如图 4 所示。

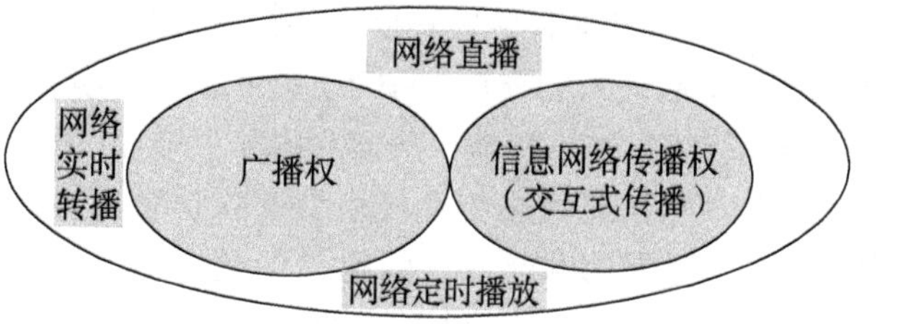

图 4

〔4〕 WIPO GUIDE, supra note 21:77.

〔5〕 参见李扬:《知识产权法基本原理(Ⅱ)——著作权法(修订版)》,中国社会科学出版社 2013 年版,第 208 页。

因此,传播方式为交互式传播与非交互式传播的分类标准,交互式传播受到信息网络传播权的规制没有异议,但是在非交互式传播中,原本广播权能规制的范围,由于技术的发展,不能规制在网络中出现的非交互传播。这给立法试图规制全部非交互式传播时,选择道路的困难,同时立法没有明确之时,对司法实践中的适用造成极大困难。

二、非交互式传播的立法与司法现状

传统电磁波的非交互式传播受到广播权的规制,但现在网络中的非交互式传播无论是有线还是无线,其内涵与外延都不受广播权与信息网络传播权的规制。因而立法试图应对新型非交互式传播行为,不断修改相关条文,却没有得到满意的结果。法院在立法没有最终确定之前,应对新型非交互式传播的法律适用时,只能穷尽法律解释手段来规制新型非交互式传播,往往适用"兜底条款",这很不利于法的稳定性。现详述立法与司法应对非交互式传播所做的努力以及问题。

(一)非交互式传播与交互式传播立法协调的困难

我国著作权法为应对新时期的技术发展与不同的经济态势,主动修改著作权法的相关规定,国家版权局组织修改并提出著作权法修改一审稿、二审稿、送审稿。三稿都涉及应对非交互式传播的方式。

在著作权法修改一审稿中,把现行著作权法的放映权与广播权合并为一项权利——播放权,使播放权能够包含放映权、广播权的内容,同时试图把原来广播权不能规制的有线广播纳入到播放权中来。同时一审稿第11条第3款第9项的表述是在我国现行信息网络传播权的概念内涵上增加"直播、转播"。国家版权局对此的说明是:"将信息网络传播权由交互式扩张为直播、转播等方式,以解决实践中提出的定时播放和转播等问题。"但是这样的一种方式只是为了解决问题而解决问题,抛弃了我国业已形成的信息网络传播权的观念,不利于概念内涵的统一。

针对一审稿的问题,二审稿坚持播放权的规定,但是对于信息网络传播权的规定,删除"直播、转播"字样,在现行信息网络传播权的概念之后加入"以及通过技术设备向公众传播以前述方式提供的作品的权利",同样的目的也是解决网络直播、转播的问题,但是这样突兀加上这样一句话,更不容易把握信息网络传播权的概念内涵。这种定义信息网络传播权的方式不是最佳的解决方式。

送审稿的变化趋于保守,播放权一审稿确定后就没有改变,信息网络传播权概念内涵恢复到我国现行著作权法的规定。国家版权局对此的说明是:“考虑到原草案关于广播权和信息网络传播权的设定以传播介质而非传播方式为基础,不能完全符合科技发展特别是‘三网融合’的现状和趋势,因此将播放权适用于非交互式传播、信息网络传播权适用于交互式传播,以解决实践中的定时播放、网络直播以及转播等问题。”可以看出送审稿的条文修改目的,用播放权控制非交互式传播,信息网络传播权控制交互式传播。这样的一种立法思路是正确的,坚持信息网络传播权的在我国的交互性的本质内涵,同时从另外一角度来考虑非交互式传播的规制。但是,著作权法的送审稿中的播放权无法规制所有的非交互式传播。

一方面,播放权的概念并没有体现非交互式的特征,很容易与其他权利混淆。一是与信息网络传播权的概念不清,信息网络传播权在送审稿中的定义中强调“向公众提供作品”,播放权强调“向公众播放作品”,虽然“提供”与“播放”表面含义上有着不同,但是都是通过有线或者无线的方式使公众获得作品,这会产生误解播放权是信息网络传播权的上位概念。因此,播放权的表述由于没有体现非交互式的特征,很容易与信息网络传播权混淆。二是与表演者权,送审稿对于表演者权的规定中的“通过技术设备向公众传播作品或者作品的表演的权利”,与播放权中“通过技术设备向公众传播该作品的播放”,二者也是模糊不清,范围界定不明。因为表演权中“通过技术设备向公众传播”指的是三种行为,即通过机械设备在一个特定的空间范围内机械再现一个作品的表演、对作品的表演的公开传播行为和利用扩音器转播作品的行为。那么“播放权”中的“通过技术设备向公众传播”指的行为不定,如果和表演权中的一致,将导致“播放权”和表演权的界限模糊。[6] 这样的规定不符合技术中立原则,技术痕迹很严重。

另一方面,播放权规定中的“播放”,并没有作出法律上的解释,解释播放权的时候使用同语反复,用自身解释自身,这不是很好的定义,不利于公众理解播

〔6〕 参见赵婷婷:《论非交互式网络传播的著作权法规制》,重庆大学2015年硕士学位论文。

放权这一权利的内涵与外延。传统的“广播”到“播放”的跨越,跳跃性过大,因此很有必要对“播放”作出更深一层次的解释。理解播放权的内涵,要从设置播放权的立法目的来进行解释,其是为了规制非交互式传播。网络定时播放很好理解成一种播放,幻灯机、放映机等技术设备播放作品也很好理解成一种播放,但是网络直播这样的一种方式是不是一种“播放”,因为播放作品很容易造成的感觉是作品已经完整呈现出来。因此播放权能不能规制网络直播是一个很大的问题。

由于立法的缺陷,使得司法实践法律适用问题突出。

(二)司法适用的标准不一

1. 网络定时播放:信息网络传播权抑或“兜底权利”规制

网络定时播放指网络内容服务商按照预先发布的节目表在特定的时间通过信息网络播放节目。宁波成功多媒体通信有限公司(以下简称成功公司)诉北京时越网络技术有限公司(以下简称时越公司)侵犯著作权纠纷案(以下简称《奋斗》案)[7]是网络定时播放行为侵权定性的起点。这种网络定时播放是侵犯信息网络传播权,还是侵犯著作权法规定的“兜底权利”?不同的法院有不同的认定。《奋斗》案中,时越公司实施了在其经营的平台——UUsee网络电视实施定时定集播放电视剧《奋斗》,使公众获得某一集《奋斗》电视剧的内容不能随意选择即需按照时越公司规定的时间来。成功公司认为这种行为侵犯其对《奋斗》这一作品享有的信息网络传播权。一审法院认为:“北京时越公司未经权利人许可,通过互联网在线播放的方式使用《奋斗》,使网络用户可以在其个人选定的时间和地点获得电视剧《奋斗》的内容,侵犯了宁波成功公司从鑫宝源公司获得的大陆地区独家信息网络传播权。”一审法院认为网络定时播放属于信息网络传播权的范畴,但没有进行详细论证,为什么这样一种非交互式的传播方式受到规制交互式传播的信息网络传播权的控制。因此,二审法院试图进一步论证,二审法院认为:“互联网用户通过悠视网能够观看该电视剧的内容,即使悠视网的播放方式系定时定集播放,悠视网未经许可的在线播放行为亦侵犯了宁波成功公司享有的信息网络传播权。”二审法院论证的核心是互联网用户能够通过时越公司的悠视网获得该电视剧的内容,而不管其播放方式,则属于信息网络传播权的规制范围。

[7] 北京市第一中级人民法院(2008)一中民终字第5314号民事判决书。

互联网用户通过网络定时播放这种非交互式传播方式获得作品显然与交互式传播获得作品不同，虽然都是通过网络这一个平台获得作品。因此，基于这样的认识，在安乐影片有限公司（以下简称安乐影片公司）诉被告北京时越网络技术有限公司（以下简称时越网络公司）、北京悠视互动科技有限公司（以下简称悠视互动公司）侵犯著作权纠纷一案（以下简称《霍元甲》案）[8]中法院作出了不同的判决。

《霍元甲》案的案件事实与《奋斗》案的案件事实是一致的，都是被告方实施了网络定时播放行为，对该行为的定性分析，不过此案中的对象作品变成《霍元甲》而已。一审法院认为："原告安乐影片公司对涉案影片《霍元甲》享有的著作权包括：通过有线和无线方式向公众提供作品的权利，通过有线和无线方式按照事先安排之时间表向公众传播、提供作品的定时在线播放、下载、传播的权利；通过有线和无线方式按照公众个人选定的时间和地点具有互动性的在线播放、下载、传播之权利；任何基于IP网络、3G技术向公众传播、提供作品的权利；以PC、STB、手机、PDA和手持播放设备以及其他新媒体为终端传播、提供作品的权利等内容。"从而把在线定时播放传播作品的权利纳进著作权法保护的范畴。但是这项行为受到著作权法哪项权利的具体规制，北京市第二中级人民法院作出了与北京市第一中级人民法院不同的认定：未经同意的定时播放行为是侵犯了著作权权人享有的其他权利即"兜底权利"。

以上两个关于定时播放的判决，同案不同判。造成这一差异的根本原因，在于信息网络传播权内涵的不同理解。根据我国著作权法关于信息网络传播权的理解，可以总结出信息网络传播权的三个特征：一是传播媒介要借助有线或无线信息网络；二是传播对象是针对不特定的社会公众；三是接收方式是接收者可以在其个人选定的时间和地点获取作品，即接收方式的"交互性"。[9]如果忽视交互性的特征则网络定时播放满足信息网络传播权的其他两个特征。但其中第三个特征是信息网络传播权区别于其他著作权专有权的本质特征。由于网络定时播放这种非交互式网络传播的网络用户只能按照传播者安排的时间被动获取作品而没有个人选择的余地，显然不符合第三个特征，故"非交互

---

[8] 北京市第二中级人民法院（2008）二中民初字第10396号民事判决书。

[9] 参见岳林浩：《"非交互式"网络传播行为的法律属性——"圣火耀珠峰"节目网络直播侵权案评析》，载《科技与法律》2010年第3期。

式”网络传播行为不属于“信息网络传播权”的调整范畴。北京市第二人民中级人民法院适用《著作权法》第10条第1款第17项的“兜底权利”进行保护有其合理性。但是适用“兜底权利”只是适用法律的权宜之计,且由于易造成司法适用的不同,导致“同案不同判”。根本解决方式是从确权的角度来解决网络定时播放的问题。

2. 网络直播与网络实时转播:广播权抑或“兜底权利”规制

网络直播指网络服务商或者网络用户通过互联网平台进行的首次传播服务,如网络游戏直播。网络实时转播指网络服务提供商或服务商将电视台或广播电台正在播出的节目的电磁波以及类似电磁波信号转换成数字化信号后,通过互联网与广播电台同时向不特定的公众传播广播电视节目,如在网上看电视节目。央视国际网络公司(以下简称央视国际)诉北京百度网讯科技有限公司(以下简称百度公司)一案[10](以下简称春晚案)中,北京市第一中级人民法院对于网络实时转播作出了有益的探索。春晚案中,百度公司通过经营的网络转播了央视国际获得授权的春晚节目,因而央视国际起诉百度公司侵犯了“应当由著作权人享有的其他权利”,即以“兜底权利”起诉。一审法院认为:央视国际所享有的通过互联网向公众实时转播涉案《春晚》的权利属于我国现行《著作权法》规定的广播权,而不是我国现行著作权法规定的“应当由著作权人享有的其他权利”。

二审北京市第一中级人民法院认为:就网络实时转播行为而言,其所转播内容的初始传播有可能是来自其他网站的“有线”,也可能来自广播电台、电视台或卫星广播组织的“无线”,也就是说网络实时转播的初始传播既可能是“有线”也可能是“无线”,如果初始传播来自广播电台、电视台或卫星广播组织的“无线”,那么此时的网络实时转播行为受广播权的规范,但如果初始传播来自其他网站的“有线”时,由于广播权的立法缺陷就不受广播权规范,而应适用著作权法规定的著作权兜底条款调整。法院据此认为百度公司“百度一下”网站www.baidu.com网络实时转播涉案《春晚》的数据流的初始传播也来自中央电视台的“无线”广播,故百度公司网络实时转播涉案《春晚》的行为构成对央视国际的广播权的侵犯。

按照北京市第一中级人民法院的观点网络实时转播的认定需要区分初始

[10] 北京市第一中级人民法院(2013)一中民终字第3142号民事判决书。

传播的有线还是无线，传统广播电台、电视台或卫星广播组织初始传播是无线信号，如果其他网站转播了这个信号，则受到广播权的控制，此处法院进行了类推适用；现在随着技术的发展，现在网站自己也可以做有线信号的传播，这里的有线中的“线”指网线，如果其他完整转播了这个信号，这受到著作权法兜底权利的规制。按照这一观点的话，涉及网络直播的实时转播问题时，就有了解决方式，因为其直播是“有线”的，其他网站实时转播网络直播，则受到“兜底权利”的控制。

总结司法实践对于网络定时播放、网络直播、网络实时转播等非交互式传播的司法实践观点，如图5所示：

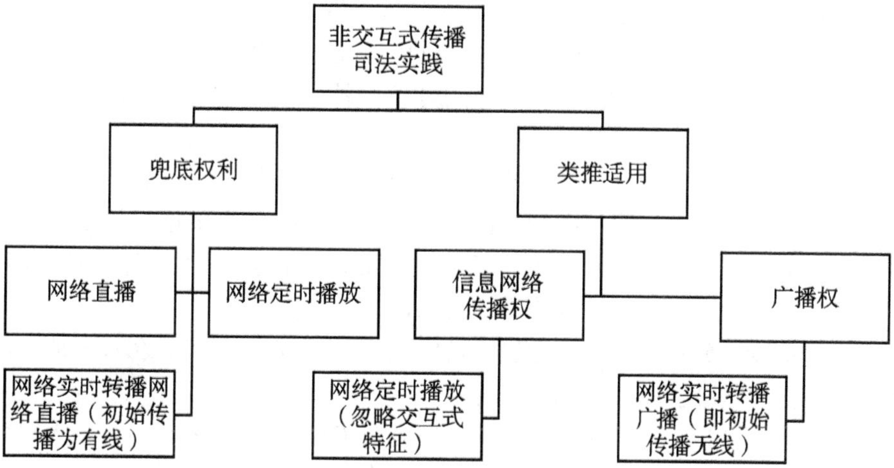

图5

从图5可以看出立法如果没有明确非交互式传播的规制方式，那么司法实践对于非交互式传播的著作权法保护方面是混乱的，不会得出统一的认识与操作，不利于非交互式传播的著作权法长远规制。

三、完善著作权法规制非交互式传播的完善思路

对于新型非交互式传播的著作权法规制，无论是司法实践，还是立法修改，都属于疑难问题。虽然司法实践的权宜之计是用“兜底权利”来规制新型非交互式传播，但是此种方式已经造成司法实践中同案不同判，这不利于法律稳定

性与确定性。因此长远解决我国交互式传播与非交互式传播协调问题的完善思路是坚持信息网络传播权规制交互式传播,然后整合我国现有著作权法权利体系来规制非交互式传播。因此关于非交互式传播规制的完善思路是赞同著作权法送审稿增设“播放权”;但需要重新定义播放权,使之满足非交互式特征,促使使播放权与著作权法的整体协调,特别是与信息网络传播权相协调。

(一)增加播放权权限

著作权法修改一审稿规定了播放权,以后二审稿、送审稿没有发生变化,但在送审稿中,国家版权局明确说明用播放权规制非交互式传播。播放权将现行著作权法里的广播权与放映权合二为一意图规制非交互式传播,这一立法思路有其合理性。一方面,播放权规制非交互式传播不是臆造。广播权的实质是公众不能选择时间观看与欣赏作品;放映权的实质是公众不能选择时间与地点获得与欣赏作品,公众需要去有放映机、幻灯机等技术设备的地方获得与欣赏作品。广播权与放映权都体现了非交互的特征,现在播放权把它们合二为一进行规制,有其合理性。另一方面,播放权与信息网络传播权分别规制非交互式传播与交互式传播的二元体系有利于改善我国现阶段向公众传播权规制混乱的局面。因此增设“播放权”权限意图规制非交互式传播这一立法思路值得借鉴。

(二)重新定义著作权法送审稿中的播放权

虽然增设播放权有合理性,但是播放权定义并没有体现非交互式特征。因此,应该对播放权定义作出如下修改:

“播放权,即以有线或者无线的方式向公众传播作品,但公众不能个人自由选择时间与地点获得作品的权利。”这样的定义有如下优势:

第一,满足非交互式特征。一方面,能与“信息网络传播权”很好地区别,信息网络传播权规制的是交互传播,而从播放权的定义就可以看出播放权是规制非交互式传播,简洁明了地体现非交互式的特征。另一方面,去掉“或者转播该作品的播放”“通过技术设备向公众传播该作品的播放”,将“播放”改成“传播”,一个优势是传播直接包括直播与转播,立法用语上简洁,不用反复规定;另一个优势是摒弃技术对法律用语的影响,坚持技术中立的原则,以后随着技术的发展,也能很好地规制新的技术所造成的侵权行为。

第二,体现我国对WCT的遵守。WCT第8条规定:“文学和艺术作品的作者享有专有权,以授权将其作品以有线或无线方式向公众传播,包括将其作品向公众提供,使公众中的成员在其个人选定的地点和时间可获得这些作品。”关于该"向公众传播权"的涵盖范围,《WCT 草案说明》的解释是:"'以有线或无线方式向公众传播'是指通过发行以外的各种方法和形式向公众提供作品,它既可以通过模拟技术,也可以通过数字技术,既可以基于电磁波,也可以借助光缆传输得以实现。"根据 WCT 这样的规定,有些学者认为我们国家信息网络传播权不当的缩小了 WCT"向公众传播权"的规定,应该修改我国信息网络传播权规制范围,与 WCT 保持一致。[11] 笔者认为,这样的观点不适合我国国情,我国信息网络传播权的概念已经与公众按照个人选定的时间与地点在网络获得作品的特征画上等号,如果强行把 WCT 里"向公众传播权"的概念移植到我国的信息网络传播权中来,包含了广播权,不利于我国法律体系的统一;一些只适用于信息网络传播权的规则如避风港规则、红旗规则,将会扩大范围适用,笔者认为这也是立法者不贸然修改信息网络传播权概念的重要考虑;同时笔者发现国外有学者根据 WCT 第 8 条字面解释将在公众场合的现场表演、CD 播放以及广播信号的接受等行为排除在外,[12] 说明对向公众传播权的调整范围各国是有不同的理解的。

还有的观点是把广播权与信息网络传播权合并为"远程传播权"或"无线或有线传播权"。[13] 笔者认为这样一种观点也有其合理性,但是很明显我国现阶段是交互式传播与非交互式传播分别规制的,这样统一规制并不符合我国现阶段的法理念。WCT 也没有要求各国一定要按照文本规制向公众传播的行为,

〔11〕 部分学者的观点是把信息网络传播权的概念等同于 WCT 第 8 条里的表述。参见焦和平:《论我国〈著作权法〉上"信息网络传播权"的完善——以"非交互式"网络传播行为侵权认定为视角》,载《法律科学》2009 年第 6 期;部泽明:《〈著作权法〉上"信息网络传播权"的定义》,载《法制与经济》2012 年第 9 期;Wan Yong, "A Modest Proposal to Amend the Chinese Copyright Law: Introducing a Concept of Right of Communication to the Public", Journal of the Copyright Society of the U. S. A. 55. 4 (2008), p. 621.

〔12〕 See Aplin Tanya, "Reproduction and Communication to the Public Rights in EU Copyright Law: FAPL v. QC Leisure", King's Law Journal 22. 2 (2011), p. 217.

〔13〕 远程传播权指即以任何无线或有线方式向远端公众传播作品的权利;有线或无线传播权用以控制使用任何技术手段(包括"交互式"和非"交互式")通过无线或有线方式向远端传播作品的行为。参见王迁:《我国〈著作权法〉中"广播权"与"信息网络传播权"的重构》,载《重庆工学院学报》2008 年第 9 期。

是交给各国自行考虑。[14] 通过扩充广播权的内涵来规制非交互式传播,也得到一些学者的支持。[15] 我国采用播放权来规制非交互式传播,信息网络传播权来规制交互式传播,这样我们国家就履行了 WCT 规定的义务。

第三,重新定义后的播放权能与信息网络传播权无缝衔接。交互式传播有信息网络传播权控制,现在出项的网络直播、网络定时播放、网络实时转播等非交互式传播,都能得到播放权的规制,因为它们都满足向公众传播作品并且公众不能自由选择时间与地点获得作品的非交互特征。这样实现了信息网络传播权与播放权的衔接与著作权权利的体系化。

第四,立法成本较小。如果修改信息网络传播权的内涵与外延,则立法成本巨大。我国现阶段规制信息网络传播的法律与司法解释有《信息网络传播权保护条例》《最高人民法院关于审理侵害信息网络传播权民事纠纷案件适用法律若干问题的规定》等,因此,修改信息网络传播权,不利于节约立法成本。我国新阶段的互联网时代,经常使用"信息网络传播权",这一概念已经深入人心。打破业已形成的习惯,不是立法应该做的事情,立法应该尊重习惯。相反,修改广播权与放映权,形成播放权,不会牵一发而动全身,是对我过现阶段三网融合趋势的积极应对,能更好地引导人们在互联网时代尊重著作权。

最后需要明确的是,以上论述是对我国立法修改的完善思路。对于司法实践,立法还没有作出明确规定时,现阶段只能适用兜底权利作为权宜之计,但需要进行严格解释,减少对法律稳定性与确定性的破坏。同时希望立法尽快对非交互式传播的规制作出确定的回应。

结　语

三网融合下,现行广播权与信息网络传播权已经不能规制新出现的非交互式传播,这种情况迫使司法实践适用著作权"兜底权利"作为解决的权宜之计,

〔14〕 成员国的这一自由选择权体现于《版权条约》第 14 条,该条第 1 款规定:"缔约各方承诺根据其法律制度采取必要的措施,以确保本条约的适用。"参见郜泽明:《〈著作权法〉上"信息网络传播权"的定义》,载《法制与经济》2012 年第 9 期。

〔15〕 参见王迁:《我国〈著作权法〉中"广播权"与"信息网络传播权"的重构》,载《重庆工学院学报》2008 年第 9 期。

因此也造成了同案不同判，司法适用不统一的局面。立法修改过程中找到症结点，新设“播放权”试图规制非交互式传播，但因为没有完成抛弃技术主义立法，使得送审稿的“播放权”与著作权其他权利的界限含混不清。因此，很有必要对送审稿的播放权重新定义，体现播放权规制非交互式传播的特征，更好地与信息网络传播权相协调。最后重新定义的播放权满足非交互式的特征，即公众不能个人随意选择时间与地点获得作品。虽然按照WCT的做法直接规定“向公众传播权”是一种一劳永逸的解决方式，但是涉及面太广，不符合我国立法传统，采用播放权规制非交互式传播的方式更好地节约了立法成本。播放权规制非交互式传播，信息网络传播权规制交互式传播，这样一种分拆“向公众传播权”的权利构造方式，体现我国对“向公众传播权”构造方式的回应，是WCT“伞型解决方案”条款的表现；也有利于我国混乱的向公众传播权局面的缓解，更好地应对新型非交互式传播。

网络游戏直播的著作权许可

梁栩瑜*

摘要：

网络游戏画面所承载的视听表达是网络游戏开发者的智力创造成果，其可版权性不受游戏玩家的操作影响，即网络游戏开发者对网络游戏画面享有著作权。对于网络游戏玩家来说，一方面，在竞技性操作的情况下，玩家既没有著作权，也不享有表演者权；另一方面，玩家对其创作性操作所形成的独创性表达享有著作权，该独创性表达区别于网络游戏画面所承载的由游戏开发者设计的视听表达。因此，一般的游戏直播者（包括游戏直播平台与主播等）对游戏进行直播应获得相关著作权人的许可，未经许可而进行的游戏直播行为不属于合理使用，但电竞赛事运营模式决定了电竞赛事平台应享有独家赛事转播权，其即使未获得明确授权，亦应视为默示许可。

关键词：

网络游戏开发者；网络游戏玩家；网络游戏直播；著作权

网络游戏行业从传统的销售市场迅速发展出电子竞技、网络游戏直播等衍生市场，2016 年中国游戏直播用户规模突破 1 亿。[1] 网络游戏直播大致可以分为以下几种形式：通过借助游戏自带的用户观看功能（以下简称 OB 功能）直播大型电竞赛事的比赛画面，利用 OB 功能直播普通游戏画面，电竞赛事平台（赛事举办方）有选择性地对大型电竞赛事画面的直播及主播通过架设外置摄制工具在游戏直播平台上直播等。这些直播画面都可能包含两部分，一部分是网络游戏画面本身，另一部分是游戏主播、玩家的自身形象等

---

* 梁栩瑜，中山大学法学院 2016 级法学硕士研究生。

〔1〕 参见《2016 年中国游戏行业报告》，载游戏行业网：http://www.cgigc.com.cn/gamedata/7530.htm，最后访问日期：2017 年 1 月 24 日。

外部场景。不管是对大型电竞赛事还是普通游戏的直播,均无法回避的问题是,包括电竞赛事平台、游戏直播平台、游戏主播等直播者对直播画面里的游戏画面本身(即结合了网络游戏开发者的设计与游戏玩家的操作而成的游戏画面)进行直播,是否应获得相应的许可。此问题包含了两个前提条件的争论,一方面是游戏玩家的操作是否影响游戏开发者对游戏画面所承载的视听表达创作享有著作权,另一方面是游戏玩家是否对其游戏操作享有著作权法意义上的权利。在上海耀宇文化传媒有限公司诉广州斗鱼网络科技有限公司反不正当竞争纠纷,[2]法院支持了电竞赛事平台的竞争利益,但认为游戏比赛画面属于一般的体育赛事画面,否认了网络游戏开发者和玩家对游戏直播享有权益,此观点是值得商榷的。本文试图通过剖析包括网络游戏开发者、网络游戏玩家、网络游戏平台、网络游戏主播等相关主体的角色,寻找以上问题的答案。

一、网络游戏开发者的著作权

游戏开发者指制作电子游戏软件的企业、团体或个人。[3] 本文中“网络游戏开发者”泛指开发、设计网络游戏的制作方,具体为游戏开发公司还是游戏开发从业人员则视两者之间的具体关系而定,不影响本文的讨论。

(一)网络游戏画面的可版权性

根据网络游戏的制作过程和运行原理,可以将网络游戏分为游戏本身直接

[2] 该案原告拥有网络游戏 DOTA2 中国代理商的授权,承办网络游戏 DOTA2 的比赛并拥有独家视频转播权,被告未经授权在其网站上直播该网络游戏的比赛画面。法院认为游戏比赛画面不属于著作权法规定的作品,因此选择从《反不正当竞争法》的角度保护原告的经济利益。参见上海市浦东新区人民法院(2015)浦民三(知)初字第 191 号民事判决书。

[3] 参见百度百科:http://baike. baidu. com/item/游戏开发者? sefr = enterbtn,最后访问日期:2017 年 3 月 26 日。

固定的内容和游戏过程中临时呈现的内容。[4] 作为游戏本身直接固定的内容,网络游戏程序和网络游戏素材无疑为游戏开发者的智力创造成果,均应由游戏开发者享有相应的著作权,并通过既有法律规定给予保护。那么游戏过程中临时呈现的内容即网络游戏画面是否应获得著作权法的保护呢?网络游戏画面所承载的视听表达符合独创性和可复制性的实质要件,具有可版权性。

一方面,网络游戏画面并非纯粹是程序机械运行的结果,也不是对数据资源库里游戏素材的简单复制,而是游戏程序调用游戏素材所呈现的视听效果,是游戏程序与游戏素材相结合并由此实现了游戏素材与游戏素材的组合所呈现的视听表达,其与单独的游戏程序、零散的游戏素材都有不同。这种程序与素材以及素材与素材的结合是游戏开发者设计、选择、安排的结果,具有独创性。正如美国法院在 Stern Electronics, Inc. v. Kaufman 一案的判决中所阐述那样,分别给予游戏程序与游戏画面版权保护并无冲突。[5] 另一方面,网络游戏画面的视听效果产生于游戏程序对游戏素材的调用,不管是游戏程序还是游戏素材都以代码的形式储存在电路板中,两者的结合也因此被固定在硬件上,满足固定性的形式要求,具有可复制性。[6] 虽然同一款游戏由不同玩家操作,难以形成完全一致的画面,但每一随机性操作所呈现的动画特效都不是任意的,都是网络游戏开发者预设的视听效果。

---

〔4〕 参见[美]Jeannie Novak:《游戏开发工程师修炼知道》,陈潮、熊姿译,机械工业出版社2014年版,第270~289页。崔国斌:《认真对待游戏著作权》,载《知识产权》2016年第2期。Williams Electronics, Inc. v. Artic International Inc., 685 F2d 870 (3d Cir. 1982).

〔5〕 See Stern Electronics, Inc. v. Kaufman, 669 F2d 852 (2d Cir. 1982).

〔6〕 See Midway v. Drikschneider, No. 81-243, slip op. at 13-16 (D. Neb. July 15, 1981); Christopher Lunsford, Comment, Drawinga Line Between Idea and Expression in Videogame Copyright: The Evolution of SubstantialSimilarityfor Videogame Clones, 18 INTELL. PROP. L. BULL. 87,90 (2013); DREW S. DEANt HITTING RESET: DEVISING A NEW VIDEO GAME COPYRIGHT REGIME, 164 U. Pa. L. Rev. 1239 (2015-2016).

另外,目前部分的学者[7]和后来出现的判决[8],均认为网络游戏画面能够作为类电影作品获得著作权法的保护。但我国关于电影作品与类电影作品的概念界定存在极大的局限性,采取“视听作品”这一广义概念,才能够给予网络游戏画面充分的保护,如今将网络游戏画面类推为类电影作品,只是缓宜之计。

(二)玩家操作对游戏开发者的著作权的影响

在上海耀宇文化传媒有限公司诉广州斗鱼网络科技有限公司一案中,法院直接将网络游戏画面等同于体育赛事画面,认为玩家操作的随机性、不可重复性阻碍了网络游戏画面的可版权性,因而网络游戏画面无法获得著作权法的保护,[9]此种观点混淆了网络游戏开发者的视听创作与玩家的游戏操作两者之间的关系。

游戏玩家按照游戏指令操作,通过运行程序调用游戏素材,进而获得沉浸式的视听体验,网络游戏画面的形成离不开游戏开发者和玩家的共同参与,但并不意味着游戏开发者的智力投入与玩家的贡献不可分离。游戏画面抄袭者无须复制被抄袭方的代码,通过编写不同的代码即可完全模仿游戏的视

---

[7] 参见冯晓青:《网络游戏直播画面的作品属性及其相关著作权问题研究》,载《知识产权》2017 年第 1 期;祝建军:《网络游戏直播的著作权问题研究》,载《知识产权》2017 年第 1 期;王迁、袁锋:《论网络游戏整体画面的作品定性》,载《中国版权》2016 年第 4 期。

[8] 在上海壮游信息科技有限公司诉广州硕星信息科技有限公司等侵害商标权及不正当竞争纠纷案中,法院首次对网络游戏的整体画面进行了定性,其认为网络游戏的整体画面内容可以视为类电影作品进行保护,并获得了二审法院的支持。参见上海市浦东新区人民法院(2015)浦民三(知)初字第 529 号和(2016)沪 73 民终 190 号民事判决书。

在暴雪娱乐有限公司等诉上海游易网络科技有限公司侵害著作权纠纷案中,法院认定被告未经两原告的授权,擅自在《卧龙游戏》中使用、复制并抄袭了《炉石传说》游戏中的标识、界面、牌面、特效、文字作品、美术作品、视听作品和其他游戏元素方面的设计及体现出游戏规则及算法的各游戏卡牌及套牌整体组合,其理由是原告请求保护的视频和动画特效,由一系列画面组成,符合类似以摄制电影的方法创作的特征。参见上海市第一中级人民法院(2014)沪一中民五(知)初字第 23 号判决书。

[9] 参见百度百科:http://baike.baidu.com/item/游戏开发者? sefr = enterbtn,最后访问日期:2017 年 3 月 26 日。

听效果,〔10〕此抄袭现象一方面进一步反映了网络游戏画面的可复制性;另一方面说明了网络游戏画面所凝聚游戏开发者的视听创作,是能够与玩家的操作相分离而被模仿的。网络游戏画面变换的顺序受玩家的操作影响,但游戏画面变换所呈现的动态视听表达是由游戏开发者预先设定的。因此无论玩家的操作是否具有独创性,均不影响游戏开发者就其预先设定的视听表达享有著作权,即网络游戏开发者并非对某一具体网络游戏画面的所有构成都享有著作权,而是对其精心设计的视听表达享有著作权。

二、网络游戏玩家在直播中的著作权利分析

目前关于网络游戏玩家在直播中是否享有著作权法意义上的权利大致有以下四种主张:网络游戏玩家不具有任何著作权法意义上的权利;〔11〕网络游戏玩家享有表演者权;〔12〕网络游戏玩家在不以竞技为目的、追求个性表达的游戏中就其创作享有著作权,除此之外不享有著作权法意义上的权利;〔13〕网络游戏玩家在个性表达空间较大的游戏中就其演绎创作享有著作权,当网络游戏玩家的行为不构成前述演绎性创作、达不到著作权法对创作作品要求的独创性时,在一定条件下可以构成表演行为。〔14〕

本文认为,网络游戏玩家是否享有著作权法意义上的权利,以及享有的是

〔10〕 Atari Games Corp. v. Oman, 888 F. 2d 878, 885 – 86 (D. C. Cir. 1989); William Patry, Electronic Audiovisual Games: Navigating the Maze of Copyright, 31 J. COPYRIGHT SOC'Y USA 1, 5 (1983); DREW S. DEANt HITTING RESET: DEVISING A NEW VIDEO GAME COPYRIGHT REGIME, 164 U. Pa. L. Rev. 1239 (2015 – 2016).

〔11〕 参见2016年11月"与网络游戏直播相关的著作权问题"广州研讨会个别学者的观点。

〔12〕 参见欧修平、孙明飞、吴东亮:《庖解中国网络游戏直播第一案:权利属性及责任归属》,载知产力网:http://www.zhichanli.com/article/16303,最后访问日期:2017年3月1日。

〔13〕 参见祝建军:《网络游戏直播的著作权问题研究》,载《知识产权》2017年第1期。

〔14〕 参见冯晓青:《网络游戏直播画面的作品属性及其相关著作权问题研究》,载《知识产权》2017年第1期。

著作权还是邻接权,不应一概而论。同时由于竞技类游戏亦可能存在玩家自由表达的空间,不宜直接通过游戏分类(如竞技类游戏与非竞技类游戏)区分游戏玩家的地位,而应根据玩家具体的操作行为是否具有独创性作进而判断其是否享有著作权法意义上的权利。

(一)竞技性操作下的行为定性

在目前大多数网络游戏中,网络游戏玩家都是为了达到游戏预设目标——取胜,按照游戏规则实现的机械性操作,即竞技性操作。此种竞技性操作由游戏规则的功能性所决定,不具有创作所特有的个人思想和独特表达,因而无独创性可言,网络游戏玩家不享有著作权,这一点为大部分学者所认同。[15] 但其中,有相当一部分学者认为游戏玩家虽然不是网络游戏画面的作者,但仍应享有表演者权。[16] 该观点的主要支持理由是:网络游戏玩家满足我国目前《著作权法》对表演者的要求,网络游戏整体构成一独立作品,每个玩家对游戏的操作都有鲜明的个性特征,各自对游戏作品有着不同的阐释。另外还有学者主张应扩张我国表演者的现有法定范围将游戏玩家纳入其中,其依据是:一方面,玩家的操作行为客观上对游戏传播起到重要作用,基于玩家对于游戏作品传播的重要贡献,其游戏过程可以视为著作权法意义上表演者的表演行为;[17] 另一方面,即使玩家的行为不是对作品的演绎,但其高超的玩游戏技巧所展示技艺之美应

---

〔15〕 参见冯晓青:《网络游戏直播画面的作品属性及其相关著作权问题研究》,载《知识产权》2017 年第 1 期;李扬:《网络游戏直播中的著作权问题》,载《知识产权》2017 年第 1 期;祝建军:《网络游戏直播的著作权问题研究》,载《知识产权》2017 年第 1 期;谢琳:《网络游戏直播的著作权合理使用研究》,载《知识产权》2017 年第 1 期;赵银雀、余晖:《电子竞技游戏动态画面的可版权性研究》,载《知识产权》2017 年第 1 期;王迁、袁锋:《论网络游戏整体画面的作品定性》,载《中国版权》2016 年第 4 期;崔国斌:《认真对待游戏著作权》,载《知识产权》2016 年第 2 期等。

〔16〕 参见冯晓青:《网络游戏直播画面的作品属性及其相关著作权问题研究》,载《知识产权》2017 年第 1 期;崔智伟:《电子竞技游戏网络直播相关著作权问题研究》,载《公民与法》2016 年第 4 期等。

〔17〕 参见欧修平、孙明飞、吴东亮:《庖解中国网络游戏直播第一案:权利属性及责任归属》,载知产力网:http://www.zhichanli.com/article/16303,最后访问日期:2017 年 3 月 1 日。

获得表演者权的保护。[18] 这些观点和理由均值得商榷,不管依我国现行法律,还是站在表演者范围的扩张立法趋势来看,网络游戏玩家均不享有表演者权。

1. 不属于我国《著作权法》所规定的"表演"

我国现行《著作权法》有第四章第二节专门规定表演者的权利义务,亦有《著作权法实施条例》第5条第6项指出"表演者,是指演员、演出单位或者其他表演文学、艺术作品的人"。目前学界关于《著作权法》中"表演"的内涵大致有两种观点,有学者认为"'表演'是一种通过执行水平(即演技或移情能力)忠实地再现具有可表演形式作品的行为,其中没有任何的改编,演员的目标是通过'表演'让公众直观、形象生动地理解原作品,而不是演绎或者是'即兴创作'产生一个新的作品",[19] 另有学者则指出"'表演',是指自然人通过姿态动作、声音表情或乐器道具等,对既有作品进行演绎表达,以供他人欣赏的行为"。[20] 由此可知,我国学者虽然对"表演"的创作性程度存在不同意见,但他们都一致认为,我国著作权法意义上的"表演"是对既有作品的演绎,是源于作品的表达。

网络游戏玩家玩游戏的行为是否属于对作品的演绎呢?答案是否定的。一方面,有学者提出网络游戏玩家是对游戏作品的表演,[21] 如前文所述,网络游戏可以拆分为游戏程序、游戏素材与游戏画面三部分分别予以保护,如果为了权利整合而将网络游戏整体作为一独立作品加以保护,只是徒增形式而已,而无实际效用,甚至还可能会造成重复保护。另一方面,网络游戏玩家亦未对网络游戏素材或网络游戏画面进行表演,表演的目的是供他人欣赏被表演的作品,而网络游戏玩家玩游戏的行为本质上展现的是使用游戏的技巧而非再现作品的技巧。因此,网络游戏玩家操作游戏的行为不构成我国目前著作权法意义上的"表演",玩家不是著作权法意义上的"表演者"。网络游戏玩家为了体验

---

〔18〕 参见冯晓青:《网络游戏直播画面的作品属性及其相关著作权问题研究》,载《知识产权》2017年第1期。

〔19〕 参见冯术杰:《寻找表演中的作品——对"表演"和"表达"的概念反思》,载《清华法学》2011年第5期。

〔20〕 熊文聪:《论著作权法中的"表演"与"表演者"》,载《法商研究》2016年第6期。

〔21〕 参见欧修平、孙明飞、吴东亮:《庖解中国网络游戏直播第一案:权利属性及责任归属》,载知产力网:http://www.zhichanli.com/article/16303,最后访问日期:2017年3月1日。

游戏快感、获得胜利的竞技性操作，承载的是使用游戏的活动，而非演绎作品（游戏素材或游戏画面）的智力付出，无法在我国现有《著作权法》中获得保护。

2. 缺乏扩张保护的必要性

我国将著作权法意义上的“表演”严格界定为以文学、艺术作品为对象的演绎行为，同时为了能遵循“表演”即对文学、艺术作品的演绎这一逻辑并同时达到保护杂技、魔术、马戏的目的，我国成为第一个也是迄今为止唯一一个将杂技、马戏等具备观赏性的技艺表演纳入作品范围予以保护的国家。杂技、魔术、马戏等表演的观赏性集中体现在形体动作和技巧的难度系数上，其中含有多少艺术成分以及能否作为作品保护是值得商榷的。国外大多通过扩张表演者的范围，保护此类技艺表演者的利益，如《日本著作权法》第1款第3项规定，“表演，指通过具有戏剧效果的演出、舞蹈、演奏、歌唱、背诵、朗诵或者其他方式再现作品的行为（包括虽不再现作品但具有文艺性质的类似行为）”[22]和《法国知识产权法典》第二章L. 212－3条规定“表演艺术者为表演、演唱、朗诵、或以任何其他方式演出、演奏文学艺术作品或杂耍、马戏、木偶剧之人”。[23] 而《罗马公约》第9条“任何缔约国均可根据国内法律和规章，将本公约提供的保护扩大到不是表演文学或艺术作品的艺人”，则为表演者范围的扩大提供了合法性依据。按照《罗马公约》，我国亦可以通过打破将表演对象控制在作品范围内的局限，使得具备相当观赏价值的非作品性技艺表演也能获得邻接权保护。即游戏玩家操作游戏的技巧虽不是表演作品（游戏素材或游戏画面）的技艺，但其使用游戏的行为如果是为了向他人展示自己的才艺和技能，网络游戏玩家也可能因此获得表演者权。那么，我国是否有必要通过扩大表演者的范围保护网络游戏玩家的操作行为呢？笔者从表演者权的历史起源探究表演者权的权利内涵和法理依据，发现游戏玩家不应享有表演者权。

追溯表演者权的历史起源，表演者权并不是与表演相伴而生的，而是催生于传播技术的发展。传统的表演模式是：“没有付费就没有表演（no pay-no

[22] 《十二国著作权法》，《十二国著作权法》翻译组译，清华大学出版社2011年版，第361页。

[23] 《十二国著作权法》，《十二国著作权法》翻译组译，清华大学出版社2011年版，第92页。

play),没有表演就没有付费(no play-no pay)",[24]只有通过付费购买入场票,才能欣赏表演者亲力亲为的表演。随着传播技术的产生和发展,表演与表演者的人身发生了分离,观众无须购票亲临现场而通过广播、录音录像等媒介即可欣赏表演。这造成了表演者的劳动付出无法获得对等的回报,同时严重抑制了作品的传播,表演者权应运而生。可见,表演者权的确保护了表演者在传播作品过程中所作的付出,表演者因通过进行作品演绎("活表演")从而发挥传播作品的作用而对其演绎行为享有垄断权。但如果因此即认为玩家即使没有直接演绎作品,而是通过其游戏操作客观上达到了传播相关作品的效果也符合邻接权的本质,此观点是有失偏颇的。在游戏直播中玩家客观上可能实现传播效果的行为有玩家操作游戏的行为和开启直播软件或架设设备进行直播、转播的行为,如前所述,玩家操作游戏是对游戏的使用而非对游戏的演绎,其本质和利用设备传播游戏画面的行为无异,都是机械表演,但区别于表演权,表演者权只保护"活表演"。

另外,洛克财产权劳动理论从最本源、自然法的高度为表演者权制度提供了合理性的解释,而旨在促进文学艺术广泛传播的激励理论则为表演者权制度的正当性提供了积极的法理依据。[25] 那么判断网络游戏玩家能否享有表演者权必须考察是否同时满足这两大法理基础,无孰优孰劣之分。如果认为即使网络游戏玩家没有对游戏相关作品进行演绎,但其高超的游戏技巧因体现了技艺之美而应享有表演者权,此观点是值得商榷的。在没有表演作品的情况下,是否有必要扩大解释邻接权以保护玩家的游戏表现,应结合游戏行业现状作严格的利益考量,视其对社会文化发展的影响而定。目前游戏行业玩家大概有三类:普通玩家、主播玩家和电竞玩家。普通游戏玩家主要是私下的经验分享,不存在表演行为;而主播玩家和电竞玩家的游戏操作较具观赏性,其劳动付出皆能从直播平台运营商、电竞俱乐部的签约酬劳、劳动报酬获得较充分的回报。[26]

---

[24] Owen Morgan, "International Protection of Performers" Right, Hart Publishing, Oxford and Portland, Oregon, 2002, p. 4.

[25] 参见李扬:《再评洛克财产权劳动理论——兼与易继明博士商榷》,载《现代法学》2004年第1期。

[26] 《2016年中国电子竞技及游戏直播行业研究报告》,载艾瑞咨询集团官方网站:http://www.iresearch.com.cn/report/2627.html,最后访问日期:2017年4月3日。

由于为了展示高超技巧所作的付出已获得了相应回报，即使未能获得著作权法意义上的保护，网络游戏玩家进行技巧性表演的积极性也不会因此受挫，相反，如果给予游戏玩家以邻接权的排他性保护，游戏直播、电竞比赛等行业活动将受游戏玩家的约束，反而不利于游戏文化的发展与繁荣。因此，不管是从财产权劳动理论的角度分析，还是站在激励理论的层面结合行业发展考察，都没有必要通过扩展立法赋予网络游戏玩家以表演者权。

（二）创作性操作下的著作权利

除了竞技性操作外，玩家亦可能不再按照游戏规则、追求游戏预设目标操作游戏，而是利用游戏提供的素材通过操作游戏创作作品即进行创作性操作。正如有的学者指出，有的网络游戏为玩家操作提供了较大的个性化表达空间，其研发目的是向游戏玩家提供一个表达个性特点的创作平台。[27] 如在由Lionhead工作室开发的一款策略模拟游戏《电影大亨》（The Movie）中，玩家可以经历电影拍摄、剪辑和后期制作等工作。玩家利用游戏动画工具箱，通过选择题材、设计人物角色、选择背景和道具，编写剧本、导入音频等操作，制作出体现个性特点的动画短片，玩家就此创作结果享有相应的著作权。角色扮演游戏《第二人生》（Second Life）的用户协议更明确约定，游戏玩家就其在游戏中添加的独创性内容享有著作权。[28] 那何为具有独创性的内容？笔者认为，此处具有独创性的内容主要是指游戏玩家利用游戏元素创造出具有独创性的表达，如在“第二人生”中，游戏玩家享有很大的自主性，其可以在游戏中根据自身喜好创造出虚拟的生活场景和游戏角色的形象设计等独创性表达，其能够通过现有作品类型获得保护。有学者指出，玩家不仅是主演，还和游戏开发者一起担当了导演、编剧的角色。[29] 笔者认为，游戏开发者精心设计的视听表达即游戏画面的视听效果与玩家的独创性表达应予以区分，即前文提到基于游戏开发者的设

---

〔27〕 参见祝建军：《网络游戏直播的著作权问题研究》，载《知识产权》2017年第1期；冯晓青：《网络游戏直播画面的作品属性及其相关著作权问题研究》，载《知识产权》2017年第1期。

〔28〕 See Evans v. Linden Resea, Evans v. Linden Research, Inc., Not Reported in F. Supp. 2d (2012) rch, Inc., Not Reported in F. Supp. 2d (2012).

〔29〕 参见赵银雀、余晖：《电子竞技游戏动态画面的可版权性研究》，载《知识产权》2017年第1期。

计和玩家操作而形成的游戏动态画面表现的是游戏玩家创作过程,并不是玩家最终的独创性表达。游戏玩家基于二次创作的独创性表达,虽然从事实状态来看其被包含于某一具体的游戏动态画面中,但其并不是该游戏动态画面的全部或整体,其所呈现的作品形态视具体的创作情况而定,如玩家的二次创作在《电影大亨》(The Movie)等动画编辑游戏、《奇迹暖暖》等装扮类游戏、具有剧情编写空间的沙盒游戏分别表现为视听作品、美术作品及文字作品等。值得注意的是,这些游戏在玩家创作性操作下所呈现连续动态的网络游戏整体画面依然可以作为视听作品予以保护,即玩家操作的性质不会影响游戏开发者对游戏画面享有著作权。

在网络游戏中玩家独创性表达的著作权是否由玩家独自享有呢?有外国学者认为,此类作品应属合作作品,由游戏开发者和玩家共同享有。[30] 但我国学者和其他外国学者认为,此类游戏画面的形成缺乏合作意图,难以构成合作作品。[31] 还有学者认为,此类作品可能构成非法演绎作品。[32] 演绎作品与合作作品的关系是:如果一个人创作完成后,另一个人又加以补充创作,形成了新的演绎作品,则该演绎作品是否构成合作作品取决于第一位作者在进行创作时,是否知道其作品将通过其他创作者的演绎行为而被吸收进新的作品之中。[33] 笔者认为,玩家使用游戏是游戏的价值体现,如果独创性的表达是玩家通过合法使用游戏而作出的个性表达,该表达属于以游戏素材为基础的二次创作,且具有合法的权利来源,为合法演绎作品。加之如果游戏本身提供了较自由的操作空间,造成玩家极有可能在使用游戏的过程中利用游戏素材创造出具有独创性的表达,此情况理应在网络游戏开发者的意料之中,由此形成的作品应属于游戏开发者与玩家的合作作品,其著作权由两者共同享有。另外,有的游戏用户协议存在权利声明条款,明确与游戏相关的一切著作权归游戏开发者

---

〔30〕 Joss Nichols, Painting Through Pixels: The Case For a Copyright in Videogame Play, 30 Colum. J. L. & Arts 101, 116(2007).

〔31〕 参见崔国斌:《认真对待游戏著作权》,载《知识产权》2016年第2期;Matthewr. Farley, Making Virtual Copyright Work, 41 Golden Gate U. L. Rev. 1, 2010-2011。

〔32〕 Virtual Gaming Worlds Test Boundaries of Intellectual Property Law, Panelists Say, 11 Electronic Comm. & L. REP. (BNA) 143, 144 (2006).

〔33〕 参见王迁:《知识产权法教程》,中国人民大学出版社2016年版,第174页。

所有,排除了其与玩家的合作意图,玩家在此情况下利用游戏素材创作的演绎作品,应由玩家单独享有著作权,但由于该演绎作品是基于游戏素材的二次创作,其使用亦应受到游戏开发者因游戏素材所享有的著作权的约束。

三、不同网络游戏直播者的著作权许可规制

按主体的经营范围划分,网络游戏直播者大致可分为两类:一种情况是一般游戏直播平台与游戏主播对大型游戏赛事和普通游戏的直播;另一种情况是同时作为电竞赛事组织者的电竞赛事平台对大型游戏赛事的直播。

(一)游戏直播平台和网络游戏主播的作品使用限制

网络游戏行业中比较吸引眼球的主体非游戏主播莫属。网络游戏主播往往即游戏解说员、游戏玩家和游戏的直播者等多重身份于一身。游戏主播除了解说以外往往同时也是游戏玩家,游戏主播的直播画面由游戏本身的画面和游戏主播自身形象的外部画面两部分组成。游戏主播对其解说、配乐甚至舞蹈表演等额外添加的元素依法享有相应的著作权和邻接权。游戏主播操作游戏的行为应与上述额外添加的元素相分离,按照前述分析根据游戏操作行为的性质判断玩家的版权状态。

至于游戏主播直播游戏的行为,主播、游戏直播平台(非电竞平台运营者运营的游戏直播平台)未经授权而直播电子竞技比赛画面或一般网络游戏操作画面,是否构成合理使用呢?笔者认为,此种情况不属于也不应纳入合理使用的范围。其一,我国现行著作权法关于合理使用的12种情形均未涵盖游戏直播行为,即游戏直播行为不属于合理使用的法定情形。其二,部分学者指出,电竞游戏直播行为属于对游戏相关作品的转换性使用,应突破性适用合理使用的规定。[34] 虽然电竞游戏直播的一个重要目的是展示特定玩家赛手的游戏技巧和战果,但需要指出的是,游戏直播的观赏性除汇聚了游戏玩家操作所展示的竞技性与主播直播过程中所体现的趣味性之外,还有赖于游戏画面本身所展现的视听效果。游戏开发者所设计的游戏视听表达、玩家创作性操作下的二次创

---

〔34〕 参见王迁:《电子游戏直播的著作权问题研究》,载《电子知识产权》2016年第2期;崔国斌:《认真对待游戏著作权》,载《知识产权》2016年第2期;谢琳:《网络游戏直播的著作权合理使用研究》,载《知识产权》2017年第1期。

作,游戏玩家的竞技性操作以及游戏主播的自身行为共同构筑了直播用户的视听感受,即游戏直播行为亦涉及对网络游戏画面等相关作品的作品性使用。其三,如果将游戏直播行为纳入合理使用的范畴,一方面,游戏直播平台使用了游戏画面作品而无须征得著作权人的许可,显然有失公平;另一方面,游戏直播平台同样需要获得赛事平台的直播许可,否则赛事平台可以通过侵权责任法和反不正当竞争法寻求保护,即使游戏直播行为属于对游戏相关作品的合理使用,相关学者所期待的游戏直播平台无拘无束、自由发展的行业环境也是不可能出现的。

因此,一般网络游戏直播平台和游戏主播的游戏直播行为,应获得前述著作权人的授权,即应征得对网络游戏画面享有著作权的网络游戏开发者和在创作性操作下形成作品的玩家的许可。当然,由于玩家是否在游戏过程中创作出作品是不确定的而游戏直播具有同时性的特点,考虑到产业运营的效益,建议将玩家所可能享有的直播权益在用户协议中委托游戏运营者代为处分,对于非自营游戏的游戏开发者(游戏开发商委托游戏服务器运营商运营或两者联合运营)亦可在游戏运营协议中作类似约定,由此可以方便游戏直播平台与主播提前向游戏运营商申请许可。

(二)著作权人对电竞赛事平台的默示许可

在网络游戏衍生市场中,不容忽视的是迅猛发展的电子竞技市场。[35] 电竞赛事平台是电竞赛事组织者。从电子竞技的产业链分析,电竞平台运营者的核心业务是运营电竞赛事平台,电竞赛事平台有两类:第一类是第一方赛事平台,即由游戏开发商或游戏运营商直接负责组织赛事,如腾讯和网易,此种赛事平台以运营和推广自身产品为核心;第二类是第三方赛事平台,主要由专业运营机构联合相关资源主办,以打造精品赛事为目的。第三方赛事目前盈利困难,主要是因为赛事直播付费、赛事转播权出售等流量变现方式尚未成熟。[36]

---

〔35〕 2016年中国电子竞技游戏市场实际销售收入达到504.6亿元,占游戏市场销售总额的30.5%,公布赛事总奖金额度超过3亿元,已经成为游戏行业中极其重要的一部分。参见《2016中国游戏行业报告:除了手游份额819亿首超端游,游戏行业还有这几大变化》,载游资网:http://www.gameres.com/695909.html,最后访问日期:2017年3月12日。

〔36〕 《2016年中国电竞行业报告》,载游戏产业网:http://www.cgigc.com.cn/gamedata/8514.html,最后访问日期:2017年4月5日。

电竞赛事直播涉及了两大法益,一方面,基于赛事举办方的成本付出,电竞赛事平台应享有与体育赛事举办方类似独家的赛事转播权益,目前在我国此转播权益区别于著作权法意义上的作品传播权益,是一般性的无形财产权,而巴西则通过赋予足球赛事举办方以邻接权人的地位来保护其赛事直播利益;另一方面,正如前文所述,网络游戏画面所承载的视听表达是游戏开发者匠心独运的作品,以及游戏玩家在创作性操作下也会利用游戏素材经过二次创作形成相应的作品,那么对电竞赛事的直播必然涉及对网络游戏整体画面和玩家的二次创作的作品传播,直播行为虽然目前无法为广播权或信息网络直播权的所涵盖,但仍可以通过著作权法第 10 条第 1 款第 17 项兜底条款进行控制。这两种法益可以分别通过《反不正当竞争法》和《著作权法》获得保护。在第三方赛事平台承办赛事的情况下,理论上这两者法益分别由第三方赛事平台与著作权人(游戏开发者和玩家)享有,但第三方赛事平台对赛事的直播、转播同时必然也是对网络游戏画面的传播,鉴于游戏开发者或游戏运营者〔37〕已通过赛事授权以及电竞选手通过参赛均获得了相应利益,而第三方赛事平台获利途径集中在对赛事的直播,从利益平衡的角度衡量,赛事授权协议和游戏玩家的参赛申请应包含相应授权,若未明确授权应视为默示许可。

结　　语

虽然目前立法层面和司法实践对与网络游戏直播著作权许可的相关问题均未作出明确的规制,但如前文分析,网络游戏直播过程中传播了游戏开发者的视听创作和潜在的玩家作品,游戏直播者应征得相应著作权许可。为了保护相关著作权人的合法权益,促进网络游戏直播行业的健康发展,有必要及时规范网络游戏直播行为。网络游戏行业蕴含的无限商机必然催生更多的衍生市

〔37〕 网络游戏运营商指通过自主开发或取得其他游戏开发企业授权运营网络游戏,以出售游戏时间、游戏道具或相关服务为用户提供增值服务和游戏内置广告(IGA)获得收入的网络公司。参见百度百科:http://baike. baidu. com/link? url = l3VlFBf55 - RGW1PgNBzF0EK5yzBpmx3 - vCuS4RidXxXE8i0J7jeWJYfK - d5Maxyl1mK_rChrYNhdwVhtc9VLDLTuDLXHO3XzRXda1Wmxt8tcUYYCOoLZbioN7 _ BIkvxWee6HQtt6xNG8JETa1PBqxq, 最后访问日期:2017 年 4 月 10 日。

场与利益主体,面对层出不穷的行业模式,难以完全依赖立法、修法的方式达到定分止争的目标。从知识产权制度的内在机理出发,以劳动财产权理论、激励理论考察权利的正当性与合理性,运用利益平衡机制合理分配各方利益,才能最大限度地发挥知识产权制度对网络游戏行业发展乃至社会经济发展的正向效应。

论游戏画面的作品定性

贺成杰*

摘要:

在电子竞技运动中,游戏画面是竞技行为的表现方式,此时,游戏画面的创造在一定程度上不是为了表达作者的思想和情感,而是为了实现竞技之目的。因此,游戏画面不能一概地认定为作品,而应当区分游戏画面的类型。竞技类游戏画面不能被认定为作品,一方面,因为其缺乏整体被认定为作品的条件;另一方面,将其整体认定为作品会限制电子竞技运动的开展。非竞技类游戏画面则可以被认定为作品,其满足独创性、可被有形形式复制两项条件,同时也是作者文学、艺术或科学思想情感的表达。

关键词:

游戏画面;电子竞技;竞技目的;游戏类型

随着游戏直播行业规模的扩大,相关著作权法律纠纷不断增多,游戏画面定性作为解决该类型纠纷的基础问题,需特别关注。在司法实践中,游戏画面的定性更是法院需要判定的首要问题,[1]构成作品是以著作权进行保护的前提。对于游戏画面的作品定性问题,通观现有学术成果,学者们几乎一致地将游戏画面统一地认定为作品,忽视不同类型的游戏间的区别。但实际上,由于游戏画面产生过程的复杂性,应当对该问题进行分类分析,不同的游戏画面由于其自身的特性不同,可能构成作品也可能不构成作品。斗鱼案中的涉案游戏画面便是竞技类游戏画面不构成作品的代表情形,也是学者们抨击的主要对象,因此,本文接下来将结合斗鱼案中的涉案游戏——DOTA2 游戏的具体情

---

* 贺成杰,中山大学法学院 2016 级法学硕士研究生。

〔1〕 参见上海市浦东新区人民法院(2015)浦民三(知)初字第 191 号民事判决书;上海市浦东新区人民法院(2015)浦民三(知)初字第 529 号民事判决书等。

况,对游戏画面的定性问题进行分析讨论,以期寻找正确的处理方式。

一、司法实践中的区分定性与学术研究中的统一认定

关于游戏画面的作品定性,现有司法判例并未给出统一的定论,上海市浦东新区在2015年所作的一份判决中认定,游戏画面不构成作品,[2]但在2016年所作的另一份判决中认定游戏画面构成作品。[3] 而在学术界,虽然学者们对游戏画面的权利归属存在不同见解,但几乎都认为游戏画面应当被统一地认定为作品,[4]学者们的这种单一性认识可能有失偏颇。

2015年,耀宇公司与DOTA2游戏代理运营商共同打造的DOTA2亚洲邀请赛开赛,斗鱼公司未经授权,以通过客户端旁观模式截取赛事画面配以主播点评的方式实时直播了该赛事。[5] 为此,耀宇公司向法院提起诉讼,其提出"原告就涉案赛事形成的音像视频内容属于受我国著作权法保护的作品"。针对该案中斗鱼公司是从游戏客户端中直接取得赛事画面并不包含直播中的解说内容和拍摄画面的情况看来,耀宇公司公司认为的即是游戏画面属于作品。对此,法院认为"比赛画面并不属于著作权法规定的作品",有可能构成作品的是添加了解说、音效的直播画面,单纯的比赛之游戏画面并不能构成作品。[6] 但是,在2016年作出的另一份判决中,法院作出了完全相反的认定。在《奇迹MU》案中,法院明确指出,"涉案游戏的整体画面可以作为类电影作品获得著作权法的保护",肯定了游戏画面的作品性。[7] 综上,关于游戏画面的作品定性,

---

[2] 参见上海市浦东新区人民法院(2015)浦民三(知)初字第191号民事判决书。

[3] 参见上海市浦东新区人民法院(2015)浦民三(知)初字第529号民事判决书。

[4] 参见冯晓青:《网络游戏直播画面的作品属性及其相关著作权问题研究》,载《知识产权》2017年第1期;崔国斌:《认真对待游戏著作权》,载《知识产权》2016年第2期;祝建军:《网络游戏直播的著作权问题研究》,载《知识产权》2017年第1期;李扬:《网络游戏直播中的著作权问题》,载《知识产权》2017年第1期等。

[5] 参见陈琼珂:《首起电竞赛事网络直播纠纷案审结　斗鱼"搭便车"构成不正当竞争》,载《解放日报》2016年6月13日,第5版。

[6] 参见上海市浦东新区人民法院(2015)浦民三(知)初字第191号民事判决书。

[7] 参见上海市浦东新区人民法院(2015)浦民三(知)初字第529号民事判决书。

我国的司法判例存在认可其属于作品的情形,也存在否认其属于作品的情形。

但是在学术界,对游戏画面定性问题的看法却是相对统一的,基本都认为法院在2015年针对耀宇诉斗鱼一案作出的判决是错误的,或者说值得商榷的,认为无论何种游戏类型,只要符合独创性要求,其整体游戏画面都应当构成独立于游戏资源库的作品,虽然对作品的具体类别存在争论,但构成作品是统一的认识。[8] 学界存在分歧的主要是游戏画面的权利归属问题,部分学者认为,游戏画面的著作权应当归属于游戏开发商,即使存在玩家互动参与的过程。[9] 另外部分学者认为,认定游戏画面的权利归属,应当根据游戏的不同类型进行考量,在某些情况下,玩家会成为权利主体。[10]

学术界和实务中的观点分歧值得我们思考,斗鱼案之判决是否正确?游戏画面应当如何定性?游戏画面的产生是一个复杂的过程,其创作过程牵涉到多个主体和多种方式,游戏画面是多个主体的多种创作方式综合作用的结果。游戏画面既有可能构成作品,也有可能不构成作品,正如上海市浦东新区人民法院作出的前后两个相异的认定一样。这并不是司法认定的错误,或者是司法的标准不统一,而是针对不同的游戏类型作出的不同判断,游戏画面是否构成作品应当根据游戏的具体类型进行区分认定。

二、游戏画面的复杂形成过程

对于游戏画面是否构成作品,现有讨论多集中于对其独创性和可复制性的讨论,缺少对其是否属于思想和情感的表达的讨论,而要对表达目的进行讨论,

---

〔8〕 参见王迁:《论网络游戏整体画面的作品定性》,载《中国版权》2016年第4期;冯晓青:《网络游戏直播画面的作品属性及其相关著作权问题研究》,载《知识产权》2017年第1期;崔国斌:《认真对待游戏著作权》,载《知识产权》2016年第2期等。

〔9〕 参见冯晓青:《网络游戏直播画面的作品属性及其相关著作权问题研究》,载《知识产权》2017年第1期;崔国斌:《认真对待游戏著作权》,载《知识产权》2016年第2期;祝建军:《网络游戏直播的著作权问题研究》,载《知识产权》2017年第1期;李扬:《网络游戏直播中的著作权问题》,载《知识产权》2017年第1期等。

〔10〕 参见陈琼珂:《首起电竞赛事网络直播纠纷案审结　斗鱼"搭便车"构成不正当竞争》,载《解放日报》2016年6月13日,第5版。

我们必然要先了解游戏画面的产生过程。游戏画面是指游戏运行过程中,游戏引擎、程序调动游戏资源库中的素材,并将素材进行有机组合和排列所形成的有配音或无配音的连续动态图像,即游戏运行时显示在屏幕上的游戏画面。毫无疑问,游戏画面是可以被人们所感知的,也是可以被有形形式复制的,对此不作过多讨论。需仔细分析的是游戏画面的形成过程,即创作过程,这是影响游戏画面的作品定性的关键问题。

(一)游戏画面是资源库内素材的组合

游戏画面是游戏资源库内的素材进行组合、排列的结果。在游戏画面产生之前,游戏开发者需要先行创作大量的游戏内容,具体表现为各种形式的美术、音乐和文字设计,这些智力成果或者具有足够的独创性能够构成作品,或者不具有独创性不能够构成作品。游戏开发商需要创作出基础性的智力成果,并将这些智力成果转化为可被计算机程序识别的代码形式,形成游戏资源库。当游戏运行时,游戏程序就从游戏资源库中调用相关内容以形成游戏画面,因此游戏画面必然是游戏资源库内的智力成果进行组合、排列形成的,并不会出现游戏资源库以外的内容。

(二)游戏画面是共同创造的结果

游戏画面通常是玩家和游戏开发商共同进行创作的结果。游戏画面是由游戏程序调用游戏资源库中的要素形成的,那么,游戏程序的调用过程实则就是游戏画面的创作过程,谁在游戏程序的调用过程中起到了作用谁就参与了游戏画面的创作。一方面,游戏程序会根据玩家的操作、根据玩家所发出的指令作出反应,其调用哪些内容形成游戏画面是受玩家影响的。比如,当玩家发出释放技能的指令时,游戏程序才会根据该指令调用技能画面,游戏画面中才会形成人物释放技能的视听效果。另一方面,游戏程序中存在游戏开发商预设的指令,并根据该指令进行资源的调用以形成画面。例如,DOTA2 游戏的开发商会预设有 NPC 人物受玩家攻击时反击的指令,当玩家攻击 NPC 人物时,游戏程序会根据开发商预设的指令调用资源库中的技能画面,进而形成 NPC 释放技能的游戏画面。又如,DOTA2 游戏启动后,即使玩家不进行操作,游戏程序也会调动素材形成游戏画面,这种调动行为,毫无疑问是游戏开发商预设的。因此,游戏画面的创作,即游戏资源库中内容的选择和组合,一部分是由游戏开发商完成的,另一部分是由玩家完成的,通常情况下是二者共同创作了游戏画面。但在不同的游戏中,两个部分的比例各不相同,在一个极端,如沙盒类游戏或简单的服装搭配游戏中,游戏开发商较少参与素材的选择,游戏画面的形成更多的是根据玩家的操作指令进行素材选择的结果。而在另一个极端,如大多数的剧情类游戏中,游戏画面对素材的选择和排列主要是由游戏开发商预先设定,游戏画面较少地体现了玩家的选择活动。值得注意的是,如今随着游戏互动性的增强,游戏画面的内容中越来越多的含有玩家添加的内容,现在再难以认为游戏画面完全是开发商预设的,玩家所做的活动仅仅是如电视选台一般选择一个具体表现,[11]否认玩家的创造行为对游戏画面最终形成的影响是不可取的。另外,也有学者认为游戏画面可以分为游戏本身所含有的游戏画面和玩家玩游戏时形成的游戏画面,[12]但实际上,游戏本身所含的游戏画面和游戏资源库难以区分,资源库内是否已经完成了组合难以考究,故游戏画面应当指的是玩家参与时形成的游戏画面,而玩家参与时形成的游戏画面应当是游戏开发商和玩家共同创造的成果。

(三)游戏画面是有意识地组合的结果

游戏画面并非大自然中自动随机形成的结果,是对游戏资源库中各种素材有意识地进行排列组合的结果,这种排列和组合含有开发商或玩家的主观意识。因此这种对素材所进行的排列组合,既可能是创作者对思想、观念及情感的表达,也可能并非为了表达情感,而是出于竞技目的或者其他主观意图。例如,在经典游戏《仙剑奇侠传》中,人物形象、地图、野怪形象、字幕、技能等各要素不断地组合和变化,体现的都是剧情的发展,体现的都是创作者所欲表达的故事和情感。但是,在一般的围棋游戏内,棋子和棋盘的组合及变化,则并不是创作者思想情感的表达,而是创作者为了获取比赛胜利所进行的选择和排列。因此,游戏画面又可以区分为竞技类游戏画面和非竞技类游戏画面。[13] 但是,在一个游戏画面中,表达思想和情感的目的以及竞技目的常常是兼而有之、不分伯仲的。例如,在斗鱼案中,DOTA2 的游戏画面就是一种兼具双重目的的结果,技能和人物如何结合,可能是创作者为了追求更美的画面效果而精心选择的,体现的是创作者的艺术或美学思想、情感。但是,人物在地图上的不同位置

〔11〕 参见崔国斌:《认真对待游戏著作权》,载《知识产权》2016 年第 2 期。

〔12〕 参见王迁:《电子游戏直播的著作权问题研究》,载《电子知识产权》2016 年第 2 期。

〔13〕 虽然理论上并非所有非竞技类游戏画面都是作者思想和情感的表达,但这种情况极为罕见,我们为了便于理解,可以将游戏画面直接作这种区分。

的摆放和移动,技能画面何时在何位置出现,这种对素材的选择和排列,则是作为创作者的玩家为赢得比赛而作出的,并非思想、情感的表达。当竞技目的越大时,游戏画面就更偏向于属于竞技类游戏画面,而当思想和情感的表达目的越大时,其就更偏向于属于非竞技类游戏画面。

三、游戏画面是电子竞技运动行为的表现形式

正确地认识游戏画面与电子竞技运动的关系,能够帮助我们正确地认识游戏画面的内涵,防止不当地将游戏画面和体育赛事画面作类比。早在2003,国家体育总局就将电子竞技列为正式开展的第99个体育项目。[14] 电子竞技运动是利用高科技软、硬件信息设备作为运动器械而进行的人与人之间的智力的对抗运动。[15] 此处所指的软、硬件信息设备常常就是电子游戏,即电子竞技运动常常是利用电子游戏进行的对抗运动。而电子游戏,早期又被称作视频游戏,正是因为玩家所"玩"的实际上是视频画面,玩家是通过操作改变游戏画面,感受游戏画面变化带来的乐趣。因而电子竞技运动正确的理解,应当是一种操控游戏画面的对抗活动,玩家通过形成游戏画面进行对抗。以象棋为例,在实际象棋比赛中,选手通过移动棋子的行为进行对抗竞技,象棋规则规定棋子移动行为的效果并决定输赢。而在象棋游戏中,玩家并没有实际的棋子移动行为,我们也不能认为玩家通过点击鼠标行为进行对抗,点击鼠标只是手段,玩家实则是通过改变虚拟棋子的位置,通过改变游戏画面进行竞技对抗,而相应的游戏规则规定画面变动的效果并决定输赢。

因而有学者认为,游戏画面类似于体育赛事画面的理解是错误的。[16] 游戏画面的地位并不类似于赛事画面,而应当是赛事活动本身,游戏画面就是电子竞技运动行为的表现形式,而不是对运动行为的记录。足球运动以控制肢体行

[14] 参见谢嘉晟、林世雄:《厦门:电竞千亿产业链蓄势待发》,载《福建日报》2016年12月26日,第4版。

[15] 参见李宗浩、王健、李柏:《电子竞技运动的概念、分类及其发展脉络研究》,载《天津体育学院学报》2004年第1期。

[16] 参见冯晓青:《网络游戏直播画面的作品属性及其相关著作权问题研究》,载《知识产权》2017年第1期。

为进行竞技,而电子竞技运动以操作画面进行竞技,所有肢体行为共同形成一场足球赛事,所有游戏画面则共同形成了一场电子竞技赛事。综上,在电子游戏竞技运动中,游戏画面就是其竞技行为的表现形式。

四、游戏画面应当区分认定

我国著作权法实施条例第 2 条规定:"著作权法所称作品,是指文学、艺术和科学领域内具有独创性并能以某种有形形式复制的智力成果。"据此,我国享有著作权法上的排他性权利的作品应当满足三个要件,首先应当具有独创性,其次应当能够以某种有形形式复制,最后还应当是以展示文学、艺术或科学美感为目标的智力成果。[17] 游戏画面是将零散的储存于游戏资源库中的素材进行有机组合的结果,通过这种对素材的有机组合形成的是崭新的完全不同于凌乱素材的新智力成果,应当是具有足够的独创性的。同时,游戏画面虽然是临时呈现的内容,但只要能够通过拷屏或者其他方式被复制,便能够满足"能以某种有形形式复制"的要求。[18] 所以,游戏画面通常满足成为作品的前两个构成要件,对此学界也多无争议。主要的问题在于,游戏画面是否是作者文学、艺术或科学思想及情感的表达?对此,同一法院曾作出两个相反的判例,"耀宇诉斗鱼案"中游戏画面被认为是比赛情况的客观表现,并非作者思想、情感的表达,进而不认为是作品。而在"奇迹 MU 案"中,法院确认了游戏画面的作品性,即默认了游戏画面是作者思想和情感的表达。多有学者抨击前一案例,认为该判定值得商榷。但实际上两个判例都是正确的,根据游戏画面的类型不同,游戏画面的作品定性结果应当是不同的。

(一)竞技类游戏画面不构成作品

在耀宇诉斗鱼一案中,法院认为"由于涉案赛事的比赛本身并无剧本之类的事先设计,比赛画面是由参加比赛的双方多位选手按照游戏规则、通过各自操作所形成的动态画面,系进行中的比赛情况的一种客观、直观的表现形式,比赛过程具有随机性和不可复制性,比赛结果具有不确定性,故比赛画面并不属

〔17〕 参见王迁:《知识产权法教程》,中国人民大学出版社 2014 年版,第 69 页。

〔18〕 参见崔国斌:《认真对待游戏著作权》,载《知识产权》2016 年第 2 期。

于著作权法规定的作品”。[19] 该表述表达了“比赛画面是比赛情况的客观表现形式”这一认识,因为画面实则就是视频游戏比赛的表现形式,并不完全是作者情感、思想的表达,不应当构成作品。

1. 竞技类游戏画面并不完全是创作者对文学、艺术或科学思想情感的表达

要确认游戏画面脱离于游戏资源库的自身的作品性,则需要游戏画面的形成过程,即对游戏资源库中素材的选择过程要具有足够的独创性,同时该创作过程还应当体现作者的文学、艺术或科学思想情感,而竞技类游戏画面的创作过程一定程度上体现的并不是作者的思想情感。

电子游戏在早期又被称为视频游戏,因为玩家享受的游戏体验,实际上表现为控制试听画面的变化。因此,电子竞技游戏实际上就是视频竞技游戏,虽然竞技的胜利或者失败是由其游戏规则和机制决定的,但竞技的外在表现就是对游戏画面的控制和操作,玩家就是通过对游戏画面的控制以实现比赛的胜利。例如,在DOTA2游戏中,玩家获得比赛胜利的方式,就是通过操作游戏人物在地图上进行移动,并在适当的时候在适当的地方释放技能和进行攻击,这实际上就是选择游戏画面中人物要素的摆放和移动,选择游戏画面中技能画面的摆放和排列。竞技类游戏画面实际上就是竞技行为的表现,对画面的创作行为本身即是竞技行为,这一点被学者们所忽略。因此,竞技类游戏画面的创作中,至少有一部分的对资源库内要素的选择行为,通常表现为玩家的行为,不是创作者思想和情感的表达,而是玩家为实现竞技目的作出的。

游戏画面的形成是一个复杂的过程,通常既包含了游戏开发商的创作也包含了玩家的创作,诚然在竞技类游戏画面中,有部分创作是出于表达作者之思想情感的目的,如非玩家控制的人物形象与地图背景的搭配。但竞技类游戏画面中,许多部分的创作却是出于竞技之目的,不是创作者思想情感的表达。因此,将游戏画面作为一个整体认定为作品,实际上就使得并非为了表达思想情感而创作的智力成果获得了排他性权利,这与著作权的基本理论不符。诚如崔国斌教授所指出的“几乎不可能出现游戏画面中不含有独创性内容的情况”,[20]部分的游戏画面,即去除掉为竞技目的而创作之部分的剩余部分,确实有获得著作权保护的根据,是具有独创性的为表现创作者的文学、艺术或科学

[19] 参见上海市浦东新区人民法院(2015)浦民三(知)初字第191号民事判决书。

[20] 参见崔国斌:《认真对待游戏著作权》,载《知识产权》2016年第2期。

思想情感的智力成果。但学者们的论述中大多仅片面地强调游戏开发商对游戏画面形成所作出的创造活动,认为这种创造性活动所形成的智力成果像电影或者视听作品一样是艺术的表达,却忽略了玩家对最终画面形成的贡献,缺少玩家的创造行为,最终的游戏画面实则是无法形成的。一个整体的连续的游戏画面,是包含有玩家出于竞技目的而创作的部分的,不应认定为作品。

2. 竞技类游戏画面认定为作品会影响电子竞技运动的开展及公共利益

体育活动不能作为作品获得保护,一个重要的原因就在于,我们难以想象某位运动员因为创造了某个动作,而有权禁止未来的其他人在体育赛事中使用该动作。竞技类比赛画面被认定为作品,也将导致类似的严重的不良后果,将限制他人的电子竞技活动。

在传统体育活动中,运动员以肢体动作进行竞技,虽然肢体动作作为一种肢体语言,是一种客观的表达方式,与舞蹈、戏剧等作品的表达方式极为相似。但是将运动中的肢体动作认定为作品,赋予创作者排他性权利,就意味着,权利人可以禁止他人使用该肢体动作,这将严重限制体育活动的开展,也将影响公共利益。而在电子游戏赛事中,玩家以画面操作进行竞技,游戏画面就是其竞技活动的表现方式,当游戏画面被认定为作品时,无论权利归属于谁,权利人都对该画面享有了排他性权利,他人要形成抄袭的、相同的画面需要得到许可,这是不可思议的。例如,在一款新出的象棋游戏中,测试人员在一盘测试对局里选择了“炮二平五”的起手式,即形成了一段红方“炮”移动到棋盘中部的试听画面,如果该游戏画面构成作品,那么权利人就有权禁止他人在不构成合理使用或者法定许可的情况下使用相同或相似的画面。因为象棋电子游戏就是通过移动画面中的棋子进行比赛的,那么他人想要使用“炮二平五”的起手式就必然使用与之相同的游戏画面,这就使得他人在这款象棋游戏中的下棋方式受到了限制,这会对体育运动产生严重的不良影响。所以,为了保证电子竞技运动的顺利开展,保证公众的体育文化需求得到满足,不能将竞技类游戏画面认定为作品。特别是电子竞技运动正处于快速发展的时期,2022 年杭州亚运会已经将电子竞技运动列为正式比赛项目。[21] 在这个时期赋予某主体对该运动的运动行为以排他性权利,将严重限制这项运动的发展,是不合适的。

因此,法院对斗鱼案所作的认定应当是正确的。在斗鱼案中,原告试图要

---

〔21〕 2017 年 4 月 17 日,亚奥理事会与阿里体育在杭州正式宣布该消息。

求获得著作权保护的客体是纯粹的赛事游戏画面,该动态游戏画面的形成具有一个复杂的过程。它的创作实际上是由DOTA2游戏开发商和参赛选手共同完成的,该赛事画面中的某些部分确实是游戏开发商精心设计的结果,开发商为了提高游戏的美感,对资源库中的要素进行了具有创造力的组合,是艺术思想和情感的表达,为该部分赋予排他性权利是适当的。但是,该案中,原告要求认定为作品的是整个赛事画面,动态的赛事画面应当是包含选手的创作行为的,人物形象的移动,技能动画的出现时机、顺序,都是参赛选手操作的结果。在DOTA2这样一个复杂的、玩家自由度极高的电子竞技游戏中,我们很难认为玩家的这些选择都是在开发商预料之中的,完全是开发商预设的。所以,整个赛事画面中必然包含选手的创作行为,缺少选手的创作行为,其最终呈现的结果必然不会是动态的赛事画面。同时,选手的创作行为并非为了表达文学、艺术或科学的思想情感,而是为实现竞技目的进行的。学者们常常仅强调游戏画面中开发商的创造活动,却忽视玩家的创造性活动。[22] 玩家创造的部分往往才是游戏画面中的核心部分,例如,该案中,原告所欲禁止被告引用的部分便正是选手的操作部分的画面。综上,斗鱼一案的游戏画面作为竞技类游戏画面不能被认定为作品,不能因为该赛事画面中开发商完成的部分确有保护必要,而将囊括选手完成部分的整个赛事游戏画面认定为作品,法院的认定是适当的。

(二)非竞技类游戏画面构成作品

在《奇迹MU》一案中,法院对原告请求保护的游戏整体画面作出以下认定,"当玩家开启操作时,游戏引擎按照其软件的功能设计调用上述素材并在屏幕终端呈现出文字、图片、声音等组合而成的画面,上述画面具有独创性,并能以有形形式复制,是应受著作权法保护的作品"。[23] 这种认识虽然与前一案件的判决相反,但是建立在该案的游戏画面属于不同类别的基础上,将非竞技类游戏画面认定为作品也应当是正确的。

游戏画面是对游戏资源库中的内容进行选择组合的结果,其展现为一种有机的具有审美性的组合,游戏画面作为一个整体具有不同于零散素材的新的艺术价值和审美价值,将游戏画面视为独立的作品在独创性的认定上不具有什么难度。而其可复制性在如今的技术条件下也是很容易被承认的,所有临时展现

〔22〕 参见李扬:《网络游戏直播中的著作权问题》,载《知识产权》2017年第1期。

〔23〕 参见上海市浦东新区人民法院(2015)浦民三(知)初字第529号民事判决书。

的游戏画面既可以通过游戏自身所带的录制功能进行固定，也可以通过简单地另外运行一个录制程序进行固定。游戏画面认定为作品的唯一障碍在于是否是文学、艺术或者科学思想情感的表达。游戏画面的形成更多地体现为对美术画面的组合和排列，而美术上的智力成果通常被默认为是艺术思想和情感的表达。因为美术智力成果不同于文字智力成果、口述智力成果或者肢体表达型智力成果，人们难以完全不带任何思想情感地进行美术创作。例如，我们可能不带思想情感的作出吃饭动作、进行毫无意义的喊叫等，但我们很难认为某些图画是完全无意识地创作形成的。因而游戏画面通常看来都是文学、艺术或科学思想情感的表达，是可以构成作品的。但随着视频游戏竞技活动的产生，美术创作行为才难得地有了非思想情感表达的目的——竞技目的。所以，剔除出竞技类的游戏画面后，非竞技类游戏画面可以较为轻易地被认定为是思想和情感的表达，虽然游戏画面的形成融合了游戏开发商和玩家二者的创作行为，但只要其中不包含竞技目的，游戏开发商和玩家的创作行为都可以被认为是对思想和情感的表达，不会影响将游戏画面认定为作品。

结　语

游戏画面的形成是一个复杂的过程，必须承认的是，现行流行的大多数电子游戏都赋予了玩家较高的自由度，游戏画面并非完全由游戏开放商预设，游戏画面是游戏开发商和玩家共同创造的智力成果。而在电子竞技运动中，玩家所进行的游戏画面创作行为，有时候是出于竞技之目的，并未是为了表达文学、艺术或科学思想情感。因此，不能将游戏画面简单地、一概地认定为作品，而应当区分为竞技类游戏画面和非竞技类游戏画面两种类型，进行区分认定。但是，虽然竞技类游戏画面不宜认定为作品，但不代表竞技类游戏画面中不包含受著作权保护的部分，竞技类游戏画面中的人物形象、技能动作等常常都是极富创造性的表达，是享有著作权的作品。因而，对竞技类游戏画面的使用，仍然是可能构成侵权的。而对于非竞技类游戏画面，其作品性容易认定，但具体权利归属是值得思考的。许多学者都认为其权利应当归属于开发商，却忽视了玩家的创造性活动对最终游戏画面之形成的作用。同时，由于玩家群体的分散性，可能导致缺少利益代表，这也容易导致学术正义的偏颇。所以，游戏画面的作品定性问题只是游戏直播行业发展中所面临的众多问题中的前提和基础，解决该问题绝不足够，后续的许多问题依然值得研究和讨论。

信息网络侵权案件管辖的立法思考

甄秀雯*

摘要:

信息网络侵权与传统侵权存在的本质区别,造成了传统侵权纠纷管辖的困境。虽然我国也相应地制定了个别类型化的管辖规定,但一直缺乏信息网络侵权的一般管辖规定。直到2015年《民事诉讼法》司法解释的第25条才首次对信息网络侵权案件的管辖作出一般规定,[1]并明确侵权结果发生地包括被侵权人住所地。第25条侵权结果发生地的规定在修正原有不足的同时,也存在突破"原告就被告"原则、加重信息网络侵权纠纷管辖无序化以及易于被纠纷管辖协议[2]规避之嫌。下文将先以第25条的制定背景为铺垫,从理论和实践的角度分析该规定是否存在上述问题并就它们之间的关系进行深入剖析,以致更深入理解侵权结果发生设置的相关问题,为今后信息网络侵权纠纷管辖立法总结经验。

关键词:

信息网络侵权;原告就被告;被侵权人住所地;管辖秩序

随着信息技术的日益发展,信息网络行业突起,截至2016年12月,我国网

---

* 甄秀雯,中山大学法学院2016级法学硕士研究生。

[1] 本文中信息网络侵权纠纷的一般管辖规定是侵权纠纷管辖最基本、最上位规定在信息网络侵权领域的细化表现,其一般性是相对于各类型信息网络侵权纠纷的特别管辖规定而言。

[2] 纠纷解决协议包括管辖协议或条款和仲裁协议或条款。为了减少重复累赘的叙述,本文一般以纠纷解决协议、管辖协议、仲裁协议囊括纠纷解决条款、管辖条款、仲裁条款,具体案例分析除外。

民规模达到7.31亿,互联网普及率为53.2%。[3] 信息网络与民众生活息息相关,但是这紧密相关的信息网络不仅给大众生活带来了便利,同时也带来许多新烦恼。由于信息网络的虚拟性和高覆盖面,出现了许多传统民事领域所无法预料的新型侵权,在此我们称为"信息网络侵权"。其不仅冲击了民事实体法,也造成了民事程序法的困境。就从解决纠纷这一环节入手,信息网络侵权首先就冲击到了民事诉讼的门槛——管辖。

迄今为止,我国尚未形成一套系统的网络侵权诉讼管辖制度。在《最高人民法院关于适用〈中华人民共和国民事诉讼法〉的解释》(以下简称《民诉司法解释》)第25条制定前,司法实践中对信息网络侵权纠纷,总体上依据侵权纠纷的基本管辖规定来解决问题,个别依据零散的几个特别规定[4]来处理。并且,由于这些法律法规是零散不成体系的,在案件性质重合的情况下,原告可以依据自己的意愿从相关法律法规所规定的管辖连接点中,自由选择一个进行起诉,其选择没有顺位限制。

《民诉司法解释》第25条则首次对信息网络侵权作出了一般性的规定,开创了信息网络侵权管辖的新局面。其中最有特色的一点沿袭了2014年出台的针对利用信息网络侵害人身权益司法解释中侵权结果发生地的设计,将被侵权人住所地列入了侵权结果发生地。然而,这却造成了在信息网络侵权中,原告住所地与被告住所地作为管辖连接点的竞争和排斥,并产生了如下的疑问:第25条所明确的侵权结果发生地是否突破"原告就被告"的一般管辖原则,这二者之间的关系如何,第25条的设定是否合理呢?第25条的规定是否也加剧了

---

[3] 中国互联网络信息中心(CNNIC):《第39次中国互联网络发展状况统计报告》,载中国互联网络信息中心网:http://www.cnnic.net.cn/hlwfzyj/hlwxzbg/hlwtjbg/201701/P020170123364672657408.pdf,最后访问日期:2017年6月2日。

[4] 2000年《最高人民法院关于审理涉及计算机网络著作权纠纷案件适用法律若干问题的解释》(以下简称《网络著作权司法解释》)、2001年《最高人民法院关于审理涉及计算机网络域名民事纠纷案件适用法律若干问题的解释》(以下简称《网络域名司法解释》)、2012年《最高人民法院关于审理侵害信息网络传播权民事纠纷案件适用法律若干问题的规定》(以下简称《信息网络传播权司法解释》)和2014年《最高人民法院关于审理利用信息网络侵害人身权益民事纠纷案件适用法律若干问题的规定》(以下简称《网络人身权益司法解释》)等。

滥诉和“挑选法院”的可能性？此外，虽然第25条将被侵权人住所地列入侵权结果发生地目的之一就是维护被侵权人的诉讼利益，但在众多关于电子贸易或服务的信息网络侵权纠纷中，纠纷管辖协议往往能够阻断第25条的适用，我们如何看待第25条侵权结果发生地的存在价值？

下文将先以第25条的制定背景为铺垫，从理论和实践的角度分析第25条是否存在上述问题并就它们之间的关系进行深入剖析，以致更深入地理解侵权结果发生设置的相关问题，为今后信息网络侵权纠纷管辖立法总结经验。

一、第25条的制定背景

(一)信息网络冲击了传统属地管辖规则

1. 侵权行为实施地难以确认

以数字传输为手段的网络侵权行为，其最大的特点在于阶段性和复制性。根据网络数字传输规则，一个完整的网络侵权行为可以分解如下：(1)具体侵权人通过终端设备在某一特定时空条件下进行联网、访问、远程控制或下载、上传、设置超链接、设置URL、转发等行为；(2)侵权人的操作指令以及侵权指向的目标内容以数据流的形式在终端设备、IAP服务器、节点计算机设备、ICP服务器及其他网络设备之间进行传播；(3)指令及数据流到达目的服务器，完成相应操作。[5] 从该过程分析中可知，网络侵权行为不仅涉及数个环节，而且几乎同时在数个网络设备中发生相应的存储或复制。这一切都发生在虚拟的空间内，过程不存在可视的物理空间形态，因此，在以物理空间划分地域管辖的传统管辖理论下，如何判断侵权行为实施地成为一个棘手的问题。更为棘手的一点是，由于信息网络传输的特点，即使以可视的网络服务器、终端计算机所在地作为侵权行为实施地，极可能是跨国、跨境的，增加了国内法院管辖、当事人起诉的难度和成本。

2. 侵权结果发生地“遍地开花”

随着近年来信息网络的普及发展，网络侵权结果发生地越来越难以认定。一方面，侵权人随时随地实施侵权行为，终端计算机设备、网络服务器可能存储

〔5〕 参见曹雪明：《网络侵权的特点及其管辖权确定》，载《人民法院报》2001年12月，第6版。

着侵权信息；另一方面，第三人亦可随时随地接收到侵权信息。从理论上来说，只要有信息网络的地方就均有可能成为侵权结果发生地，侵权结果发生地极有可能遍及全球，具有强烈的随机性。然而，终端计算机设备，不论是侵权人的还是被侵权人的，均不具有稳定性。由于计算机产业的发展，使用的计算机设备可以是随机的；又由于便携式计算机的出现，使用终端计算机的地点也可以是随机的。因此，出于司法管辖主权、最密切联系、防止滥用管辖争议等考虑，司法实践中法院则表现出极为保守和谨慎的态度，对此争议极大。

例如，以我国网络购物侵权为例，消费者的收货地址能否作为网购侵权案件中的侵权结果发生地呢？有法院认为，收货地址可以作为管辖的连结点。其依据是收货地址是侵权复制品到达的地址，也是侵权结果发生的地址，因此可以视为侵权结果发生地。但持反对态度的法院也不在少数，其认为侵权结果发生地应当理解为侵权行为直接产生的结果发生地，不能以原告受到损害就认为原告所在地就是侵权结果发生地。民事责任的构成要件之一是过错，在网购侵权案件中，侵权人对于销售侵权复制品有过错，但是复制品发往何处不受其控制，因此收货地址并非侵权行为直接产生的结果发生地。[6] 此种争议普遍存在于信息网络侵权纠纷当中。

（二）侵权主体的隐匿性与泛化

在信息化的网络社会，网络行为主体通常具有较强的隐匿性，网络空间不需以实名制为准入条件，所有人都能在网络空间任意行动，并自由流动。网络设备一旦被接上互联网就能够为行为人所用，被利用的门槛也很低，所以侵权行为人的可能范围极其广泛。另外，侵权行为人亦可拥有多个或动态的 IP 地址，这些 IP 地址各式各样，不受地理位置和时间上的约束，具有高度流动性。因此，这就造成网络侵权诉讼中的被告人难以确定，进而其对应的管辖法院也就无法确定，给被侵权人选择管辖法院造成了巨大的困难。

此外，作品在网络上被传送时必不可少的会涉及复制，无论是在网上写的博客，用电子邮箱发送的邮件，还是在微信等类似交流平台上的谈话，其不仅在终端计算机上产生相应的复制文件，还会在自身使用的服务器，对方的服务器和对方的终端计算机上发生复制现象。所以，网络行为的无限复制性同样使得

〔6〕 参见刘欢：《网络著作权侵权案件的地域管辖》，载《人民司法》2015 年第 9 期。

确认侵权人难度大大增加。[7]

(三)已有的管辖规定存在不足

诚然,我国亦承认信息网络侵权纠纷的管辖问题相对于传统管辖问题具有特殊性,并针对信息网络侵权纠纷管辖问题在著作权、域名、人身权益和信息网络传播权等领域作出了规定。尽管如此,我国已有的管辖规定尚存在不足之处。

第一,侵权纠纷的基本规定缺乏操作性且已有专门规定较少。在第25条制定之前,我国信息网络侵权纠纷的管辖以侵权纠纷的基本管辖规定为一般规定,辅之以少量的特定类型化规定。我国民事诉讼法中对于侵权纠纷的基本管辖规定适用于所有类型侵权,但一般性规定由于覆盖面过大,其必然具有一定的抽象性并缺乏司法可操作性。因此,对某些特定领域的管辖问题,作为补救手段,我国一般在侵权纠纷管辖基本框架上细化解释。我国也确实对信息网络侵权管辖问题进行了更为细致的规定,例如,分别对利用信息网络侵害他人著作权、域名、人身权益和信息网络传播权的管辖问题作出了规定,然而此种列举式的规定无法解决信息网络侵权的全部纠纷,反而造成了信息网络侵权纠纷解决的不平等性。从法律体系上来看,列举式的规定方式必然导致法律逻辑的不周延以及体系化的缺失。要解决这一局面就必须从信息网络侵权该层面进行规范,制定信息网络侵权纠纷的一般管辖规定。

第二,已有规定存在不合理之处。在上文对侵权行为地和被告人住所地的分析中,可得知,以信息网络侵权过程中可视的设备所在地,如实施被诉侵权行为的网络服务器、计算机终端等设备所在地,或被告人住所地为管辖连接点,不仅在理论上存在争议,而且实践中也存在操作难度和成本高等问题。我国在制定相关管辖规则时,确实也考虑到了实践操作因素,特别规定了侵权行为地和被告住所地均难以确定或者在境外的,原告发现侵权内容的计算机终端等设备所在地可以视为侵权行为地。可是,这一规定中的计算机终端设备具有移动性和不稳定性,其极可能导致侵权结果发生地的泛化和不确定。并由于信息网络的交互性,只要行为人链接网络,可在任何地方的任何计算机上读取、发现侵权内容。这就对民事管辖理论中所要求的稳定性造成了冲击,也很可能导致“挑

[7] 参见黄琨:《网络侵权诉讼的管辖权问题研究》,载《深化司法体制改革——第六届河北法治论坛论文集》(未刊稿)。

选法院”和管辖权异议的滥用。

虽然关于网络人身权益的司法解释明确侵权结果发生地包括被侵权人住所地，但是该规定仅明确针对信息网络人身权益侵权纠纷，并未明确可适用于财产型侵权纠纷。诚如前文所示，信息网络侵权的法律规定类型化较强，司法实践中侵权结果发生地认定亦较为保守，因此，大量财产型纠纷并不当然适用该规定。

故鉴于信息网络的高速发展，信息网络侵权纠纷管辖问题的复杂性，以及轻易不突破我国侵权纠纷管辖框架的理念，法律难以设置既稳定又平衡被侵权人诉讼利益的侵权行为发生地，也无法扭转被告人全球化和匿名化的困局。为避免被侵权人陷入管辖桎梏以及司法资源的浪费，法律制定者将目光转向侵权结果发生地的设置。第 25 条在此等背景下应运而生，从而解决了已有规定中侵权结果地泛化的问题，为被侵权人和法院指明了管辖的范围，既维护了被侵权人的诉讼利益，也引入了相对稳定的管辖连接点。可这也引发了第 25 条与传统“原告就被告”原则之间的矛盾。

二、第 25 条与“原告就被告”管辖原则的关系

（一）第 25 条突破“原告就被告”原则的理论分析

首先，虽然案件的管辖不以“原告就被告”原则为唯一原则，但 2015 年的《民诉司法解释》第 25 条将被侵权人（往往就是原告）住所地列入了侵权结果发生地，导致信息网络侵权纠纷中“原告就被告”原则的必然突破。“原告就被告”的实质意思就是在侵权案件中选择管辖法院时，原告不得直接向自己的住所地提起诉讼，但若想直接选择当事人住所地为连接点，只能选择被告人住所地。

而第 25 条的规定则意味着，在无事先的纠纷解决协议的情况下，只要是信息网络侵权纠纷，就必然能直接向原告住所地法院提起诉讼。因为侵权结果发生地是侵权案件中法定管辖连接点之一，第 25 条又明文指出了被侵权人（往往是原告）住所地是信息网络侵权案件中的侵权结果发生地，所以原告再也不用迂回地论证其住所地就是侵权行为实施地或侵权结果发生地。这造成在信息网络侵权案件中，原告和被告人住所地同时都是法定的、直接的、肯定的管辖连接点，与“原告就被告”原则的初衷和要求背道而驰了。

其次,被侵权人住所地极可能比其他管辖连接点更有利于原告。在民事诉讼管辖问题上,确定的管辖连接点有多样,但“原告就被告”原则作为一般性原则适用于各类型案件,并且不同类型案件中设置的其他连接点,例如,合同纠纷中的履行地,不一定对“原告就被告”原则造成有力的冲击,因为选择其他连接点所对应的法院不一定比选择被告人住所地法院更便利或经济。但相比较而言,第25条所确立的被侵权人住所地一般都是原告的住所地,原告在自己的住所地起诉通常且明显更为便利、经济,因此该条实质上就是对“原告就被告”原则的大力冲击和突破。

不过也有学者认为第25条并不会导致突破“原告就被告”原则,因为侵权结果发生地不等同于被侵权人住所地,不能简单地对当事人提出的其他管辖连接点予以简单否定,而是要根据被告通过互联网所从事的侵权行为与连接点所在法院地联系的不同程度对法院的管辖权进行具体判断。[8] 对此,笔者认为我国侵权纠纷管辖的最基本规定就是以可选择模式作出的,管辖连接点的罗列是一种法律归纳总结。在当事人主义中,法律的规则更多用以约束法官,而不是当事人,因此管辖连接点的选择权在于原告,而不在于法院。

(二)第25条突破“原告就被告”原则的司法实践分析

虽然理论上第25条很可能对“原告就被告”原则造成巨大的冲击,可是司法实践与理论常常存在这南辕北辙的现象。我们要探究第25条是否实实在在突破了“原告就被告”原则,还须以司法实践、司法文书作为研究对象,还原第25条的实践现实。

笔者以“最高人民法院关于适用《中华人民共和国民事诉讼法》的解释第二十五条”为关键字,在中国裁判文书网进行搜索,并在搜索结果中以无管辖协议、被侵权人住所地无异议、被侵权人住所地法院级别无争议、被侵权人以第25条作为管辖依据的为条件进行筛选,符合条件的案件共有102起,其中法院支持被侵权人住所地法院有管辖权的共92起,法院裁定被侵权人住所地法院不具有管辖权的共10起。[9] 而法院对于网络侵权案件的管辖异议(无管辖协

[8] 参见刘颖、李静:《互联网环境下的国际民事管辖权》,载《中国法学》2006年第1期。

[9] 笔者认为理论上法院在此类案件中支持被侵权人住所地法院具有管辖权的数据应该更大,因为本文的数据仅建立于管辖权异议的民事裁决文书搜索之上,并没有计入无管辖权异议部分的数据。

议、被侵权人住所地无异议、被侵权人住所地法院级别无争议的情况下）的处理，一般分为以下两种：

1. 法院通过认定案件性质为非信息网络侵权纠纷，而是传统侵权纠纷，排除适用网络侵权案件管辖的相关规定，即排除直接认定被侵权人（一般为原告）住所地的法院具有管辖权；

2. 法院认定案件为网络侵权纠纷，且同意被侵权人住所地的合适法院具有管辖权。

尽管涉及信息网络的侵权案件中，法院不一定允许当事人适用第25条的规定，但从已收集的案例中可知以下两点：第一，在法院裁定不适用第25条的案例中，不存在法院以联系最密切为理由而拒绝适用。实际上有管辖异议但法院支持适用第25条的这大部分案例，正好说明了只要原告提出法律明确的又无具体认定争议的管辖连接点，即使对方提出另一法律明确的又无具体认定争议的管辖连接点，法院都会尊重原告的选择。在实践当中，法官并不会比较法律明确列举的管辖连接点间的联系程度。因此，从司法实践来看，上文学者提出的反对观点并不成立。第二，无论是从数据上还是从裁决不适用第25条的案例剖析看来，虽然有部分法院则认为信息网络侵权的范围应受到限制，并非所有涉及信息网络的侵权案件都可以落入信息网络侵权的范畴之内，但除了在广州易法客公司案[10]中，广东省高院明确提出信息网络侵权的定义[11]外，其他法院并没有在其裁决书中明确信息网络侵权的定义，亦没有明确采纳上诉人的上诉意见，只是简单地作出不属于信息网络侵权的判断。在大多数的情况下法院更偏向于不轻易对信息网络侵权的定义作出界定，也更偏向于认定涉及信息网络的侵权案件属于信息网络侵权案件。就数据而言，只要当事人主张被侵权人住所地法院对案件具有管辖权的，大部分的案件都将得到法院支持。

（三）突破"原告就被告"原则具有一定的合理性

虽然第25条从理论到司法实践效果来看，都突破了"原告就被告"的一般管辖原则，打乱了我国民事诉讼管辖的基本理论框架，但这种突破具有合理性。

---

〔10〕 广东省高级人民法院（2016）粤民辖终549号民事裁定书。

〔11〕 "第二十五条主要规范的是侵害作品信息网络传播权，如未经权利人许可，将权利人享有信息网络传播权的作品、表演、录音录像制品等进行网络传播，或供公众浏览、下载等，或利用信息网络侵害人身权益如泄露个人隐私等的侵权行为。"

从前文对第25条的制度背景和原因分析中可知,这种突破是信息网络的快速发展与法律规定的时代局限性之间的矛盾所造成的。法律的制定者不是上帝,其无法料知数十年、数百年以后的信息网络的出现,以及信息网络所造就的虚拟化、全球化,因此,有原则就有例外,原则亦必须不断通过例外进行修正、补充,这也是无法抵抗的司法规律。

第25条将被侵权人住所地列入侵权结果发生地是经过精细的衡量以后作出的,其在一定程度上纠正了被侵权人在信息网络背景下的劣势,解决了法院难以确定侵权行为地的困境。在"一根线连接全世界"的信息网络背景下,广义上信息网络侵权结果可能发生在每一个能联网的地方。这就会产生侵权结果发生地的泛化,导致"挑选法院"和管辖权异议的滥用,浪费司法资源。

面对这样的情况,法院偏向选取保守、谨慎的态度作为应对之策,但其相关司法解释却未能贯彻这一态度,如侵权行为地和被告住所地均难以确定或者在境外的,原告发现侵权内容的计算机终端等设备所在地可视为侵权行为地这一规定。该规定前半部分体现了司法实践中对侵权结果发生地认定的谨慎性,但后半部分的例外处理却显得尤其随意。只要符合前半部分的条件,管辖法院基本上是可以为任意法院。而第25条将被侵权人住所地明确为侵权结果发生地,实质上是对该规定的修改甚至是废除,合理地对侵权结果发生地进行限制。因为一般来说其他的侵权行为地或许难以确认或在境外,但被侵权人住所地较易于确认,且原告(往往是被侵权人)既然选择向境内法院起诉其住所地很可能在境内,适用"原告发现侵权内容的计算机终端等设备所在地可以视为侵权行为地"这一规定的前提难以成立。

三、信息网络侵权纠纷管辖无序化与第25条的关系

(一)第25条加剧信息网络侵权纠纷管辖无序化

突破"原告就被告"管辖原则并非不可,但涉及管辖体系的根基、框架问题时,制定者必须考虑突破对管辖体秩序的影响。稳定性是管辖的核心,纠纷管辖的有序化是稳定性具体形态,是管辖设计的终极目的追求。制定任何管辖规定都应以有序化为目标,有意识地与已有规定相协调。

从我国信息网络侵权纠纷管辖规定来看,管辖连接点的设置既不合理,也不充足,还缺乏体系。《网络著作权司法解释》《网络域名司法解释》和《信息网

络传播权司法解释》等规定的“侵权行为地和被告住所地均难以确定或者在境外的,原告发现侵权内容的计算机终端等设备所在地可以视为侵权行为地”,虽有不合理之处,但此规定设置了信息网络侵权纠纷管辖中的管辖连接点优先顺位问题,考虑到了管辖的秩序问题。然而,《民诉司法解释》第25条在有意识纠正此规定的不足时,并未继承其优点在明确将被侵权人住所地列入侵权结果发生地的同时,有意识地考虑网络侵权纠纷管辖连接点间的秩序。

第25条在明确被侵权人住所地列入侵权结果发生地,实则是增加了一个明确的管辖连接点时,却未考虑到选择管辖连接点的层次,对被侵权人住所地这一连接点加以适用限制。这使得部分案件明显有更合适、更密切的管辖法院,但被侵权人出于便利或地方保护等考虑选择其住所地法院进行诉讼,从而造成法院审理的困难与司法资源的浪费。另外,该规定降低了诉讼的成本,为滥诉打开了方便之门。这一规定依旧无法摆脱可能造成滥诉,加剧“挑选法院”,在一定程度上加重了信息网络侵权纠纷管辖无序化的阴影。

(二)第25条的能力局限性

第25条作为司法解释本身就存在能力局限性。第25条仅是司法解释,司法解释的功能与效力区别于立法,其无法脱离“解释”二字,突破现有的管辖规定框架,凭空制定管辖规定的优先秩序。否则,就会产生超越法律授权、侵蚀立法的负面影响。对某些特定领域的管辖问题,我国一般以侵权纠纷管辖基本框架下司法解释细化作为补救手段,这种模式在一些特殊性强的管辖问题上注定受限于已有框架的束缚,无法作出创设性的、更优化的规定,只能尽可能合理地小修小补。

另一问题是制定管辖优先秩序的模式。现有规定采取对管辖连接点进行优先顺位设置,但这做法并不可取。首先,在已有的管辖连接点良莠不齐的情况下,我们发现几乎不可能找出平衡被侵权人利益、管辖稳定与维护管辖秩序的中间因素,以作为设置顺位的分界线。若要设置管辖顺位,我们必须考虑管辖连接点的稳定性问题,但稳定性又不等同于有序、公平和合理。其次,侵权行为地并非一个全封闭的概念,假若法律对已知的可能管辖连接点制定了固定的优先顺位,将面临这样一个质疑:如何处理新的管辖连接点?新连接点都次于现有的顺位,还是直接适用?对于侵权行为地的认定,本就属于法官的自由裁量范围。法律原则只能根据司法惯例例举明示以作具体指引,以及给予法官在最密切联系和不方便法院等管辖基本原则之下的限制。因此,第25条无须也无法对被侵权人住所地设置适用提前,设置优先顺位;至于将最密切联系原则和不方便法院等管辖原则具体化为法律规定,第25条无力承担此重任,因为具体化路径必然涉及法官适用的权力与说理的义务,这超越了司法解释的权限。

四、纠纷解决协议与第25条的关系

(一)纠纷解决协议有架空第25条之嫌[12]

第25条将被侵权人住所地列入侵权结果发生地,其中一个重要的原因就是维护被侵权人的诉讼利益。在无纠纷风险控制情况下,被侵权人当然有选择适当管辖法院的自由。随着商业社会的到来和纠纷解决机制的多元化,为了商业发展的便利,减少纠纷解决方式和地点的不确定性,纠纷解决协议已为各国法律所采用。在商务和消费领域,商人们尤其喜欢在纠纷发生前强制签订格式化纠纷解决协议,以压缩对方纠纷解决的选择空间,赢得诉讼的主动权。

我国民事诉讼法第34条规定合同或者其他财产权益纠纷的当事人可以书面协议选择适当的人民法院管辖,但不得违反本法对级别管辖和专属管辖。民事诉讼法第124条和仲裁法第2条规定,当事人双方就合同纠纷和其他财产权益纠纷达成书面仲裁协议申请仲裁、不得向人民法院起诉的。原告根本没有选择纠纷解决途径和地点的机会。即使原告想根据第25条选择被侵权人住所地法院提起侵权之诉,亦无适用空间。商业环境下,由于商业中惯例性地强制签订事前纠纷解决协议或条款,第25条的现实价值和存在必要性被大大被削弱。

第25条和纠纷解决协议关系主要以经营者和消费者(尤其是个人消费者)之间的纠纷解决协议为研究对象。因为经营者之间或自然人之间的纠纷解决协议并不凸显主体间实力的不均衡,但经营者和消费者之间的纠纷解决协议,一般以格式条款形式存在,大多数情况下具有强制性且双方协议的实力悬殊。

笔者选取了当下受关注的网络游戏领域,以游戏玩家与游戏公司间的纠纷作为研究对象进行分析。截至2016年12月,我国网络游戏用户规模已经达到

〔12〕 该部分重点研究在纠纷发生前强制签订的格式化的纠纷解决条款或协议。

4.17 亿,占整体网民的 57%。[13] 2016 年,单就自主研发网络游戏市场实际销售收入已达到 1182.5 亿元,在移动游戏中最高月充值总额超过 8 亿元人民币。[14] 网络游戏较之其他互联网娱乐服务领域,除了用户量庞大,产业发展迅速外,其资金交易量是其他领域难以比拟的。这些特点也带来了数量更多、更复杂的纠纷,其中一大部分是游戏玩家与网络游戏公司之间的纠纷。这类型纠纷中一般存在用户协议,该类协议一般为格式条款,其条款覆盖面细致,而且条款内容通常有利于商家,尤其是纠纷解决问题。

以"网络游戏 + 管辖""网络侵权 + 游戏"作为关键词,在中国裁判文书网进行搜索,以网络游戏玩家作为原告,游戏公司为被告,提起侵权之诉,而被告又以有纠纷解决协议提出管辖权异议(包括上诉)为条件进行筛选,符合条件的案例共有 31 起。其中仅有 7 起法院裁定该案不适用纠纷解决协议,其余 24 起案件都以有管辖协议或仲裁协议为由驳回起诉。[15]

通过以上数据表明法院在有纠纷解决协议的情况下,更倾向采信协议。但是从以上论述,我们是否就能达成这样一个结论:在电子商务领域,从法律价值实践与规范效果出发,第 25 条结果侵权发生地的规定没有价值。可是仅以适用之限制为理由简单否定纠纷解决协议之下第 25 条侵权结果发生地的设置价值,实在过于武断和片面。

(二)纠纷解决协议之下第 25 条的设置价值

1. 二者规范维度不完全重合

纠纷解决协议造成的第 25 条适用之局限并非制定之疏漏,反而是一种系统的补充和协调。但要解答这一问题,最为紧要的应是找出第 25 条最首要的目的。第 25 条最首要的目的就是减少网络侵权案件中确定侵权行为地的争议,便于当事人、法官辨识管辖连接点。从该目的出发,第 25 条主要规范的是

---

〔13〕 参见中国互联网络信息中心(CNNIC):《第 39 次中国互联网络发展状况统计报告》,载中国互联网络信息中心网:http://www.cnnic.net.cn/hlwfzyj/hlwxzbg/hlwtjbg/201701/P020170123364672657408.pdf,最后访问日期:2017 年 6 月 2 日。

〔14〕 参见刘杰华主编:《2016 中国游戏产业报告:摘要版》,中国书籍出版社 2016 年版,第 15 页以下。

〔15〕 此处筛选出的案例并非均与第 25 条直接相关,而是与纠纷解决条款的司法认可度有关。

侵权行为地不明确的情况,而在事先存在纠纷解决协议且纠纷解决协议可适用的网络纠纷中,管辖连接点一般较为容易确定。这类型情况当然也就不是第25条针对的问题。

从规避管辖角度上来看,纠纷解决协议中所规定的管辖连接点只要是与争议有实际联系的地点,且不违反级别管辖,那么就不构成规避法律规定的管辖。而解决通过协议而达致规避管辖的法律手段,不应也不宜采用管辖规定(如设置管辖顺位)。纠纷解决协议不过是合同的一种,对于有损他人合法利益或公共利益的协议,本属于合同法管辖的范围,交由合同法解决即可。因此,考察作为管辖规定的第25条的存在必要性和实践效果时,不能过多地将纠纷解决协议纳入考量因素当中,否则将是对纠纷解决协议存在合理性的否认。

2. 第25条对纠纷解决协议具有补充作用

第25条对纠纷解决协议的补充性,是由纠纷解决协议的表现形式所决定的。在电子商务领域,出于订立合同的效率和经济性,格式条款是纠纷解决协议的常用方式,可这样的纠纷解决协议天然上亦具有格式条款的缺陷。

在厦门网易系列案[16]中,厦门中级人民法院认为运营商对管辖格式条款仅采取特别标志是不足够的,最重要的是使用户实质上易于获取并注意该条款信息,而该案运营商设置的阅读时间限制过短,导致用户无法易于获取和注意管辖条款。在葛晓冬案[17]中,扬州中级人民法院直接指出运营商通过网络采用格式条款的方式与游戏玩家进行管辖约定,网络游戏用户如要参与该网络游戏,必须选择接受该格式条款的内容,用户根本没有过多的选择权,也没有提出异议的空间。特别在用户协议中缺乏合理的提示的情况下,用户真实的意思表示很容易遭受损害,因此管辖格式条款无效。

从上面的分析可见,尽管采取格式条款的方式企业能够轻而易举地排除对方适用第25条的可能,首先在立法层面上,基于当事人双方地位以及公平原则对其进行了必要的限制,其次在司法实践中对于此类商业手段,也有法官对协议的公平性极其敏感,逐渐发展出对纠纷解决协议的认定标准。因此,存在且适用范围恰当的纠纷解决协议并不代表管辖或主管问题就能得以解决,第25

〔16〕 福建省厦门市中级人民法院(2015)厦民终字第4574号、(2015)厦民终字第4576号、(2015)厦民终字第4577号、(2015)厦民终字第4579号民事裁定书。

〔17〕 江苏省扬州市中级人民法院(2016)苏10民辖终15号民事裁定书。

条并非与纠纷解决协议的存在相冲突,他们之间是一种互补或递进的关系,规定了不同层面和维度上的内容。但这需要格式条款认定规则的完善与落实。

结　语

虽然信息网络空间并非法外之地,但是因为信息网络的低门槛、虚拟性和全球性,网络侵权的发生成本低廉,且往往难以被发现,难以追究,侵权与维权成本之间形成了巨大的落差。在民事诉讼案件中,第一个关卡就是管辖。第25条明确列举被侵权人住所地为侵权结果地,实际上降低被侵权人可能遭受的损失,平衡损害与救济之间的不对等。在此等意义上,第25条的设立是具有合理性和必要性的,即使它明确地突破了民事诉讼管辖上"原告就被告"的原则。

然而,该突破一定程度上加剧了管辖的无序化,第25条侵权结果发生地的设置并未完全解决目前信息网络纠纷领域的管辖乱象。第25条的能力局限也揭示了我国一贯以来解决管辖问题的途径的局限性,即信息网络侵权管辖问题的特殊性决定了要达至信息网络侵权管辖的有序化可能需要建立独立于传统侵权管辖的新框架,而不是简单地建立顺位优先制度,同时要清除一些明显不合适的"侵权行为地"。

至于纠纷解决协议与第25条侵权结果发生地设置理念之间的关系,实际上凸显了我国侵权纠纷管辖问题上保护被侵权人利益与不阻碍商业发展之间矛盾。而司法实践警醒立法者关注规定本身的合理性同时,要注意各个管辖规定间的关联性,管辖规定的配套规则也要跟进。具体而言,就是要完善作为关键调节点的格式条款规则。在完善信息网络侵权管辖的一般规则时,也要完善约定管辖(包括主管问题)的相应法律法规。

总体而言,第25条明确被侵权人住所地可作为信息网络侵权管辖的连接点是具有跨越性的进步和有益的尝试。其揭示了构建我国侵权管辖规定,或具体到信息网络侵权管辖规定的一些方向和需要解决的问题。

知识产权网络侵权案件管辖规则适用差异现象及其优化

郑宁珍*

摘要：

2015年新修订的《最高人民法院关于适用〈中华人民共和国民事诉讼法〉的解释》（以下简称《民诉法解释》）第25条规定了“信息网络侵权”纠纷，并引入了原告住所地管辖。但是，面对网络环境下的知识产权侵权纠纷，这条规则能否适用却存在很大争议。本文在实证研究的基础上，揭示司法实践中存在的管辖规则适用差异现象，以及差异的两大成因：一是对“信息网络侵权行为”调整范围理解的分歧；二是对第25条与知识产权单行法的管辖规则适用关系的争议。基于原则、规则和现实因素的考量，知识产权网络侵权案件应纳入原告住所地管辖，而信息网络侵权行为的范围也应作扩大解释，不限于侵犯信息网络传播权的行为。两种管辖规则不存在冲突，是互为补充、平等适用的关系。

关键词：

知识产权；信息网络侵权；管辖规则

20世纪90年代以来，计算机网络的发展日新月异，用户数量迅速增长，互联网深刻地影响与改变了人们的生产和生活的方方面面。[1] 计算机网络为人类社会提供了前所未有的便利和近乎无限的商机，同时也带来了日益严重的侵权现象。其中，知识产权的网络侵权问题表现得尤为突出。“互联网+”的知识

* 郑宁珍，中山大学法学院2016级法学硕士研究生。

[1] 根据中国互联网络信息中心2017年1月发布的第39次《中国互联网络发展状况统计报告》，截至2016年12月，中国网民规模达7.31亿，互联网普及率达到53.2%，参见中国互联网络信息中心网：www.cnnic.net.cn，最后访问日期：2017年4月1日。

产权侵权案件给传统的法律制度带来了一系列的冲击和挑战,引发了理论界和实务界的广泛兴趣和热烈讨论,其中比较突出的应当是诉讼管辖问题。繁复而零散的管辖规则,使得知识产权网络侵权案件的管辖问题更加复杂化。如何较为妥帖地处理“互联网 + ”知识产权侵权案件的管辖,已经成为困扰法院审判工作的一个难题。[2]

一、问题与背景

知识产权侵权案件当前遵守的被告住所地一般管辖规则和侵权行为地特殊管辖规则,在互联网环境下被不断冲击与挑战。其中,原告住所地能否作为知识产权侵权案件的管辖连接点,民诉法解释的管辖规则与知识产权各单行法司法解释之间是什么关系,这些问题争议不断,也一直困扰着司法实践。本文首先对知识产权侵权案件的管辖规则进行梳理,其次指出管辖规则适用存在的问题与困惑,最后简要介绍研究方法与研究样本。

(一)知识产权侵权管辖规则现状

知识产权侵权纠纷,在遵循“侵权行为地 + 被告住所地”的一般地域管辖原则的基础上,考虑到各个权利的特殊性,相应规定了不同的特殊地域管辖规则。商标、专利、著作权案件分别有各自的管辖规则,但知识产权中的不正当竞争行为,其管辖仍按一般地域管辖权确定规则。但这些管辖规则主要是针对传统的侵权行为,对于新兴网络环境下的侵权,立法几乎没有专门规定。因此,与网络有关的知识产权侵权,其管辖法院的确定,仍遵循传统的知识产权侵权案件的管辖规则。当然,立法者也考虑到了互联网对管辖权的冲击,对计算机域名与网络著作权侵权作出了特别管辖规定,后者的管辖规则还专门引进了“原告发现侵权内容的计算机设备所在地”这一连接点,但这一规定因其缺陷饱受争议与批评。

总的来说,最高人民法院对知识产权管辖规则作出了详细而具体的规定,但这些规则过于分散、缺乏系统性。更重要的是,面对信息网络环境的新类型侵权,知识产权仍然以传统的管辖规则来处理,其合理性受到了严重的质疑。

---

〔2〕 参见《运用互联网思维创新知识产权司法保护》,载《人民法院报》2015 年 11 月 18 日第 7 版。

少有的网络侵权的特别规定,也不尽如人意。

(二)信息网络侵权管辖规则带来的争议

2015年新出台的民诉司法解释对地域管辖规则作了大幅调整与修改,其中值得注意的是,第25条新设了“信息网络侵权”纠纷管辖规则,这一规定似乎打破了知识产权管辖规则差强人意的局面。《民诉司法解释》第25条规定,信息网络侵权行为实施地包括实施被诉侵权行为的计算机等信息设备所在地,侵权结果发生地包括被侵权人住所地。按照此规定,在信息网络侵权纠纷中,原告住所地享有管辖权。

该解释生效后,引发了一系列争议。既然都是网络侵权,知识产权的网络侵权纠纷能否适用第25条的管辖规则?新民诉司法解释对知识产权侵权的管辖到底有何改变?由于第25条的规定太过于模糊,再加上知识产权各单行法司法解释的管辖规则(以下简称单行法管辖规则)的零散,使得各地法院对这一问题的理解不一,审判实践中适用管辖规则的应用不尽一致。一些法院对此类案件直接适用第25条信息网络侵权的管辖规则,以原告住所地为管辖,也有一些法院依旧适用单行法管辖规则。

(三)方法与样本

新民诉司法解释第25条的规定对知识产权侵权的管辖规则到底带来了什么改变,学界目前对这一问题的分析与探讨极少,更缺乏实证研究。为弥补这一缺陷,本文拟利用新民诉司法解释实施以来全国各级法院审结的知识产权侵权有效司法判例为统计对象,从中抽取出能够表征新《民诉法解释》第25条与知识产权侵权管辖规则的关键要素进行统计分析。

本次的案例样本来源于中国裁判文书网。在案件样本的选择上:(1)时间期限:自2015年2月至2017年近3年期限内审结的存在管辖争议的知识产权侵权案件;(2)区域:本文拟选取江苏、上海、广东、浙江5个地区的高级人民法院以及北上广三地的知识产权法院的案例用作分析的合理数据样本,共计5个地区的7个法院;(3)案件类型:所有存在管辖异议及上诉的知识产权侵权案件;(4)统计数量:截至2017年4月23日,北京市、上海市、广东省、江苏省、浙江省的高级人民法院的案例样本分为别0个、2个、10个、6个、5个。北京市、上海市、广州市3个知识产权法院的案例样本为31个、10个、10个。[3]

---

〔3〕 此数据为去除重复、同系列案件以后的数量。

对研究方法的说明。第一，在判例数据来源的选择上，笔者在分析几大主流司法裁判文书数据库后，最终选取案例收录量最全面、最权威的裁判文书网作为数据来源。第二，在区域的选择上，鉴于知识产权判例文书数据处理工作量巨大，本文根据知识产权的发展水平，将研究区域限于江苏、上海、广东、浙江4个地区的高级人民法院的案例数据。〔4〕另外，根据审判的专业性，本文也将北上广三地的知识产权法院纳入分析范围。第三，新民诉法司法解释施行于2015年2月4日，因此本文仅考虑施行以后的相关案例数据。

二、知识产权网络侵权管辖规则的适用差异与成因

通过对判决结果的整理，本文将从不同角度来展现知识产权网络侵权案件中管辖规则的适用差异：其一，以管辖规则为视角，分析适用的整体情况；其二，以法院为视角，分析不同法院适用上的差异。在此基础上，探究管辖规则适用差异的成因。

（一）管辖规则的适用差异

1. 以规则为视角

在上述期限内，本文共计收集到74件管辖裁决。案件类型包含著作权侵权，商标权侵权，专利权侵权，不正当竞争侵权，案件数量分别为44件、10件、14件、6件。

首先，从规则适用的整体情况来看（见图1），适用第25条的案件共58件，占知识产权侵权总案件量的78.4%。〔5〕相反，适用知识产权规则的仅16件，占21.6%。其次，从不同类型的权利来看（见图2），著作权侵权案件（93%）适用第25条的比例最高，〔6〕然后是不正当竞争（83.3%）和商标权（76.9%），而

〔4〕 2016年中国区域知识产权指数报告排名前5位的省份依次是：北京、江苏、上海、广州、浙江。但北京市高级法院没有与知识产权侵权纠纷管辖争议相关的案件，因此，本文对此不予讨论。参见第39次《中国知识产权指数报告》。

〔5〕 适用第25条的案件数量/案件总数量，计算方法＝适用第25条的案件数量÷案件总数量×100%。

〔6〕 适用第25条的著作权侵权案件数量/所有著作权侵权的案件数量，计算方法：适用第25条的著作权侵权案件数量÷所有著作权侵权的案件数量×100%。

专利权案件仅30%。

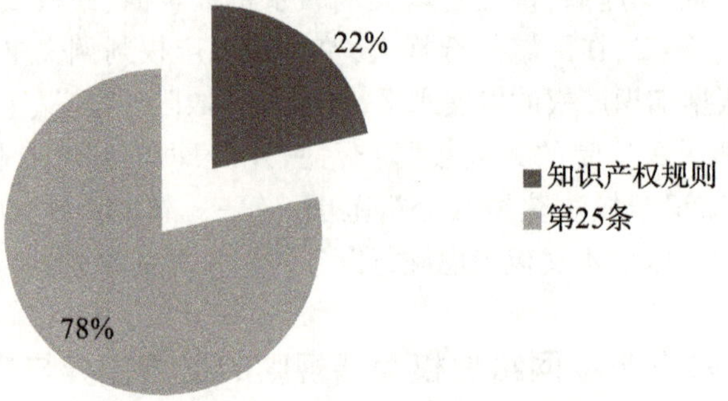

图1　知识产权管辖规则总体差异图

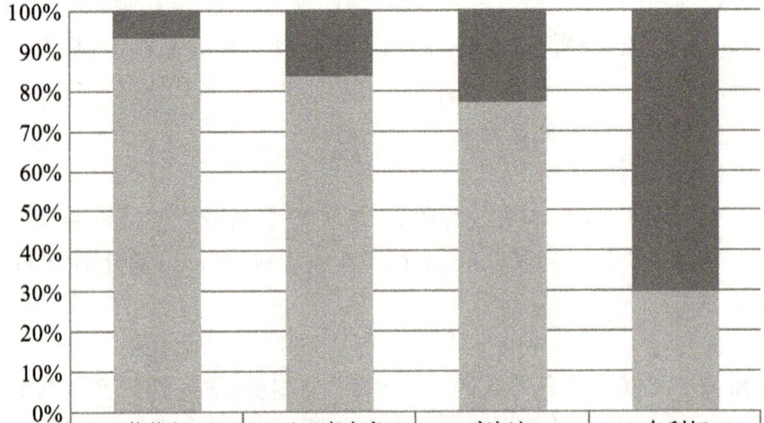

	著作权	不正当竞争	商标权	专利权
单行法管辖规则	7	16.7	23.1	70
第25条	93	83.3	76.9	30

图2　各类型知识产权管辖规则差异图

不难看出,在大部分案件中,法院都认可以第25条的管辖规则来处理知识产权网络侵权案件。且从各类型的权利来看,各地法院普遍认同著作权侵权案件适用第25条信息网络侵权的管辖规则,商标权和不正当竞争侵权方面认可度也很高,但对于专利权案件的管辖规则存在较大争议,适用专利权管辖规则的比例略高于第25条。

2. 以法院为视角

法院作为裁判主体，在法律规则不明确的情况下，享有宽泛的自由裁量权。因此，裁判结果在不同法院、同一地区不同级别的法院均呈现出差异性。同时，法院对这一问题的认识，也并不是前后一致的，同一法院所作的裁判也会相互矛盾。

(1)不同法院的差异

从7个法院的情况来看，绝大多数法院在知识产权网络侵权案件中适用第25条的情况非常普遍，但在不同法院间仍呈现出巨大的差异(见图3)。北上广三地的知识产权法院对第25条的适用率都很高，其中上海知识产权法院虽然处理的案件不多(10件)，但适用率达到了100%，北京和广州知识产权法院适用率都高于80%。此外，位于华东地区的浙江高院和江苏高院适用率虽然比三个知识产权法院略低，但都在很大程度上倾向于适用第25条。

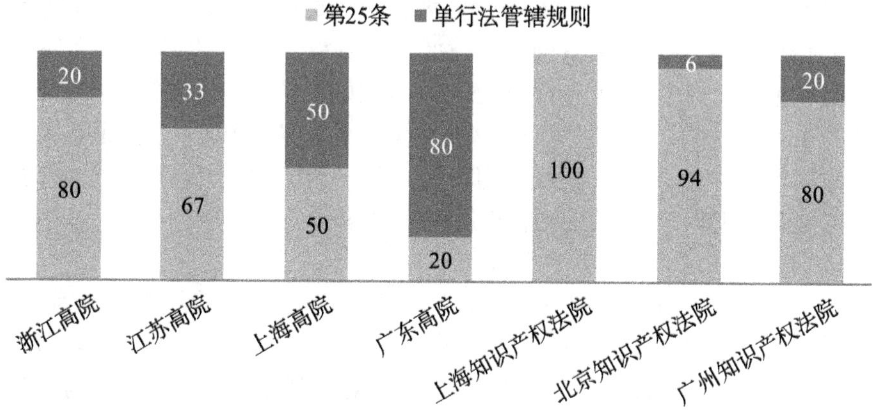

图3　各地法院适用知识产权管辖规则差异图

与此相对，也存在少数例外的法院。广东高院仅在20%的案件中同意适用第25条，其余80%的侵权案件都仍旧适用知识产权司法解释的管辖规则。而上海高院只处理了2个案件，其中1个支持适用第25条，态度尚不明确。

总体而言，多数法院在知识产权侵权案件中积极地适用了第25条信息网络侵权的管辖规则，但其积极程度在法院间呈现较大差异。少数法院仍坚持以单行法管辖规则为准。

(2)同一地区法院的差异

即使是同一个地区不同级别法院,在处理知识产权管辖规则上的态度也呈现鲜明的差异性。从整体上来看,高级人民法院第25条的适用率明显低于下级法院知识产权法院(见图3)。从广东和上海地区两级法院的审判实践来看,广东高院和广州知识产权法院的态度截然对立,对于第25条,前者基本上拒绝适用(适用率为20%),而后者则积极适用(适用率为25%)。另外,上海两级法院的态度也有一定差异,其中上海高院仅在1个案件中允许适用第25条(适用率为50%),而上海知识产权法院的态度十分鲜明,完全支持第25条在知识产权侵权案件中的适用(适用率为100%)。

(3)同一法院的矛盾

以同一权利类型的知识产权侵权案件[7]为比较的出发点,不少法院的裁判结果是前后不一、相互矛盾的。7个法院中,仅有上海知识产权法院的态度与做法呈现出一致性与连续性,而其余法院的裁决,都或多或少的存在"同案不同判"的情况。同样是通过信息网络实施的商标侵权纠纷,浙江省高院在同年作出过截然相反的判决,一个允许第25条的适用,原告住所地有管辖权,另一个禁止第25条的适用,只能适用商标法司法解释的管辖规则。此外,北京和广州两个知识产权法院的态度与做法,随时间出现了转变,两者前期都坚持只能适用单行法管辖规则,到了后期则积极适用第25条。

(二)管辖规则适用差异的成因

知识产权网络管辖规则适用上的差异,除了立法者立法技术的原因,还有一个重要原因是在司法适用过程中,法院对管辖规则理解的不同。从裁判文书的说理来看,分歧的成因有二:首先是对第25条"信息网络侵权行为"调整范围的理解不同,这直接决定了原告住所地的适用与否;其次是对第25条信息网络侵权的管辖规则与单行法管辖规则适用关系的认识不同。

1."信息网络侵权行为"的调整范围

知识产权侵权案件如果想适用第25条中规定的管辖连接点"原告住所地",必须满足一个最根本的要求,该侵权行为属于第25条信息网络侵权行为的调整范围。每一项管辖规则都有其特定的指向,一般地域管辖规则的适用范

[7] 以权利类型为划分标准,将案件分为商标权侵权纠纷、著作权侵权纠纷、专利权侵权纠纷、不正当竞争纠纷侵权。

围大于特殊地域管辖规则，而特殊地域管辖规则又各有其调整的范围。“信息网络侵权行为”能否调整知识产权这一领域的网络侵权行为、调整范围有多大，直接决定了原告住所地的适用。

诚然，司法解释虽然规定了信息网络侵权行为这一特殊侵权类型，但没有规定它的性质与内容，因此它的调整范围，也就是包含哪些类型的侵权行为不得而知。审判实践中各地法院对这一问题的理解与判断，一般遵循两种界定标准：其一，侵权对象的性质；其二，权利类型。

根据侵权对象的性质划分，网络侵权行为可以分为两种：第一种是以无形状态体现在网络上的侵权行为，如在线视频播放、网络诽谤、作品信息网络传播等。这类侵权行为完全在网上实施，在物理世界没有对应的实物，只是以数字化的信息呈现在网络这一载体上；第二种是以有形状态利用或借助网络进行的侵权行为，如在网上展示销售侵害专利权或商标权的产品，有形物品的交付则是在线下完成的。这类行为在现实世界中可以找到实体的侵权产品。

不少法院认为，只有无形的侵权行为才是第 25 条所指的“信息网络侵权行为”，而非所有与网络有关的侵权行为。〔8〕 相应地，信息网络侵权行为在知识产权领域内只包括信息网络传播权侵权，以及不存在实际产品的商标侵权、专利侵权以及不正当竞争侵权。与此同时，更多法院认为，侵权对象既可以是无形的也可以是有形的，只要是通过信息网络实施的侵权行为，都是“信息网络侵权行为”。〔9〕 比如，行为人利用网购平台为媒介销售侵害他人商标或专利的商品，虽然存在实体产品，但网络作为侵权不可或缺的手段，这种行为也属于信息网络侵权行为。因此，后者认为调整范围包括所有与网络有关的知识产权侵权行为。

除了以有形或无形的侵权对象为界定标准，法院还会直接从权利类型来判断第 25 条信息网络侵权行为的调整范围。一种观点认为，第 25 条只规范信息

〔8〕 参见江苏省高级人民法院（2017）苏民辖终 5 号民事判决书，北京知识产权法院（2015）京知民终字第 2276 号民事裁定书。

〔9〕 参见浙江省高级人民法院（2016）浙民辖终 31 号民事判决书，浙江省高级人民法院（2015）浙辖终字第 123 号民事判决书。

网络传播权侵权行为。[10] 言下之意,第25条不调整在网络上实施的侵犯其他著作权、商标权、专利权、不正当竞争等知识产权的行为。另一种观点则认为,第25条调整所有与网络有关的知识产权侵权行为,不限于著作权,而是包括著作权在内的商标权、专利权、不正当竞争等知识产权。囿于立法未明确规定,法院不会如此直白地在判决文书中表达后一种观点,但结合法院对不同类型案件管辖规则适用的情况,可以看出它的立场。[11]

虽然法院对信息网络侵权行为理解的路径不同,但划分结果大体一致,信息网络侵权行为的管辖规则,要么只适用于部分,要么适用于所有与网络有关的知识产权侵权。信息网络传播权侵权适用第25条原告住所地管辖规则得到了广泛承认,分歧在于网络环境下的商标权等知识产权侵权是否同样适用该规则。

2. 第25条与知识产权侵权管辖规则的关系

除了对"信息网络侵权行为"的调整范围存在分歧外,实践中争论较多的还有第25条的信息网络侵权的管辖规则与知识产权的管辖规则这两个管辖规则的关系。当然,此争议的基础是,法院已经承认知识产权侵权纠纷属于第25条的调整范围,否则,两个管辖规则之间就不存在调整范围上的重叠了。

两种规则之所以存在适用先后上的争议,除了调整范围都指向知识产权网络侵权,主要是基于两者看似"矛盾",存在"新法与一般法""旧法与特别法"的冲突。从内容上看,《民诉法解释》第25条是一般规定,而知识产权司法解释属于特别规定,两者属于一般法与特别法的关系;从时间上看,前者是2015年2月实施的,后者的施行均早于2015年,两者属于新法与旧法的关系。

在司法实践中,法院对于规则适用这一问题,大致按照以下思路解决:首先判断两种规则之间是否存在冲突?若存在冲突,运用何种规则来解决冲突。目前,对两种规则的适用关系明确表态的,共有北上广三个知识产权法院以及江苏省高院4个法院,分别有3种不同的观点:

其一,规则竞合的思路。北京知识产权认为这两种规则均属于特别规定,

---

〔10〕 参见广东省高级人民法院(2015)粤法立民终字第608、609号民事判决书,广东省高级人民法院(2016)粤民辖终131号民事判决书。

〔11〕 比如上海知识产权法院在著作权侵权纠纷、商标权侵权纠纷、不正当竞争纠纷案件中均支持第25条信息网络侵权管辖规则的适用。

不存在冲突，相反，两种规则是“平行”的，可以择一适用；其二，完全的规则冲突的观点[12]。广州知识产权法院和江苏高院都认为由于法律位阶上的差异，两种管辖规则存在适用上的冲突，按照“新法优于旧法”的冲突解决原则，应当优先适用“新法”《民诉法解释》第25条的规定；其三，根据单行法管辖规定，具体判断是否存在规则冲突的思路，笔者称为不完全的规则冲突观点。这种观点的预设是，优先适用单行法管辖规则。只有当前者在网络环境下适用存在困难，才适用第25条的规定。

三、知识产权管辖规则的优化

在上一部分，笔者揭露了我国知识产权网络侵权案件存在的管辖规则适用的混乱，并分析了适用差异的成因。那对这些看似杂乱无章的管辖规则究竟该作何理解呢？本文将提出两点建议，以优化与完善知识产权网络侵权案件的管辖规则：[13]首先，肯定原告住所地管辖的合理性，对信息网络侵权行为作扩大解释，其调整范围不限于信息网络传播权侵权，还应包括商标、专利和不正当竞争纠纷这三种侵权纠纷；其次，单行法管辖规则与第25条的信息网络侵权管辖规则不存在冲突，而是相互补充的关系，可择一适用甚至结合适用。

（一）信息网络侵权行为的逆向推理：以原告住所地管辖为逻辑起点

法律适用的过程是复杂的，当法律存在漏洞、歧义、模糊时，法官必然需要对相应的法律条文进行文义解释、目的解释或体系解释。常规的法律解释活动是“顺向的”，即从前提到结论的顺向推理；与之相对的是“逆向的”推理，法官会先得出一个初步的结论，然后再回过头去寻找法律使判决正当化。[14] 原告住

〔12〕 称为“完全的”规则冲突，是为了与第三种观点区分开来。第三种观点也承认管辖规则存在冲突，不同之处在于，它是根据单行法的管辖规则与民诉法的管辖规则进行衡量得出的结论。

〔13〕 因样本数据只有著作权、商标权、专利权和不正当竞争纠纷这四种权利类型的案件，而这四种权利也是知识产权领域最具代表性的，笔者下文讨论的范围也仅限于这四种类型的网络侵权纠纷。

〔14〕 参见孙海波：《通过裁判后果论证裁判——法律推理新论》，载《法律科学》2015年第3期。

所地的适用,看似是对抽象概念“信息网络侵权行为”解释、推理得出的结果,严格遵循从前提到结论的顺向推理过程。然而,从实践来看,当管辖规则模棱两可,存在多种可能的解释结论,后果主义的裁判反倒更能反映法官内心真正的推理过程。[15] 法官基于法律原则、法律规则和现实情况多元因素的考量和平衡,先得出适用或不适用“原告住所地”的预判,再返过头去对判决依据——信息网络侵权行为的范围——进行解释或修正。当然,这种考量大多只是法官的内心活动,不会通过判决文书来表达。[16] 那么,哪一种判决结果更“正确”呢?换而言之,哪一种判决结果更具正当性或合理性?

1. 原告住所地管辖的合理性

在立法不明确的情况下,法院拒绝适用原告住所地管辖,仍以传统的单行法管辖规则来处理管辖问题,在形式上是没有错误的。但是,从实质衡量来说,在知识产权网络侵权案件中实行原告住所地管辖更妥当。原告住所地作为管辖连接点,在理论上有法律依据,在实践上也具有必要性与可行性。理由有如下两点:

其一,互联网对传统知识产权地域管辖制度的挑战与冲击。这种冲击具有普遍性,不光体现在常见的著作权侵权领域,也体现在商标、专利、不正当竞争侵权领域。传统的单行法管辖规则,用于处理网络环境下的侵权,具有较大的局限性。在不涉及互联网的实体环节,侵权行为地相对容易确定,但是现在绝大多数侵权都是发生在网络环境中,侵权行为实施地的多样化与侵权结果发生地的扩散性,使得管辖的确定成为难题。另外,地域性因素浓厚的传统侵权管辖的连接点在网络侵权中,要么很难确定,要么根本不存在。比如,对于网站首页冒用他人商标的新型商标侵权行为,传统的管辖连接点中的“侵权商品的储藏地或查封扣押地”,在网络世界中根本不存在。对于专利权侵权纠纷,若被告在网上销售、许诺销售侵权产品,该行为如何确定实施地,专利管辖规则中独有的“侵权结果发生地”又该如何理解?互联网环境下的知识产权侵权,使得管辖

[15] 比如弗兰克佐说的“司法审判通常从一个大致模糊地形成的结论开始,然后顺着去发现一个能够证实该结论的大前提”,See Jerome Frank, Law and Modern Mind, Transaction Publishers. 1930, p. 100。

[16] 参见孙光宁、武兴伟:《民法解释的特征及其运作》,载《湖北社会科学》2008 年第10期。

法院确定难度大大增加,引发了大量的管辖争议,这既给当事人造成诉累也造成了司法资源的浪费。而原告住所地这一连接点,几乎不存在争议的空间,在管辖规则的可确定性上具有相当的合理性。

其二,当事人平等原则的要求。当事人在诉讼中享有平等的地位是正当程序的应有之义,平等在管辖制度上要求立法者应当综合考虑双方当事人的利益,在管辖利益的分配上做到平衡。英美法系的不方便法院管辖原则,其中一个重要的考量因素就是对原被告利益的平衡,大陆法系的特别地域管辖制度也是为了矫正原告就被告的管辖原则,追求原被告实质上的平等。[17] 反观我国的知识产权管辖规则,存在天然的不平等,以被告住所地为基础,侵权行为地的规定也大多是从方便法院管辖的角度出发,忽视了原告的管辖利益的保障。再者,从我国目前的实践情况来看(见下文),知识产权被侵权人实际上是弱势群体,而立法者对这种原被告力量后天的不均衡置若罔闻,加剧了原告的弱势地位。特殊地域管辖原则设立的初衷是保护原告的利益,[18]若原告住所地作为侵权结果发生地享有管辖权,能够与侧重保护被告利益的一般地域管辖取得平衡,在管辖上实现当事人"平等的武装"。

将原告住所地管辖引入所有知识产权网络侵权案件,还必须回应一种质疑。有人担心,若扩大第25条的适用范围,势必会形成"被告就原告"的管辖格局,突破民事诉讼"原告就被告"的传统地域管辖原则,有叛道离经之惑。具体来说,原告住所地固然有利于保护权利人的利益,但会引发对滥诉或者原告故意选择对被告非常不利的法院如距离遥远的法院的担心。[19]

从管辖制度设计的初衷与实践情况来看,对原告滥诉的担心是多余的。一方面,从管辖制度设计的初衷不是抑制原告滥诉,而是承载着诉权保障、公正司法和效率价值,以保障诉权之制度来抑制诉权,歪曲了制度本身的价值。[20] 并

〔17〕 参见孙邦清:《民事诉讼管辖制度研究》,中国政法大学出版社2008年版,第55页。

〔18〕 参见陈计男:《民事诉讼法论》,台北,三民书局1994年版,第27页。

〔19〕 转引自孙邦清:《民事诉讼管辖制度研究》,中国政法大学出版社2008年版,第214页。

〔20〕 参见王亚新:《民事诉讼管辖:原理、结构及程序的动态》,载《当代法学》2016年第2期。

且,我国针对滥诉已经规定了严厉的惩罚措施,对滥用诉权的当事人也起到了震慑作用。另一方面,从知识产权侵权诉讼的实践情况来看,权利人因各种原因放弃诉讼才是普遍现状。从诉讼的成本与收益来看,维权"周期长""举证难""赔偿低"问题在知识产权侵权诉讼中十分突出,[21]再加上管辖制度设置上对被告利益的倾斜保护,这使得许多知识产权人不得不放弃维权,真正启动诉讼程序进行维权的案件,只不过是全部侵权事件中的冰山一角。总之,无事生非提起诉讼的知识产权权利人毕竟是少数,因而不需要担心原告住所地管辖会为滥诉大开方便之门。另外,原告住所地诉讼对被告的不利程度,不是否定原告住所地管辖权的当然理由。不可否认,诉讼法院距离的远近对被告应诉的确有影响,但这种影响也及于原告。以诉讼的便利性视角来讨论,很容易陷入僵局,在任何一方的住所地诉讼,对对方都是不利的。事实上,不少学者承认,空间距离不是改变管辖法院的理由。[22]

2. 扩大解释信息网络侵权行为

如何解释一个模糊的、有歧义的法律概念,在很大程度上取决于法律解释方法。无论何种解释方法,都对法条解释提供了支持,但如何在各种解释方法中作出选择却是一个难题。在疑难案件中,后果取向的法律解释具有不可忽视的作用。以此观之,信息网络侵权行为适用范围,完全取决于法院对原告住所地管辖的取舍。上文已经论及,原告住所地管辖是多元因素平衡的结果,反过来看作为推理大前提的"信息网络侵权行为",该作何解释才能使得作为结论的原告住所地更具正当性呢?从法律体系的协调性来看,通过扩大解释的法律解释技巧,知识产权的网络侵权行为能够较好地涵盖于第25条的信息网络侵权行为中。

应当说,最高人民法院在制定《民诉法解释》时,可能并未考虑将第25条在知识产权侵权领域的适用。[23] 第25条的"信息网络侵权行为"的范围划定本

[21] 参见詹映、张弘:《我国知识产权侵权司法判例实证研究——以维权成本和侵权代价为中心》,载《科研管理》2015年第7期。

[22] 参见郭翔:《民事地域管辖研究》,中国政法大学出版社2015年版,第92页。

[23] 参见《互联网环境下专利侵权诉讼管辖法院的确定——蔡某诉丹阳市美利达塑业有限公司侵害外观设计纠纷管辖异议案》,载浙江法院新闻网:http://www.zjcourt.cn/art/2016/2/1/art_86_9204.html,最后访问日期:2017年6月2日。

意应指向以信息网络为载体的无形状态的侵权行为，典型如信息网络传播权侵权行为，将他人享有著作权的作品公布在网上；或者利用信息网络侵害人身权益的行为，如在网上发布侮辱诽谤他人的言论，公开他人的隐私。最高人民法院审判实践中也秉承着这一观点，认为“信息网络侵权行为”指向的权利类型是信息网络传播权，[24]并不包括有形状态利用或借助网络进行的侵权行为，如在网上销售侵害他人商标权或专利权的商品。

但是，在现行法律框架下，民诉司法解释第25条的规定显然并没有将互联网下实施的知识产权侵权行为明确排除在外。《信息网络传播权若干问题的规定》将“信息网络”界定为包括以计算机、固定电话机、移动电话机等电子设备为终端的计算机互联网、广播电视网、固定通信网、移动通信网等信息网络，以及向公众开放的局域网络。显然，现行法律并没有将互联网这一典型的信息网络载体排除在外。再者，现在许多侵犯知识产权的行为，不限于信息网络传播权，都与“信息网络”这一载体密不可分。典型如在网上销售侵犯他人商标权的产品，虽然产品的生产、运输等行为都发生在线下，但交易双方的邀约、承诺和合意的达成，以及后续的付款都完全发生在信息网络环境中，当然能够被“信息网络侵权行为”所涵盖。因此，知识产权的网络侵权行为既可以包括无实体产品的无形侵权，也可以包括有实体产品的有形侵权，既包括著作权侵权，也包括商标权、专利权和不正当竞争侵权纠纷。

（二）管辖规则的适用关系：互为补充、平等适用

若新《民诉法解释》第25条也能适用于知识产权侵权领域，就出现了“一种纠纷，两种管辖规则”的画面，那么这两种管辖规则到底是什么关系，是非此即彼，还是互为补充的关系呢？诚如前述，目前司法实践存在三种不同的观点。但是，完全的规则冲突观点在逻辑上自相矛盾，而特定情况下的规则冲突观点也不尽合理。相比之下，两种管辖规则互为补充、平行适用的观点内在逻辑一致，与法律体系的融洽度更高，也符合知识产权侵权管辖未来的发展趋势。

首先是完全的规则冲突观点，这一观点认为两种规则调整同一行为，因而存在新法与旧法的冲突，但这种判断的依据就是错误的。两者的调整范围有很大差异，第25条的调整范围包括利用信息网络侵犯人身权益的行为，这是后者

[24] 北京万象博众系统集成优先公司侵害外观设计专利权纠纷申请再审裁定书，参见最高人民法院(2016)最高法民申731号民事裁定书。

只调整知识产权的侵权行为,其适用范围并不重合。再者,即使按照规则冲突的逻辑推演下去,其解决方法也存在问题,法院仅依据“新法优于旧法”原则,却忽视了两者存在“一般法与特别法”的关系。两种规则若真存在冲突,也应当属于一般法与新法、特别法与旧法的冲突情形,不能只简单地以“新法优于旧法”就解决了。

其次是不完全的规则冲突观点。这种观点认识到了信息网络环境下,传统管辖规则的不合理性,比如网络下的商标侵权,法院认为如果仍然适用商标法司法解释的规定,“将导致信息网络环境下商标侵权行为的管辖点只包括侵权行为实施地和被告住所地”。[25] 但是,它坚持传统管辖规则的优先性,只有当前者在网络环境下的适用实在不合理,比如管辖连接点的减少,才可以适用第25条的规定。但是,管辖规则是否冲突完全取决于法官的自由裁量,使得管辖极不确定。

相较于前两者,两种管辖规则互为补充、平行适用的观点更合理,更有利于维护法律体系的统一性和协调性。两种管辖规则在内容上存在重叠,但并不完全相同,一个明确了“被侵权人住所地”的情形,另一个并未包括这种情形,但明确列举了侵权行为地的若干情形,但这种差别之处不是冲突,而是两种规则相互配合补充的关系。两种管辖规则都是特殊地域管辖规则,都有各自的调整范围,唯一的重叠区域是“知识产权网络侵权行为”,在这重叠范围内的行为,既属于知识产权侵权,又属于信息网络侵权,当事人可以选择任意一个管辖规则,也可以结合适用两种管辖规则。也就是说,以单行法管辖规则和第25条的信息网络侵权管辖规则作为知识产权网络侵权案件管辖的双重标准,两者在适用上等量齐观,不分主次。

当事人享有自由选择管辖规则的权利,既便利了当事人诉讼,又保障了管辖选择权。原告住所地,这一连接点几乎是没有争议的,具有唯一性和可确定性。而在很多情况下,管辖规则中的其他连接点无法确定或很难确定,那么原告就可以直接向原告所在地提起诉讼,这种规定可以为当事人提供多样的救济渠道,便于当事人及时提起诉讼。[26] 当然,若前者可以确定,原告也可以选择最适合的管辖法院。保障当事人的选择权,以程序的自由实现实体的公正。

---

〔25〕 参见上海知识产权法院(2016)沪73民辖终347号民事判决书。

〔26〕 参见郭翔:《论民事诉讼地域管辖的基本原则》,载《太平洋学报》2008年第7期。

结　语

管辖规则适用过程中存在的差异与混乱，与我国知识产权侵权管辖规则的零散、模糊不无关系。管辖规则争议的解决，同样也离不开管辖制度基本原则和价值理念等理论的考察，对实践的把握和当事人利益的平衡。互联网对知识产权管辖权的冲击是巨大的，传统的管辖规则已无力应付网络空间的新情况，出于现实和理论等因素的考虑，将原告住所地赋予管辖权，作为知识产权网络侵权案件的管辖连接点，是较为合理的选择。当然，随着知识产权保护水平的不断提高和管辖理论研究的不断推进，知识产权网络侵权管辖规则体系也将不断完善。

司法体制改革的模式、经验与反思

刑事案件速裁程序实证研究

潘俊杰*

摘要：

2014年6月试点的刑事案件速裁程序为解决“案多人少”的问题，在我国两次修改简易程序的基础上，再次尝试展开优化诉讼程序的探索。本文通过分析法律文本、实证调研的方式，考察速裁程序适用范围的具体规定与运行成效，指出速裁程序运行中存在适用率低、程序运行不畅、被告人权利保障不足等问题，并分析了其中存在的立法与司法等方面的原因，旨在对速裁程序的试点有所裨益。

关键词：

刑事速裁程序；适用范围；运行成效

一、速裁程序试点的现实背景

我国刑事案件速裁程序，以下简称速裁程序，是指对于案情简单、事实清楚、证据确实充分，犯罪嫌疑人、被告人自愿认罪，适用法律无争议的轻微刑事案件，在遵循基本程序正义底限标准的前提下，简化审判工作流程、缩短办案期限的一种快速审判程序。[1] 速裁程序以“被告人认罪”“案件简单轻微”为适用条件，延续了简易程序的基本路径，试点目的在于又一次为解决“案多人少”问题作出积极探索。

---

* 潘俊杰，中山大学法学硕士，现就职于广东南国德赛律师事务所。

〔1〕 参见樊崇义等：《我国刑事案件速裁程序的运作》，载《人民司法》2015年第11期。

(一)"案多人少"的突出矛盾

速裁程序的试点有其深刻的现实背景。我国正处于刑事犯罪高发期,[2]案件数量逐年递增是推动速裁程序试点的主要原因。在2004年至2014年期间(见图1),[3]全国刑事案件一审结案量总体呈上升趋势。仅2010~2014年,我国平均每年新增刑事审结案件4万余件,"案多"的形势日益严峻。而"人少"的问题也逐渐凸显。从2007年至2013年,全国法官的数量仅从18.9万人增长至19.6万人,[4]法官人数的增长量与增速远低于同期案件的增长量与增速,"案多人少"的矛盾也日益突出。

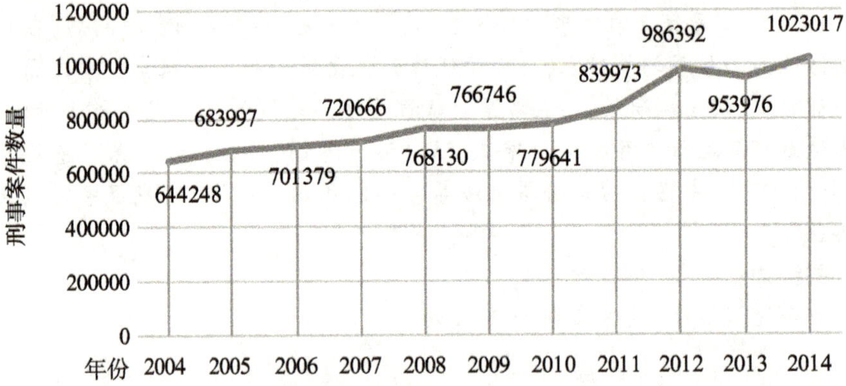

图1　全国刑事案件一审结案情况

(二)轻微刑事案件的较高占比

刑事案件数量居高不下且逐年增长,而轻微刑事案件在所有刑事案件中占比最高。笔者统计了2005~2014年的数据(见表1),[5]近十年来,判处3年以下有期徒刑的案件比例逐年上升,2014年此类案件已占全部案件数量的84%。

---

[2] 参见最高人民法院院长周强在第十二届全国人民代表大会常务委员会第九次会议上作的《关于授权在部分地区开展刑事案件速裁程序试点工作的决定(草案)》的说明。

[3] 参见2005~2015年的《中国法律年鉴》。

[4] 参见何帆:《法官多少才够用》,载《人民法院报》2013年6月7日,第5版。

[5] 此项数据是根据《中国法律年鉴》提供的原始数据整合、处理而成的。因法律年鉴中对被告人判决生效情况的统计方式不同,故2005~2010年的数据中,3年以上不满5年、3年以下有期徒刑的数据并未分开统计。

而1年以下有期徒刑的案件，则约占刑事案件总量的38%。[6] 北京和广州的比例更高，分别占案件总量的48%和40%。[7] 换言之，刑事案件中绝大部分都是轻微刑事案件。由于司法机关普遍存在“案多人少”的矛盾，司法机关若不依据案件可能判处刑罚的轻重采取不同的程序办理，无疑是对司法资源的浪费。因此，为推动刑事案件繁简分流，优化司法资源配置，为轻微刑事案件设计配套的司法程序是司法实践的迫切需要，速裁程序也就应时而生了。

表1　全国法院审理刑事案件被告人判决生效情况统计表

<table>
<tr><th>刑罚种类
年份</th><th>5年以上
至死刑</th><th>3年以上
不满5年</th><th>3年以下
有期徒刑</th><th>拘役、缓刑、
管制、单处附加刑</th></tr>
<tr><td>2014</td><td>9.59%</td><td>6.25%</td><td>36.98%</td><td>47.18%</td></tr>
<tr><td>2013</td><td>10.98%</td><td>6.98%</td><td>35.57%</td><td>46.46%</td></tr>
<tr><td>2012</td><td>13.71%</td><td>8.32%</td><td>34.27%</td><td>43.70%</td></tr>
<tr><td>2011</td><td>14.48%</td><td>9.21%</td><td>35.36%</td><td>40.96%</td></tr>
<tr><td>2010</td><td>16.11%</td><td colspan="2">46.69%</td><td>37.20%</td></tr>
<tr><td>2009</td><td>16.61%</td><td colspan="2">46.93%</td><td>36.46%</td></tr>
<tr><td>2008</td><td>16.06%</td><td colspan="2">46.78%</td><td>37.15%</td></tr>
<tr><td>2007</td><td>16.51%</td><td colspan="2">46.92%</td><td>36.56%</td></tr>
<tr><td>2006</td><td>17.59%</td><td colspan="2">46.87%</td><td>35.54%</td></tr>
<tr><td>2005</td><td>18.19%</td><td colspan="2">47.65%</td><td>34.15%</td></tr>
</table>

2013年年末全国人大常委会废止了劳教制度，体现了我国“尊重和保障人权”的精神。但是，废止劳教制度只是司法改革的开端。因为废除劳教制度之后，我国既定的刑罚体系与行政处罚体系的结构性缺陷更加突出。对于是否应当废除劳教制度以及废除之后的替代性方案，学术界与实务界的讨论经久不

〔6〕 参见郑赫楠：《“刑案速裁”观察》，载《浙江人大》2014年第8期。

〔7〕 参见于同志：《轻微刑事案件快速办理的经验与启示》，载《人民法院报》2014年10月22日，第6版；王艳杨、美满、袁庆波：《广州海珠区法院试行刑事速裁程序》，载《人民法院报》2014年8月13日，第4版。

息,主要形成了废除论[8]、完善论[9]和折中论[10]三种观点。尽管学界观点不一,但是同样都意识到了劳教制度废除之后会出现的制裁体系断层的问题。目前,我国的处理方式是将原先适用于劳动教养的部分违法行为归入刑法的调整范围,而新颁布的《刑法修正案(九)》也体现了轻罪入刑是大势所趋,这也必然导致了轻微刑事案件的数量增加。另外,随着《刑法修正案(八)》将"如实供述"作为法定从轻、减轻的量刑情节,也促使更多的犯罪嫌疑人认罪,这在一定程度上也致使轻微刑事案件数量上涨。

(三)简易程序的孤立无援

从我国刑事诉讼的发展来看,我国历次对"案多人少"问题作出积极回应,包括1983年出台了《关于迅速审判严重危害社会治安的犯罪分子的程序的决定》,设立了"重罪速决程序";1996年修改刑诉法设立简易程序;2003年3月"两高"与司法部出台了《关于适用普通程序审理"被告人认罪案件"的若干意见(试行)》,尝试"普通程序简易审";2006年12月最高人民检察院通过了《关于依法快速办理轻微刑事案件的意见》;2012年修改刑事诉讼法进一步扩大了简易程序的适用范围。

简易程序存在案件适用范围狭窄、被告人诉讼权利缺乏保障等问题,致使实践中简易程序的适用率远低于预期,简易程序分流案件、提高诉讼效率、节约司法资源等目的也难以实现。例如,东北三省个别地区简易程序适用率为零,多数地区在10%~45%的低比例区间运行。[11] 2013年河北省简易程序案件适用率仅为28.48%。[12] 为此,2014年2月中央政法委出台了《关于深化司法体

[8] "废除论"为多数学者的观点,他们认为劳教制度无法适应现代民主法治的要求。

[9] "完善论"认可劳教制度的功能,但由于该制度的缺陷,应当对该制度进行改造。参见夏宗素:《劳动教养走向违法行为矫治》,载《中国司法》2005年第4期。

[10] "折中论"认为将原属于劳动教养制度适用范围的案件,分开处理:一般的违法案件属于行政处罚的范畴,较重的违法案件进入刑事诉讼程序之中。参见赵秉志、杨诚主编:《中国劳动教养制度的检讨与改革》,中国人民公安大学出版社2008年版,第393~395页。

[11] 参见闵春雷等:《东北三省检察机关新刑诉法实施调研报告》,载《国家检察官学院学报》2014年第3期。

[12] 参见樊崇义等:《河北检察机关新刑诉法实施调研报告》,载《国家检察官学院学报》2014年第3期。

制和社会体制改革的意见》,强调“完善轻刑快办”。随后全国人大常委会于同年6月就通过了《关于授权在部分地区开展刑事案件速裁程序试点工作的决定》(以下简称《速裁决定》),“两高两部”于同年8月出台了《关于在部分地区开展刑事案件速裁程序试点工作的办法》(以下简称《速裁办法》),在北京等14个省、18个市开展速裁程序试点工作,旨在进一步提高诉讼效率。

二、速裁程序试点适用范围考察

笔者考察速裁程序试点适用范围的样本,包括法律文本与案例。法律文本主要包括《速裁办法》以及南京、广州、深圳等地的实施办法或工作细则,案例来源主要是截至2015年12月29日在中国裁判文书网中已公布的生效判决,笔者将以《速裁办法》的规定为基础,通过比较其与其他省市的规定的异同及案例的具体情况,考察速裁程序的适用范围。

(一)适用范围的具体化

试点各地对于适用速裁程序的范围较《速裁办法》之规定更为具体化。根据《速裁办法》第1条的规定,速裁程序适用的案件需符合列举的类型,包括危险驾驶、交通肇事、毒品犯罪等十一类犯罪。因为,此十一类案件入罪门槛较低,个试点各地此类案件基数大,占据了大量的司法资源,进而导致重大案件所需的司法资源被不当地压缩。笔者考察了部分试点城市的相关规定,发现各个试点城市在适用速裁程序时,在主要遵照《速裁办法》的情况下,也根据本市出台的实施办法或工作细则适用《速裁办法》规定之外的案件。

从各地的实施办法或工作细则来看,如南京市《适用速裁程序办理刑事案件的实施办法》(以下简称《南京实施办法》)、广州市海珠区人民法院、人民检察院《刑事案件速裁程序实施细则(试行)》(以下简称《广州海珠实施细则》)的规定就完全遵照《速裁办法》的规定,而如广州市、深圳市则将案件范围适度扩大。究其原因,是因为《速裁办法》规定的“伤害”“毒品犯罪”“扰乱公共秩序犯罪”等案件范围概念不清导致的。因为这三类案件并未与刑法中的罪名一一对应,故而在各地规定与司法实践中这三类案件的内涵出现了异化。例如,《广州市刑事案件速裁程序试点工作实施细则》(以下简称《广州实施细则》)将“伤害”案件解释为“故意伤害”与“过失致人重伤”案件,将“毒品犯罪”细化为“走私、贩卖、运输、制造毒品”“非法持有毒品”“引诱、教唆、欺骗他人吸毒”案件,将“扰乱公共秩序犯罪”限定为“在公共场所实施未造成社会秩序严重混乱的聚众斗殴案件”。《深圳市刑事案件速裁程序办理规定》将“伤害”限定为“故意伤害”,将“毒品犯罪”细化为“贩卖毒品”“非法持有毒品”“容留他人吸毒”,将“扰乱公共秩序犯罪”限定为“赌博”与“开设赌场”。

(二)排除适用范围的扩大化

试点各地对于排除适用速裁程序的规定有扩大化趋势。《速裁办法》在第2条中明确列举部分排除适用速裁程序的情形,具体包括了犯罪嫌疑人、被告人是未成年人、盲聋哑人、可能无罪或作无罪辩护、没有与被害人达成调解、和解协议、累犯等情形,均不得适用速裁程序。除此之外,各地也新增了其他排除适用速裁程序的情形,例如,《广州实施细则》《广州市中级人民法院关于广州地区适用刑事速裁程序案件的范围指引》规定了犯罪嫌疑人、被告人是外国人的、有检举揭发线索需要核实的、当事人有缠诉、缠访隐患的,也不得适用该程序。又如,《南京市司法行政适用刑事速裁程序办理案件实施细则》(以下简称《南京实施细则》)规定了犯罪嫌疑人、被告人户籍地和居住地均不在本市的,不适用速裁程序办理。

(三)适用范围的地域化

《速裁办法》规定,速裁程序的适用范围仅限于可能判处1年以下有期徒刑的案件。考虑到此项规定中案件范围是以“宣告刑”而非“法定刑”予以界分,而我国各地的情况又不尽相同,[13]因此各地相继出台的实施办法与工作细则对具体案件的具体适用范围就出现了地域化的差异。以盗窃罪为例,同在广东省的广州与深圳之间的规定就不相同。如表2所示,[14]广州与深圳关于盗窃罪的适用情形、排除适用情形都不同,但是两地均列举了具体的适用情形,以供司法实践参考。广州的部分检察官在接受调研时表示,具体如何确定适用速裁程序的案件,通常是按照最高院、省法院的量刑指引意见执行。根据量刑指引,被告人如实供述可减20%刑幅,当庭认罪可减10%刑幅,法官还有20%刑幅的自由

〔13〕 如符合速裁程序案件范围的盗窃罪,各地的起刑标准均不同,因此宣告刑也因盗窃的具体情形不尽相同,需要各地根据具体情况进一步规定。

〔14〕 参见《广州市中级人民法院关于广州地区适用刑事速裁程序案件的范围指引》:四、常见犯罪的适用范围。《深圳市刑事案件速裁程序办理规定》附件1:刑事案件速裁程序适用范围。

裁量权,经过综合计算后共为6个月的刑幅。因此,实践中是以宣告刑"一年六个月有期徒刑"为分界线,把符合条件的案件纳入速裁案件范围。如犯罪嫌疑人有自首、刑事和解等法定、酌定从轻情节的,实践中还会适当放宽标准,对有酌情从重情节的,也会适当从严把握。

表2　广州与深圳关于盗窃罪规定的对比表

试点城市	盗窃罪的适用情形	排除适用情形	附则
广州	(一)盗窃数额3千元至3万元; (二)2年内盗窃3至6次,数额未超过3千元; (三)入户盗窃,数额未超过1.5万元; (四)携带凶器盗窃或者扒窃,数额未超过1.5万元。	《速裁办法》规定的情形,以及犯罪嫌疑人、被告人是外国人的、有检举揭发线索需要核实的、当事人有缠诉、缠访隐患的,也不得适用该程序。	具有自首、立功、从犯、刑事和解等法定从轻、减轻处罚情节的案件,具体适用的标准可适当调宽。
深圳	(一)金额3万元以下; (二)金额3万~5万元,全额退赃; (三)盗窃亲友,金额3万~5万元,被害人谅解。	(二)、(三)两种情形,3次以上入户盗窃及扒窃的,排除适用。	如有犯罪预备、未遂、中止、自首、立功等法定从轻、减轻情节,可能判处1年以下有期徒刑的,可不受本规定的限制。

(四)案例适用范围的再扩大

从各地的生效判决来看,[15]速裁程序的适用范围在逐渐扩大,例如,部分省市对部分"非法持有、私藏枪支、弹药罪""生产、销售假药罪""过失致人死亡罪""挪用资金罪""敲诈勒索罪""故意毁坏财物罪""妨害公务罪"等案件予以适用速裁程序。虽然适用此类案件的数量并不多,但是也充分说明了司法实践中速裁程序的适用范围有扩大趋势。

---

〔15〕　笔者在中国裁判文书网(网址:http://wenshu.court.gov.cn/Index,统计日期:2015年12月29日。)中输入检索词"刑事""速裁程序",根据检索结果,依据案由、法院层级、试点城市、审判程序等分别统计了相关数据,一审案件适用较多的是交通肇事(383件),危险驾驶(6361件),故意伤害(672件),盗窃(2695件),寻衅滋事(109件),走私、贩卖、运输、制造毒品(1033件),容留他人吸毒(555件)。

综上所述,通过对《速裁办法》与各地实施方案、工作细则的比较,结合司法实务的特点,我们对速裁程序的范围初见端倪。尽管各地适用速裁程序的案件范围不尽相同,但相同的是,各地都通过正向列举与反向排除的方式加以明确规定程序的适用范围。诚然,在试点阶段明确列举罪名有其必然性。因为速裁程序在简化法庭审理的基础上,要保证案件审理的准确性,必然需要严格控制适用范围,方能降低试点引发的风险,有利于实践司法操作,增强司法的透明度,也便于加强司法监督。但严格的适用范围引发的问题同样也不容忽视,最直接的问题就是速裁程序的适用率不高,下文详述。

三、速裁程序试点运行成效考察

在考察速裁程序的适用范围之后,下文进一步考察速裁程序在实践中的运行成效。笔者从中国裁判文书网中搜集了全国所有试点城市已上传的生效刑事速裁判决书以及相关的文献,又选取了广州市基层法院、检察院作为调研对象,采集了相关数据,并与负责的法官、检察官进行交流,试图一窥速裁程序的运行成效。

(一)刑事诉讼效率提高

诉讼效率提高主要体现在缩短诉讼期限、缩短庭审时间、当庭宣判率高三个方面。第一,从诉讼期限来看,适用速裁程序办理的案件,检察机关应在案件受理后8个工作日内提起公诉,审判机关应在受理后7个工作日内审结。从实践效果来看,检察机关审查起诉周期由过去的平均20天缩短至5.7天;人民法院速裁案件10日内审结的占94.28%,比简易程序高58.40个百分点。[16] 截至2015年4月30日,广州市审结的1182件速裁案件,平均审限为6.1天。第二,庭审时间大幅缩短。[17] 第三,从当庭宣判率来看,全国当庭宣判率达95.16%,比简易程序高19.97个百分点。[18] 截至2015年9月,武汉市法院当庭宣判率

〔16〕 参见《最高人民法院、最高人民检察院关于刑事案件速裁程序试点情况的中期报告》。

〔17〕 参见胡建兵:《“刑事速裁”莫变成“直接宣判”》,载《天津政法报》2015年4月20日,第6版。

〔18〕 参见《最高人民法院、最高人民检察院关于刑事案件速裁程序试点情况的中期报告》。

达到100%。[19] 从试点开始至2015年3月，广州市越秀区法院办理的速裁案件共222件，当庭宣判的有216件，当庭宣判率达97.3%。[20] 截至2015年4月30日，广州市适用速裁程序审结的案件1182件中，当庭宣判1003件，当庭宣判率为84.8%。由此可见，适用速裁程序确能提高诉讼效率。

（二）当事人服判率高

当事人服判率高，可以通过上诉和抗诉的比例来衡量被告人或检察官对案件的满意程度。[21] 据统计，全国检察机关抗诉率、附带民事诉讼原告人上诉率为0，被告人上诉率仅为2.10%，比简易程序低2.08个百分点，比全部刑事案件上诉抗诉率低9.44个百分点。[22] 截至2015年9月20日，武汉市速裁案件被告人服判率为95%以上。[23] 笔者调研获得广州的数据反映的情况也基本相同。截至2015年4月30日，广州适用速裁程序审结的案件共1182件、1205人，被告人上诉14件，上诉率为1.18%，无抗诉案件。笔者统计了裁判文书网的速裁案件生效文书，[24]适用速裁程序的案件数量共有15829件，其中一审案件数量为15753件，二审案件数量为76件。所有二审案件中，有5个案件是由检察机关提起抗诉，其余的71件是被告人提起上诉，上诉率仅为0.4%。

在全部的被告人上诉案件中，绝大部分被告人上诉的理由为量刑过重。事实上，法院的判决与被告人同意的量刑建议出入不大，量刑过重并非其上诉的真实理由。笔者询问了部分法官、检察官，他们反映大部分被告人上诉的原因是为了留在看守所执行剩余刑罚。因为根据《刑事诉讼法》第253条的规定，宣判生效后余刑不满3个月的由看守所代为执行。对于适用速裁程序的被告人

[19] 参见于浩：《“刑事案件速裁”一周年》，载《中国人大》2015年第22期。

[20] 参见刘冠南：《刑庭不到两成法官审结近五成案件》，载《南方日报》2015年4月8日，第A5版。

[21] 参见左卫民等：《简易刑事程序研究》，法律出版社2005年版，第208页。

[22] 参见《最高人民法院、最高人民检察院关于刑事案件速裁程序试点情况的中期报告》。

[23] 参见于浩：《“刑事案件速裁”一周年》，载《中国人大》2015年第22期。

[24] 案件数据来源于中国裁判文书网（网址：http://wenshu.court.gov.cn/Index，数据统计日期：2015年12月29日）。

而言,最终宣判时余刑都不长。部分余刑只有4、5个月的被告人,[25]对判决结果并无异议,却因不愿去监狱服刑而提起上诉,通过上诉程序拖延执行的时间。这不仅浪费了诉讼资源,同时也影响了速裁案件的审判效果,更导致速裁程序失去应有的效率价值。

而检察机关抗诉的全部案件,[26]案由均是危险驾驶罪。抗诉机关与法院争论的焦点有二:第一,被告人是否构成自首;第二,"法庭审理过程中被告辩称自首"是否属于"对适用法律有异议"。速裁程序的适用条件之一是犯罪嫌疑人、被告人"对适用法律没有争议",而"辩称自首"是否属于"对适用法律有争议"则反映出检察机关对"适用法律"的理解有所偏差。法院以"原审法院的审理过程并未影响案件审判的公正性"驳回抗诉,以"实体判决正确"回避了"程序是否有误"的抗诉意见,也并未回应"辩称自首"是否属于"对适用法律有争议"这一焦点问题。

(三)被告人权利保护加强

1. 法律援助覆盖面扩大

《速裁办法》第4条要求,犯罪嫌疑人、被告人申请法律援助的,法律援助机构应当为其指派值班律师。对此,司法行政机关建立了值班律师库,在试点法院、看守所设立法律援助工作站342个,共为17177件案件的犯罪嫌疑人或被告人提供法律帮助20930人次,受委托进行调查评估3597件。[27]这也是我国首次将法律援助的适用范围扩展到轻微刑事犯罪的犯罪嫌疑人、被告人,覆盖面也远超简易程序的规定,[28]这无疑能够保证犯罪嫌疑人、被告人认罪的自愿性,也确保其充分了解适用速裁程序的权利与义务。尽管法律援助律师数量较

---

〔25〕 此类案件多为危险驾驶罪,上诉的主要原因是被告人被判了实刑。

〔26〕 五个案件均来源于全国裁判文书网(网址:http://wenshu.court.gov.cn/Index,数据统计日期:2015年12月29日)。

〔27〕 参见《最高人民法院、最高人民检察院关于刑事案件速裁程序试点情况的中期报告》。

〔28〕 新《刑事诉讼法》的简易程序中,法律援助的适用范围并未扩大到所有适用简易程序的案件,这样难以保证被告人认罪的自愿性以及对选择适用简易程序的法律后果。参见陈瑞华:《评〈刑事诉讼法修正案(草案)〉对审判程序的改革方案》,载《法学》2011年第11期。

少甚至不能担任辩护人,但律师在速裁程序中发挥的重要作用是值得肯定的。

2. 审前羁押率降低

《速裁办法》规定,适用速裁程序办理的案件,犯罪嫌疑人、被告人应当以非羁押性强制措施为原则,羁押性强制措施为例外。据统计,新刑事诉讼法实施之后,普通刑事案件逮捕率依然居高不下。例如,上海市 2013 年 1 ~ 4 月的逮捕率为 85.56%。[29] 吉林省 2013 年的逮捕率约为 70%,2013 年 1 ~ 9 月,辽宁省沈阳市的逮捕率约为 57%,2013 年 1 ~ 10 月,黑龙江省逮捕率约为 91%。[30] 而速裁程序的审前羁押率较之有所降低。据统计,全国刑事速裁案件被告人被拘留、逮捕的占 52.08%,比简易程序低 13.91 个百分点。[31] 天津市对被告人采取取保候审、监视居住的比例为 46.86%。[32] 广州全市的数据也反映了同样的情况。广州全市适用速裁程序审结的被告人案件共 1205 人,强制措施方面(仅统计最后适用的强制措施)取保候审的 720 人,逮捕 352 人,各占总量的 59.7% 和 29.2%。笔者认为,审前羁押率是否降低,需要结合被告人被判处的刑罚种类与审前的强制措施种类予以分析。如表 3 所示,[33] 在统计的数据中,共有 15753 名被告人适用了速裁程序。从总体来看,被拘留的有 8737 人,占总量的 55.46%。被逮捕的有 4801 人,占总量的 30.48%。

事实上,审前羁押率降低很大程度是因为刑事速裁与简易程序适用的案件范围存在差异。前者适用的均为可能判处 1 年以下有期徒刑的案件,而后者适

〔29〕 参见郭烁:《徘徊中前行:新刑诉法背景下的高羁押率分析》,载《法学家》2014 年第 4 期。

〔30〕 参见闵春雷等:《东北三省检察机关新刑诉法实施调研报告》,载《国家检察官学院学报》2014 年第 3 期。

〔31〕 参见《最高人民法院、最高人民检察院关于刑事案件速裁程序试点情况的中期报告》。

〔32〕 参见董照南、张爱晓:《刑事速裁试点中存在的问题》,载《中国审判》2015 年第 17 期。

〔33〕 原始数据来源于全国裁判文书网(网址:http://wenshu.court.gov.cn/Index,统计截止日期:2015 年 12 月 29 日),笔者将全部刑事速裁案件的判决书,以刑罚种类与强制措施为分类标准,分别予以统计,得出数据。

用的案件只需要判处有期徒刑以下即可。[34] 而逮捕则适用于可能判处徒刑以上刑罚的犯罪嫌疑人、被告人。由此可见,速裁程序中的绝大部分案件应当被取保候审或监视居住。因此,速裁程序审前羁押率降低也就理所当然了。

表3　强制措施与刑罚种类对照表

单位/人

强制措施 / 刑罚种类	拘留	逮捕	取保候审	监视居住
管制	30	14	28	6
拘役	5734	2457	5160	127
有期徒刑	2973	2330	1367	90

3. 判决缓刑率高

《速裁办法》第13条规定,符合速裁程序条件的案件,可以依法从宽处罚。从目前来看,而依法从宽处罚更多的体现在判处被告人非监禁刑。据统计,适用速裁程序审理的案件,最终判处缓刑的比例较高。如“两高”的中期报告中提到,刑事速裁案件适用非监禁刑的占36.88%,比简易程序高6.93个百分点。[35] 而笔者统计的数据中(见表4),[36] 判处管制、拘役、有期徒刑的缓刑数量占全部数量的41.4%。而广州的数据显示,全市判处的1205人中,判处拘役刑(实刑)460人,1年以下有期徒刑(实刑)319人,缓刑412人,缓刑适用率39.3%。同样,“判决缓刑率高”与“审前羁押率降低”的原因相似,即刑事速裁适用的轻微刑事案件更符合缓刑之条件,因此,判决缓刑率高也在情理之中了。

---

[34] 简易程序适用的范围拓展至基层法院受理的全部案件,即判处有期徒刑以下的案件。

[35] 参见《最高人民法院、最高人民检察院关于刑事案件速裁程序试点情况的中期报告》。

[36] 原始数据来源于全国裁判文书网(网址:http://wenshu.court.gov.cn/Index,统计截止日期:2015年12月29日),笔者将全部刑事速裁案件的判决书,以刑罚种类与缓刑、实刑作为分类标准,分别予以统计,得出数据。

表4　刑罚种类与案件数量对照表

单位/人

刑罚种类		管制	拘役	有期徒刑
案件总量		3033	14736	8454
其中	缓刑	670	6430	3765
	实刑	2363	8306	4689

四、速裁程序运行的主要问题与困境分析

（一）速裁程序适用率低

从速裁程序的试点情况来看，速裁程序的运行依然没有跳出适用率低的怪圈。从总量来看，全国刑事速裁一审案件数量总数为15753件，各省市的案件数量分布严重不均，一审适用案件数量最多的是上海和武汉，仅有2567件和1957件，适用案件数量最少的是温州、青岛与重庆，只有63件、81件、155件。从适用比例来看，天津市6个月审结的速裁案件311件，占同期审结的全部刑事案件的19.57%，占同期审结的判处1年有期徒刑以下刑罚案件总数的35.42%。[37] 在适用率低的情况下，适用案件的范围却很集中。笔者调研得到的广州市的数据所示，截至2015年4月30日，广州适用速裁程序审结的案件共1182件，数量最多的案件分别是危险驾驶、盗窃与毒品案件，分别有745件、220件与125件，各占总数的63%、18.6%和10.6%。笔者整理了全国的相关数据，发现目前适用速裁程序的罪名共有6大类、36小类之多，但危险驾驶、盗窃、毒品类犯罪最多，分别占所有速裁案件的51.7%、21.9%和8%。笔者认为，造成这一问题的因素是多方面的，除了适用速裁程序的限制性条件多、法院、被告人主动启动速裁程序的机制缺失之外，司法机关工作人员选择性适用该程序也是重要原因。

1.适用速裁程序的限制性条件多

速裁程序通过正向列举、反向排除、明确宣告刑等方式，规定了严格的适用范围。考虑到试点程序可能存在的风险，《速裁办法》对案件范围的严格规定无

〔37〕 参见董照南、张爱晓：《刑事速裁试点中存在的问题》，载《中国审判》2015年第17期。

可厚非。但这也使得司法机关不敢充分发挥主观能动性,案件类型也限缩在上述的范围之内。更有甚者,笔者调研时发现,部分地区的公安机关只建议危险驾驶与盗窃案件适用速裁程序,而检察机关建议适用速裁程序的案件也仅限于危险驾驶、盗窃、贩卖毒品和故意伤害案件。公安机关与检察机关不积极行使法律赋予的建议权,致使适用范围进一步缩小,导致速裁程序的适用率进一步降低。

2. 法院主动启动速裁程序的机制缺失

根据《速裁办法》第5条的规定,公安机关、检察机关享有程序启动权。具体而言,公安机关在侦查终结后,认为案件符合《速裁办法》之规定,可以建议启动该程序。若公安机关未建议启动的,则检察机关可在审查起诉阶段决定启动。实践中,速裁程序的启动以检察机关提出建议为主,占案件总数的65.36%。[38] 而法院是否享有程序的启动权,各地规定不一。从法律文本来看,《速裁办法》并未规定法院享有该权力,因此各地的规定也并未赋予法院程序启动权。然而仍有部分地区规定法院享有启动权,如《深圳市刑事案件速裁程序办理规定》(以下简称《深圳规定》)就规定了法院可以决定启动速裁程序。但是,法院只能在"法庭审理阶段"决定启动,意即该刑事案件以普通程序或简易程序的刑事开庭审理,法院在审理阶段发现案件符合速裁条件时再转为速裁,此时速裁"节约司法资源"的目的已经难以达到。因此,法院享有的程序启动权也聊胜于无罢了。从实践来看,部分法院也会在立案阶段启动速裁程序。例如,笔者调研的广州市越秀区法院,从2014年10月至2015年4月20日,共审结速裁案件261件,其中法院主动启动速裁程序的有101件,占总数的38.7%。由此可见,如果法院享有主动启动速裁程序的权利,那么适用速裁程序审理的案件数量也会有所增加。

3. 司法机关人员选择性适用

除了制度设计的原因之外,司法机关人员选择性适用该程序也是重要原因。部分法官、检察官透露,尽管速裁程序确实存在诸多优点,但是在司法实践中,他们也不得不将适合速裁程序审理的案件采用简易程序或者普通程序予以处理,主要原因有以下三点:第一,基层法官、检察官工作负担重。由于"案多人

---

〔38〕 参见《最高人民法院、最高人民检察院关于刑事案件速裁程序试点情况的中期报告》。

少”的问题长期存在，平均每个基层法官、检察官手上的存案量都很高。之前部分检察机关、法院有专门的检察官、法官负责简易程序与速裁案件，现如今几乎所有的法官、检察官都要兼顾普通程序案件的审查起诉与审理，难以使案件在审查起诉、审理阶段集中办理。第二，速裁案件证明标准高。速裁案件对庭审程序进行了简化，但案件的证明标准与普通案件无异，而速裁程序省略了法庭调查与法庭辩论，又追求当庭宣判的效果，这就使得庭前的工作量并未减少。因此，这就要求基层法官在庭前花费更多的时间、精力研究案情、分析证据，实质上花费了更多的时间。第三，速裁程序的审限短。审限短带来的弊端很多，除了要求法官在审前花费更多时间、精力外，证据的鉴定、社会调查程序的拖延都会使得速裁程序超期。而如果该案件预计无法在审限内审结的，法院就会依职权转为简易程序或普通程序办理。综上，速裁程序实际上影响了基层法官、检察官的积极性，因此他们也不得不选择性适用速裁程序，这在一定程度上也导致了速裁程序适用率较低。

（二）速裁程序运行不畅

1. 缺乏统一办理规范

速裁程序在 14 个省、18 个市开展试点工作，由于各试点地区差异相对较大，各地出台了各自适用的工作细则，国内目前缺乏统一的办理规范。速裁程序从侦查阶段开始建议启动速裁程序，到最后的当庭宣判，需要公检法三机关相互配合、分工完成。而从目前立法层面来看，速裁程序的实施依据仅有《速裁办法》这一试点性立法文件，别无其他有实际约束力、法律强制力的实施细则。况且，《速裁办法》对速裁程序仅作出原则性、概括性的规定。具体的实施细则，则需要各试点城市的公检法机关另行协商，致使各地出台的文件名称、适用速裁程序的标准、方式均不统一，不利于速裁程序的规范运行。

2. 办案期限缩短致使相关配套环节缺位

实践中，速裁程序办案期限缩短，致使速裁程序难以正常进行。例如，在刑事诉讼中，案件的赃物、证物需要从侦查机关移送至检察机关，之后再移送至法院，这对移送的效率提出很高的要求。但凡出现移送延迟的情况，那么必然影响案件的起诉与审理。另外，如果案件需要进行司法鉴定，考虑到司法鉴定通常耗时较长，在速裁程序的法定期限内难以完成，这也将导致司法机关选择适用简易程序或者普通程序予以审理。又如，速裁程序的启动要求被告人与被害人达成刑事和解。然而，达成刑事和解需要耗费的时间较长，通常在速裁程序的法定期限内难以达成协议。而如果未达成该协议,则无法启动速裁程序,也达不到速裁的效果。当然,也存在极端的情况:被告人为了在法定期限内获得被害人的谅解,与被害人之间达成不平等的和解协议,赔偿金额超过了合理的范围,这也违背了刑事和解的自愿原则,同样对被告人的权益造成新的侵害。

3.办案机关协调机制有待加强

速裁程序要求公检法三机关相互配合、各司其职、分工合作。在理想状态下,速裁程序应当主要有公安机关建议启动。如果公安机关因对案件存疑而未建议启动的,则交由检察机关、法院视案件综合情况决定是否启动。但实践中,公安机关启动速裁程序的案件类型非常狭窄,主要限于危险驾驶、盗窃罪两类。因此,检察机关建议启动则成为了速裁程序启动的主要方式。这也导致了案件的分流必须在审查起诉环节方能进行,大大降低了程序的效率。因为缺乏公检法三方之间的协商或联合制定实施细则,使得理想状态的速裁程序在移送审查起诉环节出现了"断档",使得其实施的法律效果略打折扣。

(三)被告人权利保障不足

1.程序选择权的缺失

程序选择权应当包括了积极的程序选择权与消极的程序选择权。积极的程序选择权指的是犯罪嫌疑人、被告人主动向司法机关申请适用速裁程序。消极的程序选择权指的是司法机关建议适用速裁程序时,犯罪嫌疑人、被告人同意适用。消极的程序选择权是启动速裁程序的必要条件之一,只有得到犯罪嫌疑人、被告人的同意,速裁程序才能够得以启动。而犯罪嫌疑人、被告人是否享有积极的程序选择权,各地的规定也不尽相同。《速裁办法》并未规定犯罪嫌疑人、被告人享有积极的程序启动权,却规定经犯罪嫌疑人同意后,其辩护人可以建议检察机关按速裁程序办理。但是,考虑到我国刑事案件中有辩护人的比例极低,而速裁程序法律援助的律师又不得担任辩护人。因此,此项赋予辩护人的权利也形同虚设。试点城市中,广州、深圳也作出了与《速裁办法》类似的规定。但是有部分地区规定了犯罪嫌疑人、被告人享有积极的程序选择权,如《南京实施细则》中明确指出犯罪嫌疑人、被告人对符合速裁条件的案件有选择适用速裁程序的权利。此项规定虽然突破了《速裁办法》的授权范围,但是也为我们下文的讨论提供了思路。

2.法律援助的局限

按照《速裁办法》的规定,犯罪嫌疑人、被告人申请法律援助时,司法机关应当是“有求必应”的。但数据显示，被告人申请法律援助值班律师援助的还不到总数的2%，大大低于预期。[39] 现阶段，速裁程序为被告人提供法律援助仍然具有局限性。

第一，法律援助的条件严格。尽管《速裁办法》的规定表明，法律援助已无条件地覆盖所有适用速裁程序的当事人，但是各地的规定却为其增添了条件。例如，《南京实施细则》就规定了案件进入适用速裁程序办理后，方可申请法律援助。速裁程序的条件之一是被告人认罪，而律师援助的目的之一则是保证被告人认罪的自愿性，帮助被告人理解适用速裁程序的后果。如若案件进入速裁程序后方能申请律师帮助，此时法律援助已失去了其根本意义。又如，《广州海珠实施细则》《广州市司法局刑事案件速裁程序试点工作实施方案》规定了犯罪嫌疑人只有“基于其对法律认知要求”，方能申请法律援助，同时还需要经过检察机关的协调。而该申请到达法律援助机构后，法律援助机构可以作出给予或者不给予法律援助的决定。由此可见，选择适用速裁程序的犯罪嫌疑人、被告人并不必然获得法律援助，这也说明了犯罪嫌疑人、被告人权利保障不足。

第二，法律援助的作用有限。法律援助值班律师的义务主要是为犯罪嫌疑人、被告人提供法律咨询和建议，告知其适用速裁程序的法律后果，帮助其进行程序选择和量刑协商，维护其合法权益。诚然，在速裁程序中法律援助律师发挥了重要的作用，但是法律援助的律师不得担任辩护人，“被告人难以获得有效的律师辩护，很难确保被告人基于理性与自愿作出程序意思的表达”。[40] 法援律师也不能发挥辩护人在庭审时作用，因此，法律援助更倾向于是向犯罪嫌疑人、被告人提供法律咨询，其发挥的作用也是极其有限的。

第三，法律援助的经费缺乏。笔者调研时发现，由于速裁程序试点刚刚推行，部分地区尚未设立了律师驻点工作站。已设立了律师驻点工作站的地区，由于经费所限，律师一般每周值班两天，不能及时为犯罪嫌疑人、被告人提供咨询。而未设立律师驻点工作站的地区，依旧由司法局为申请者指定法援律师。

---

〔39〕 参见《减程序不减权利，福清法院试行刑事速裁律师强制援助制度及量刑协商制度》，载网址：http://www.legaldaily.com.cn/Court/content/2015-11/04/content_6340369.htm?node=53949，最后访问日期：2016年3月12日。

〔40〕 参见左卫民：《中国简易刑事程序改革的初步考察与反思——以S省S县法院为主要样板》，载《四川大学学报》2006年第4期。

但由于经费尚未落实,检察机关、法院转达犯罪嫌疑人、被告人申请时,司法局并不愿意指定法援律师。由此,被告人申请法律援助的权利也难以得到保障。

3. 量刑对价的缺乏

犯罪嫌疑人、被告人自愿认罪,并选择适用速裁程序,能否享有量刑的优惠、优惠程度如何也是一个值得商榷的问题。从司法实践来看,检察机关在审查起诉阶段给予的速裁程序权利义务告知书中,并未告知被告人享有量刑上的优惠。[41] 而在法律文本中,《速裁办法》第13条就规定了在适用速裁程序时,法官有依法从宽判决的权力。此规定表面上赋予了被告人享有减轻刑罚的权利,但实则不然。因为法官享有从宽判决权力是以"被告人认罪""退赃""赔偿损失""取得被害人谅解"等为必要前提。而此类必要前提恰恰也是《速裁办法》第1条、第2条中规定的速裁程序的启动条件。换言之,案件只需符合速裁程序的启动条件,则被告人享有量刑的优惠。但是,被告人享有的此种优惠并非因适用速裁程序而应然获得,而是因为被告人"认罪""退赃""赔偿损失""取得被害人谅解"符合法定的从轻、减轻量刑情节。根据最高人民法院、省高级人民法院的量刑指引意见,被告人"认罪""退赃""赔偿损失""取得被害人谅解"都是法定、酌定从轻情节,被告人理应获得"从轻处罚"。但是,此时被告人获得的"从轻处罚"是其如实供述、当庭认罪、刑事和解的量刑对价,并非其选择速裁程序、节约司法资源的量刑对价。实践中如依《南京实施办法》适用速裁程序时,除了上述法定、酌定从轻情节外,法官享有20%的自由裁量权。但是由于《速裁办法》等法律文件尚未规定,被告人的"选择适用"是否必然适用从轻减轻处罚、从轻减轻的程度如何等都取决于法官的自由裁量。

4. 非羁押性强制措施、非监禁刑适用比例低

从逮捕的条件与速裁程序的适用范围高度重合来看,非羁押性强制措施适用比例降低有其必然性。但对于犯罪情节较轻的速裁案件而言,现阶段的适用比例也并不高。从强制措施的统计方法来看,由于逮捕的数据包括了"先拘留,后逮捕"和"因开庭将取保候审、监视居住转为逮捕"两类。而在实践中大部分

---

〔41〕 深圳市《犯罪嫌疑人速裁程序权利义务告知书》中告知被告人的诉讼权利的第8项:获得量刑建议的权利:对于你同意适用速裁程序的案件,检察机关将依法向法院提出对你判处1年以下有期徒刑、拘役、管制或者单处罚金的量刑建议。此规定仅规定了被告人可以获得量刑建议,而未明确指出是否有量刑优惠。

案件的被告人都被判以实刑,因此在开庭审理前,司法机关往往将被告人的非羁押性强制措施转为逮捕,便于法庭判决后送监执行。因此,非羁押性强制性措施比较低的原因,实际上与被告人最终能否被判处非监禁刑有关。

被告人最终能否被判处非监禁刑,又因社会调查评估制度与速裁程序的衔接而变得难以捉摸。考虑到速裁程序适用的轻微刑事案件更符合缓刑之条件,那么现如今的缓刑率就有些偏低了。以广州为例,适用速裁程序的案件缓刑适用率为39.3%,而同期案件的缓刑率约为36.32%,这与基层法院很大一部分案件均可以适用缓刑的特点不甚相符。究其原因,在于我国社会调查评估制度与速裁程序有所脱节。具体而言,包括了以下几点:第一,速裁程序要求公诉机关若建议法院适用缓刑,则必须进行社会调查评估。《速裁办法》规定,受委托的司法行政机关应当在5个工作日内完成社会调查评估。那么"五个工作日"的调查评估时间是否计入"八个工作日"的审查起诉期限内?如果计入的话,那么在审查起诉时间有限的情况下,适用速裁程序则意味着检察机关需要在更短的期限内判断是否建议缓刑、是否委托司法行政机关开展社会调查评估。也有少部分地区,例如,《深圳规定》就规定了调查评估时间不计入审查起诉期限。但这同样存在问题,因为如果速裁程序在全国推行时,考虑我国部分偏远地区通信、交通不便,要求司法行政机关在接受委托后的5个工作日内完成调查评估实属强人所难。[42] 而司法行政机关调查时间过长,也同样不利于保障被告人的权利。第二,如果依照《南京实施细则》规定,受委托的司法行政机关发现犯罪嫌疑人、被告人的居住地非本辖区的,会拒绝检察机关的委托,不予进行社会调查。这也在一定程度上限制了异地犯罪的被告人获得判处缓刑的机会。第三,在法庭审理中,因缺乏调查评估报告,即使法院认定可以判处缓刑,在现今的制度条件下,法官也不得不作出实刑的判决。第四,如果被告人被判处缓刑,那么根据《社区矫正实施办法》之规定,社区矫正应由被告人的居住地社区负责执行。近年来,由于广州市外来人口众多,经常出现被告人户籍地与居住地不一致的情形,导致了两地相互推诿的情况屡屡发生。如若在审理前难以落实哪一

〔42〕 在简易程序的适用中,社区一般在15个工作日内出具相关意见,这导致省法院无法在20日的时限内完成审理,故而不得不适用普通程序。因此,司法行政机关在5个工作日内完成调查评估较为困难。参见樊崇义等:《河北检察机关新刑诉法实施调研报告》,载《国家检察官学院学报》2014年第3期。

社区负责执行,那么法院原则上会判处被告人实刑。

综上所述,由于我国社会调查评估制度与速裁程序制度的脱节,致使被告人缓刑判处率过低。而被告人缓刑判处率过低,也使得被告人适用非羁押性强制性措施也相对降低,更不利于保障被告人的合法权利。

结　语

刑事速裁工作经过两年试点所取得的明显成效,充分证明了速裁程序不仅有独立的诉讼程序价值,还是诉讼体系的基本元素,更是制裁体系的重要一环。为此,笔者主张在试点工作取得成效的同时,不能忽略速裁程序反映出的若干问题。刑事案件速裁程序的改革是一项法治系统工程,我国应当在整体设计诉讼程序体系时,充分结合基层检察院、法院的试点经验,合理设计速裁程序。在设计的同时,也不应忽略与速裁程序配套的其他程序的改革,也应当为司法机关设计合理的工作机制,保障速裁程序的顺利运行。速裁程序不仅需要侦查、起诉、审判、执行的环环相扣,也需要得到当事人及社会大众的理解和支持。随着司法体制改革的深入,速裁程序将越来越明晰,随之而来的立法也将越来越完备。

基层司法裁判对争议事实认定的说理实证分析

——以广州市基层法院初审实践为例

李　沣*

摘要：

针对争议事实的认定，裁判文书应当就证据的证明能力、证明力、争议事实与证据之间的逻辑联系以及举证责任这四个方面进行充分地说理。本文选取广州市基层人民法院发布的一审民事判决书作为参考样本，通过考察其中关于争议事实认定理由部分的内容，了解基层司法裁判说理的现状，得出的结论是：总体而言，基层民事裁判文书事实认定说理的充分性尚有待提升。第一，证据能力和证明力的说理质量不佳，表现为说理充分、说理混乱、部分说理与完全不说理并存。对此，首先，应当避免说理混乱的情况泛滥，既然已经作了说理的尝试，则努力将其做好；其次，部分说理可能出于当事人的纯粹反对，加之法院案多人少的窘境，没有必要一一详细回应，但对于直接影响诉讼结果的关键证据，还是应当作出说明；最后，完全不说理显然违背了增强裁判文书说理性的初衷，期待改善其已成为普遍做法的现状。第二，事实与证据之间的逻辑联系揭示不充分。较好的做法是先描述认定的事实，紧接着罗列并解释用以证明该争议事实的证据，或者在逐点罗列证据后紧接着解释这些证据的证明目的以及证明力等，清晰地展示证据与对应的案件事实。第三，多数司法裁判能够将举证责任的分配结果与规则适用结合说理。

关键词：

裁判文书说理；争议事实认定；基层司法

---

* 李沣，中山大学法学院2016级法学硕士研究生。本文为广州市社会科学界联合会2017年度“羊城青年人”资助研究项目《司法裁判运用经验法则说理实证研究——以广州实践为样本》（项目编号17QNXRZ4）的研究成果之一。

早在1999年,最高人民法院印发的《人民法院五年改革纲要》(以下简称《一五改革纲要》)首次提出"加快裁判文书的改革步伐,提高裁判文书的质量"。2015年《最高人民法院关于全面深化人民法院改革的意见》(以下简称《意见》),以"不断提高司法公信力"作为总体思路,致力于不断健全审判权力运行机制,在推动裁判文书说理改革方面,明确提出"完善裁判文书说理的刚性约束机制和激励机制,建立裁判文书说理的评价体系,将裁判文书的说理水平作为法官业绩评价和晋级、选升的重要因素"。

近年来,随着裁判文书公开的推进,民事裁判文书说理问题也受到越来越多的关注与重视。说理的范围包括事实认定、法律适用和逻辑推理过程。其中,事实认定虽作为民事审判的前提性要件,但比起法律适用,其受关注程度明显不高。

一、问题的提出:说理的必要性

在美国,"司法判决的任务是向整个社会解释,说明该判决是根据原则作出的好的判决,并说服整个社会,使公众满意"。[1] 若借助日本学者中村英郎"事实出发型"的观点来考察英美国家法院之作用,则法院应当遵从先前的判例来裁判案件,法官从案件中发现应适用的法,故英美法系的裁判文书应当详细说明其选择某一先例的原因。同时,判决在遵循先例之外也有可能创设新的法律规则,在"法官造法"的权力背景下,法官通过判决书解释一套新的、对后诉具有约束力的法律规则。因此,英美法系注重阐述判决理由,但有时显得过于冗长。

大陆法系国家的法官不具备创设可作为正当法律渊源的先例,属于"规范出发型",法官通常受到成文法的支配,法院应当裁判是否存在法律所规定的权利或法律关系。[2] 诉讼结果与当事人的切身利益密切相关,考虑到裁判的可接受性,法官不能仅就权利与法律关系是否存在作出单纯的判断却不分析如此判断的缘由,加上成文法天然的抽象性与个案事实的复杂性、特殊性,法官更应当将裁判理由充分外化于裁判文书中。

---

〔1〕 宋冰:《程序、正义与现代化》,中国政法大学出版社1998年版,第307页。

〔2〕 参见[日]中村宗雄、中村英郎:《诉讼法学方法论——中村民事诉讼理论精要》,陈刚、段文波译,中国法制出版社2009年版,第274~289页。

在我国，增强民事裁判文书争议事实认定理由的说理性符合裁判文书改革一直努力的方向。《一五改革纲要》早就提出，改革的重点是加强对质证中有争议证据的分析、认证，增强判决的说理性。一份裁判文书说理性的强弱，侧面反映法官职业素养的高低。同时，法官作出裁判文书或多或少掺杂着趋利避害的考量，在如何充分说理与规避职业风险的博弈之间，选择后者的风险更低，概率也越高，造就了我国裁判文书说理的简约化。[3] 将裁判文书的说理水平作为法官考评的重要因素，能够有效降低法官滥用裁判权的可能性，形成促使法官正当行使审判权的倒逼机制。

对于争议事实的认定理由，无论是法官对证据规则的具体适用与理解，还是形成内心确信过程的披露，若不进行充分的回应与论述，无法达到令当事人信服的效果。但说理又不必盲目参考美国判决书如论文一般冗长，说理的质量不取决于字数，而在于精确度。因此，我们仍需要通过对样本进行分析和研究，了解基层司法裁判说理的现状、发现不足之处并尝试探讨如何提升说理质量。

二、争议事实认定说理现状分析

首先，以《人民法院民事裁判文书制作规范》（以下简称《规范》）作为主要参照标准，笔者认为认定争议事实主要依靠证据，证据是认定案件事实的基础与主要来源，证据说理与事实说理紧密联系，事实说理包括证据说理。因此归纳得出，争议事实认定充分说理的判断标准即争议事实认定的理由具体主要包括以下四个方面：第一，证据能力；第二，证明力；第三，争议事实与采纳的证据的联系；第四，举证责任。

其次，关于样本的选取：第一，样本判决书的生效时间全部集中于《规范》开始施行之后。鉴于《规范》自 2016 年 8 月 1 日起施行，对该时间后作出的裁判文书有较强的指导性，裁判文书的说理效果应该也比此前更佳，更具有研究价值。第二，裁判文书集中于一审的民事判决书。根据《意见》，民商事裁判文书实行繁简分流，一审判决书在某种程度上反映出我国基层法官的法律专业素质，加上一审与二审裁判文书说理具有差异性，为了深化研究的针对性，故仅选取一审判决书。第三，样本仅限于广州市基层人民法院作出的一审判决书。也

[3] 参见凌斌：《法官如何说理：中国经验与普遍原理》，载《中国法学》2015 年第 5 期。

许只能反映广州市一审民事判决书说理的情况,但是鉴于我国地域辽阔,各省市司法发展水平参差不齐,各地法院说理方式均在一定程度上受到地方文化、语言的影响。而相对全国范围而言,广州地区的法治水平和司法工作人员的专业素质都较高,且与笔者生活、学习的环境息息相关,故对该地区展开实证研究具有较强的可操作性。第四,判决书原文资料均来源于中国裁判文书网。样本均为广州市各基层人民法院上传到中国裁判文书网的公开判决书,不存在涉密问题。第五,判决书样本的案由涵盖了合同、物权、婚姻家庭以及侵权责任等几个重要的民事领域,尽可能地体现实证分析结果的说服力与代表性。第六,样本数量为80份。取样的主要目的不是统计说理充分与否的数目,而在于避免陷入脱离实践谈理论问题的误区,在仔细研读若干真正的基层司法裁判之后,具体考察每一份民事判决书对争议事实认定理由的说理,分析其说理的特点、可取之处与存在的问题。

(一)证据能力方面

证据能力成为法院认定争议事实时首先需要回应的问题。当事人明确对证据三种属性的全部或其一提出异议时,判决书既要对证据能力进行结论性判断,也应当说明理由。在对样本判决书的考察中,不难发现广州市基层法院对于证据能力的回应与说理尚不够充分。具体来说:

第一,样本中,当事人对证据真实性明确提出异议的有100组,法院进行针对性回应的只有10组。除了法院完全不进行说理这种现象外,还存在少数说理混乱说理、缺乏针对性和说理不够充分的情况。

首先,说理混乱。换言之,说理缺乏针对性。法院看似对当事人的异议作出了回应,实则是说明与之相关的其他问题,而非异议对象的真实性本身。典型表现有两种:其一,当事人对真实性提出异议,法院回应了合法性或关联性问题。以某涉及遗嘱继承的案件为例,[4]在被告明确对遗嘱的真实性提出质疑时,该遗嘱作为主要证据,其证据能力对全案的事实认定和法律适用均有重要的影响,因此判决书作了基本的回应——“虽被告董某乙有异议,但其未举证反驳,故本院确认被继承人董某戊生的该自书遗嘱合法有效”。被告对证据的真实性提出质疑,而非合法性,判决书仅对证据能力的其他方面作出了说明,未解释其真实性问题,况且理由也不足够充分。其二,当事人对某一组证据A的真

[4] 参见广东省广州市海珠区人民法院(2016)粤0105民初5832号民事判决书。

实性提出异议，法院回应了另一组证据 B 的真实性问题。在挂靠经营合同纠纷一例中，[5]原告不认可《协议书》的真实性。而法院在事实认定部分，对另一份《合同书》的真实性作出解释——“《合同书》是双方当事人的真实意思表示，不违反法律、行政法规的效力性强制性规定，合法有效，本院依法予以确认”。至于该《协议书》，法院既没有下结论，更没有进行说理。可见，该判决书未对原告的异议对象说理，而对其他证据的真实性作出陈述，有说理错误之嫌。

其次，说理不充分。以钱克正与刘德森房屋租赁合同纠纷为例，[6]被告对原告提交的一组证据的真实性提出异议，判决书的陈述看似是在回应这一点，但是细究我们发现，法院认为该证据对原、被告有约束力，从而采信该证据的真实性。当中的逻辑较为混乱，至多可以认定证据的关联性，但不能认同和理解法院据此直接认定证据真实性的逻辑推理。

再次，完全不说理。样本中尚有 90 组证据法院完全没有进行说理，对真实性异议不予说理已成为广州市基层法院的普遍做法。以彭某与李某甲等遗嘱继承纠纷为例，[7]被告对原告提交的多组证据的证据能力表示异议，法院均无回应，而是以笼统地“经审理查明”措辞后直接说明已认定的事实。

最后，不可否认样本中也存在既回应了真实性异议、说理也比较充分的判决书。在某服务合同纠纷中，[8]被告认为作为主要证据的合同并未加盖两被告的印章，对其真实性持质疑态度，法院陈述“因该份证据有原件予以核对，因此本院对该份证据的真实性予以认可”，简洁直接。例如，在某医疗损害责任纠纷中，[9]原告申请医学鉴定，法院经摇珠选定广东某司法鉴定所进行鉴定。但被告对该鉴定意见的客观性即真实性提出质疑，认为其加重了被告的责任承担，对此，法院从被告无充分证据推翻该鉴定意见以及该鉴定意见本身已遵守相关合法程序两个方面予以较详尽的说理，具体包括“该鉴定所按照法律法规和规则规定的方式、方法和步骤，遵守和采用相关技术标准规范进行鉴定，鉴定程序合法，鉴定意见结论依据的事实和材料充分”。可见，说理充分的现象多为当事

[5] 参见广东省广州市黄埔区人民法院(2016)粤 0112 民初 1944 号民事判决书。

[6] 参见广东省广州市海珠区人民法院(2016)粤 0105 民初 5828 号民事判决书。

[7] 参见广东省广州市越秀区人民法院(2016)粤 0104 民初 39407 号民事判决书。

[8] 参见广东省广州市黄埔区人民法院(2016)粤 0112 民初 117 号民事判决书。

[9] 参见广东省广州市荔湾区人民法院(2016)粤 0103 民初 2707 号民事判决书。

人提出异议的证据数量不多,并且该证据对全案争议事实的认定具有关键影响,裁判者必须在判决书中解决该证据的证据能力问题。

第二,当事人对证据合法性明确提出异议的有84组,法院进行回应的有0组。当事人对于证据合法性提出异议的数量相对要少,法院似乎也更不愿意对合法性予以回应。以陈丽珍与广东南湖国际旅行社有限责任公司旅游合同纠纷案为例,[10]原告主张《代理协议》真实性不应予以确认,因其形式不合法,是域外证据,应该经过使领馆认证。法院回应该《代理协议》不足以证明争议事实,虽然也未将其作为认定争议事实的依据,但法院的措辞明显是就该证据的证明力大小作出说明,并未回应合法性即证据能力的问题,造成说理内容偏差,不符合当事人的期待。

第三,当事人对证据关联性明确提出异议的有135组,法院进行回应的仅9组。其一,对于说理较充分的,比如在某服务合同纠纷中,[11]原告持有《附加条款》,被告持有《藏品定价变更确认书》,分歧在于两份证据的内容不一致,此时,从学理上看,法院的做法应当是认定采纳哪一份证据并说明理由。因此,法院以"《附加条款》与原、被告均无异议的《合同书》编号不一致"的理由,认定原告持有的《附加条款》与本案无关联性。其二,如陈明树与杨森林等劳务合同纠纷,[12]被告对证据打印件的真实性与证据原件的关联性不予确认,法院只回应打印件"没有签名确认",故对打印件的真实性不予确认,但未对证据原件的关联性作出认定,更未说明理由。其三,更多的情况是法院并未对证据关联性异议作出说理,以某一肖像权纠纷为例,[13]原告对被告提出的多达十余组证据的关联性明确提出异议,并且法院最终判决驳回原告的全部诉讼请求,却对证据能力的认定问题只字不提。

(二)证明力方面

在样本中,当事人对24组证据的证明力有无与大小明确提出异议,对比证据能力的异议,数量明显降低。可见,当事人相对比较关注证据能力问题。根

---

〔10〕 参见广东省广州市越秀区人民法院(2015)穗越法民一初字第5871号民事判决书。

〔11〕 参见广东省广州市天河区人民法院(2016)粤0106民初367号民事判决书。

〔12〕 参见广东省广州市南沙区人民法院(2016)粤0115民初1273号民事判决书。

〔13〕 参见广东省广州市越秀区人民法院(2016)粤0104民初1111号民事判决书。

据分析统计，样本判决书对11组证据的证明力问题予以回应说理，当中7组涉及证明力的有无、4组关于证明力的大小。

第一，说理较充分的情况。首先，涉及证明力的有无。典型的做法以某租赁合同纠纷为例，[14]两被告对协议中约定款项为“定金”提出异议，并向法院提交协议复印件，原告对此予以否认并向法院提交协议原件，鉴于证据原件的证明力大于复印件，故法院对原告的意见予以采信。可见，当原告持有证据原件，被告持有证据复印件时，法院遵循了原始证据的证明力一般大于传来证据的原则，并将该原则转换成文字说理，外化于判决书中。其次，关于证明力的大小。在上述提及的某服务合同纠纷中，针对证人证言的证明力大小，法院阐述“证人出具证言时与被告另有纠纷涉诉”，故法院判定证言对待证事实的证明力较低，不足以证实被告向原告提供服务构成欺诈。此时，法官认定证明力大小的来源的是日常生活经验，并能够于判决书中将其自由心证的理由公开。

第二，部分说理现象。以某案外人执行异议之诉为例，[15]对于原告提交的证人证言及银行明细信息打印记录，被告认为不能证明账户的钱与原告发生何种交易关系，只能用于证明原告委托证人在代管款账户中转账部分款项给案外人。故被告认为该两组证据不具备证明力。法院的回应如下：对于证人证言，法院认为证人也并未出庭作证，身份无法证实。银行明细也只能说明有转账的情况，无法证明款项是原告所有。只能证明户名为原告与案外人账户之间存在款项往来关系，不能证明该款项属原告所有及该款项用途，即使该款项系原告所有，也只能说明二者之间存在款项往来关系，考虑到原告与被告系关联公司，二者之间存在利害关系，双方之间有款项往来也实属正常。据此，对原告的诉请，本院不予支持。可见，判决书仅说明了证据不具有证明力的问题，虽然进行了充分的说理，但丝毫没有正面回应证人证言是否具有证明力，陷入了部分说理、说理不完整的误区。另一种情况是，某财产损害赔偿纠纷中，[16]对于证据不具有证明力的理由，判决书没有给出详细的说理，而是抽象地表示“这些证据不能证明……（争议事实）”。

第三，完全不说理。这种现象在样本中居多数。在张小笔与北京国美在线

---

〔14〕 参见广东省广州市白云区人民法院（2016）粤0111民初4393号民事判决书。

〔15〕 参见广东省广州市南沙区人民法院（2016）粤0115民初420号民事判决书。

〔16〕 参见广东省广州市花都区人民法院（2015）穗花法山民初字第482号民事判决书。

电子商务有限公司网络购物合同纠纷中,[17]被告对原告提供的购物截屏复印件的证明力提出质疑,而法院在下文事实认定部分既未将该购物截屏复印件作为证据采纳,也并未向原告说明不采纳的理由。换言之,法院没有解释该复印件为何不具备证据能力,更未向被告就复印件的证明力问题作出回应。

(三)争议事实与采纳的证据联系方面

80份样本中,绝大多数判决书大致采用以下几种模式叙述事实认定过程:

第一,先罗列原、被告各自提交的证据,再陈述“根据上述本院认证的证据,对哪些争议事实予以确认,对哪些事实不予确认”。如上文已引用的陈明树与杨森林等劳务合同纠纷一案。

第二,先罗列证据,再抽象陈述“本院综合分析原、被告提供的证据与庭审陈述,认定以下事实……”以庞惠敏与冯荣佳房屋租赁合同纠纷一案为例。[18]此种模式与第一种无异,当事人均难以从此类说理中了解到自己提交的证据是否已经用以和是否足够证明法院认定的事实。

第三,陈述经审理查明认定哪些事实,有什么证据证实。如李杰与程波生命权、健康权、身体权纠纷,[19]该判决书有意识地将事实认定与证据结合以分析认定,逐点罗列予以认定的事实,并结合有无证据证明来说明,比如“对于医疗费15828.6元,有原告提交的医疗费发票予以证实,该主张依据充分,本院予以支持”。但不足之处在于有几处说理只流于形式,证据与事实认定之间的联系并未揭示到位,比如“对于住院伙食补助费1900元,原告住院共计19天,按本地国家机关一般工作人员的出差伙食补助标准计算,共计1900元,该主张依据充分,本院予以支持”。可见,仅含糊地陈述该主张依据充分,缺少与具体证据的结合叙述。此种模式的“有什么证据证明”部分也常替换为“以上证据均经质证,本院予以采信”或“证据经到庭双方当庭陈述在案佐证”等。

前三种模式的共同之处在于:看似从文字编排上已将事实与证据相联系起来,实则也只是停留在文字表述层面,细究会发现它们并未逐一将证据与争议事实联系起来,当事人无法清晰地知晓判决书认定的事实是否存在证据以及存在哪些证据予以证明,说服力不强。大部分判决书只是单纯罗列证据与认定的

[17] 参见广东省广州市黄埔区人民法院(2016)粤0112民初3683号民事判决书。

[18] 参见广东省广州市番禺区人民法院(2016)粤0113民初7764号民事判决书。

[19] 参见广东省广州市花都区人民法院(2016)粤0114民初6008号民事判决书。

事实,并未将事实认定与证据逐一对应联系起来,究其背后的原因,绝不仅仅是因为裁判的专业素质,或是我国裁判文书"经审理查明"的制度设计导致,这种设计强调裁判文书展示法官依职权认定的结果,并且注重其中事实的客观性。[20] 主观原因是法官趋利避害的职业心理。判文书应当揭示争议事实与采纳的证据之间的逻辑联系,即将证据与待证事实相结合,不割裂彼此在逻辑推理中的联系。

第四,样本中有11份判决书较好地反映出证据与事实认定过程。例如,在某不当得利纠纷中,[21]说理较为充分,将事实认定与证据逐一对应联系起来,从文理上看,表述方式为先描述认定的事实,紧接着罗列并解释用以证明该争议事实的证据,如"为此原告提供了……表格予以证明,该表格的项目有……"再如,上文提及的财产损害赔偿纠纷一案,在陈述原被告的诉辩请求之后,说明"当事人围绕诉讼请求依法提交了证据,本院组织当事人进行了证据交换和质证。对当事人无异议的证据,本院予以确认并在卷佐证。对有争议的证据,本院认定如下……",值得注意的是,在文字编排上,该判决书在逐点罗列证据后紧接着解释这些证据的证明目的以及证明力等,清晰地展示证据与对应的案件事实——"这些证据客观真实,来源合法,本院予以采信,这些证据能够证明……(争议事实)"。又如,郭佳音与黄韵怡财产损害赔偿纠纷一案,[22]关于某一争议事实,先罗列陈述原告提交了哪些证据,并解释说明证据之间形成了有效的证据链,能够证明争议事实。

(四)举证责任方面

样本中,我们发现25份判决书对举证责任进行了明确分配,并均能将举证责任分配情况与案件事实结合予以说明,其中有24份阐述了如此分配的理由。

首先,最普遍的做法是,先说明应当达到的证明标准,再结合具体争议事实说明举证责任应当由谁承担,依据主要集中于《民事诉讼法》第64条、《最高人民法院关于民事诉讼证据的若干规定》(以下简称《证据规定》)第2条、《最高人民法院关于适用〈中华人民共和国民事诉讼法〉的解释》第90条等关于举证责任的法律规定。这种做法起码能够较清晰地使当事人明白其主张为何成立

[20] 参见曹志勋:《对民事判决书结构与说理的重塑》,载《中国法学》2015年第4期。

[21] 参见广东省广州市荔湾区人民法院(2016)粤0103民初1394号民事判决书。

[22] 参见广东省广州市海珠区人民法院(2016)粤0105民初5762号民事判决书。

或不成立。以杨某某与迟某某离婚纠纷为例,[23]法院认为夫妻感情是否破裂是法院判定离婚的法定条件,鉴于原告未能提交证据证实与被告的夫妻感情确已达到破裂的程度,因而不予准许离婚。

其次,不乏可借鉴的、说理较好的范本。与前述案例同为离婚纠纷,但在蒋某某与龚某某离婚纠纷一案中,[24]法院除了结合法律依据和争议焦点说明举证责任的分配与后果,还对其为何举证不充分、未达到证明标准的原因详细说明,法院认为原告虽提供了微信聊天记录作为感情破裂的证据,但在没有其他证据予以佐证的情况下,未能构成完整的证据链条,此为孤证,仅凭该证据难以支持原告的主张,因而判决不准许离婚。另一个范例是,在毕卓敏与邝炽常民间借贷纠纷一案中,[25]法院先陈述本案的争议焦点系借款有无交付问题,再结合法律适用说明原告对此争议事实有责任提供证据,其后有条理地逐点陈述、列举原告主张的矛盾点,最终判定原告提供的证据不足以证实该主张,即不认定原告已经实际交付了借款。

最后,样本中也有一份判决书仅抽象地凭借"依法"二字就以结论性表述方式说明举证责任,[26]所幸,这种径行分配举证责任但缺少具体解释的做法并不普遍。

三、如何说理:争议事实认定说理标准的设置

有学者提出,说事理就是把案件的来龙去脉、本来面目和前因后果交待清楚,通过裁判文书认定的确实充分证据,重现案件事实的本来面目。事理充分的标准是使人看了裁判文书以后,感到案件事实客观、真实、可信,不产生合理怀疑,确信法院认定的法律真实就是案件的客观真实。[27] 这一点值得我们借鉴与思考,事实认定是演绎推理的起点,对于当事人有争议的事实应当查清,法官在裁判文书中对争议事实作出结果性判断,也不应忽视具体阐述争议部分事实

---

〔23〕 参见广东省广州市越秀区人民法院(2016)粤0104民初41648号民事判决书。

〔24〕 参见广东省广州市越秀区人民法院(2016)粤0104民初8729号民事判决书。

〔25〕 参见广东省广州市花都区人民法院(2015)穗花法炭民初字第396号民事判决书。

〔26〕 参见广东省广州市越秀区人民法院(2016)粤0104民初4565号民事判决书。

〔27〕 参见胡云腾:《论裁判文书的说理》,载《法律适用》2009年第3期。

认定的理由，从而使当事人信服法院认定的事实，提高裁判文书的可接受程度。

本文采用实证分析方法，旨在考察基层司法裁判对事实认定部分说理的现状，以广州市基层人民法院的一审民事判决书为例，总体而言，基层民事裁判文书对于争议事实认定的说理尚有待加强，以真正达到提升公正司法性及司法公信力的司法目的。

第一，裁判文书应当对证据能力进行具体分析论证。即从客观性、合法性和关联性三个方面对证据进行判断并表明是否采纳当事人提交的证据，当然也要附上采纳与否的理由。首先，证据材料是否真实，那么在判决书中明确是十分必要的，主要是将查证其真实与否的方式予以说明，比如已经过合法的鉴定程序证实确实真实或不真实、有无其他合法有效的证据予以核实印证等。其次，证据材料是否合法。证据能力通常与合法性问题联系较为紧密，裁判文书应当主要从证据主体、证据形式、证据取得和程序的合法与否论证其原因，但不必全部一一予以论证，如前所述，说理不在于长短，在于精确，要避免基层司法裁判的过度冗长。法官可以在质证过程中通过询问方式来明确当事人质疑的细节所在，然后进行针对性回应即可。若一方当事人毫无依据地对对方当事人证据的合法性予以反对，法官可以依据理性与经验，对其中与证据能力联系最为密切的重要方面予以说明。其一，证据主体的适格。如证人不具备作证能力，不能表达自己的意志，因此不具备证据的合法性要求。其二，证据形式的合法性。如上文所述陈丽珍与广东南湖国际旅行社有限责任公司旅游合同纠纷一案，[28]原告主张代理协议真实性不应予以确认，因其形式不合法，是域外证据，应该经过使领馆认证。法院应当说明该域外证据是否需要使领馆的认证，若不需要或认为其根本不属于域外证据，那么应当说明“该份证据不属于域外证据，不需要使领馆认证，故对其形式合法性予以确认”或者“该份证据已经过使领馆签名确认，具备形式合法性”等。其三，证据取得合法。近年来随着电子数据和视听资料使用率的提高，人们也比较关注其取得的合法性问题。法院对于视听资料应当严格审查，视听资料不得以侵害他人合法权益或者违反法律禁止性规定的方法取得。法官应当就证据取得方法是否符合法律规定作出回应，比如视听资料是否以偷录、偷拍等违法方法取得，导致其具备或丧失证据能力。

---

〔28〕 参见广东省广州市越秀区人民法院(2015)穗越法民一初字第5871号民事判决书。

其四,证据程序合法,主要为质证环节。基层司法裁判基本已经实现这一部分内容,都能明确用来认定事实的证据均经过双方当事人在法庭上质证。最后,具备关联性是证据能力的前提之一,这里所指关联性应当为形式上的关联性,仅要求最低限度的关联性,以排除那些与案件毫无关联的证据材料进入诉讼。

当事人提交的证据材料至少因为缺乏三种属性之一而不具备证据能力,只有同时具备客观性、合法性和关联性,证据材料才获得准入资格。当事人明确对证据能力问题表示异议的,无论是对三个性质均提出异议或是只对其一性质提出异议,法院均应当针对性回应,避免完全不回应或错误回应。至于当事人没有提出异议的,尊重其处分权,笔者认为可以省去确认证据能力的理由。证据能力关乎证据的准入资格问题,证据能力是法律就“证据能否作为认定事实的依据”预先设置的评价标准。裁判文书说理主要面向诉讼当事人,而大多数当事人并非专业的法律人,其进入诉讼程序后,便有了证据意识,并向法庭提交有利于己方主张成立的证据,因此,诉讼当事人尤其对于败诉方来说,他们十分关注自己所提交的证据是否被法庭认可、对方当事人提交的证据又是否被采纳,法官应当在判决书中向其解释证据为何被采纳或不被采纳。实际上,证据能力判断的难度不高,因其通常受到证据规则的约束,重点在于法官是否能够并愿意将判断原因披露于裁判文书中,先扭转回避当事人异议的现状,那么只要法官就证据的合法性问题作出了认定,也应将一并写明原因。

第二,证明力包括其有无与大小两部分。各个当事人提交证据后,特别关注证据是否被采纳、是否已达到利己的证明目的。一方面,法官可能遵循规范性文件对证明力确立的判断原则。另一方面,证明力一般交由法官自由判断,法官依照良心、理性等进行判断时,裁判文书更应当反映出证据有无证明力及证明力大小的结果和理由。在涉及实际运用法官自由裁量权的情况下,应当将此过程和依据公开,并作为判决书的重要组成部分。但恰好因为自由裁量权的运用易招致质疑和批判,可能导致法官不愿对这一部分进行解释。通常来说,直接证据与间接证据对争议事实证明程度的意义不同,二者的划分依据主要是能否直接、单独地证明案件争议事实,间接证据之间需要形成一个完整链条,这样的解释仍然十分抽象。在该传统理论前提下,鉴于证据的证明力大小有别,在综合全案证据作出判决时,法官将考虑证据是否已经达到充分的标准、证据之间是否形成了完整的证据链条,尤其在原、被告对同一争议事实持不同证据予以证明时,法官应当对证据的证明力作出判断并阐述理由。判决书承载着最终的诉讼结果，这一功能定位决定了披露理由的重要性。

换个角度看，在基层司法实践中，说理混乱与部分说理的现象均体现裁判者对充分说理的追求与尝试。但首先，应当避免说理混乱的情况泛滥，既然已经作了充分说理的尝试，何不努力将其做好？既然要回应，就应当准确就当事人提出异议的对象作出说明。其次，比如当事人对多达十余组证据的关联性均明确提出异议，由于当事人提出异议毫无实质性根据，仅为了达到干扰和反对对方当事人的目的，法官依据经验和职业素养认为异议不具备回应的必要性时，也应当体谅法院案多人少的窘境，没有必要一一详细回应。不过，对于直接影响胜诉或败诉结果的关键证据，还是应当作出说明，例如，法院如果最终判决驳回其全部诉讼请求，却对证据能力的认定问题只字不提，这样的做法则不被建议参考。最后，完全不说理已成为普遍做法，但其显然违背了增强裁判文书说理性的初衷和立法要求。根据《证据规定》的要求，法院作出书面判决时，除了径行判断证据能力以外，还应当对证据的真实性、合法性和关联性作出回应。在判断证据能力的基础上，还应当公开证据有无证明力及证明力大小的结果和理由。

第三，案件待证事实与证据事实之间具有复杂的关联性，而关联性是客观的，不以法官的个人意志为改变，如何更好地展示法官确认事实的过程很大程度上取决于专业能力。在民事诉讼中，法律与事实通过不断寻找、不断匹配以及不断结合的过程，案件事实就上升为定案依据的法律事实。[29] 当事人在民事诉讼中各执一词，都期待法院作出对其有利的认定。判决书应当向当事人展示有无证据支撑法院如此认定案件事实，哪些证据使法官最终形成了内心确信，并进一步阐释哪组或哪些证据用以证明哪部分的争议事实。从证据判断到事实认定的过程并非一蹴而就，如此复杂的过程，不适宜笼统地一概以“经审理查明”等表述方式抽象交代。较好的做法是先描述认定的事实，紧接着罗列并解释用以证明该争议事实的证据，或者在逐点罗列证据后紧接着解释这些证据的证明目的以及证明力等，清晰地展示证据与对应的案件事实。

第四，举证责任的说理应当包括分配情况及理由。举证责任对法官而言是一种裁判规则，约束其在事实真伪不明时，将不利裁判结果分配给承担举证责

---

〔29〕 参见游冰峰：《揭开法律解释的面纱——刍议民商事审判中法律解释的基本规则》，载《法律适用》2006 年第 3 期。

任的一方当事人;[30]对当事人而言,举证责任意味着承担败诉风险的可能性,两方面均决定了举证责任应当作为裁判文书说理的重要内容之一。

首先,举证责任的分配更是一种实体法上的问题,一般来说法律规定已经相对比较完善。但对于可能作为“法律门外汉”的当事人而言,法官应当揭示举证责任之所以如此分配的理由和依据,具体包括哪方当事人应当就哪一或哪些争议事实承担举证责任,其是否完成了法官分配的举证责任,若完成,基于什么理由,若未完成,原因又是什么。

其次,民事纠纷尤其是判断侵权责任是否成立的过程,涉及较多的举证责任倒置,判决书理应对此进行确认与解释。举证责任的说理常常伴随着有关举证责任规定的澄清,并结合具体案件事实予以说明。

最后,任何一部法律都不完美,少数情况下会出现证明事项缺乏明文规定,法官又不得以无法律依据拒绝分配举证责任。法官一旦依据理性与经验等分配举证责任,进而将其以文字形式外化于理由说理中,则会使当事人感受到司法的公正。而样本考察中,我们也发现举证责任的说理现状最佳。径行分配举证责任的情况较罕见,期待能够保持这种将举证责任的分配结果与规则适用结合的说理模式。

---

〔30〕 参见孙智慧等:《优秀民商事裁判文书标准研究》,中国法制出版社2015年版,第77页。

刑事案件认罪认罚从宽制度检视

——基于制度试点现状的思考

林　婧*

摘要:

自2016年9月以来,认罪认罚从宽制度在18个试点城市逐步启动。我国刑事立法没有直接规定认罪认罚从宽制度,该制度的学术研究和试点工作尚处于起步、摸索阶段。作为司法改革顶层设计的重要一环,推行认罪认罚从宽制度,既是我国经济社会发展下纠纷多发的必然选择,也是顺应国际刑事诉讼案件繁简分流趋势的开放之举。就各地的试点做法而言,各具特色、并不一致。本文对18个试点城市的试点情况进行归纳分析,探究认罪认罚从宽制度的实施现状以及试点办法、各地试点实施细则存在的漏洞,并从协商内容、适用范围、协商主体、配置制度保障、具体程序制约方面进行针对性的回应和探讨。

关键词:

认罪认罚从宽;程序保障;被害人参与

2014年《中共中央关于全面推进依法治国若干重大问题的决定》,提到"完善认罪认罚从宽制度",这是我国首次提及认罪认罚从宽制度。随后,"两高"的工作文件和中央深改小组的改革文件都作了类似规定。2016年9月,随着《全国人大常委会关于授权最高人民法院、最高人民检察院在部分地区开展刑事案件认罪认罚从宽制度试点工作的决定》(以下简称《认罪认罚从宽试点决定》)的通过,全国已试点刑事案件速裁程序的18个城市正式开展认罪认罚从宽制度试点工作。

---

* 林婧,中山大学法学院2016级法学硕士研究生。

中央首次提及认罪认罚从宽制度时即用“完善”一词。原因在于,认罪认罚从宽制度并非全新制度,而是结合了先行实践与创新探索,囊括了我国刑法规定的自首、坦白、缓刑、减刑、假释等实体规定,亦包含了我国刑诉法中的简易程序、刑事和解程序、速裁程序等程序内容。[1] 此前,控辩双方就减轻量刑进行协商、相对不起诉、刑事和解、污点证人作证获得刑事责任豁免等在司法实践中广为运用,2014年6月以来刑事速裁程序试点推进,都为更简便、系统、快捷的认罪认罚从宽制度的推行奠定了社会基础。

一、认罪认罚从宽制度的实施现状

根据《最高人民法院、最高人民检察院、公安部、国家安全部、司法部关于在部分地区开展刑事案件认罪认罚从宽制度试点工作的办法》(以下简称《试点办法》)所规定的处理流程,认罪认罚案件有三条走向:走向一,有重大立功或者案件涉及国家重大利益,在侦查阶段由侦查机关撤销案件;走向二,有重大立功或者案件涉及国家重大利益,在审查起诉阶段由检察院作出不起诉决定;走向三,对于检察院建议量刑从宽处理的案件,在审判阶段由法院作出从宽处理的判决。下面将围绕三条走向及其运作提出问题并展开分析。

首先,我们将探寻18个认罪认罚从宽制度试点城市的制度实施情况,同时也探析2016年9月认罪认罚从宽制度试点前,非试点地区的实践探索成果,之后,对司法个案进行归纳分析,以期在尽可能全面了解司法实践,并发现制度实施中可能存在的问题。

(一)18个试点城市的实施情况(2016年9月至今)

通过查阅相关资料,对18个试点城市自2016年9月至2017年4月中旬的试点工作进行归纳,如表1所示:

[1] 参见顾永忠:《关于“完善认罪认罚从宽制度”的几个理论问题》,载《当代法学》2016年第6期。

表1　18个试点城市的实施情况

序号	试点城市	出台文件	适用范围	举措/其他规定	相关案件
1	北京	(1)北京市高级人民法院会同公检司签署《关于开展刑事案件认罪认罚从宽制度试点工作的实施意见》 (2)昌平区公检法司共同制定《办理认罪认罚刑事案件实施办法》和《关于开展刑事案件认罪认罚从宽制度派驻法律援助律师意见》等文件	对于基层人民法院管辖的可能判处3年有期徒刑以下刑罚的案件,事实清楚、证据充分,当事人对适用法律没有争议,犯罪嫌疑人、被告人认罪认罚并同意适用速裁程序的,可以适用速裁程序办理	(1)成立认罪认罚从宽制度试点工作协调指导小组 (2)建立联席会议制度、培训交流制度、专项统计制度、协调配合制度、评查监督制度、专门保障制度	未公布
2	天津	无			审结773件认罪认罚案件
3	上海	(1)杨浦区公检法司会签《关于开展刑事案件认罪认罚从宽制度试点工作的相关规定(试行)》 (2)普陀区法检司会签《关于在认罪认罚案件中进一步发挥值班律师作用保障犯罪嫌疑人、被告人权益的意见(试行)》,并会同区法援中心签署了《普陀区刑事案件认罪认罚从宽制度法律援助工作办法》	未公布	未公布	首案:丁某故意杀人案

续表

序号	试点城市	出台文件	适用范围	举措/其他规定	相关案件
4	重庆	重庆检察五分院制定《认罪认罚从宽制度工作实施意见》	犯罪嫌疑人、刑事被告人自愿如实供述自己的罪行、对指控的犯罪事实没有异议且同意人民检察院量刑建议并签署具结书的案件	2017年3月14日前,重庆市检察院已向市委政法委提交专题报告,成立试点工作领导小组,组建工作专班,研究起草了工作方案和实施细则,拟提交市检察院检委会审议	首案:汪某非法持有毒品案
5	沈阳	(1)市中院《沈阳市法院推进刑事案件认罪认罚从宽制度试点工作的意见(试行)》 (2)市中院联合市检联合出台《关于开展刑事案件认罪认罚从宽制度试点工作的指导意见》	(1)对于可能判处3年有期徒刑以下刑罚,事实清楚、证据充分,当事人对适用法律没有争议,被告人认罪认罚并同意适用速裁程序的案件,都可以适用速裁程序 (2)对于可能判处3年有期徒刑以上刑罚的案件,被告人认罪认罚的,可以依法适用简易程序	(1)将经过2年试点的刑事速裁程序纳入认罪认罚从宽制度 (2)认罪认罚者,检察院、法院在确定从宽幅度上,根据被告人认罪的诉讼阶段、对于侦破案件所起的作用、认罚的实际履行情况等因素确定10%~30%的从宽的幅度	到2017年2月末共审理案件589件,占全部刑事案件的35.82%
6	大连	无			首案:钟某交通肇事罪一案

续表

序号	试点城市	出台文件	适用范围	举措/其他规定	相关案件
7	南京	(1)公检法司等多相关主体会签《关于开展刑事案件认罪认罚从宽制度试点工作的实施意见》 (2)南京市检察院发布《南京市检察机关办理认罪认罚刑事案件实施细则》	对于基层人民法院管辖的可能判处3年有期徒刑以下刑罚的案件,事实清楚、证据充分,当事人对适用法律没有争议,犯罪嫌疑人、被告人认罪认罚并同意适用速裁程序的,可以适用速裁程序办理	(1)成立认罪认罚从宽制度试点工作协调指导小组 (2)检察院向被告人详细告知了认罪认罚从宽制度的相关含义、诉讼权利,并签署具结书,适用该认罪认罚简易程序案件,以被告人认罪且同意检察机关的量刑幅度为前提,经法院同意将在庭审过程中简化讯问、示证、法庭辩论等程序,并对被告人作出从宽处理	首案:孔某交通肇事案
8	杭州	萧山区法院联合公检司等相关主体出台《关于办理认罪认罚刑事案件试点工作方案和实施细则》 富阳区公检法司等会签《关于开展刑事案件认罪认罚从宽制度试点工作的若干规定》和《关于办理认罪认罚从宽案件工作实施细则》(征求意见稿)	无	(1)办案流程: ①公安机关对是否适用该制度进行审查; ②检察机关集中提起公诉,并在收到案件材料后1个工作日内向法院移送; ③法院视情分别适用速裁程序、简易程序和普通程序审理,实现简案快审 (2)建立了法律援助值班律师制度和认罪认罚案件律师库,犯罪嫌疑人可以在看守所直接向法律援助值班律师进行咨询,启用认罪认罚从宽程序时,辩护人或值班律师必须在场	首案:吴某盗窃案

续表

序号	试点城市	出台文件	适用范围	举措/其他规定	相关案件
9	福州	(1)台江区检联合公法司会签《关于开展刑事案件认罪认罚从宽制度试点工作的办法(试行)》 (2)台江区检《台江区检察院认罪认罚从宽处罚制度实施细则(试行)》	涉嫌危害国家主权犯罪、恐怖犯罪、恶性犯罪的除外	(1)处理方式: ①对犯罪情节轻微或达成刑事和解、不需要判处或免除刑罚的案件积极对接相关举措,实现从宽处理,适用不起诉; ②制定"逐级折扣"的量刑减让规则; ③开展羁押必要性审查,对符合取保候审条件的犯罪嫌疑人优先采取取保候审强制措施,对确有羁押必要的,争取尽快办结 (2)配套制度: ①实行认罪认罚案件法律援助辩护制度; ②赋予被告人程序启动权和变更权; ③保障被害人发表意见权,推行"约见检察官"制度,认真开展释法说理和心理疏导	(1)首案:郑某等四人危险驾驶案〔2〕 (2)截至2017年3月23日,共适用认罪认罚从宽制度办理案件50件

〔2〕 案情介绍:福州台江区检察院指控,被告人郑某酒后驾车台江区江滨中大道被民警查获,经鉴定,郑某血样中乙醇含量为147.86mg/100ml,属醉酒驾驶机动车。其余三被告人同样酒后驾驶机动车在台江区的道路上行驶,被民警查获。应以危险驾驶罪追究其刑事责任。法律援助律师周雅彬在向四名涉嫌危险驾驶的被告人提供了相关的法律帮助后,法院正式开始了案件的审理。

续表

序号	试点城市	出台文件	适用范围	举措/其他规定	相关案件
10	厦门	湖里区法院联合公、检、司在福建率先出台《关于开展刑事案件认罪认罚从宽制度试点工作的实施细则(试行)》	无	(1)拟定《认罪认罚从宽处罚权利义务告知书》,将告知程序提前至侦查阶段 (2)法律援助机构向检察院、法院、公安机关、看守所派驻值班律师 (3)犯罪嫌疑人、被告人自动投案并及时如实供述的,可减少基准刑的40%,在侦查阶段如实供述的,可减少20%~30%,在审查起诉阶段和庭审阶段如实供述的,分别减少20%和10%	未公布
11	济南	山东省法院起草《山东省关于开展刑事案件认罪认罚从宽制度试点工作办法实施细则》	无	首案:孙某故意伤害案	
12	青岛				
13	郑州	郑州市中院《刑事案件认罪认罚从宽制度试点工作实施方案》《认罪认罚刑事案件适用速裁程序庭审规范》《认罪认罚刑事案件适用简易程序庭审规范》等规范性文件	无		1~5天内审结的占全部速裁案件的66.03%

续表

序号	试点城市	出台文件	适用范围	举措/其他规定	相关案件
14	武汉	市委政法委、市直政法部门《关于开展刑事案件认罪认罚从宽制度试点工作的指导意见(试行)》	在刑事速裁程序的基础上,扩大刑事案件审理的适用范围	(1)犯罪嫌疑人、被告人自愿如实供述犯罪事实、同意检察院量刑建议并签署认罪具结书 (2)检察院向法院提出从宽处理意见 (3)2017年3月21日,法律援助首次介入认罪认罚从宽案件(闵某危险驾驶案)	2017年1月至今,新洲区共审结30多件认罪认罚案件,全部当庭宣判
15	长沙	无			首案:张某某交通肇事案
16	广州	海珠法院联合区公检司《刑事案件认罪认罚从宽制度实施办法(试行)》等	未对适用的罪名作出限制	(1)量刑从宽奖励不高于基准刑的15% (2)启动撤回机制,法律援助值班律师介入机制,检察机关精细化量刑机制,庭审简化	首案:周某盗窃
17	深圳	启动:2017年2月,宝安区检察院起草并联合区公法司会签《关于开展刑事案件认罪认罚从宽制度试点工作的实施办法(试行)》及配套方案 全市铺开:2017年3月,深圳市检《深圳市人民检察院认罪认罚从宽制度实施细则(试行)》	在落实"两高三部"《试点办法》的基础上,增加了"经认罪认罚协商的案件"可以适用认罪认罚从宽制度的规定	(1)实行检察机关和侦查机关根据案件是否经过审查逮捕的"分别启动"模式:凡经过审查逮捕的案件,由检察院侦监部门在审查逮捕时决定是否启动,未呈请逮捕的案件,由公安机关在移送审查起诉时决定是否启动 (2)细则分别就犯罪嫌疑人在侦查阶段、审查批捕、审查起诉阶段,审判阶段及其他情形下的认罪认罚,作出可以减少基准刑的幅度的规定	首案:陈某某盗窃案
18	西安	无			未公布

截至2017年4月中旬，可以总结出18个试点城市的试点工作的特点和存在的问题如下：

1. 18个试点城市中，有制定认罪认罚从宽制度试点工作的实施指导性文件的，至少有14个，约占试点城市数量的77.8%；33.3%的试点城市（上海、重庆、杭州、福州、厦门、广州）虽未制定适用于全市的实施指导性文件，但个别市辖区有单独制定本辖区的指导性文件；22.2%的试点城市（天津、大连、长沙、西安）尚未制定适用范围为全市的实施指导性文件，亦无市辖区单独制定的适用于本辖区的指导性文件；44.4%的试点城市（其余8个试点城市）除了有适用于全市行政范围的指导性文件外，一个或多个市辖区有单独制定本辖区的指导性文件。2016年9月《认罪认罚从宽试点决定》通过以来，尤其是2016年11月《试点办法》印发以来，所有试点城市的试点工作都已经逐步推开。各地的指导性文件都于2017年发布，各地试点工作都在起始摸索阶段、做法不一，认罪认罚从宽制度尚未实现体系化。

2. 在允许协商的内容方面。首先，除走向一、走向二的特殊情形外，当前各试点城市所允许的协商内容仅限于量刑协商，即只允许检察官、被告人及其辩护律师、被害人就被告人的量刑问题进行协商，犯罪性质不容改变。其次，从实体法上看，涉嫌哪些罪名的案件可以适用认罪认罚从宽制度？对此，《试点办法》并未限制罪名。在试点城市中，仅福州台江区明确涉嫌危害国家主权犯罪、恐怖犯罪、恶性犯罪时不适用认罪认罚从宽制度。最后，从程序法上看，哪些类型的案件可以适用认罪认罚从宽制度？全国性和地方性的试点文件都未提及。此外，多数试点城市没有公开有关从宽幅度的规定，即使是公开从宽幅度的城市，其对从宽幅度的规定并不一致，但都体现从宽幅度随着诉讼阶段的推进而逐级减让的特点，越早认罪认罚，耗费的诉讼成本和司法资源投入也越少。

3. 从协商主体来看，犯罪嫌疑人、被告人及其辩护律师是自始参与的协商主体，此外，“走向一”所涉及的主体至少还包括侦查机关和参与案件的侦查人员，“走向二”所涉及的主体至少还包括检察院和参与案件的检察人员，“走向三”所涉及的主体至少还包括承办法官。

值得我们思考的是，被害人是否是协商主体之一？这个问题在试点城市的实施指导性文件中鲜有被提及。《试点办法》对被害人是否是协商主体并不明确，从《试点办法》的条文结构来看，第7条置于关于三条走向的规定之前，似乎应当统摄三条走向，对三条走向都适用，但第7条条文叙述的是将被害人谅解作为量刑的重要考虑因素,至于被害人谅解是否作为"走向一"侦查机关撤销案件、"走向二"检察院作出不起诉决定的重要考虑因素,《试点办法》并未规定。

4. 从与认罪认罚从宽制度相配套的制度设计来看,依据《试点办法》,根据人民法院、看守所实际工作需要,部分试点城市的法律援助机构已经开始通过设立法律援助工作站派驻值班律师、及时安排值班律师等形式为被追诉人提供法律帮助,但这一工作仍在初步探索阶段。[3] 此外,福州等极少数的试点城市在制度试点时创新性地推行证据开示制度、约见检察官制度等。

5. 从启动程序来看,《试点办法》在适用认罪认罚协商从宽制度的案件中,被追诉人并未被禁止在侦查阶段认罪认罚,18 个试点城市的实施指导文件压倒性地将该制度的启动限制在审查起诉阶段。侦查阶段、审查逮捕阶段甚至更早的立案阶段能否启动认罪认罚,无论是《试点办法》还是各地试点实施指导文件都是立法空白。

6. 从程序救济层面来看,对于控辩协商的结果控辩中的任意一方能否撤回以及撤回后果如何的问题,《试点办法》和各试点城市的实施指导文件并未提及,仅对案件审理程序作出规定,即一旦认罪被撤回,案件转为普通程序审理。至于控方能否就控辩协商结果反悔、控方可以在何时反悔、控方反悔在实体法和程序法上会产生怎样的法律后果、改变案件审理程序后案件是否仍适用认罪认罚从宽制度等问题,当前全国性和地方性的试点文件都未解决。

(二)2014 年 6 月 28 日至 2017 年 4 月 15 日审结的认罪认罚案件

通过查阅新闻报道、公安司法机关网站,2016 年 9 月前,18 个试点城市以外的其他地区进行了类似认罪认罚从宽制度的探索,如湖南长沙、四川省、江苏宜兴和沭阳等。顺着这一思路,笔者通过裁判文书网和无讼网收集了 2014 年 6 月 28 日刑事速裁程序试点开始后至认罪认罚制度试点前审结的认罪认罚案件信息,经过统计,18 个省级行政单位都有不同程度的探索,272 个审结的认罪认

---

[3] 以北京市昌平区为例,2017 年 3 月 21 日昌平区法律援助中心开始举办"昌平区法援中心刑事案件认罪认罚从宽制度值班律师业务专题培训",组织中心工作人员与全体法律援助工作站值班律师一起学习昌平区《办理认罪认罚刑事案件实施办法》《关于开展刑事案件认罪认罚从宽制度派驻法律援助律师意见》等文件,并开展业务交流。详见北京市法律援助网 2017 年 3 月 23 日标题为《昌平区法援中心开展刑事案件认罪认罚从宽制度值班律师专题培训》的报道。

罚案件中，以浙江和福建占据比例最高，分别是 50.4% 和 23.9%，各地的先行探索取得到良好效果，为认罪认罚从宽制度试点积累了经验。（见图 1）

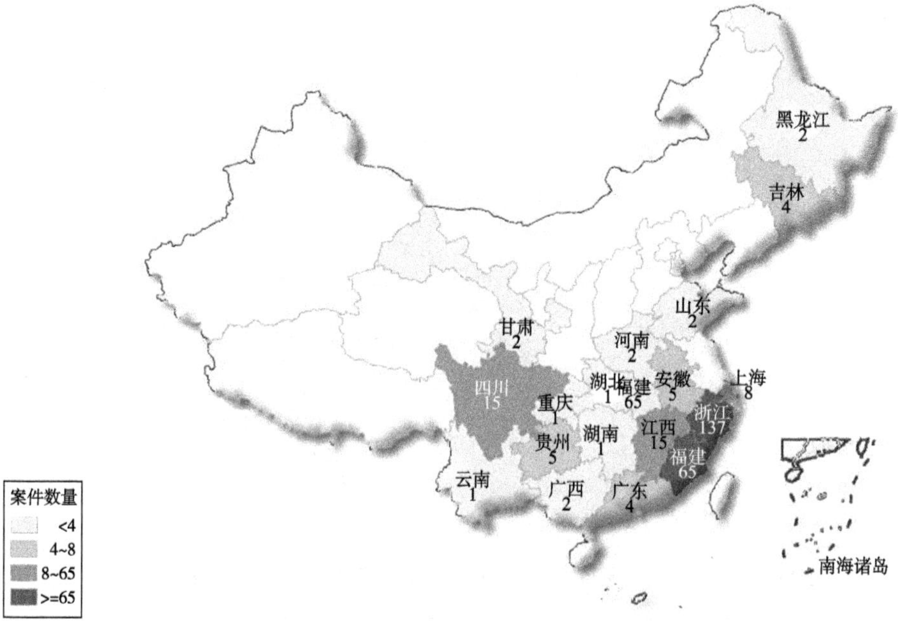

图 1　2014 年 6 月 28 日至 2016 年 9 月 3 日认罪认罚案件的省份分布图

自刑事案件速裁程序试点以来至 2017 年 4 月 15 日，全国各级法院共审结认罪认罚案件 1341 起，一审结案 1245 起，约占 92.84%，二审结案 95 起，约占 7.08%，再审结案 1 起；自 2016 年 9 月 4 日认罪认罚从宽制度试点以来，全国各级法院共审结认罪认罚案件 1069 起，约占 79.72%，一审结案 1008 起，二审结案 60 起，再审案件 1 起。下面着重分析认罪认罚从宽制度试点情况。

从地域分布来看，中东部地区和沿海地区走在适用认罪认罚制度的前列，浙江、福建、广东三省独占鳌头，审结的认罪认罚案件量占试点以来认罪认罚案件总量的 60.25%，审结认罪认罚案件数量最多的三个城市是温州、泉州、广州，合计占试点以来认罪认罚案件总量的 49.53%（见图 3），这和三个沿海省份经济发达、纠纷多发、案件繁多、司法文明和探索先行的发展状况相一致。除了 18 个试点城市及其所在省份、2014 年就开始探索先行的地区外，海南、内蒙古、云南、山西、河北、新疆等也开始自行探索适用认罪认罚从宽制度。（见图 2）

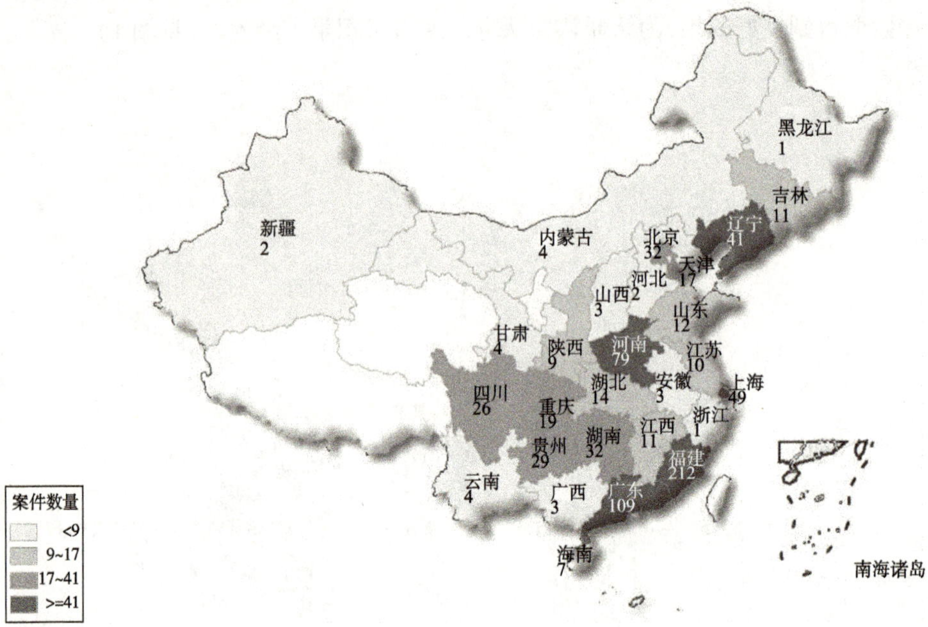

图2　2016年9月4日至2017年4月15日认罪认罚案件的省份分布分层设色地图

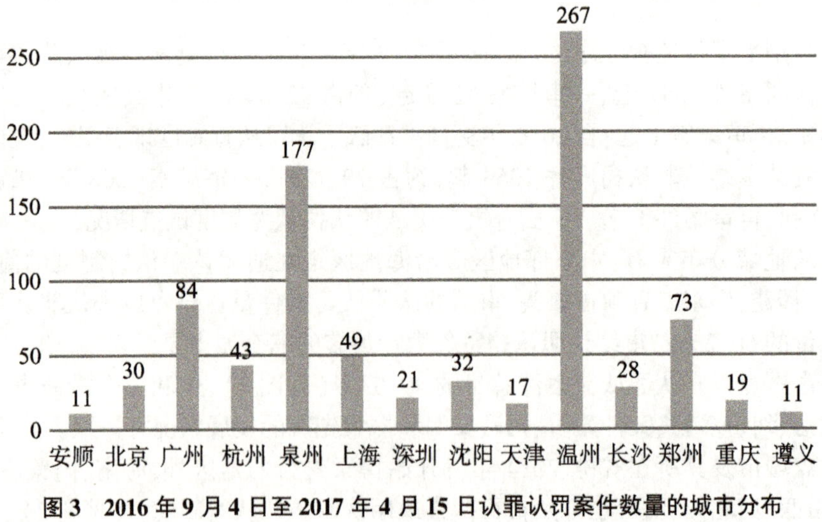

图3　2016年9月4日至2017年4月15日认罪认罚案件数量的城市分布

从罪名分布来看,73%的认罪认罚案件涉及刑法第二章、第六章的危害公共安全罪、妨害社会管理秩序罪。制度试点以来,审结的案件涉及76个具体罪名,盗窃罪和危险驾驶罪占据半壁江山,约50.18%,此外,占比为1%以上的罪名还有走私、贩卖、运输、制造毒品罪、故意伤害罪、交通肇事罪、诈骗罪、受贿罪、开设赌场罪、贪污罪、容留他人吸毒罪、抢劫罪、妨害公务罪、虚开增值税专用发票、用于骗取出口退税、抵扣税款发票罪、非法经营罪,从罪名和刑罚上突破了刑事速裁程序的适用范围。

从审判程序来看,1001个案件由基层法院在一审审结,占93.64%,中级法院共审结65件,一审审结6件,二审审结58件,再审审结一件,高级法院共审结3件,一审审结1件,二审审结2件。在60个二审审结的案件中,50%的案件经裁定撤销原判发回重审;直接改判的30个案件中,25个涉及罚金刑,大部分案件罚金不变,5个案件的罚金减少的幅度从37.5%至88.2%不等,17个案件减少刑期,15个被判处缓刑,即2个案件既刑期减少也适用缓刑。上述的二审、再审的案件中,被告人坚持原来的认罪认罚立场不变,认罪认罚制度在二审、再审中继续适用,这是以实践回应了前文所提及的试点文件未解决的问题。

二、制度实施过程的问题探讨

基于前文所分析的试点实施过程中发现的问题以及《试点办法》没有解决的问题,笔者作如下思考。

(一)协商内容和适用范围

综合考虑我国司法现状和公众意识,认罪认罚从宽制度的实施和完善应该循序渐进,其所允许的协商空间也应当有个从少到多逐步丰富的过程。

之所以对实施之初的协商内容作出不得就犯罪性质进行协商的限制,主要是考虑到,在我国,检察官代表国家对犯罪嫌疑人提起诉讼,这是不可放弃的职权、职责,不同于民事诉讼中当事人可以自由处分的权利。认罪认罚从宽制度一开始只影响量刑而不影响定罪的轻重与数量,更能为社会公众所接受,有利于这一制度的实施。

我们认为,随着实践的发展完善以及民众接受度的提高,认罪认罚从宽制度所允许的协商内容可以包括以下几个方面:其一,减少指控;其二,降格指控;其三,从轻、减轻量刑;其四,酌定不起诉、附条件不起诉;其五,附条件从宽,即被告在本案中作出有罪供述、在检察官所要求的对其他被告的审判中以证人身份出庭作证,以获得在本案中的减刑判决。其中,在"实施现状"中已经总结了试点城市对从宽幅度的规定并不一致的现象。根据2017年4月1日起实施的《最高人民法院关于常见犯罪的量刑指导意见》(法发〔2017〕7号),以审判为中心的刑事诉讼制度改革、认罪认罚从宽制度改革、刑事速裁程序改革应当与之相对接,因此,在尚未制定其他特殊规定前,从宽幅度应当适用该文件。

此外,不得就证明标准进行协商。证明标准是程序正义的必然要求,我国刑事诉讼法已确立起明确的、具有层次性的证明标准,不容侵犯,任何人都不得对个案的证明标准进行协商变更。从证明标准的的角度,公安机关、检察院在什么情形下愿意主动启动适用认罪认罚从宽制度?我们认为,证据确实而不充分的情形下,获取充分证据需要耗费高成本,公安机关、检察院启动适用认罪认罚从宽制度的意愿更为强烈。通常认为,证据确实充分应当具备四个条件:其一,相互印证性;其二,不矛盾性;其三,证据锁链的闭合性;其四,排他性。〔4〕如案件不满足前三项,则属于证据不足,应当依据疑罪从无原则不起诉,而当案件满足前三项规定而不符合第四项规定,则意味着根据既有证据存在得出其他结论的可能性,公安机关、检察院更有意愿适用认罪认罚从宽制度。例如,某一案件无法达到起诉条件也不符合不诉情形,退还补充侦查必然浪费司法资源而很可能收效甚微、得不偿失,这种情况下检察院很可能主动启动适用认罪认罚从宽制度。

(二)协商主体

我们认为,被害人是认罪认罚从宽案件的协商主体。原因在于:首先,被害人在我国享有当事人的主体地位,〔5〕公安司法机关和犯罪嫌疑人、被告人不得违背被害人的意愿进行协商。被害人意愿是否有效表达、被害人损失能否获得有效救济是衡量个案正义的重要标准。只有当控辩双方在被害人不反对的情况下进行协商,并让被害人获得有效救济,才能让被害人受损的法益获得最大限度的修复,从而实现最大程度的心理满足。其次,考虑到案件可能存在的被

〔4〕 参见龙宗智、杨建广主编:《刑事诉讼法》(第5版),高等教育出版社2016年版,第7页、第175页。

〔5〕 参见龙宗智、杨建广主编:《刑事诉讼法》(第5版),高等教育出版社2016年版,第7页、第175页。

追诉人真诚悔罪、认罪认罚但被害人不愿谅解被追诉人的情形,如果因此而剥夺被追诉人改过自新的机会、无法通过认罪认罚获得从宽处理,也是对刑事法目标的背离。因此,基于以上两点的分析,我们需要对被害人对办理认罪认罚案件的影响进行明确——认罪认罚案件中,被害人应当被告知其享有参与权、异议权和知情权等权利,不仅是从宽量刑时应当将被害人是否获得救济、被害人谅解作为量刑的重要考虑因素,在侦查机关考虑撤销案件、检察院考虑不起诉和减少指控时也应当予以考虑,至于最终是否撤销案件、不起诉、减少指控、从宽量刑幅度多大则取决于案件具体情况和相关法律法规及其实施细则的规定,《试点办法》仅规定前者是不全面的。

(三)配套制度保障

为完善认罪认罚从宽制度,应当保障控辩平等对抗,结合前述的试点现状以及控辩地位仍存在天然悬殊的现实,在赋予检察官自由裁量权并落实对检察系统内外制约的同时,还可作出以下努力:

1. 律师协助

认罪认罚应当符合自愿、合法、真实的要求,但被告人往往缺乏系统的法律知识和全案的把握,不知道自己是否构成犯罪、犯罪性质、会被处以什么样的刑罚,也不了解辩诉协商的程序和后果,仅仅由处于劣势地位的被告人同检察院之间进行辩诉协商难以体现公平,如此达成的辩诉协议难以体现自愿、程序公正。《试点办法》强调被追诉人自愿认罪认罚时应当有律师为其提供法律咨询、程序选择、申请变更强制措施等法律帮助。如此安排大致是基于以下考虑:其一,律师在场,更有利于证据开示,犯罪嫌疑人才能在律师帮助下知悉检察机关所指控的犯罪的根据何在,保证犯罪嫌疑人认罪的真实性。其二,律师在场可以防止刑讯逼供的发生,保证犯罪嫌疑人的认罪是自愿的,避免因为被告人、被害人欠缺法律知识而作出对己不利的决定。

2. 证据开示

根据2012年修改后的刑事诉讼法的规定,我国实行卷宗移送主义,以防止法官预断。检察院移送给法院的卷宗材料仅包括证据目录、主要证据材料。律师只能在法院阅卷,这也使得律师难以综观案件全局。或许可以扩大律师阅卷权的范围,推动控辩双方平等抗衡,同时也便于律师为被告人提供最大化的帮助。推动证据开示制度也是出于这一考虑。通过证据开示控辩双方能充分了解对方的证据,从而预测诉讼结果,从而推动双方在减少诉讼风险、各取所需的情况下作出是否认罪认罚的选择。

(四)具体程序制约

1.适用与启动

侦查机关、检察机关、法院、被追诉人中的任何一方均有适用认罪认罚从宽制度的提议权,一旦被追诉人自愿认罪认罚则启动该制度。

顾永忠教授认为,“认罪认罚协商从宽制度”不能适用于侦查阶段,需要进入审查起诉阶段才能启动。[6] 因为只有到了审查起诉阶段,侦查已经终结,案情已经明朗,犯罪嫌疑人及其辩护人才能通过阅卷了解案情和证据材料……只有到了侦查起诉阶段,检察机关及其检察人员才有条件和权力与犯罪嫌疑人及其辩护人就认罪和量刑问题进行协商,从而对后续审判程序及审判方式产生影响。而这一切在侦查阶段是不具备条件的。

认罪认罚协商从宽制度是否不适用于侦查阶段?我们认为,所有可适用认罪认罚从宽制度的案件,被追诉人可以在诉讼的侦查、审查起诉、审判阶段任一阶段认罪认罚从而启动该制度,首先,结合三条走向,《试点办法》并未对该制度的适用阶段予以限制;其次,允许认罪认罚在侦查、审查起诉、审判的任一阶段认罪认罚,可以激励有罪的被追诉人尽早认罪认罚,既可以节约诉讼资源、提高诉讼效率,也为公安司法机关工作人员将更多时间投入需要花费精力的重大疑难案件中去,这正是推行以审判为中心的诉讼制度改革、促进案件繁简分流的目的所在;最后,有罪的被追诉人越早认罪认罚,其可获得更优渥的从宽待遇,不对侦查阶段的认罪认罚作出限制,有益于被追诉人改过自新,刑法的根本目的在于预防犯罪,既然通过从宽激励已经有利于促使被追诉人改过自新、预防被追诉人再入歧途,就没必要使其在侦查阶段认罪认罚受限、剥夺其尽早认罪认罚的选择权。

无论是当前对认罪认罚从宽制度的有限学术研究,还是《试点办法》,都未涉及的一个问题是,立案阶段能否认罪认罚?从应然层面来看,按照上面的分

[6] 笔者区分了认罪认罚协商从宽制度与认罪认罚从宽制度,认为“认罪认罚从宽制度”是由一系列具体法律制度、诉讼程序组成的集合性的法律制度,“认罪认罚协商从宽制度”是其中的一项具体制度,属于程序法上认罪认罚从宽制度的范畴。参见顾永忠、肖沛权:《“完善认罪认罚从宽制度”的亲历观察与思考、建议——基于福清市等地刑事速裁程序中认罪认罚从宽制度的调研》,载《法治研究》2017年第1期。

析思路，出于激励犯罪嫌疑人改过自新、促进司法体系的有效运转的考虑，答案应当是肯定的。上述文件还仅是试点文件，且2年的试点工作还只进行了半年，在以后的试点工作中甚至认罪认罚从宽制度在全国推广后，更多的问题会暴露，认罪认罚从宽制度的内在结构会趋于完善，或许会将立案阶段的认罪认罚纳入其中也未可知；从实然层面来说，由于犯罪嫌疑人自首时可适用认罪认罚从宽制度，而自首本就是刑事案件立案材料来源途径之一，[7]也就是说，犯罪嫌疑人自动向公安司法机关投案并如实供述自己的罪行才有了公安司法机关的立案行为，因此，自首就是当前刑事诉讼实践中在立案阶段适用认罪认罚从宽制度的最佳例证。

在前两个问题中，我们探讨了哪些诉讼阶段可以认罪认罚。我们需要思考的第三个问题是，哪个阶段可以获得从宽处理？结合三条走向不难得知，犯罪嫌疑人、被告人在侦查阶段、审查起诉阶段、审判阶段都可能获得从宽处理，至于在哪个阶段可获得从宽处理，取决于其何时认罪认罚、社会危害性和人身危险性程度等因素。

2. 法官确认

除走向一、走向二外，适用认罪认罚从宽制度时，检察官提出的量刑建议应当经法官审查确认。法官对量刑建议的审查确认程序应当中立，先后包括形式审查、实质审查、法官判决采纳量刑建议。

第一，开庭前的形式审查。其内容应当包括：审查该案件是否符合辩诉协商制度的适用范围和适用条件；审查协议的内容是否合法，如从宽量刑的幅度是否符合最高人民法院的量刑指导意见；审查认罪认罚的程序是否正当，如被害人是否参与。法院立案时已经启动适用认罪认罚从宽制度的，由立案庭对该案是否符合认罪认罚从宽制度适用范围进行形式审查并记录在案，法院立案以后才启动适用认罪认罚从宽制度的，由承办法官进行形式审查。

第二，之后的实质审查应当注意以下三个问题：首先，法官应当审查认罪认罚的真实性，应亲自询问被告人、被害人，审查确认被告人做出有罪供述、被害人同意对被告人从宽处理是否出于自愿、明知、真实，在审查过程中，一旦被告人或者被害人要求撤回认罪，法院应当通知各当事人转为普通程序审理案件；

---

〔7〕 参见龙宗智、杨建广主编：《刑事诉讼法》(第5版)，高等教育出版社2016年版，第217～219页。

其次,法官应当对犯罪事实和相关证据进行审查,符合适用认罪认罚从宽制度的情形的,对检察官提交的在法律规定的从宽处理的量刑建议予以采纳并作出裁判;最后,《试点办法》允许检察官对有认罪认罚对的犯罪嫌疑人具备重大立功或者案件涉及国家重大利益的情形时对涉嫌数罪中的一项或者多项提起公诉,但没有规定检察院提起公诉后法院认为检察院减少指控不当时应当如何处理。我们认为,法官仅对检察院起诉的罪行进行裁判,对于检察院减少起诉的情形,法官应当基于不告不理不作裁判,但可结合案件具体情况决定是否建议检察院补充起诉。

3. 协商结果是否可撤回以及撤回的法律效果的问题

基于撤销案件、不起诉的处理结果,“走向一”“走向二”不存在犯罪嫌疑人撤回认罪的问题。在“走向三”的案件中,犯罪嫌疑人、被告人在法院作出生效判决前可随时撤回认罪。我们认为,一旦认罪被撤回,犯罪嫌疑人、被告人基于认罪认罚的供述自始无效,案件转为普通程序审理,不得再次适用认罪认罚从宽。被告人在法院作出裁判前申请撤回认罪的,法院应当告知其撤回认罪后不得再次启动适用认罪认罚从宽制度、可能面临更严重刑罚等法律后果,被告人仍然坚持撤回的,法院应当准许。这是基于《试点办法》第19条规定的延伸性解读。

《试点办法》没有规定检察院在法院作出裁判前申请撤回从宽量刑建议时该如何处理。我们认为,这一情况发生时,检察院应当向法院说明撤回的理由的,法院审查后认为理由成立的,应当准许撤回,法院审查后认为理由不成立的,从宽量刑建议不得撤回。之所以对检察院撤回量刑建议进行限制,是因为检察院作为代表国家行使权力的机关,国家机关履行职责的行为应当遵循诚实信用原则,检察院同被告人、被害人之间达成辩诉协议,使得被告人和被害人基于检察院的职务行为产生信赖,这一信赖应当受到保护。此外,检察院是基于被追诉人的认罪认罚而作出量刑建议,当量刑建议撤回时,认罪认罚应当归于无效,检察院只能就原有证据按原本应当指控的罪名提起诉讼,不得基于被追诉人未获取从宽量刑建议所作的认罪供述要求法院追究被追诉人的法律责任。

结　　语

认罪认罚从宽制度就是在综合考虑我国各种因素之下的效率兼顾公正的

最佳选择，就人权观为国际社会日渐重视的趋势而言，符合当今社会对正义的要求。基于这样的制度自信，本文探讨了《试点办法》未解决且试点中做法不一或手足无措的问题，如被害人是否为必要的参与主体、刑事诉讼的哪些阶段可以提出认罪认罚、协商结果是否可撤回以及撤回的法律效果等，但还有不少虽细枝末节但在实践中举足轻重的问题仍有待实践检验和学术探讨。例如，《试点办法》第5条提及的值班律师是否仅是“法律帮助人”的身份、其与法律援助律师是什么关系、由政府财政给付值班报酬是否会影响其中立性、其只是参与某一诉讼阶段还是参与刑事诉讼全过程、是否需要参与庭审、是否具备辩护人的会见权、阅卷权、调查取证权等权利、如不具备上述权利是否会影响其为犯罪嫌疑人提供法律帮助等。

变革中的刑事速裁程序：局限及其优化

李曦虹[*]

摘要：

我国力图通过试点改革构建出一种有别于现有普通程序、简易程序的轻微刑事案件快速办理程序，以期在遵循基本程序正义底线标准前提下通过分流案件、简化审判流程达到快速审理案件的目的。速裁程序改革作为司法改革的重要举措，具备必要性与可行性，并且在优化司法资源配置、简化程序、提高司法效能、减轻司法压力诸方面具有优点和成效。但是，试点改革实践也暴露了速裁程序适用范围过窄、被告人权利受损、律师参与度不足、被害人权益救济不力、量刑边界不清晰、审判程序程式化等弊病及局限性。对此，有必要通过推动速裁程序实质化，扩大速裁案件范围、细化速裁程序规范、明确认罪认罚从宽标准、加强被告人权益保障和被害人权益救济等措施，进一步优化司法资源整体配置结构和提升刑事案件速裁程序的制度合理性与实际效益。

关键词：

速裁程序；司法资源配置；局限性；权益保护

随着我国司法体制改革的纵深发展，一些影响司法公正和制约司法能力的深层次问题被一定程度地破解，然而司法实践面对的“案多人少”的客观局势却

---

* 李曦虹，中山大学法学院2016级法学硕士研究生。

有增无减、日益严峻。[1] 尽管我国既有的诉讼制度通过普通程序与简易程序的设置初步构建了繁简分流的程序机制,但这种制度配置方案显然已经难以满足司法实践对制度合理性提出的客观需求。面对案多人少的司法压力,一种旨在进一步优化司法资源配置、完善诉讼程序设计,在遵循基本程序正义底限标准前提下最大化简化司法流程、快速处理案件的速裁程序建构应运而生。2014 年 6 月 27 日,第十二届全国人大常委会第九次会议通过了《关于授权最高人民法院、最高人民检察院在部分地区开展刑事案件速裁程序试点工作的决定》(以下简称《试点决定》)。2014 年 8 月,最高人民法院、最高人民检察院、公安部、司法部联合制定出台《关于在部分地区开展刑事案件速裁程序试点工作的办法》(以下简称《试点办法》),决定在北京、天津等 18 个试点城市开展为期 2 年的刑事案件速裁程序试点改革工作,致力于探索适合我国国情,符合司法现状,弥补"案多人少"、司法效率低下短板的刑事案件速裁程序。随着试点改革及其司法实践如火如荼的铺开,引起了学术界与实务界的热烈研讨,[2] 肯定了速裁程序的初步成果,同时也指出了程序运作过程中启动、流转和被告人认罪认罚真实性等新命题,进一步引发思考,速裁程序改革是否合乎初始定位,能否实现改革预期填补我国审判程序类型空缺与解决"案多人少"短板,是否满足司法资源优化配置的客观需求,能否合理兼顾公正与效率,呈现了怎样的局限性,该如何进一步优化改革,这一命题仍然有待考究和检讨。

---

[1] 有关"案多人少"矛盾及现状,参见靳学军:《以集约化工作思路应对"案多人少"挑战》,载《人民法院报》2017 年 5 月 17 日;周宵鹏:《河北法院首推办案简化标准改革》,载《法制日报》2017 年 5 月 11 日;方茜孙、文静:《海南多措并举破解案多人少矛盾》,载《人民法院报》2017 年 4 月 11 日;唐荣、李轶娟:《"司改 + 大数据"化解案多人少》,载《法制日报》2017 年 1 月 26 日;朱骅:《案多人少的解决之道》,载《人民法院报》2016 年 12 月 18 日;胡曲云、周翔:《解决案多人少矛盾的"深圳改革方案"》,载《法制日报》2016 年 11 月 30 日;刘子阳:《最高法推进案件繁简分流 破解"案多人少"顽症》,载《法制日报》2016 年 9 月 14 日等。

[2] 有关的讨论参见李本森:《我国刑事案件速裁程序研究——与美、德刑事案件快速审理程序之比较》,载《环球法律评论》2015 年第 2 期;汪建成:《以效率为价值导向的刑事速裁程序论纲》,载《政法论坛》2016 年第 1 期;刘广三、李艳霞:《我国刑事速裁程序试点的反思与重构》,载《法学》2016 年第 1 期;陈瑞华:《"认罪认罚从宽"改革的理论反思——基于刑事速裁程序运行经验的考察》,载《当代法学》2016 年第 4 期等。

一、试点改革对刑事速裁程序的定位及其效果

为明确速裁程序在我国司法体制中的定位,本文将首先梳理速裁程序的规范要求,并在此基础上提炼出该程序的价值追求,同时亦展现其实践效果,为下文分析制度局限提供基础和背景支撑。

(一)刑事速裁程序的规范要求

1. 速裁程序的范围确定

刑事案件速裁程序是对于案情简单,事实清楚,证据确实、充分,犯罪嫌疑人、被告人自愿认罪,适用法律无争议的轻微刑事案件,在遵循基本程序正义底限标准的前提下,简化审判工作流程,缩短办案期限的一种快速审判程序。[3]《试点办法》第1条对速裁程序适用范围作出了明确界定,只适用于危险驾驶、交通肇事、盗窃、诈骗、抢夺、伤害、寻衅滋事、非法拘禁、毒品犯罪、行贿犯罪、在公共场所实施的扰乱公共秩序这11类犯罪类型,并且局限于量刑在1年以下有期徒刑、拘役、管制的案件,或者依法单处罚金的案件。由此可见,刑事案件速裁程序改革主要着眼于通过分流案件,针对不同类型案件配置相应合理的程序类型,以解决"案多人少"产生的司法压力,优化司法资源配置和提升司法效益。通过试点工作报告也不难看出,速裁程序在司法效率上产生了一定的实际效用,但相对于简易程序适用范围而言,速裁程序适用范围划定的保守性,也容易导致其制度效应的有限性。

2. 速裁程序的程序要求

与简易程序相比,刑事速裁程序无论在启动程序、办案期限和公开审理情形上都作了改进,进一步推动程序适用的便捷性和提升速裁案件办理的效率。《试点办法》第5条、第6条和第9条均明确规定了速裁案件的启动机关和启动程序。速裁程序的启动可以由公安、检察院和辩护人建议适用速裁程序,最终是否适用速裁程序由法院决定。速裁程序与简易程序启动条件不同,简易程序是审查起诉时,检察院提起公诉的时候可以建议法院适用简易程序。《试点办法》第8条和第15条对办案期限提出更高要求,速裁程序需要在8个工作日内

〔3〕 参见樊崇义、刘文化:《我国刑事案件速裁程序的运作》,载《人民司法》2015年第11期。

决定是否提起公诉,且在法院受理之日起的7个工作日内审结,而适用简易程序的案件,一般应在20日被审结。再者,《试点办法》第4条规定速裁程序在程序上可以简化法庭审理和法庭调查环节。可见,速裁程序更能达到快速审理目标。《试点办法》第12条另行规定了不公开审理的情形,法院适用速裁程序审理的案件,被告人可以以信息安全为由申请不公开审理,检察院、辩护人没有异议的,经本院院长批准,可以不公开审理。此外,速裁程序改革具备创新点。在法院、看守所创设法律援助值班律师制度,在取得犯罪嫌疑人、被告人同意适用速裁程序提供专业服务,同时犯罪嫌疑人、被告人的辩护权也得到更为明确的保障。

(二)速裁程序的价值追求

1.追求程序的高效性

速裁程序的高效性明确体现在案件办理期限更短,程序运转更快,这是有别于普通程序和简易程序的典型价值。《试点办法》规定,适用速裁程序的案件,人民检察院一般应在8个工作日内决定是否提起公诉,同时可建议适用速裁程序,并在起诉书中提出量刑建议。可见,在审查起诉到提起公诉阶段目的非常明确,且时间相较于人民检察院对其他案件的审查期限的1个月左右要短了2/3。在2017年第十二届全国人民代表大会第五次会议上,最高人民检察院工作报告就对沈阳、青岛、郑州等18个城市217个试点人民检察院的工作成果进行统计报告,报告显示:人民检察院加速轻微刑事案件的办案进度,并及时建议人民法院适用速裁程序,进行审查起诉的周期由过去平均20天缩短至5天半。[4] 与此同时,人民法院审理速裁案件的审限也控制在7个工作日以内,远远缩短案件处理时间,例如,浙江法院积极开展刑事案件速裁程序试点工作,已审理案件4764件,平均用时4.7天,比普通程序缩短96%。[5]《刑事诉讼法》规定,普通程序的审限一般为2个月,而简易程序的审限是20日左右,对比可知,速裁程序的各种期间仅为其他程序期间的1/3,对提高办案效率,加快司法效率,快速维护被害者权益效果非常显著。

---

〔4〕 参见曹建明:《最高人民检察院工作报告——2017年3月12日在第十二届全国人民代表大会第五次会议上》,载《人民日报》2017年3月20日,第4版。

〔5〕 参见《浙江一线法官年均结260案》,载法制网:http://legal.people.com.cn/n1/2017/0124/c42510-29045343.html,最后访问日期:2017年4月27日。

2. 着力于简化程序

速裁程序达到“速”之要求建立在程序精简的基础之上,人民法院适用速裁程序,由审判员一人独任审判,送达期限不受刑事诉讼法限制。法庭审理可以不再进行法庭调查和法庭辩论环节。因为速裁程序针对的是案件事实清楚,证据确实充分,犯罪嫌疑人、被告人自愿认罪的轻微型案件,对证据举证质证和案件事实的法庭调查环节适当省略,在轻微型案件的审理上,是可行和合理的,同时也加速了审判流程。《试点办法》在宣判阶段也做了加速,适用速裁程序的案件应该当庭宣判,使用格式裁判文书。这在一定程度上释放了法官书写裁判文书的精力,将更多时间精力投入重大疑难案件的审理中去。这些规定突破了现有的程序设计,是速裁程序的创新点。

3. 有利于激励认罪认罚,从宽量刑

同意适用速裁程序是程序启动的要件之一,前提是犯罪嫌疑人、被告人承认所犯罪行,对指控犯罪事实和适用法律没有异议,且同意检察院提出的量刑建议和适用速裁程序。对于被告人认罪认罚的轻微刑事案件,符合以上4个条件的,即可以归入速裁程序的审理渠道,这也是案件繁“简”分流的举措之一。《试点办法》也规定,对于认罪认罚且有悔罪表现的被告人和嫌疑人,可以依法从宽处罚。换句话说,速裁程序相当于一种激励程序,鼓励轻微型刑事案件的被告人和嫌疑人主动认罪,争取量刑从宽,该类案件,速裁程序优先适用非羁押性强制措施,对人身自由没有强制的量刑措施进一步鼓励犯罪嫌疑人和被告人积极认罪,主动认罚。以减轻司法人员的工作压力,加速办案进程,对符合情形的案件分类处理,推进到下一个阶段,并且类似案件可以合并审理,检察院也可以针对批量案件派员出庭进行起诉。

(三)刑事速裁程序改革的可行性及其效果

1. 刑事速裁程序的制度支持

速裁程序改革与司法人员分类的员额制改革、认罪认罚从宽制度改革等改革举措同时推开,并且彼此形成相互促进的作用。例如,员额制改革致力于建立一支司法理念深、办案能力强的职业化、精英化的司法队伍,职业化、精英化的检察官、法官队伍为在“案多人少”的现实状况下速裁程序的实际运用提供了坚强有力的支撑。再如,认罪认罚从宽处罚制度鼓励被告人认罪认罚,构建认罪案件和非认罪案件分流审理制度,优化司法资源配置,节约司法成本,提高效率,与速裁程序是一脉相承的。而且,某种程度上,设立认罪认罚从宽处罚制度可以说是速裁程序适用的前提要件,《试点办法》也明确规定犯罪嫌疑人、被告人认罪情况下同意适用速裁程序是程序启动的前提。可见,认罪认罚从宽制度为速裁程序的适用增加了制度保障,增强犯罪嫌疑人、被告人同意适用的信心,加速案件办理。

此外,速裁程序的运转同样建立在司法体制改革的大环境上,尤其是推进以审判为中心的诉讼制度改革。速裁程序改革同样强调以审判为中心的司法理念以及公检法机关的协同配合,要求公检法各部门在侦查、起诉、审判和司法评估等过程职责明确,办案流程环环相扣。整体而言,我们不能仅仅将速裁程序作为一项新兴制度来加以孤立地对待,而是要将其放置于我国司法改革的整体框架下来加以系统的审视和评价,进而准确检讨和反思速裁程序的改革进路及方案。

2. 速裁程序试点改革的成效

在司法改革的大环境推动下,我国刑事速裁程序改革和试点工作取得初步成功。2016 年 5 月,最高人民法院专门召开"评估刑案速裁程序试点中期成果"的论证会,以评价速裁程序改革的阶段性成效。从中期成果的发布来看,试点程序整体运行情况良好,18 个试点城市一共确定试点法院 100 余家,适用速裁程序审结刑事案件 1.2 万余件,当庭宣判率为 95%,超过 90% 的案件立案后 10 日内审结,被告人上诉率仅为 2%,检察机关抗诉率、附带民事诉讼原告人上诉率为零,审判效果和诉讼效率明显提升,试点工作已取得显著成效。[6] 整体来看,刑事速裁程序试点改革在一定程度上实现了改革预期的成果。

以广东省的改革实践为例。广东省作为全国改革开放的引领省份,广州和深圳也是此次速裁程序试点工作的试点城市之二。2017 年 1 月 19 日召开的广东省第十二届人大五次会议上,广东省高级人民法院院长龚稼立在广东省高级人民法院工作报告中指出,深圳法院、广州法院刑事速裁程序试点工作取得明显成效。官方统计数据显示:自 2014 年 6 月试点以来至 2016 年 9 月,试点法院共适用速裁程序审结案件 8091 宗,判处罪犯 9705 人,速裁案件量排名全国第一。其中当庭宣判的案件 7382 宗,当庭宣判率达到 91.20%,立案后 10 日内审

〔6〕 参见《最高人民法院召开论证会 评估刑案速裁程序试点中期成果》,载中国法院网:http://www.court.gov.cn/zixun-xiangqing-15251.html,最后访问日期:2017 年 4 月 27 日。

结的案件7581宗,占93.70%。试点工作经验得到最高人民法院的充分肯定,为推进“认罪认罚从宽”试点奠定了坚实基础。[7] 综观始终,速裁程序运行在我国司法实践中具备可行性,取得了良好成效。

二、刑事案件速裁程序改革的局限性

(一)速裁程序适用范围较窄

《试点办法》将刑事速裁程序的案件范围界定为危险驾驶、交通肇事、盗窃、诈骗等11类依法可能判处1年以下有期徒刑、拘役、管制的具体案件类型,根据有关学者调研统计,[8] 全国法院判处1年以下有期徒刑、拘役、管制、单处罚金的案件占全部刑事案件总数的近40%,每年约40万件,而从2013年至2016年《中国法律年鉴》统计可知,平均每年刑事案件收案量在1018000件左右。据此,40万的案件数量中还未统计筛选出来符合速裁程序适用的11类犯罪类型的案件数量,这个数量占全国刑事案件的1018000件的比例可想而知是非常少的。因此,符合犯罪类型与量刑幅度交叉的案件数量与普通程序一审审理案件量相比少之又少,且根据我国刑事诉讼法规定,3年以下有期徒刑是缓刑适用的条件,可以作为轻微型犯罪的界限,将速裁程序适用条件限缩至1年以下量刑幅度的案件,范围过小,导致速裁程序案件分流功能和程序价值无法彰显。最终将无法发挥速裁程序资源配置、案件分流和提高司法效率等促进作用。

(二)被告人权利保障缺失

轻微型犯罪案件适用速裁程序,首先需要被告人认罪认罚且对适用速裁程序无异议。然而《试点办法》并没有详尽规定验证被告人认罪和同意适用的程序,只是笼统规定,这在现实中可能导致操作不规范的问题,对被告人权益保护有重大威胁。

---

[7] 参见《广东省十二届人大五次会议 广东省高级人民法院院长龚稼立作省高院工作报告》,载凤凰网:http://news.ifeng.com/a/20170122/50612158_0.shtml,最后访问日期:2017年4月27日。

[8] 参见刘广三、李艳霞:《我国刑事速裁程序试点的反思与重构》,载《法学》2016年第2期。

1. 对被告人认罪事实的审查

速裁案件办理过程中,在审查起诉和庭审阶段对被告人认罪的自愿性和真实性进行审查。在审查起诉环节,检察官主要通过阅读卷宗和讯问犯罪嫌疑人的方式进行。由检察官在讯问被告人时将《刑事案件速裁程序告知书》交给其阅读,并告知其同意适用速裁程序可依法获得值班律师的法律援助、认罪从宽、申请不公开审理以及快速审理当庭宣判等诉讼权利义务,同时对证据材料进行宣读释法,介绍案情和大致量刑情节。据调研显示,试点中的刑事速裁程序大多由检察机关启动,故检察机关审查起诉工作的重心仍然是引导犯罪嫌疑人选择适用速裁程序,至于认罪的自愿性和真实性并不是关注的重点。[9] 庭审阶段,平均花费 5 ~ 8 分钟,由核实身份、宣读起诉书、事实审查、最后陈述和宣判五个部分组成。对被告人认罪事实的审查只有在核实身份这一环节显示,仅仅询问被告人对起诉书指控的犯罪事实、罪名和量刑建议有无意见,这是《试点办法》中明确规定的,被告人也仅是回答是或否。

由此可知,对被告人认罪情况的审查大多处于形式意义上,并没有什么进行实质意义的审查。保证在公正真实的基础上追求效率,才是速裁程序的根本。因此,在立法上应该细化速裁程序的各个环节的程序,以免司法实践中,检察官、法官在繁忙工作之中,过于追求效率而忽视了被告人的真实意思表示以及诉讼权益。

2. 被告人从宽处罚界限模糊

《试点办法》对被告人认罪认罚作了明确规定,人民法院适用速裁程序审理案件,对被告人自愿认罪,退缴赃款赃物、积极赔偿损失、赔礼道歉,取得被害人或者近亲属谅解的,可以依法从宽处罚。这一规定,只细化了被告人的认罪情形,没有细化规定从宽处罚的界限和层级,不利于被告人熟知认罪程度带来的量刑方面的从宽程度,以至于被告人缺少对从宽处罚程度的优遇的知情权。另外,该规定也赋予了法官在量刑方面的自由裁量权,法官可以根据案件的具体情况和被害人及近亲属的谅解情况,裁定从宽程度。这同样使得被告人无法预期自己的刑罚,导致被告人缺乏认罪的积极性和动力。更甚者使得司法人员利用自己的处罚权限,导致诱供和权力腐化,不利于司法公正和司法廉洁。

---

〔9〕 参见魏化鹏:《刑事速裁程序之检视》,载《国家检察官学院学报》2017 年第 2 期。

3. 律师参与度不足,被告人权益保护受限

《试点办法》规定建立法律援助值班律师制度,法律援助机构在人民法院、看守所派驻法律援助值班律师。然而,速裁程序省略了法庭调查和法庭辩论环节,辩护律师在庭上作用较小,其能发挥职能的仅在于申请回避和对检察院指控的事实、证据、罪名和量刑建议是否有异议。导致律师在速裁程序中的参与度严重不足,无法发挥其辩护职能。在法院和看守所安排法律援助值班律师,发挥作用不大,由于被告人已经认罪认罚,且在检察院的告知下,与被害人签署协议同意适用速裁程序,换言之,被告人在审查起诉阶段无法获得律师援助。援助律师即使参与庭审对被告人认罪的事实和罪名辩护空间不大,因为公诉方和法官对被告人自认的事实容易先入为主和形成心证,相比之下,律师的辩护和反对意见,反而成为被告人不认罪的一种狡辩。

除此之外,导致律师参与度不足还存在现实因素。有学者调研显示,从调研的试点法院的情况来看,速裁案件仅15.3%的辩护率与同期全部刑事案件51.4%的辩护率相去甚远。这是因为:一方面,被告人及其家属往往认为刑罚不重,况且律师辩护费用较高,被告人自身对获得辩护律师帮助的愿望并不强烈,认为律师介入的必要性不大;另一方面,由于速裁程序的审限很短,在缺乏与速裁程序配套的更为快捷的阅卷、会见、出庭等机制的情况下,律师的介入还可能严重影响审理效率,甚至导致无法按期结案。[10] 在被告人的考量、制度需求以及程序不足等因素的共同影响下,我国速裁程序律师参与度不足,值班律师制度发挥不了实际作用,导致被告人能依赖律师保护自己权益的愿景落空。

(三)被害人权益虚置问题突出

速裁程序试点改革实践显示,被告人权益逐渐得到重视和保护,而被害人权益容易处于被忽视地位。究其原因,其一,速裁程序适用于轻微刑事案件,被害人在案件进入诉讼程序后,情绪上得到了释放和安抚,且所受到的侵害比较轻微,被害人往往在刑事速裁程序中忽视自己的权利保护。其二,刑事速裁程序中被害人缺乏参与诉讼的法律路径。被害人虽然具有独立的诉讼主体地位,却无独立的上诉权,其合理诉求往往容易被忽视。速裁程序中的法庭调查和法庭辩论一般被省略,在速裁程序中被害人若是不同意检察院指控的案件事实和量刑建议时,缺乏让被害人发表自己意见的程序和环节。既不利于保护被害人

[10] 参见魏化鹏:《刑事速裁程序之检视》,载《国家检察官学院学报》2017年第2期。

的诉讼参与权,也不利于法官查明案件事实的真相,更有可能导致审查起诉阶段,个别司法人员为追求效率而与被告人达成共识或某些不正当利益,以损害被害人的权益。

(四)不公开审理范围不明确

刑事速裁案件仅规定被告人可以信息安全为由申请不公开审理,且检察院、辩护人无异议、法院院长批准通过的情况下不公开审理。有学者认为,该规定过于模糊,信息不仅指音讯、消息、通讯系统传输和处理的对象,还可以泛指人类社会传播的一切内容,外延宽泛。[11]《试点办法》未对信息安全做详细的界定和解释,司法实践中,辩护人以维护被告人权益为主要立场,一般都不会提出异议。而检察院作为审查申请的司法机关,实则由具体负责案件的检察官执行审查批捕和审查公诉事项,由于规定不具体,检察官对什么情况下可以提出异议不甚明确。法院院长批准不公开审理的申请,由于案件数量多,可能会无法立足于案件具体情况进行审查,且由于法检机关天生的联系,法院可能会依赖检察院出具的意见,如果均无异议,不公开审理的案件数量将增多。这与我国"以公开审判为原则,不公开审判为例外"的审判方式有些出入。对于被告人而言,不公开审理有利于保护其隐私和人权,有助于其改过自新,重新融入社会。但是,如果被告人对信息安全过分解读,检察院、法院对此自由裁量不够谨慎的话,出于促进被告人教育改造和回归社会的心理,可能决定不公开审理。基于此,我国刑事案件不公开审理的范围扩大,最终将损害司法公信力,不利于社会的稳定。

(五)审判程序过度程式化

速裁程序为了加速办案进程,提高司法效率,减缓"案多人少"矛盾和合理配置司法资源的目的,《试点办法》规定,一般情况下适用速裁程序的案件省略法庭审理和法庭调查环节,且将各个环节的办案期限尽可能缩短。特别是庭审环节,鼓励法官适用格式文书当庭审判。并且,检察院在审查起诉的过程中,提出指控事实和量刑建议,出于快速审理的目的,对于这些轻微型刑事案件,法官一般会采纳检察官的处理结果,这便使得检察院在速裁案件中对处理结果具备确定性作用。案件的走向和结果几乎受制于检控机关,法院的裁判权成为了形

---

[11] 参见刘广三、李艳霞:《我国刑事速裁程序试点的反思与重构》,载《法学》2016 年第 2 期。

式上的裁判权。[12] 这些因素导致庭审结果不在庭审中产生,而是在审前程序介入过多,有损害审判权威之嫌。

三、优化刑事案件速裁程序的构想

速裁程序的试点改革实践或多或少地暴露出了程序设计方案的缺陷以及改革的局限性,速裁程序试点改革的成效受到一定的质疑。对此,应及时总结实践、收集数据、剖析问题,对存在的问题查漏补缺,及时调整改革策略和优化制度方案,以探索形成一种尽可能科学有效的速裁程序制度。

(一)拓展速裁程序适用范围

速裁程序将适用范围限缩将导致速裁程序的应用过于狭窄,其有效配置司法资源的功能无法完全发挥,解决“案多人少”矛盾的期望也将下降。试点程序施行至今,适用经验、状况和数据也有所积累和收集,对此,应当拓宽速裁程序的适用范围,采纳“负面清单”方式。结合各级法院和检察院以及公安机关的工作报告和实践数据,归纳总结,提炼出不适合速裁程序的某些犯罪类型,明确写进“负面清单”之中。同时不再限定为犯罪程度量刑在1年以下有期徒刑、拘役或者管制的案件,我国是以3年为界限区分轻微型刑事案件,因此,将速裁程序适用范围扩大至3年以下有期徒刑、拘役或者管制的案件,提速效果将更加显著。结合速裁程序适用的其他条件,由被告人选择适用程序,这将使得速裁程序在我国诉讼程序所占比重上升。

(二)细化认罪认罚从宽的标准

速裁程序对被告人从宽处罚的标准规定太笼统,赋予法官自由裁量权过大。首先,被告人对于认罪认罚是否从宽处罚确定性存疑。因为《试点办法》规定,被告人具有自愿认罪,退缴赃款赃物、积极赔偿损失、赔礼道歉,取得被害人或者近亲属谅解情节的情况下,“可以”依法从宽处罚。此规定致使被告人认罪认罚的决心不够坚定。其次,认罪认罚从宽处罚,也仅仅规定“从宽”,并没有细化量刑幅度和层级。应强化量刑环节,增加有关量刑的释法。可以借鉴西方辩诉交易程序,对被告人认罪进行阶段性细分。在侦查和审查起诉的不同阶段,根据认罪时间节点的先后,可以在量刑上加以区分。结合我国“从轻、减轻和免

---

〔12〕 参见李本森:《刑事速裁程序的司法再造》,载《中国刑事法杂志》2016年第5期。

除处罚”的三个量刑层次,制作符合我国国情的量刑指南。在告知被告人适用速裁程序可以享有哪些优遇时,配备量刑指南既可以让被告人对认罪认罚的量刑有个预期,也能推动被告人主动认罪。在庭审过程中,被告人最后陈述之前,增加教育、训诫的内容,并释法说明认罪认罚的优遇,增强法庭的权威和法庭教育功能。配备的量刑指南,不仅可以提醒被告人认罪认罚,同样也规范着法官量刑的自由裁量权,发扬司法的确定性以及防止司法腐败。

(三)完善被告人权益保护

1. 落实认罪认罚事实审查程序

在案件办理的过程中,必须保障被告人对于办案程序和进程的知情权。不仅是上文提及的量刑幅度的知情权,以及在知情基础上的程序选择权和律师辩护权。只有保障了被告人的知情权,才能保障其认罪认罚的真心和程序选择的自愿性。如何保障知情权,必要的是规范公安机关和检察院的告知义务,立法上可以将告知程序规范化为告知书或者被告人适用程序意愿表,加入卷宗。在审判阶段,可以分两步走,以充分保障被告人的知情权。庭前准备阶段,审判人员核实和了解案件事实和证据时,可再一次说明和告知适用速裁程序的权利义务。庭审阶段,审判人员在最后陈述之前可以再次询问被告人意见,一旦发现被告人对事实、法律、量刑建议等有异议,或在审查案件过程中发现有不宜适用速裁程序的情形,法院可以依申请或依职权将案件转为简易程序或普通程序。

2. 将法律援助值班律师制度前置到侦查阶段

刑事速裁程序此次开创设立了法律援助律师值班制度,旨在为犯罪嫌疑人、被告人提供法律咨询和帮助。但是《试点办法》也明确规定了法律援助值班律师仅在犯罪嫌疑人、被告人申请时才为其提供法律援助。难免因为犯罪嫌疑人、被告人的知情权被限制和办案执法人员的疏漏,导致法律援助值班律师制度价值无法落实。且依据规定,法律援助值班律师仅被安排在法院和看守所进行值班,看守所是犯罪嫌疑人、被告人被采取强制措施时的执行场所,在此之前的侦查阶段,法律援助律师值班制度并没有真正立足于此阶段。这不利于被告人权益保护,办案人员在侦查阶段对犯罪嫌疑人、被告人进行拘传、讯问、刑事拘留等措施,因此,有必要将法律援助值班律师制度前置到侦查阶段,对可能适用速裁程序的案件,在犯罪嫌疑人、被告人被拘传之前告知其可以申请值班律师提供法律援助。保证被告人、犯罪嫌疑人在咨询之后,对案件的定位,认罪认罚从宽处罚的量刑优惠和适用刑事速裁程序的法律后果均有清楚了解,保障其知情权,减轻其诉累。同时有益于保障其程序选择的自愿性,提前确定速裁程序适用的时间节点,有利于节约司法资源以及提高司法效率。

(四)强化被害人权益救济

在司法实践中,被害人的权益保护应同样得到重视。被害人由于没有诉讼主体地位,如果被害人对于案件指控事实、罪名和量刑建议等情况的知情权不能得到保障,则被害人仅扮演案件中权益被侵害当事人的角色,无法表达自己的意愿。此时,追诉机关的告知义务,以及与被害人之间的沟通机制至关重要。侦查机关移送审查起诉时,应当向被害人及其法定代理人送达通知书。检察机关审查起诉过程中,可以听取被害人的意见,被害人提出申请的,应当听取被害人的意见;检察机关作出起诉决定,向法院提出建议适用刑事速裁程序前,应当听取被害人的意见,并将其意见附卷一并送达法院审查。在审判阶段,法院应注重保护各方当事人的权利,保障被害人的参与权,被害人可以在庭审中发表影响性陈述,向法官表达对案件的看法以及对被告人量刑的处理意见。对于不服法院决定案件适用速裁程序的,其有权在规定的期限内,向本级法院院长提起申诉,请求审查承办法官的决定是否合法,院长如果认为被害人申诉理由成立,应当指令承办法官撤销适用刑事速裁程序的决定,转而适用简易程序或普通程序审理;相反,则驳回被害人的申诉请求。〔13〕 因为,公正的司法,必不能建立于继续侵犯当事人权益的基础上推进。

(五)细化速裁程序规定,避免过度形式化

速裁程序在追求高效办案的同时,也存在过度形式化的弊端。如上文所说,对被告人认罪事实的审查主要在案件办理的审查起诉和庭审阶段。在审查起诉环节,检察官对认罪自愿性和真实性的审查主要通过阅读卷宗和讯问犯罪嫌疑人的方式进行,在庭审阶段,仅在核实身份环节一语带过。为了解决这个问题,在未来的速裁程序中,应增加对被告人认罪自愿性的实质审查环节。被告人自愿认罪与否是速裁程序适用的前提条件,该环节容易出现被告人对法律和事实的认知错误,以及非法诱供等问题。〔14〕《试点办法》对于速裁程序的规定,仍处于框架性规定的程度。对各个环节的规定大而化之,特别是在侦查、起

〔13〕 参见王长水、曹晓可:《刑事案件速裁程序之初探》,载《公民与法》2014年第11期。

〔14〕 参见李本森:《刑事速裁程序的司法再造》,载《中国刑事法杂志》2016年第5期。

诉和审判环节,限定了期限,却没有细化程序。唯愿未来在立法上能完善程序性规定,不仅是公、检、法、司的义务,当事人的权利义务也需写明。特别是每个环节之间的衔接程序和对案件证据与事实、当事人意见的收集和意思表示之真实性的审查程序进行实质化规定。毕竟,法律制度愈加完善,司法实践才得以更为从容。

结　语

刑事速裁程序改革在遵循基本程序正义底限标准前提下简化审判工作流程、快速处理案件,优化司法资源配置,提高司法效益。试点改革实践已初步显示:我国速裁程序改革具有一定的可行性,并且在优化司法资源配置、简化程序、提高司法效能、减轻司法压力诸方面具有优点和成效。然而,与此同时,速裁程序适用范围过窄、被告人权利受损、律师参与度不足、被害人权益救济不力、量刑边界不清晰、审判程序过度程式化等弊病及局限性也在实践中凸显出来。特别是,在程序适用的过程中浮现出来的权益保障和规定粗犷等问题,体现了速裁程序试点改革实践对审判效率的过度追求而或多或少疏忽了对私权利的救济与保护,牺牲了实质正义和司法公正,此类制度效能的偏差已经影响了速裁程序的价值本位的体现。为此,在我国司法体制改革和诉讼程序建章立制的过程中,仍然需要警惕过分夸大制度效益、过度追求司法效率的舍本逐末的倾向。中国刑事速裁程序改革应当在不断的试点实验和反思、修正中逐渐优化,以不断接近适应解决中国现实问题的正当需求。而基于精细司法和法律制度应有的谨慎态度,针对速裁程序的适用与运转,仍需要进一步探索形成精细化的制度方案,推动速裁程序实质化,提升速裁程序制度合理性与实际效益。

私权保护的实践反思
与理论争鸣

我国纯粹经济损失制度立法选择之探析

——围绕产品质量法第40条展开

张颂恩*

摘要：

我国关于销售缺陷产品引起的纯粹经济损失制度，经历了从民法通则至产品质量法到现今民法总则之演进。随着民法总则中对民事责任来源及民事责任承担方式的扩张规定，产品质量法第40条也应当得到新的解释：该条的规定认可了销售者对购买者因购买缺陷产品而产生的纯粹经济损失之赔偿责任，其中纯粹经济损失的赔偿范围仅限于购买者为弥补产品质量缺陷而付出的额外经济损失。制度的选择受到制度费用的约束，此一制度演进，是制度的实践需求与立法成本之间相互博弈的结果。

关键词：

产品质量法；违约责任；纯粹经济损失；制度费用

纯粹经济损失是指受害人因为他人的损害行为而遭受的经济上的损害，但此种损害不是因为受害人所遭受的有形人身损害或有形的财产损害产生的经济损失。[1] 具体而言，纯粹经济损失分为两种类型：存在合同或准合同关系的纯粹经济损失（the litigants are in a contractual relation）以及不存在合同关系的

* 张颂恩，中山大学法学院2016级法学硕士研究生。

〔1〕 中国关于纯粹经济损失的研究，最初是从张民安教授于2002年载于本书的一文《因侵犯他人纯粹经济损失而承担的过失侵权责任》开始的。参见梁慧星主编：《民商法论丛》（第25卷），金桥文化出版（香港）有限公司2002年版，第2页。

纯粹经济损失(the parties have no contractual relation)。[2] 对于存在合同或准合同关系的纯粹经济损失,传统侵权法理论认为,合同法是此类法律关系的最合理的法律基础,双方当事人可以通过协商合意拟定合同条款,当发生此类纯粹经济损失,合同或准合同关系双方当事人应当寻求合同法救济,而不应受到侵权法上的保护。对于不存在合同关系的纯粹经济损失的情况,侵权事件发生在侵权人与受害人之间,同时伴随着侵权人和受害人以外第三人的纯粹经济损失,传统侵权法理论以公共政策考量为由拒绝赔偿第三人所遭受的纯粹经济损失。

从纯粹经济损失的定义来看,纯粹经济损失的内涵是非封闭的,其外延是不可确定的。因此,本文选取了存在合同或准合同关系的纯粹经济损失的一种最为常见的而典型情况——缺陷产品本身引起的纯粹经济损失——作为研究对象。着重探讨两个问题:中国是否认为缺陷产品本身引起的纯粹经济损失这一存在合同或准合同关系的纯粹经济损失能够得到救济?中国关于缺陷产品引起的纯粹经济损失现行制度背后的考量是什么?

一、缺陷产品本身引起的纯粹经济损失情形

关于缺陷产品本身引起的纯粹经济损失,在《美国侵权法重述第三版:产品责任》(以下简称《重述》)中规定得较为清晰明朗。《重述》第21条"对经济损失的赔偿请求"规定:因缺陷产品引起的纯粹经济损失应当不受侵权法保护,并将产品质量引起的纯粹经济损失概括为"因缺陷产品本身造成的损害"。

进一步论之,"因缺陷产品本身造成的损害"又可分为两类:第一,为弥补产品本身质量缺陷产生的纯粹经济损失;第二,因产品缺陷导致的购买者丧失商业机会的损失。其中,第一类"为弥补产品本身质量缺陷产生的纯粹经济损失"可进一步细分为,因产品质量缺陷导致的产品实际价值与购买者购买价格之差价损失,以及购买者为弥补产品质量缺陷而付出的额外经济损失。

诚然,对于第二类纯粹经济损失:因产品缺陷导致的购买者丧失商业机会的损失而言,商业机会不同于人身和财产损害,其存在和发生与否具有极大的

---

[2] See Marshall S. Shapo, The Principal of Tort Law (third edition), West Press, pp. 200 - 204.

不确定性,侵权法对商业机会损失采取不予赔偿的安排是较为合理的。但是,对于第一类纯粹经济损失:为弥补产品本身质量缺陷产生的纯粹经济损失而言,无论是因产品质量缺陷导致的产品实际价值与购买者购买价格之差价损失,抑或是购买者为弥补产品质量缺陷而付出的额外经济损失,都可以通过衡量购买者实际支出的对价与缺陷产品本身价值进行确定,同时,销售缺陷产品行为本身确实是销售者对已支付足额价款的购买者的一种人身或财产上的侵害。对于第一类纯粹经济损失,若侵权法仍采取不予保护的态度,则可能导致对购买者不公平现象的发生。

二、我国关于缺陷产品本身引起的纯粹经济损失之规定评析

在中国,从民法通则、产品质量法以及 2017 年 3 月公布的民法总则的规定中可看出,中国对因缺陷产品产生的纯粹经济损失赔偿采取了与《重述》不同的态度和处理方式。

(一)“损害”与“损失”之辨:从民法通则到民法总则

2002 年,纯粹经济损失被引入中国,直至今日,中国民法学界对纯粹经济损失的研究热忱从未退却。其中,讨论最为激烈的,当属在民法通则第 106 条以及第 122 条这两个涉及产品所造成损害的条文中,是否能够通过对“财产”一词进行扩张解释,进而囊括纯粹经济损失一题。

民法通则第 106 条和第 122 条,均使用了“他人财产”一词,引发学者对“他人财产”之外延解释之争议。张民安教授认为,此处之财产,应当进行扩充解释,既包括传统民法中的有形财产,也包括民事主体所享有的经营权或营业权,以及民事主体对其契约等无形的经济利益所享有的权利。[3] 换言之,民法通则第 106 条的一般规定应当包含纯粹经济损失赔偿责任。张新宝教授则认为,《民法通则》立法之初并没有考虑到纯粹经济损失,因此,“他人财产”一词并不包含纯粹经济损失之意。[4]

十多年来关于“他人财产”之学理解释之争,在 2017 年 3 月公布的民法总

〔3〕 See Marshall S. Shapo, The Principal of Tort Law (third edition), West Press, p. 13.

〔4〕 参见张新宝、张小义:《论纯粹经济损失的几个基本问题》,载《法学杂志》2007 年第 4 期。

则中,立法者在民法总则第120条中给出了相关的回应。

在民法总则关于民事责任的规定中可看出,侵权责任的来源不再局限于《民法通则》所规定的“人身损害和财产损害”,而扩大至“民事权益受到损害”。对于行为人有损他人人身权益和财产权益的行为,民法总则认为可以为之提供侵权法保护。关于财产之损害,民法总则放弃了原来“财产权利”的表述,采用“财产权益”一词,意味着财产损害不仅包括有形财产损害,还包括无形财产损害、经济损失等;换言之,“损害他人财产权益”的解释应当包括“造成他人纯粹经济损失”。应强调的是,在承担民事责任的方式上,采用“赔偿损失”的表述而非“赔偿损害”;“损失”之解释应当包含人身损害、财产权利损害以及经济损失,民法总则中,立法者通过“赔偿损失”一词,将经济损失赔偿囊括入承担民事责任方式之一,为未来制定纯粹经济损失的相关救济制度埋下伏笔。

(二)对产品质量法第40条的重新解释

作为关于产品质量的特别法,产品质量法关于销售者或生产者应对购买者承担的损害赔偿责任规定在第40条、[5]第41条。

有学者认为,在产品质量法中,将缺陷产品引起的用户和消费者所受的损失和损害分为两类:一种是缺陷产品本身导致的购买者所遭受的损失,即第40条之规定;另一种是缺陷产品导致的购买者人身或缺陷产品以外的其他财产的损害,即第41条的规定。该学者持有之观点,认为产品质量法对缺陷产品引起的损失和损害二分,是将缺陷产品本身导致的用户和消费者所遭受的纯粹经济损失排除在生产者之产品责任之外;同时使得购买者者因缺陷产品引发的损失

〔5〕 在本条款中,笔者仍援引1993年《中华人民共和国产品质量法》第28条之规定。原因是,笔者查阅了2000年7月8日第九届全国人民代表大会常务委员会第十六次会议《关于修改〈中华人民共和国产品质量法〉的决定》,以及2009年8月27日第十一届全国人民代表大会常务委员会第十次会议《关于修改部分法律的规定》,未找到对1993年《中华人民共和国产品质量法》第28条作修改。但在中国人大网公布的《中华人民共和国产品质量法(修正)》中,第40条第1款规定:“售出的产品有下列情形之一的,销售者应当负责修理、更换、退货;给购买产品的消费者造成损失的,应当赔偿损失。”与1993年《中华人民共和国产品质量法》第28条第1款相比,在“购买产品”一词后删除了“用户”二字。

只能向与购买者有合同关系的销售者主张救济。[6] 产品质量法第 40 条、第 41 条确实将产品缺陷导致的损失和损害二分处理是无可争议的，但笔者认为，随着民法总则对侵权责任来源的扩大规制，《产品质量法》第 40 条也应得到相应的扩大解释。

普遍认为，产品质量法第 40 条所规定的销售者因销售缺陷产品导致用户和消费者遭受缺陷产品本身引起的纯粹经济损失的赔偿责任，根源于销售者和购买者间存在合同关系，销售者未提供符合合同约定的产品而产生对用户和消费者的违约责任，因而应当承担缺陷产品的修理、更换、退货、造成损失则应当赔偿损失的责任。但深究中国合同法关于卖方对买方的瑕疵担保责任，并非完全遵照产品质量法第 40 条之规定。根据合同法第 111 条的规定，当合同双方没有明确约定违约责任的情况下，卖方销售瑕疵产品，应当承担对买方所购买之产品修理、更换、退货、减少价款的违约责任。可以发现，中国合同法中对卖方承担瑕疵担保责任的方式，并不包括"赔偿损失"，而仅仅规定了"修理、更换、退货"，与产品质量法第 40 条之规定存在细微差别。因此，认为产品质量法第 40 条规定缺陷商品的销售者承担"缺陷产品的修理、更换、退货；造成损失则应当赔偿损失"的责任仅仅源于销售者对购买者的违约责任，是有失偏颇的。

由于民法总则将"侵权责任"的来源扩大至"民事权益受到损害"，结合产品质量法第 40 条第 1 款的后半句"给购买产品的用户、消费者造成损失的，应当赔偿损失"之规定，可认为，产品质量法第 40 条所言之"损失"作为经济损失的一种，可以认定为"民事权益受到侵害"。在讨论产品质量法第 40 条规定的销售者之赔偿损失责任的定性前，首先应当探讨该规定所言"损失"的范围。

上文已述，纯粹经济损失即除人身和财产损害以外的一切经济损失。在销售者销售缺陷产品的情况下导致的购买者的"损失"，应当被认为是纯粹经济损失的一种。缺陷产品本身引起的纯粹经济损失存在两种类型，分别是：第一，为弥补产品本身质量缺陷产生的纯粹经济损失，其中，又分为因产品质量缺陷导致的产品实际价值与购买者购买价格之差价损失，以及购买者为弥补产品质量缺陷而付出的额外经济损失；第二，因产品缺陷导致的购买者丧失商业机会的损失。但我国产品责任法第 40 条所规定的"损失"是否包含了两类缺陷产品本

[6] 参见郭洁：《美国产品责任中的纯粹经济损失责任探析——兼论我国相关法律制度的建构》，载《法学杂志》2012 年第 3 期。

身引起的纯粹经济损失呢？笔者认为，对于缺陷产品本身引起的纯粹经济损失的赔偿类型和范围的确定，应当与销售者因此承担的责任相适应，因此，尝试解释产品责任法第40条所规定的，对缺陷产品本身引起的纯粹经济损失之救济范围，应当从该条设置的销售者应承担的民事责任方式和轻重为切入。该条的前半句意味着，销售者销售缺陷产品应承担"修理、更换、退货"之违约责任，此种违约责任所指向的，是弥补购买产品的用户和消费者因购买缺陷产品产生的产品本身价值与实际购买价格之价格差，其中，修理和更换是通过提高缺陷产品本身价值的方式弥补价格差，退货则是通过同时将缺陷产品的价值以及实际购买价格减少至零的方式弥补。亦即，"修理、更换、退货"责任的目的，是弥补产品本身质量缺陷产生的购买产品的用户或消费者所遭受的损失。与本款前半句成并列关系的后半句"给购买产品的用户、消费者造成损失的，应当赔偿损失"，其责任轻重亦应当与"修理、更换、退货"责任相当，因此，此处销售者所承担的损失赔偿责任，其目的同样指向对产品本身质量缺陷引致的损失之弥补。换言之，产品质量法第40条所规定的"损失"应当是为弥补产品本身质量缺陷产生的纯粹经济损失。在"为弥补产品本身质量缺陷产生的纯粹经济损失"中又包含两个类型：第一个类型所言"因产品质量缺陷导致的产品实际价值与购买者购买价格之差价损失"已通过产品质量法第40条第1款的前半句所规定的销售者之违约责任得到救济。由此，产品质量法第40条所规定的"损失"，仅仅指的是购买者为弥补产品缺陷而付出的额外经济损失。

那么，销售者所承担的对购买者为弥补产品缺陷而付出的额外经济损失之赔偿责任，能否独立看待呢？这个问题的答案是肯定的。从本文开篇所举例子，结合我国现今在产品质量法第40条第1款前半句规定的销售者之违约责任来看，产品责任法第40条第1款所规定的购买者所遭受的"损失"，亦即购买者为弥补产品缺陷而付出的额外经济损失，更具体而言应当认为是购买者为辅助销售者承担违约责任而导致的损失。就这个角度而言，销售者承担的违约责任来源于销售者和购买者之间存在的合同关系；销售者承担的赔偿损失责任来源于销售者承担违约责任过程中给购买者带来经济损失的行为。因此，产品责任法第40条第1款可认为是同时规定了两种因不同行为引发的不同的民事责任。但是，该条款规定的销售者所承担的赔偿损失责任的性质是什么呢？

随着民法总则的颁布，侵权责任的来源扩张至"民事权益受到侵害"。一方面，就销售者承担违约责任过程中给购买者带来经济损失的行为而言，购买者所享有的其中一种民事权益——经济利益，确实受到损害，因而销售者应当对购买者承担侵权责任；另一方面，民法总则中规定，承担民事责任的方式不再仅仅局限于“损害赔偿”，而扩展到了“赔偿损失”；此处的“赔偿损失”之表述，可认为包括人身损害、财产损害和经济损失在内的一切损失。在民法总则对承担民事责任之方式进行扩张规定后，可认为，销售者承担违约责任过程中给购买者带来经济损失的赔偿责任，是销售者承担“赔偿损失”责任之一种。综上，将合同法上之瑕疵担保责任所不能涵盖的产品质量法第40条规定的“给购买产品的用户、消费者造成损失的，应当赔偿损失”认为是因侵权产生的纯粹经济损失之救济较为合理。

但是，对产品质量法第40条第1款之规定，能否进行这样的区分看待呢？回答这个问题之前，需要重新回顾产品质量法第40条第1款之规定：“售出的产品有下列情形之一的，销售者应当负责修理、更换、退货；给购买产品的用户、消费者造成损失的，应当赔偿损失。”从条文的表述来看，“销售者应当负责修理、更换、退货”与“给购买产品的用户、消费者造成损失的，应当赔偿损失”两句通过分号连接，分号前后可认为是并列的内容，因此，该款的前后两句，应当理解为并列关系的两种不同类型的销售者责任。结合上文的论述，笔者认为，该款规定的前半句“销售者应当负责修理、更换、退货”背后所依据的是销售者与购买产品的用户和消费者之间的合同关系，销售者作为卖方应当承担瑕疵担保责任，当销售产品出现质量缺陷时，销售者应当承担“修理、更换、退货”的违约责任。该款规定的后半句“给购买产品的用户、消费者造成损失的，应当赔偿损失”应解释为因侵权产生的纯粹经济损失之救济。

（三）我国对缺陷产品引起的额外经济损失之救济

本部分的论述，主要是对因缺陷产品引起的纯粹经济损失之类型，以及中国现行关于因缺陷产品引起的纯粹经济损失的规定进行小结，同时对第一个问题——中国是否认为缺陷产品引起的纯粹经济损失这一存在合同或准合同关系的纯粹经济损失是否能够得到救济——进行回答。

销售缺陷产品引起的购买的用户和消费者之损失赔偿项目，虽在产品质量法第40条中予以明确规定，但其责任依据似乎从未明朗。当今学者普遍认为，产品质量法第40条规定的销售者责任来源于销售者与购买者的合同关系，属于违约责任的一种，此种理解却未能解释违约责任中如何推理出“给购买产品的用户、消费者造成损失的，应当赔偿损失”这一规定。随着民法总则的颁布，产品质量法第40条也应得到一种更具说服力的解释。从民法通则到民法总则,侵权责任的来源从原本规定的"人身和财产损害"到如今的"民事权益受到侵害",承担侵权责任的方式也从"损害赔偿"到"赔偿损失",立法者如此改动,使纯粹经济损失的救济制度成为可能,也使《产品质量法》第40条能够得到更为圆融且具说服力的解释。

通过《民法总则》对侵权责任来源以及责任承担方式的扩张规定,销售者销售缺陷产品的行为即落入侵权范围。关于销售缺陷产品的销售者责任,具体而言,产品质量法第40条第1款实际上规定了两种并列的销售者责任。该款前半句中规定的销售者的"修理、更换、退货"责任源于销售者与购买者之间的合同关系,此处所规定的责任性质是销售者对购买者的违约责任,其目的是弥补产品本身质量缺陷引致的损失。与之并列的后半句"给购买产品的用户、消费者造成损失的,应当赔偿损失",同样应当出于弥补产品本身质量缺陷引致的损失之目的。该款的后半句所规定的销售者的赔偿损失责任,是一种侵权责任——对购买者所遭受的纯粹经济损失之救济。但是我国产品质量法并未认可对缺陷产品引起的全部纯粹经济损失进行赔偿,从制度目的来看,产品质量法第40条所规定的"损失"仅仅指的是购买者为弥补产品质量缺陷而付出的额外经济损失,不包括因产品质量缺陷导致的产品实际价值与购买者购买价格之差价损失,以及因产品缺陷导致的购买者丧失商业机会的损失。因此,我国相关制度认为,缺陷产品引起的纯粹经济损失能够得到救济,但能够得到救济的纯粹经济损失限制在"购买者为弥补产品质量缺陷而付出的额外经济损失"范围内。

三、我国对缺陷产品引起的纯粹经济损失制度之立法选择原理

关于制度的立法选择,往往受到完整体现制度原则的要求以及制度费用的约束。对制度的选择以及制度选择的变迁中往往呈现出制度的实践需求和立法成本间的博弈,其中,制度的实践需求呈现为立法对制度原则的体现,立法成本则是其中的制度费用。我国对缺陷产品引起的纯粹经济损失制度经历从《产品质量法》第40条到《民法总则》之变迁,所呈现的同样是制度实践需求与立法成本间的博弈。

(一)产品销售中的信息费用及销售缺陷产品导致的信息不对称

信息费用,是指为获取信息而付出的费用,除不同人对某事某物存在信息

不完全,但不存在信息不对称的情况外,所有信息费用都属于交易费用的一种。〔7〕

在用户或消费者购买产品的过程中,用户或消费者获取产品信息的途径通常是产品包装上注明的产品标准、产品说明书载明的产品性能和质量以及一般人所理解的产品应当具备的使用性能;由于一般的用户和消费者与专业产品质量鉴定人相比,需要付出较高的信息费用获得专业产品质量鉴定信息,因而往往倾向于少付出甚至不愿付出额外的信息费用学习专业信息以便鉴定产品的真实品质。在这种情况下,当销售者销售的产品质量不符合产品包装上注明的产品标准、产品说明书所载明的产品性能和质量或不符合一般人所理解的产品应当具备的使用性能时,卖方所掌握的产品真实质量信息明显较买方所掌握的多,买方和卖方间便出现了信息不对称。

"信息不对称"又与信息租值或收入息息相关。信息租值,是指因信息优势而获得的收入,其中,因信息不对称而赚取的额外收入,即是信息租值的一种。当销售者销售缺陷产品,正如上文所言,买方和卖方间出现了信息不对称,对于掌握更完整的产品质量信息的销售者,信息不对称的存在为其带来了信息租值,即因信息不对称而赚取的额外收入。对销售者而言,信息租值的存在驱使其继续隐瞒产品真实质量信息,继续保持甚至扩大信息不对称状态以便获取更大量的信息租值。

但从社会的角度来看,由于买卖双方大量的信息不对称情况的出现,社会运作的交易费用也随即增加。当一项创设并运作一项制度所引起的交易费用低于制度所节省的社会交易费用时,这样一套制度便得以发生。具体到销售缺陷产品中的交易费用问题,由于买卖双方的信息不对称状况导致社会运作的交易费用增加,同时,销售者因信息不对称所获得信息租值的总量远低于社会运作的交易费用的增长量,因此,需要一套制度以便抑制销售者利用甚至扩大信息不对称,从而降低因信息不对称引起的社会运作的交易费用——《产品质量法》第 40 条便是这样一套制度。

那么,如何能够实现抑制销售者利用甚至扩大信息不对称的行为呢?由于销售者能够从信息不对称中获得信息租值,受到信息租值的驱使,销售者更愿意保持甚至扩大信息不对称状态。因此,抑制销售者利用、扩大信息不对称行

---

〔7〕 参见李俊慧:《经济学讲义》(下),中信出版社 2012 年版,第 69 页。

为的有效方法,在于剥夺销售者因信息不对称带来的信息租值,亦即信息租值消散。进一步追问,如何使销售者因信息不对称带来的信息租值消散呢?笔者认为,销售者因信息不对称带来的信息租值主要缘于缺陷产品实际价值与出售价格之差,就购买者的角度而言,则是购买缺陷产品所遭受的损失。因而,要求销售者弥补因产品本身质量缺陷给购买者造成的损失即可有效地使销售者因信息不对称带来的信息租值消散。此种方式所指向的,正是产品质量法第40条——销售者应当赔偿购买产品的用户和消费者为弥补产品本身质量缺陷产生的纯粹经济损失——的规定。更具体而言,产品质量法第40条规定了三种情况下,销售者应当承担民事责任,分别是:第一,不具备产品应当具备的使用性能而事先未作说明的;第二,不符合在产品或者其包装上注明采用的产品标准的;第三,不符合以产品说明、实物样品等方式表明质量状况的。此三种情况基本包含了购买产品的用户和消费者通常能够获得产品信息的途径,当销售者利用超出所规定的产品其他信息获得信息租值,则应当承担民事责任。此外,经本文第三部分的论述可知,此种民事责任包括违约责任和赔偿纯粹经济损失的侵权责任,其中,承担违约责任的目的在于弥补产品本身质量缺陷引致的损失,承担责任的方式包括"修理、更换、退货";承担侵权责任的目的在于补偿购买者为弥补产品质量缺陷而付出的额外经济损失,承担责任的方式主要为赔偿损失。

(二)制度选择的制约:制度费用

制度费用也称为广义的交易费用,不同的组织形式实际上是不同制度的载体,制度在各种组织形式中确立、运作、维护的费用,即制度费用。[8] 上文已有所提及,产品质量法第40条所建立的销售者责任制度,是为了抑制销售者利用甚至扩大信息不对称行为,从而降低因信息不对称引起的社会运作的交易费用而产生。由于制度的建立和运作本身需要制度费用,同时,在降低因销售者利用信息不对称行为时同样导致了销售者信息租值消散,因此,对销售者责任制度的选择,还应当考虑到一个条件:该制度所引起的交易费用低于它所节省的交易费用,也就是说,制定和运行销售者责任制度产生的交易费用以及使销售者信息租值消散的交易费用之和,低于实行销售者责任制度所节省的社会运作的交易费用。这便是笔者在下文希望论述的,我国产品质量法第40条选择违

[8] 参见李俊慧:《经济学讲义》(上),中信出版社2012年版,第249页。

约责任和侵权责任结合的销售者责任制度背后的制度费用约束。

在进行关于中国销售者责任的制度费用约束的论述之前,首先回顾该制度的解释之变迁、制度目的以及希望达成的制度效果。销售者责任制度的制定,是为了使销售者因信息不对称所获得的信息租值消散,从而达到抑制销售者利用甚至扩大信息不对称的行为,降低社会运作的交易费用之目的。达成制度目的的方式主要通过要求销售者弥补产品由于本身质量瑕疵所造成的购买者的损失。在制度操作上,能够满足该制度效果的方式有两种,一是通过违约责任的方式要求销售者弥补产品实际质量价值与销售价格之差,但此种方式不能涵盖消费者为弥补产品缺陷而付出的额外经济损失;二是通过对购买者为弥补产品本身质量缺陷产生的纯粹经济损失进行救济实现,此种救济能够涵盖购买者所遭受的因产品质量缺陷导致的产品实际价值与购买者购买价格之差价损失,以及购买者为弥补产品质量缺陷而付出的额外经济损失。

在民法总则颁布之前,民法通则并不认可违约能够作为侵权事由,因此,学理上普遍认为产品质量法第40条所规定的销售者责任源于销售者和购买者之间的合同关系,因此,销售者在该条规定中所承担的是违约责任的一种。但是对比合同法中关于卖方的瑕疵担保责任之规定便能发现,源于合同关系的违约责任并不能包括产品质量法第40条中"给购买产品的用户、消费者造成损失的,应当赔偿损失"之规定。在民法总则颁布之后,笔者认为,产品质量法第40条应该得到新的更为贴切的解释。民法总则将侵权事由扩大至"违反法律规定或当事人约定",将违约纳入侵权事由的一种;此外,民法总则规定的民事责任的承担方式也从原来"损害赔偿"修改为"赔偿损失",为纯粹经济损失救济制度的制定埋下伏笔。因而,在原本学理上难以用违约责任解释的产品质量法第40条中"给购买产品的用户、消费者造成损失的,应当赔偿损失"之规定,可理解为销售者对购买者承担的侵权责任,其责任方式为赔偿购买者为弥补产品缺陷而付出的额外经济损失。由此,呈现中国现今关于销售缺陷产品之销售者的两种责任——违约责任和纯粹经济损失的赔偿责任并列的情况。

立法者为何选择如此稍显复杂的销售者责任构成,为何立法者没有直接在产品质量法中承认对缺陷产品引起的纯粹经济损失的救济?实际上,立法者的制度选择,受到了制度费用的约束。在产品责任法颁布的2000年,中国民法通则尚未认可违约能够作为侵权之事由,亦未认可纯粹经济损失能够得以救济,若作为特别法的产品质量法超越民法通则的一般性规定直接确立销售者违约可成为侵权事由,并认可对纯粹经济损失的救济,必然使产品质量法制定和运行的制度成本增加,有可能导致“制定和运行销售者责任制度产生的交易费用以及使销售者信息租值消散的交易费用之和,低于实行销售者责任制度所节省的社会运作的交易费用”这一制度产生的前提消灭。因此,立法者需要寻找一种能够最大限度实现制度效果,同时能将制度费用降到最低的替代制度,即销售者的违约责任。从产品质量法第40条中,“给购买产品的用户、消费者造成损失的,应当赔偿损失”之规定,笔者揣测,立法者的原意应当是希望认可购买者为弥补产品本身质量缺陷产生的纯粹经济损失能够得到救济,但囿于制度成本过高,仅能采用销售者的违约责任制度最大限度使销售者因信息不对称获得的信息租值消散,救济购买者之损失。仍然保留销售者对购买者为弥补产品质量缺陷而付出的额外经济损失的赔偿责任,或是希望未来的修法能够为之提供一个贴切合理的解释,正如现今民法总则之规定。

论述至此,本文希望探讨的第二个问题“中国关于缺陷产品引起的纯粹经济损失现行制度背后的考量是什么?”也有了答案。中国关于缺陷产品引起的纯粹经济损失救济制度采用违约责任和侵权责任并行的模式,主要出于建立制度背后的制度费用考量。以销售者的违约责任替代销售者对购买者因产品质量缺陷导致的产品实际价值与购买者购买价格之差价这一纯粹经济损失之赔偿责任,一方面能够在产品质量法制定之初将制度费用降低;另一方面能够尽可能使销售者因信息不对称获得的信息租值消散,救济购买者之损失,达成销售者责任之制度效果。此外,以往在产品质量法中难以解释的“给购买产品的用户、消费者造成损失的,应当赔偿损失”之规定,随着民法总则的颁布,也有了较为合理的应答。

结　　论

最后,笔者希望对本文开篇提出的两个问题作出梳理和总结:中国是否认为缺陷产品本身引起的纯粹经济损失这一存在合同或准合同关系的纯粹经济损失是否能够得到救济?中国关于缺陷产品引起的纯粹经济损失现行制度背后的考量是什么?

关于第一个问题,中国是否认为缺陷产品本身引起的纯粹经济损失这一存在合同或准合同关系的纯粹经济损失是否能够得到救济?笔者首先回溯学理上对我国《产品质量法》第 40 条的解释，发现传统认为销售者责任源于销售者销售缺陷产品的违约责任这一认识难以解释产品质量法第 40 条中规定的销售者对购买者的损失赔偿责任。进而考察从民法通则到民法总则中关于侵权责任来源之规定，发现民法总则将侵权责任的来源扩大至民事权益受损，同时承担侵权责任的方式也扩大至赔偿损失。于此，本文提出观点：《产品责任法》第 40 条中销售者对购买者的损失赔偿责任实际上是对购买者购买缺陷产品导致的纯粹经济损失的救济，该损失范围仅包括购买者为弥补产品质量缺陷而付出的额外经济损失。

关于第二个问题，中国关于缺陷产品引起的纯粹经济损失现行制度背后的考量是什么？笔者援引经济学上“制度费用”和“信息费用”两个概念进行诠释。在论述中，本文首先探讨产品质量法第 40 条所规定的销售者责任制度背后的原理，即信息费用之约束。为了使销售者利用信息不对称获得的信息租值消散，从而降低社会运作的交易成本，立法者需要建立销售者责任制度达成此目的。能满足制度效果的销售者责任制度有两种呈现方式：第一，规定销售者的违约责任要求销售者弥补购买者因产品质量缺陷导致的实际价值与购买者购买价格之差价损失，同时规定销售者对购买者承担侵权责任要求销售者赔偿购买者为弥补产品质量缺陷而付出的额外经济损失；第二，直接确立销售者对购买者为弥补产品本身质量缺陷产生的纯粹经济损失的赔偿责任。中国现行产品质量法第 40 条所规定的销售者责任之所以选择第一种销售者责任方式，以销售者的违约责任替代销售者对购买者因产品质量缺陷导致的产品实际价值与购买者购买价格之差价这一纯粹经济损失之赔偿责任，是出于制度建立之初降低制度费用之考虑。

我国关于缺陷产品导致的纯粹经济损失之制度自民法通则至现今产品质量法与民法总则渐趋完善。这一制度的演进，反映了我国民法制度对纯粹经济损失从否定到认可的变化，此一变化之呈现，是制度修正与制度修正成本之间限制与平衡的结果。本文的研究仅仅探讨了在纯粹经济损失制度中最为常见的一类——因购买缺陷产品而产生的纯粹经济损失，关于纯粹经济损失制度的其他制度内容的探究，以及我国纯粹经济损失制度的最终走向，期待在未来随着民法典分则的审议和颁布将能够得到充分的讨论及妥善的安排。

要约或要约邀请

——论商品房虚假广告性质

黄清怡*

摘要:

本文主要探究商品房买卖过程中虚假广告的性质是要约还是要约邀请。本文认为,如要分析商品房虚假广告是要约还是要约邀请,则不仅需要考虑合同法领域中要约和要约邀请的理论,还应当将保护消费者的价值理念贯穿到分析判断中。此外,为了解决实践中判断商品房虚假广告性质的困难,需从更为基础的意思表示规则入手,分析商品房虚假广告的性质。分析商品房虚假广告的性质,应当先排除规避声明判断属要约或要约邀请,再判断该种规避声明是否改变商品房虚假广告的性质。

关键词:

商品房虚假广告;要约;要约邀请

在房地产领域,涉及商品房虚假广告的法律纠纷时有发生。倘若出现了商品房虚假广告纠纷,买受人可以从民法以及经济法两种法律路径寻求救济。一般而言,买受人可以以合同法为依据,请求法院以商品房买卖合同为基础判决开发商需要承担的责任,如违约责任、缔约过失责任。买受人也可以依据消费者权益保护法、广告法等经济法规范,请求法院根据这些法规来规制开发商的虚假广告行为。消费者权益保护法规定了惩罚性赔偿制度,以惩罚虚假广告与虚假宣传的行为。广告法规定了发布虚假广告者的民事责任,但这一规定较为概括。反不正当竞争法规定了对虚假宣传的禁止,但未明确规定发布者应当承担的民事责任,且难以适用于经营者与相对人之间。前述经济法规范存在规定

* 黄清怡,中山大学法学院 2016 级法学硕士研究生。

较为笼统、难以适用于具体案件的问题。由于合同法领域的规定较为细致,实践中普遍适用合同法的规定来追究开发商的违约责任。要追究违约责任,首先判断虚假广告是否构成要约。因此,认定商品房虚假广告是要约还是要约邀请,是后续救济的前提,这一性质认定具有重要意义。

买受人作为普通个体,相较于开发商处于弱势地位,不一定能够运用法律保护自身利益。审判实践中,法官对买受人的保护远远不够,往往倾向于在开发商与买受人之间进行平衡,导致无法坚持确定的裁量标准。例如,一起经历了一审、再审、二审、再审的商品房买卖合同纠纷案中,法院在审判中对商品房宣传广告的认定经历了三次转变,判决中分别认定涉案商品房广告不属欺诈行为、涉案商品房广告性质为要约、涉案商品房广告性质为要约邀请,司法审判中的矛盾体现了实践中该问题带来的困扰。[1] 房地产虚假广告的问题不仅出现在商品房现售合同中,也会出现在商品房预售合同中,因此本文不再区分商品房买卖合同(现售/预售)的虚假广告纠纷。本文主要关注的是商品房买卖过程中,倘若开发商发布了虚假广告,其性质是要约还是要约邀请的问题。在确定了商品房虚假广告的性质后,才可确定商品房虚假广告的发布者应承担何种责任。

一、立法及理论梳理

根据我国合同法对要约以及要约邀请的规定,一般而言,广告是要约邀请,但如果符合特定情况,商业广告可以视为要约。要约是希望和他人订立合同的意思表示,应当是内容具体确定;表明经受要约人承诺,要约人即受该意思表示约束。在房地产法领域,最高人民法院出台的法释〔2003〕7 号文第 3 条专门对商品房的宣传广告的性质认定进行规定,该司法解释所规定的可将商品房宣传广告认定为要约的要件有三:一是出卖人就商品房开发规划范围内的房屋及相关设施所作的说明和允诺;二是该说明和允诺具体确定;三是对商品房买卖合同的订立以及房屋价格的确定有重大影响。[2] 因此,如果商品房虚假广告符合

---

〔1〕 参见河南省高级人民法院(2011)豫法民再字第 00051 号民事判决书。

〔2〕 参见韩延斌:《〈关于审理商品房买卖合同纠纷案件适用法律若干问题的解释〉的理解与适用》,载《法律适用》2003 年第 6 期。

上述法律规定,则可以构成要约,广告成为商品房买卖合同的一部分。如果开发商未能按照广告上的所宣传的内容履行,则需要承担违约责任。

最高人民法院专门制定了该司法解释来规定商品房广告的性质,笔者认为其主要原因如下:一是商品房虚假广告纠纷十分频繁且缺乏具体的法律指导。在2003年之前,以合同法中对要约和要约邀请的概括性规定来认定商品房虚假广告性质、以消费者权益保护法来规制商品房虚假广告问题,赋予法官相当大的自由裁量权,容易引发争议。二是原本立法的保护力度不够。最高人民法院参与立法的法官解释了这一立法的目的:“缔约过失责任虽可对买受人给予适当的补救,但对买受人遭受的信赖利益损失无法计算,司法实践中难以操作,极易造成权利滥用和法律适用的不统一,也不利于对买受人合法利益的保护。”〔3〕三是房地产领域的法律本身具有民法与经济法的双重属性,仅适用民法或仅适用经济法,都可能导致违反其中一个领域的价值和理念,无法达到具体案件中的公平。

将商品房的宣传广告认定为要约,除了法律法规对此作出规定以外,也有理论基础。理论通说认为,构成要约须符合以下条件:要约必须是特定人所为的意思表示;要约必须向相对人发出;要约必须具有缔结合同的目的;要约内容必须具体确定。〔4〕仅就四个理论要件进行分析,开发商就房地产所发布的宣传广告,是开发商所为意思表示;且向潜在买受人发出;开发商所发布的售楼广告,应当推定具有缔结结合同的目的;内容是否具体确定,则应当根据具体情况进行分析。在符合理论要件的情况下,商品房虚假广告可以从要约邀请转化为要约。

容纳规则理论是认定要约与要约邀请的另一理论。容纳规则理论认为要约邀请与要约在内容上有承继、容纳关系,要约邀请的内容如果不被要约所否定,会自动进入要约之中。〔5〕以容纳规则理论解释法释〔2003〕7号文,则可以论证开发商所发布的广告构成了要约,且不会因为广告属于要约,订立合同的行为又存在了一次要约,而产生有两次要约的疑惑。因此,商品房虚假广告可以通过容纳规则进入要约中,成为后续商品房买卖合同的一部分。

---

〔3〕 韩延斌:《〈关于审理商品房买卖合同纠纷案件适用法律若干问题的解释〉的理解与适用》,载《法律适用》2003年第6期。

〔4〕 参见崔建远:《合同法》,法律出版社2010年版,第43~45页。

〔5〕 参见隋彭生:《论要约邀请的效力及容纳规则》,载《政法论坛》2004年第1期。

此外,有学者认为,广告内容进入契约有三个要件:第一,在主观要件上,广告内容足以使消费者产生信赖。第二,在客观要件上,广告内容足以使消费者作为缔约之基础。第三,当事人没有在合同中明确约定排除广告之内容。〔6〕这一种认定方法在理论上是完备的,但与我国现行合同法有所脱离。

二、现行法律在适用中易产生问题

《合同法》第14、15条对要约与要约邀请进行了区分,最高人民法院在2003年时出台了《最高人民法院关于审理商品房买卖合同纠纷案件适用法律若干问题的解释》,进一步明确了将商品房买卖过程的宣传广告认定为要约的要件,实质上以司法解释的方式对商品房广告的性质进行界定。这两个最主要的法律规范构成了商品房虚假广告性质认定的基础。但是在实践中,适用合同法关于要约及要约邀请的规定和法释〔2003〕7号文第3条的规定解决商品房虚假广告纠纷往往会引发大量问题。法官在裁判中,对如何适用法释〔2003〕7号文第3条以及如何把握自由裁量权、论证是否将商品方法广告认定为要约仍然存在较为混乱的情况。

(一)实践中突破司法解释的限制

适用法释〔2003〕7号文之规定,首先的问题是,要约的广告是否必须要限于就商品房开发规划范围内的房屋及相关设施所作的说明和允诺?在实践中,法院一般认为需要满足这一要件,商品房广告才可构成要约。但是也有法院对此规定进行了突破。在某案中,法院认为开发商所宣传的附属设施虽然不在开发规划范围内,但是广告中的陈述让买受人相信是在开发规划范围内,因而视为属于"就商品房开发规划内的房屋及相关设施所作的说明和允诺";此外,法院对该规定作出进一步的解释,推断其立法目的:"开发商对小区规划范围内作出的虚假承诺尚且要承担违约责任,其对规划范围外作出具体明确的虚假承诺,其性质更为恶劣,更应当承担违约责任。"〔7〕法院突破了司法解释说明和允诺的范围限制,因在具体个案中,如果严格遵守司法解释所规定的三个要件,很

〔6〕 参见宋亚辉:《论广告管制规范在契约法上的效力——基于海峡两岸司法判决的整理与研究》,载《华东政法大学学报》2011年第3期。

〔7〕 海南省三亚市中级人民法院(2016)琼02民终788号民事判决书。

可能会带来不公正的结果,导致买受人无法得到保护。法官论证了突破司法解释规定的原因及合理性。但如实践中随意突破该规定,就会导致司法解释所限定的要件无法产生作用,导致这一规定变为无效。

(二)标准有模糊性

由于“具体确定”是一个相当主观的标准,法官可以根据法律以及案件的具体情况对是否属于“具体确定”进行裁量。但是在实践中,这一标准是过于含糊不清的,法官的认定难以说服买受人或开发商,导致纠纷难以止息。例如,有案件以计算准确面积为由认定“具体确定”;[8]也有认为虽然没有具体参数,但“采用图形或影像的方式向买受人进行了直观的展示”因而是“具体确定”;[9]或并未论述为何是具体确定,仅直接认定开发商作出明确承诺。[10]法院对具体确定的内涵的理解并不相同。既有用客观数据进行判断,也有基于买受人的主观感受判断,未能坚持统一的判断标准。法释〔2003〕7号文第3条还规定了第三个要件,即广告对商品房买卖合同的订立以及房屋价格的确定有重大影响。就立法技术上而言,“以及”表明这是并列的条件,需要同时满足。实践中,法院会按照这一要件进行论述。但是如何认定对合同的订立有重大影响?如何认定对房屋价格的确定有重大影响?这些问题未能有确定的回答,法官行使自由裁量权时没有统一的基本原则指导。

(三)审判中对规避行为的效力认定不一致

除法释〔2003〕7号文第三条规定的三个要件在实践中带来一定问题以外,开发商针对该规定所作的规避行为也容易造成审判者的困扰。在宣传图册、售楼广告中,开发商往往会注明“本广告不是要约”“本广告仅为要约邀请”或“仅供参考,一切以最终合同为准”等字样,以规避法释〔2003〕7号文第3条将宣传广告认定为要约的规定,这样的行为属于规避行为。对于规避行为,目前法律没有规定其效力。对具体的案例进行研究,可以发现法院对开发商规避行为的效力的认定并不一致,在判决书说理中产生矛盾(见下表)。

---

〔8〕 参见黑龙江省哈尔滨市呼兰区人民法院(2015)呼利民初字第156号民事判决书。

〔9〕 参见四川省南充市中级人民法院(2014)南中法民终字第1061号民事判决书。

〔10〕 参见海南省三亚市中级人民法院(2016)琼02民终788号民事判决书。

<table>
<tr><th>判决结果</th><th>认定广告性质为要约</th><th>认定广告性质为要约邀请</th></tr>
<tr><td rowspan="3">理由</td><td>开发商在部分广告中注明“仅供参考,不构成买卖合同使用”;〔11〕</td><td>在买受人和开发商签订商品房预售合同的补充条款中,约定宣传资料不视为要约;〔14〕</td></tr>
<tr><td>宣传资料中已经作明示,但在最后一页最后一排,字体极小,未作特别标示;〔12〕</td><td rowspan="2">宣传彩页载明本资料为要约邀请,且合同中并未进一步约定〔15〕</td></tr>
<tr><td>开发商已做说明,但法院认为从要约邀请转化为要约,不以出卖人单方声明的广告性质为判断标准〔13〕</td></tr>
</table>

在审判实践中,对如何认定开发商的规避行为的效力显然存在一定的分歧。有法官分析了买受人是否可以充分认识到开发商的声明效力,也有法官直接认定开发商规避的行为无效,还有法官直接认定规避行为有效。问题的根源在于没有统一的规则作为审判的参考。笔者认为尚未生效的《民法总则》虽然没有直接规定要约与要约邀请,但其中的意思表示制度,可以作为法官在其后认定商品房虚假广告性质时的法律依据之一。

三、如何认定商品房虚假广告的性质

(一)以意思表示规则认定商品房虚假广告的性质

纵观合同法对要约及要约邀请的规定、法释〔2003〕7 号文第 3 条以及实践情况,虽然法律对商品房虚假广告的性质作出较为清晰的法律界定,但适用合同法过程中,法官倾向于严格按照法律规定进行裁判,对买受人的利益保护不足。此外,商品房买卖合同纠纷往往会经历一审、二审等多次审判,买受人作为

〔11〕 参见黑龙江省哈尔滨市呼兰区人民法院(2015)呼利民初字第 156 号民事判决书。

〔12〕 参见四川省南充市中级人民法院(2014)南中法民终字第 1061 号民事判决书。

〔13〕 参见浙江省台州市中级人民法院(2013)浙台民终字第 760 号民事判决书。

〔14〕 参见浙江省台州市中级人民法院(2013)浙台民终字第 760 号民事判决书。

〔15〕 参见南京市溧水区人民法院(2015)溧民初字第 4582 号民事判决书。

个体难以应对多次诉讼,而开发商具有一定的优势。

要解决商品房虚假广告的问题,需要寻求立法与理论上的创新。商品房销售过程中发布的售楼广告、宣传手册,本质上是开发商的意思表示。意思表示是民事法律行为的基础,是要约与要约邀请的基础,开发商与买受人的意思表示一致,则成立商品房买卖合同。在判断商品房广告是要约还是要约邀请时,应按照意思表示的规则进行判断,对开发商的意思表示行为(发布售楼广告)作出解释,确定这种广告的性质是否构成要约、是否应当成为商品房买卖合同的一部分。

1. 意思表示的解释规则与构成要约的要件

开发商所作出的宣传广告,面向的是不特定的潜在买受人,属于有相对人的意思表示。有相对人的意思表示和无相对人的意思表示,对意思表示本身的解释规则不同。根据《民法总则》对意思表示解释规则的构建,有相对人的意思表示的解释,需要根据所使用的词句,结合相关条款、行为的性质和目的、习惯以及诚信原则,确定意思表示的含义;无相对人的意思表示的解释,不能完全拘泥于所使用的词句,而应当结合相关条款、行为的性质和目的、习惯以及诚信原则,确定行为人的真实意思。可以看到,法律在规定意思表示的解释时,在有相对人的情况下需要在表意人和相对人之间进行平衡,强调要根据各种因素确定"意思表示的含义"。实质上不仅考虑了行为人自身的情况,还考虑了意思表示相对人的理解。而在无相对人的情况下,强调要确定"行为人的真实意思",落脚点在于行为人,也即不考虑相对人的情况。商品房广告的对象虽然是不特定的,仍然是有相对人的意思表示。在认定商品房广告的性质,对其是要约还是要约邀请进行判断时,必须"根据所使用的词句,结合相关条款、行为的性质和目的、习惯以及诚信原则,确定意思表示的含义",并且要让意思表示"相对人"理解与接受。也即是说,由于认定商品房广告的性质时,需要考虑买受人的理解能力,设身处地去考虑商品房买卖合同签订的整体背景,不应当机械地理解合同法与法释〔2003〕7号文的规定。

此外,意思表示规则还要求贯彻诚信原则,以诚信原则作为解释意思表示的指导。实践中,法官对法释〔2003〕7号文所规定的要件有所突破,认为既然在开发规划范围内的虚假广告构成要约,那么开发商在规划范围外且让买受人误以为是开发规划范围内作出的虚假广告,更应当构成要约。[16] 这是基于具体

〔16〕 参见海南省三亚市中级人民法院(2016)琼02民终788号民事判决书。

案件中对“诚信原则”的理解,来确定开发商所发布的虚假广告构成要约还是要约邀请,并不拘泥于司法解释对此作出的规定。

2. 不受拘束的意思表示与规避行为

在商品房虚假广告问题上,由于开发商发布的宣传广告是面向不特定相对人、鼓励潜在买受人购买房屋的,直接将其性质认定为要约邀请并不恰当。如果开发商在广告中声明“本广告不是要约”“一切以最终合同约定为准”,则使得该广告的性质更偏向于要约邀请。因为开发商明确了自己不愿意受广告约束,无法构成法律上规定的要约的条件。但是,直接武断地将该种广告认定为要约邀请,对买受人而言是不公平的。目前法律法规并未对商品房虚假广告中开发商的规避行为的定性作出明确规定,而在实践中恰恰是这一问题引发了许多纠纷,导致司法审判中标准不一。

开发商的规避声明,是商品房虚假广告的一部分,是意思表示的一部分,实质上是一种表明自身“不受拘束”的意思表示,有学者认为该种“不受拘束”条款需要具体解释和理解,根据具体案件解释表意人的意思。这一类的意思表示的意义主要有三种可能:一是说明要约尚未成立,行为人发出的仅是一项要约邀请;二是表明“要约人”保留撤销要约的权利;三是这类条款并非旨在限制要约的拘束力,而是也能影响到因对该要约承诺而成立的合同。[17]

我国合同法第 14 条规定,要约是希望和他人订立合同的意思表示,该意思表示应当符合下列规定:内容具体确定;表明经受要约人承诺,要约人即受该意思表示约束。从法律规定上来看,要约显然不能包括“不受拘束”的意思表示,如果开发商在虚假广告中声明自身不受该广告拘束,则该广告的性质只能定义为要约邀请。但在对一起德国案例的研究中,有学者指出,这种“不受拘束”的意思表示完全符合要约的要求;即使加上这一“不受拘束”条款,也远比一般要约邀请走得远。因此,在判断这种意思表示性质时,应当根据该意思表示在排除“不受拘束”条款后是否符合要约内容的确定性要求,对其性质作初步地判断。[18] 在商品房虚假广告上附加免责声明的行为,并不必然有效,也不必然影

〔17〕 参见张定军:《论“不受拘束”意思表示的效力》,载《环球法律评论》2009 年第 3 期。

〔18〕 参见张定军:《论“不受拘束”意思表示的效力》,载《环球法律评论》2009 年第 3 期。

响要约性质的认定。开发商为了规避法律责任,避免商品房虚假广告变为要约,所作出的意思表示不一定能产生开发商所期待的法律效果,而是应该根据具体情况认定。倘若在分析商品房虚假广告性质的初始就将规避行为纳入分析要件中,会导致要约理论上的困难。因此,在开发商作出规避声明的情况下,应当先排除规避声明确定商品房广告的性质,在确定性质后再考虑规避声明所产生的效力。

(二)贯彻保护消费者的价值理念

涉及房地产的纠纷往往具备民法与经济法的双重属性,具备公法与私法的双重属性。在研究商品房虚假广告的问题时,不仅需要考虑民法的基本原则,也需要考虑经济法的价值理念。商品房买卖合同中,买受人和开发商签订了合同,是平等的民事主体,受合同法规制;而买受人购买商品房的过程也属于消费者购买商品的过程,商品房具有商品的性质,对买受人的保护应当具有倾向性。虽然消费者权益保护法、广告法对虚假广告的问题也进行了规制,商品房虚假广告的问题可以适用消保法和广告法。但由于规定较为概括,导致审判中对适用这些法律规范十分谨慎,使单独适用经济法范畴的法律规范难以解决问题。而单独运用合同法的规范进行裁判时,缺乏对双方当事人地位的认识,导致无法说明保护买受人的理由,无法论证开发商需要承担更多责任。因此,笔者认为在更为普遍适用的合同法救济路径中,应当考虑保护消费者(也即商品房买受人)的经济法价值理念。

1. 保护买受人利益的正当性

商品房的买受人是消费者,应当运用保护消费者的价值理念对其进行保护。有观点认为,从消费者的语义及法律概念进行分析,买受人也是消费者,商品房也具有商品的属性,应当适用消费者权益保护法进行保护。[19] 事实上,法释〔2003〕7号文颁布的背景是合同法与消费者权益保护法的交叉与结合,该司法解释的出台实质上承认商品房的买受人是消费者、商品房买卖合同具有消费合同的性质。例如,在这一司法解释中规定了商品房买卖合同的惩罚性赔偿制度。商品房买卖中的惩罚性赔偿,既源于消费者权益保护法又不同于消费者权

〔19〕 参见迟颖:《商品房销售虚假宣传之惩罚性赔偿责任》,载《法学》2015年第10期。

益保护法。[20] 笔者认为,该司法解释出台的前提是承认了买受人的消费者地位,认为商品房买卖合同至少具有消费合同的特性。有案例表明,在商品房虚假广告纠纷中,买受人以消费者权益保护法规定的虚假宣传为由起诉,法院认定买受人应当受消费者权益保护法的保护,但否定了开发商是虚假宣传的事由。[21] 在当前审判实践中,买受人的消费者地位得到了承认。

从理论以及实践上,均认为商品房的买受人确实属于消费者,商品房买卖也即商品消费的过程。但是,有学者认为虽然商品房具备商品的属性,但由于商品房买卖合同金额十分巨大,判决惩罚性赔偿将导致双方利害关系的显失平衡。[22] 在法释〔2003〕7号文中所规定的赔偿制度,设置了多个限制条件,表明立法者关注了商品房买卖中适用惩罚性赔偿的特殊性。在商品房买卖合同纠纷中,虚假广告并不必然可以适用惩罚性赔偿,而需要进一步满足一房多卖、故意隐瞒事实等条件,且该惩罚性赔偿的上限为"不超过已付购房款一倍的赔偿责任",也即出卖人据此可以获得的赔偿为:返还的已付购房款及利息、因此而产生的损失赔偿、不超过已付购房款1倍的赔偿。实际上这一赔偿远低于消费者权益保护法所规定的损失赔偿和3倍购买商品价款赔偿,加上严格限制适用条件,导致无法起到保护买受人以及警示开发商的作用。

在我国商品房虚假广告纠纷的救济过程中出现未能充分保护买受人利益、审判实践有一定的冲突的情况,其部分原因是未能将经济法的价值理念考虑到法律适用的过程中去。如前所述,无论是在实践中、理论上、立法上,虽然存在对商品房是否具备商品属性的质疑,但一般而言认为买受人具备消费者的属性。在判断商品房广告是要约还是要约邀请的问题上,应当考虑如何保护消费者。

无论从"人本主义"理念,还是消费在抽象的社会再生产环节中的地位看,还是从刺激消费、扩大需求、促进国民经济增长的现实角度考虑,消费和消费者的保护都应当得到充分的重视。在消费者和经营者的利益衡量中,消费者应当

〔20〕 参见杨立新:《商品房买卖中的惩罚性赔偿》,载《人民法院报》2003年7月15日。

〔21〕 参见上海市浦东新区人民法院(2016)沪0115民初33164号民事判决书。

〔22〕 参见梁慧星:《消费者权益保护法第49条的解释与适用》,载《人民法院报》2001年3月29日。

优于经营者得到法律的保护,以实现实质的公平正义。[23] 商品房的买受人是消费者,买受人与开发商之间并非是力量对等的关系,开发商往往居于强势地位,买受人作为资源有限的普通个体居于弱势地位。为了规范商品房买卖市场,应当对弱势的买受人给予适当倾向性的保护,更注重保护买受人的利益。

2. 保护买受人在认定虚假广告性质时的体现

保护买受人是经济法的价值理念的体现,但并非要改变对要约及要约邀请的界定。保护买受人可以体现在以下几个方面:首先,在法官行使自由裁量权认定"具体明确""重大影响"等无法量化的主观事项时,应当听从买受人的陈述,站在买受人的立场进行理解,确定在买受人角度上是否可以解释。例如,如果没有商品房虚假广告,买受人就不会以特定价格购买这一特定的房屋,则足以认定对商品房的价格以及购买有重大影响。其次,开发商占据优势地位,应当对商品房买卖过程中的广告内容负有充分释明的义务,向买受人提供充分信息。如未能充分释明,开发商需要承担因未释明而产生的责任。例如,开发商仅仅声明"本广告不是要约",或在广告中使用建筑专业术语,则需要向买受人充分解释并提醒这些用语的词义。此外,这种释明义务不仅包括对内容的介绍,还应包括适当的风险提醒。也即需要特别提示买受人,"广告不是要约"会给买受人带来可能的影响。

贯彻保护消费者也即保护买受人的理念并不表示在判断开发商虚假广告的性质属于要约还是要约邀请时模糊两种意思表示的区别。而是认为应当根据案件的具体情况选择合适的解释方法,在确定责任分配时着重考虑弱势买受人的利益。

(三)分析商品房虚假广告性质的层次

综合对意思表示的解释规则研究以及经济法中保护消费者的价值理念,对商品房虚假广告是要约还是要约邀请应当包括以下几个层次:

1. 对意思表示规则的分析表明,首先应当排除规避声明的效力,判断商品房虚假广告是否构成我国法律意义上的要约;

判断商品房虚假广告的性质是要约还是要约邀请时应根据民法总则对意思表示理论的构建,以《合同法》第14条、第15条,法释〔2003〕7号文的规定作

---

〔23〕 参见徐孟洲、谢增毅:《论消费者及消费者保护在经济法中的地位——"以人为本"理念与经济法主体和体系的新思》,载《现代法学》2005年第4期。

为基本的判断基础。事实上,法释〔2003〕7 号文对虚假广告的规定较为落后,无法跟上审判实践的发展,应当进一步修改。但由于实践中仍然适用该规定,因此,审判中可以根据意思表示的理论来尝试突破司法解释的规定。

2. 如果回答是否定的,则应当认定开发商无须就商品房虚假广告承担违约责任,而是追究其他法律责任;如果回答是肯定的,则需要探讨这种规避声明是否足以将要约的性质改变为要约邀请。规避声明要足以改变开发商虚假广告的性质,需要满足以下条件:

(1)规避声明必须有让买受人理解的可能性

有学者认为,向不特定的多数人发出的表示,如悬赏广告、流通证券上的表示等,无须考虑受领人的理解可能性。但也认为,解释这些表示时,应从普通的交易参与人或表示所涉及的阶层中的某个成员的理解可能性为准。〔24〕 商品房虚假广告是开发商向潜在买受人作出的意思表示,属于向不特定多数人发出的表示,应不需考虑受领人的理解可能性。但是由于大多数潜在的买受人会假设开发商在售楼广告中应当作出真实陈述,有可能因广告内容而决定购买,此时应以潜在买受人的理解作为判断标准。从保护买受人的角度而言,大多数普通的、不具备专业能力的买受人不一定可以理解"本广告不是要约"的法律后果。因此,在对商品房虚假广告的性质认定问题上,需要考虑意思表示受领人(也即买受人)的理解。

(2)规避声明必须有让买受人知悉的可能性

倘若开发商的规避声明无法到达买受人,则买受人不需为此承担相应的义务或责任。例如,前述的案例中,法官以开发商的规避声明在十分不显眼的地方为由,否定了这种规避声明的效力,进而认定涉案公司的虚假广告构成要约。〔25〕 如果买受人不可能注意到广告中细微的部分,也即对此缺乏知悉可能性,那么这种意思表示就未能到达买受人,因为买受人是意思表示的相对人,显然这种意思表示就不能生效。

〔24〕 参见崔建远:《意思表示的解释规则论》,载《法学家》2016 年第 5 期。

〔25〕 参见四川省南充市中级人民法院(2014)南中法民终字第 1061 号民事判决书。

论注册资本制度改革后的公司债权人利益保护

戴懿君*

摘要：

2013年公司法修改后的注册资本认缴制赋予股东自由约定的出资期限的权利，在缴足出资的法定年限被取消后，可能被公司设立初期的股东们滥用，成为他们实现资本认而不缴的法律保护屏障，影响公司偿债能力，增大公司债权人实现债权的风险及成本。此种制度隐患已在实务中逐渐显现，国内相继出现有关的司法纠纷但裁判观点不一。为平衡债权人利益，完善相应的事后救济机制，建议增加出资催缴程序和破产程序之外的股东出资义务加速到期机制，细化有关的公司人格否定事由的认定规则。

关键词：

注册资本制度；公司债权人；加速到期；公司人格否定

2013年公司法的修改，以改革公司资本制度为重点，注册资本制度改为认缴登记制。[1] 自2014年3月新公司法生效以来，认缴登记制至今已实施2年之多。尽管认缴制革除了以往注册资本制度的弊病，降低了设立公司的门槛和成本，但是其赋予股东的出资自由却带来股东滥设过长出资期限以规避出资义务、利用资本信用等新隐患。股东利用认缴登记制的自治权利侵蚀债权人利益的现象初见端倪。亟待建立公司设立阶段的资本规制外的替代性保护措施，再次平衡股东自治与债权利益以及市场效率与交易安全间的关系。

---

* 戴懿君，中山大学法学院2016级法学硕士研究生。

[1] 改革后的注册资本认缴制适用于大部分有限责任公司和发起设立的股份有限公司，不适用于募集设立的股份有限公司且某些特殊行业的公司仍然适用实缴制。

为了回应债权人保护的现实需要,本文拟从改革后的法律现状及注册资本制度的施行实况入手,分析注册资本制度改革对债权人利益带来的影响,论证完善债权人保护制度的必要性,为平衡债权人利益提出完善制度的建议。

一、注册资本制度的改革概况及本质变化

(一)注册资本制度的改革概况

注册资本制度是关于公司资本在形成阶段的制度安排。我国注册资本制度经历了出资要求从严到宽,多种法定资本限制从有到无的转变。

旧的资本制度因过分偏重债权担保效能,存在诸多出资限制,包括规定最低注册资本额、首次出资比例、货币出资比例、缴足出资的年限等。反而增加了设立公司的成本和门槛,违背公司资金使用需求的客观规律,弊大于利。为了降低企业设置的门槛,鼓励创业、刺激经济,顺应资本法律制度自由化的国际趋势,2013 年公司法修改,注册资本制度发生显著变化,自由化程度提高。

改革后的注册资本制度通常被概括为认缴登记制,从以下几个方面放宽了出资限制:一是注册资本额自由约定,除了另有规定的特定行业外,对有限责任公司的法定最低出资额一般性地取消。公司认缴多少资本额,理论上既没有上限也没有下限,实践上可能存在“一元公司”或者“亿万元公司”。二是缴纳出资比例和时间均由公司章程自主决定,法律取消对首次缴纳出资比例以及 2 年内缴足出资的年限的强制性规定。股东无须实际缴纳任何出资,公司即可宣告成立。章程可以约定缴纳出资的期限为 10 年、20 年甚至 100 年。三是出资形式上,不再限制货币出资最低比例。总之,注册成立公司在资本方面的条件仅有由公司股东通过公司章程约定认缴出资额、出资方式、出资期限等,并登记于公司登记机关。至于公司认缴多少注册资本,是否分期缴纳,何时实缴出资,何时缴足出资,以何种财产形式出资,完全交由股东通过公司章程自主约定,法律不再设定诸多限制。

当前的注册资本制度赋予股东极大的意思自治空间,出资义务从法律规定向公司章程自由约定转变。整体上看,反映了资本信用向资产信用的理念转变。资本法律规范从以强制性规定为主,向以任意性规定为主转变。制度功能与价值,从侧重于交易安全与债权人利益保护向提升市场效率和股东自治权利变化。

(二)改革后制度的本质变化

认缴制的目的在于让公司根据自身各个发展阶段对资金的不同需求安排股东逐步实缴资本,防止资金闲置。意味着认缴制下,认缴出资与实缴出资在时间节点上相分离。要识别认缴制带来的法律风险和隐患,首先需要理清认缴资本行为的法律后果及认缴到实缴之间的股东出资义务的性质和状态。

一方面,认缴资本的行为的一个法律意义在于,确定股东对公司承担出资义务的范围,同时也划定了股东有限责任的界限。由此看来,股东出资义务自公司成立之初便具有确定性,符合法定资本原则的要求。股东仍然需要按照法律和公司章程履行出资义务,否则需要承担出资违约责任或出资瑕疵责任。

但是另一方面,认缴行为实质上令股东与公司之间产生关于出资的债权债务关系,股东对公司承担出资债务,公司对股东享有债权。认缴之后实缴之前,公司通过掌握着对股东享有的未到期出资债权资产暂时替代资金或实物资产。这就使公司资产的稳定性及公司债权人利益的安全性一定程度上取决于出资债权资产兑现的概率,即取决于股东的偿债能力和信用以及公司章程对出资义务的约定情况。旧资本制度对实际缴足资本年限限制和首次缴付比例,相当于是对股东出资债务到期时间的限制,是法律为了提高公司享有的出资债权按时足值得到实现的可能性而作出的制约。从立法现状看来,认缴制下取消从前的法定限制,提高出资自治空间的同时却给股东滥设出资债权债务、影响实现公司资产稳定和侵蚀公司债权人利益埋下隐患。

二、出资期限约定自由的法律隐患及实践情况

(一)出资期限约定自由的法律隐患

认缴制可能存在被滥用的可能性,其中一种形式是股东通过约定较长的出资期限,拖延出资债务到期,从而实现资本认而不缴“合法化”。

在注册资本认缴制下,由于认缴制下股东出资期限由章程约定,取消了出资期限的限制,理论上公司章程可约定10年、20年甚至更长的出资期限。例如在(2016)鲁01民终5731号案件中,被告于2015年9月认缴出资6850万元,实缴出资时间为2065年9月20日,出资期限高达50年。不合理过长的出资期限埋下了滋生出股东滥用期限利益的隐患。

股东认缴了出资而未履行出资缴纳义务的情况有两种。一是出资违约,即

出资期限已至而股东不履行缴纳出资的义务或所缴纳的出资存在瑕疵而未完全履行,属于违法行为。现有法律制度已对出资违约的情况作出规制。二是出资期限尚未届至,股东无实际缴纳出资的义务,此种未履行属于合法行为。具体而言,在出资期限届至前,股东因享有期限利益,因此其他股东、董事、公司无权强制股东缴纳出资,公司债权人亦无权主张该股东在未缴纳义务范围内的对债务承担补充责任。注册资本制度改革前,旧的公司法规定了 2 年内缴足注册资本(投资公司五年内缴足资本)的限制,[2]杜绝了利用期限利益认而不缴的空间。但是 2013 年修改的公司取消了这一限制。一旦股东设定过长的出资期限,缴纳出资义务的强制性就被期限搁置。认缴制赋予公司章程自由约定的出资期限的权利,可能被公司设立初期的股东们滥用,成为他们实现资本认而不缴的法律保护屏障。

(二)滥设出资期限现象的现实状况

1. 公司章程的出资约定不合理现象初见端倪

注册资本制度改革以来,上述滥用出资期限约定的制度隐患已在实务中逐渐显现。笔者对广东省广州市部分新设有限责任公司章程约定情况进行了局部考察,发现滥用出资约定自由确实存在。

通过对 2016 年 9 月 87 个在“广州市市场主体信用信息公示平台”的“开业公示”模块中公示了公司章程的有限责任公司[3]的章程内容进行分析,按认缴的注册资本额、约定的出资期限进行分类统计后,得出如下所示的情况(具体见表 1、图 1):

---

[2] 2005 年修订的《中华人民共和国公司法》第 26 条规定:“有限责任公司的注册资本为在公司登记机关登记的全体股东认缴的出资额。公司全体股东的首次出资额不得低于注册资本的百分之二十,也不得低于法定的注册资本最低限额,其余部分由股东自公司成立之日起两年内缴足;其中,投资公司可以在五年内缴足。”

[3] 数据来源于广州市商事主体信息公示平台:http://www.gzonline.gov.cn/ss,最后访问日期 2016 年 10 月 28 日。统计对象为有公示公司章程的有限责任公司。从当月开业公示板块前 20 页 200 户市场主体中,筛选出有限责任公司,共 113 户,再剔除没有公示公司章程的主体,最终有效数据 87 份。

表1 注册资本额统计情况

注册资本额(万元)	公司数目	百分比
[1,50)	5	6%
[50,100)	13	15%
[100,500)	40	46%
[500,1000)	13	15%
[1000,10000)	12	14%
10000以上	3	3%

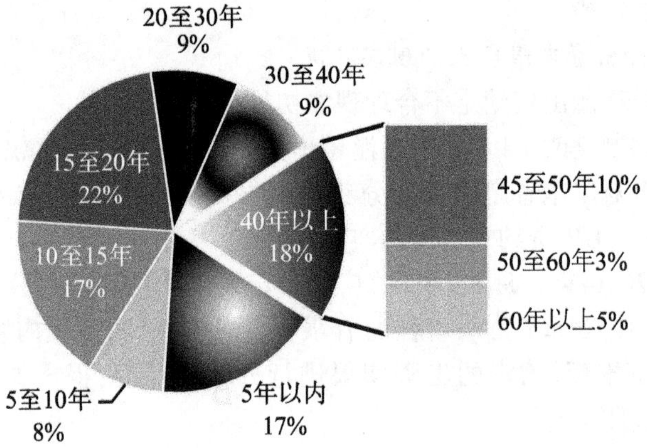

图1 出资期限及对应的公司占比统计

虽然本文统计对象的多样性不足、代表性不强,并不能总结出新注册资本制度施行的普遍规律和趋势,然而可以看出实务中确实存在出资约定不合理的情况。

首先,公司约定的股东出资期限往往过长,甚至长于企业寿命。近五年来退出市场的企业平均寿命为6.09年,寿命在5年以内的企业接近60%。[4] 相比之下,在87个统计对象中,出资期限在10年以上的公司却占75%,其中40%

〔4〕 参见《全国内资企业生存时间分析报告(2013)》,载国家工商行政总局网:http://www.saic.gov.cn/zwgk/tjzl/index_2.html,最后访问日期:2016年3月2日。

的公司出资期限甚至在 20 年以上。因此上述企业平均出资期限远比企业生存时间要长。换句话说,不少公司在“有生之年”,其股东的出资义务不会到期,出资义务的强制性被架空、规避。

其次,大部分公司注册资本额在 100 万元以上。近 80% 的公司注册资本额在 100 万元以上,17% 在 1000 万元以上。虽然认缴额是否偏大需要综合考察公司规模及股东经济实力,但是上述认缴额百万元以上的公司,大部分只由 2 名自然人股东组成,且出资年限多为 15 年以上,股东是否具备实缴资本的经济实力令人质疑。

大部分公司往往不约定分期缴纳出资,出资期限过长,出资形式单一,并且几乎所有公司都仅约定以货币形式出资。仔细观察发现,这些公司的章程往往都直接套用模板,对出资的约定仅仅是迎合填表的需求,而不是有意对出资义务进行约定。在注册资本制度改革后,迅猛增长的公司浪潮中,出资安排上出现上述不合理现象的公司不在少数,尤其是在受资本市场教育较少,缺乏专业知识和法律意识的中小微企业间可能更为常见。

2. 股东出资期限纠纷相继出现

目前国内基层法院和中级法院已经相继出现由股东约定不合理出资期限引发的司法纠纷,[5] 司法裁判观点不一。纠纷往往缘起于公司债权人的债权得不到清偿,诉至法院请求出资期限尚未届满的股东对公司债务承担补充赔偿责任。相关判决对于应否支持原告请求存在截然不同的观点。争议焦点在于当前是否存在法律依据支持股东出资债务加速到期,即企业破产法第 35 条规定的破产程序中股东出资义务的加速到期机制、公司法司法解释二第 22 条第 1 款规定的清算程序中的股东出资义务加速到期机制能否适用于公司正常存续

〔5〕 参见上海市第二中级人民法院(2017)沪 02 民终 608 号民事判决书;山东省济南市中级人民法院(2016)鲁 01 民终 5731 号民事判决书;湖北省宜昌市中级人民法院(2016)鄂 05 民终 1467 号民事判决书;杭州市上城区人民法院(2016)浙 0102 民初 1545 号民事判决书;杭州市西湖区人民法院(2016)浙 0106 民初 3679 号民事判决书;上海市浦东新区人民法院(2013)浦民二(商)初字第 3187 号民事判决书;上海市奉贤区人民法院(2016)沪 0120 民初 8315 号民事判决书;天津市宝坻区人民法院(2015)宝民初字第 4935 号民事判决书;广西壮族自治区玉林市玉州区人民法院作出的(2015)玉区法民初字第 534 号民事判决书;泸州市龙马潭区人民法院(2015)龙马民初字第 757 号民事判决书。

期间;公司法司法解释三第13条第2款规定的未履行出资义务股东的补充赔偿责任是否仅限于已到期出资义务等。如何正确解释及适用相关法律,在保护股东出资自由、期限利益与债权人利益、交易安全之间取得平衡,裁判结果不一。从现有纠纷的裁判结果看来,同时支持和驳回出资期限未到的股东承担补充责任的裁判分庭抗礼。

三、滥设过长出资期限对债权人利益的影响

股东滥设出资期限,出资义务久不到期,将在以下两个层面影响公司债权人利益:

首先,不利于公司形成稳固的资产基础,影响公司偿债能力。公司债权人的债权能否实现,取决于公司的偿债能力。而公司偿债能力直接由其实际拥有的资产决定。资产的一个主要的原始的来源则是股东对认缴资本的实际履行。因此,股东出资义务的履行程度将影响资产多寡,最终间接影响债权人追偿的责任财产基础大小。出资实际上的任意化,可能引发资本在实质意义上的认而不缴、迟缴等现象,导致公司成立初期资产基础不稳定。而公司资产是债权人偿债能力的基础,资产不充足,容易资不抵债,影响债权人利益。

其次,增加债权人实现债权的成本及风险。一旦公司资不抵债,尚未有明确的法律支持未到期出资债务提前到期,增加公司责任财产。如前文所述,司法裁判存在分歧。公司债权人若要借助股东尚未实缴的资产才能实现债权,很可能只能等候出资义务到期或者启动破产程序,实现债权的成本极大。因为一方面虽然公司法司法解释(三)第13条规定了向未缴纳出资的股东主张补充责任,但是按照以往的通说解释,此条文适用的前提是出资义务已到期。在旧的资本制度体系下缴纳出资具有5年的法定年限,等待出资义务到期实现目的是可行的办法之一。然而注册资本改革后,法定年限取消,出资期限过长的情况下,等待到期的解决办法不切实际。另一方面公司债权人可以通过破产程序实现股东出资义务加速到期。然而破产程序耗时长、成本高、牵涉利益广泛,程序烦琐。令债权实现困难重重。因此滥设出资期限的行为加大了公司债权人实现债权的难度。

四、公司债权人利益保护机制的构建

(一)增加出资催缴程序和破产程序之外的股东出资义务加速到期机制

法律应当构建出资催缴程序和破产程序之外的股东出资义务加速到期机制。一旦资不抵债时的状况发生,债权人无法直接通过公司现有资产实现债权时,公司董事会应当有权向出资义务未到期的股东催缴出资,此即出资催缴程序,同时公司债权人有权诉至法院主张未到期的出资义务加速到期,对公司债务承担补充责任,此为股东出资义务加速到期机制。

构建上述制度的理由如下:一是注册资本制度改革后,取消了 2 年内缴足出资的限制,防止滥设出资期限的事前防范缺失。公司债权人无法通过等待出资义务到期向未履行出资的股东主张承担补充责任。应当构建事后救济措施填补法律漏洞。二是从制度目的上看,对出资期限的约定自由及出资期限利益的保护并非绝对,立法本意在于赋予股东因应公司不同经营阶段对资金需求的不同,合理安排缴纳义务期限,以逐步壮大公司资产,避免资金闲置。出资期限决不能成为规避出资义务的屏障。股东期限利益是否值得保护不能一概而论,可以通过设立加速到期机制,同时严格限定适用事由以衡平各种情形下的利益。三是公司以全部财产对公司债权人承担责任,而公司的全部财产包括股东认缴但尚未缴纳的出资。股东享有的期限利益仅约束股东和公司,而不能对抗第三人。[6] 除此之外,有学者提出公司资不抵债时,就可以通过破产程序达到目的,股东出资义务加速到期机制没有存在的必要性和紧迫性。然而破产程序启动难,且一经启动耗时长、成本高、牵涉利益广泛,程序烦琐,倘若只要股东缴纳未到出资就足以偿还公司债务,满足公司债权人利益且令公司解除资不抵债的困境,根本没有必要经过破产程序,增加不必要的成本。

涉及出资债务加速到期机制和董事催缴程序时,应注意以下几点:第一,适用条件有两点:一是债权人到期债权经强制执行仍不能实现,因为股东期限利益值得保护,加速到期机制不能随意启动,应限于不提前出资不足以保护债权的情形;二是公司资产与股东未缴纳的出资之和能清偿公司所有到期债务。假

〔6〕 邹海林、陈洁主编:《公司资本制度的现代化》,社会科学文献出版社 2014 年版,第 264 页。

如未到期的资本缴纳后,公司资产仍不能清偿所有到期债务,所有债权人的利益已不能同时满足,此时有必要通过破产程序确定清偿顺序。因此,加速到期机制的适用应限于某一债权人主张加速到期不至于危机其他债权人利益的情形。第二,加速到期的出资义务总额以债务为限,并在出资义务未到期的股东间,按照未缴纳出资比例分配。债权人可向任意一个或多个未完全缴纳出资的股东主张出资义务加速到期,要求未出资股东在其未缴纳范围内对债务承担补充责任。

(二)细化公司人格否定事由的认定规则

注册资本制度自由化,取消缴足出资法定期限及验资程序后带来出资义务的不当设定与履行,令出资义务模糊化,可能导致公司与股东间资产混同、"资本显著不足"等危机公司独立人格的现象。适用人格否定制度是解决路径之一。出资责任、公司财产的侵权行为与公司人格否定制度,都涉及公司独立财产与股东财产间界限的问题,适用结果均赋予债权人直接向股东索偿的权利,容易加以混淆。尤其在出资责任复杂化的情形下,更加有必要细化公司人格否定制度的适用的具体要件,与出资责任、公司财产侵权相区分。

依据我国《公司法》第20条,适用公司人格否定制度的要件包括:(1)股东滥用公司法人独立地位和股东有限责任;(2)股东滥用行为的目的是逃避债务;(3)股东行为产生了"严重损害公司债权人利益"的后果;(4)上述滥用行为与后果有因果联系。作为一般原则,此项规定高度概括、抽象,尤其是何为滥用公司独立地位的行为,需要通过法律解释和实务类型化归纳予以具体化。取消缴足出资法定期限后,引发滥设出资期限、规避出资义务的情形,可能会令"人格混同"中的"资产混同"和"资本显著不足"等危机公司独立人格的现象严重化。因此下文着重研究这两种适用情形。

1. 资产混同的认定

人格混同,又称公司法人人格形骸化,指公司与股东完全混同,公司仅仅是股东行为的工具,不存在独立存在价值,普遍认为资产混同是人格混同的其中一种具体表现。财产混同是指公司的财产不能与该公司的股东或其他公司的财产作明晰的区分。此时公司缺乏独立财产,也缺乏作为独立人格存在的基础。对财产混同的认定,多数学者只给出概括的定义并列举相关的考虑因素,例如,公司与股东使用同一办公设施、公司账簿与股东账簿不分;公司与股东利益一体化，即盈利可以随意转化为股东个人财产。[7]

有学者提出资产混同的两个构成要件为股东挪用公司资产与会计账簿模糊不清。其中股东挪用是指股东转移公司资产，同时没有支付对价，导致股东私人资产增加，公司资产减少。而会计模糊则是指该笔资产的转移没有记载于会计账簿上。而将有会计名目的资产转移认定为抽逃出资。[8]

2. 资本显著不足的认定

资本显著不足又称为资本弱化，是指股东投入公司的股权资本与公司从债权人筹措的债权资本之间明显不成正比例的公司资本状态，其中股权资本是指被告股东在内的股东投入公司的股权资本总额，而债权资本是指公司从包括原告债权人在内的所有债权人筹措的股权资本。[9] 公司之所以选择低资本高负债的经营模式，主要为了利用债务利息税前抵扣，降低税收负担。另外也以债权投资，保留对财产的所有权，实现资金在个人与公司间进出便利。不需要实际出资却享受着经营成果，将有限责任的风险完全外部化。公司独立财产界限模糊化，严重危机公司独立财产。

在注册资本改革后，公司可能认缴较高额的资本但却不缴或迟缴，通过债权投资形成经营资本。因此在判断资本显著不足时，对股权资本额的认定，应以实缴资本为限。关于如何判断股权资本显著不足，需要综合考虑多种因素，而非单一标准。具体而言，股权资本与债权资本间比例是主要的考量因素，同时还应联系公司对股权出资的需求程度。影响股权出资需要的因素也很多，例如债务公司负债规模、雇工规模、经营规模、所属行业性质、潜在风险、是否存在责任保险及其他风险控制措施等。[10]

另外，当资本不足的公司进入清算程序时，是否引入美国判例法上的衡平居次原则，在债权清偿顺序上，将为缴纳出资的股东债权安排在普通债权之后，也值得思考。完善债权人利益保护的相关机制，为滥用资本制度引发的问题提供事中规制及事后救济追责的制度保障。可供参考的债权人利益保护机制很

---

〔7〕 参见赵旭东：《公司法学》（第3版），高等教育出版社2012年版，第12页。

〔8〕 参见高旭军：《我国公司人格否认制度适用研究——以德国比较为视角》，法律出版社2014年版，第235页。

〔9〕 参见刘俊海：《现代公司法》，法律出版社2015年版，第667页。

〔10〕 参见刘俊海：《现代公司法》，法律出版社2015年版，第667页。

多,本文难以逐一分析。关于加强企业信息披露、建立商业信用机制等方面的制度改善的办法本文不予赘述。着重以保障公司资产的偿债能力为核心,从强化股东资本缴纳责任追究、限制公司利润分配条件及细化公司人格否定事由的认定规则三个层面,为注册资本改革后,债权人利益保护出谋划策。

结　语

注册资本制度改革后,取消缴足出资的法定年限后,带来出资期限滥设的可能。实务已出现设定过长的出资期限的现象,国内相继出现由股东约定不合理出资期限引发的司法纠纷,司法裁判观点不一。股东滥设出资期限,出资义务久不到期,将在以下两个层面影响公司债权人利益:一是实缴出资义务被规避,不利于公司形成稳固的资产基础,影响公司偿债能力,容易造成资不抵债的后果;二是一旦公司资不抵债,尚未有明确的法律支持公司债权人主张未到期出资债务提前到期,债权人实现债权困难重重。为平衡债权人利益,完善相应的事后救济机制,建议增加出资催缴程序和破产程序之外的股东出资义务加速到期机制,细化有关的公司人格否定事由的认定规则。

合同法视野下公司法的适用

——以公司契约理论为媒介

王　睿*

摘要：

公司契约理论把合同法引入到了公司法研究中，使我们得以从合同法的视角来对公司法进行理解和适用，这有助于对公司实践中存在的问题进行研究和解释。合同法的视野下，公司作为契约束的组成，契约自由同样可以在公司法中确立，司法适用中应当减少对公司契约的介入，将判断权留给当事人，而公司经营者也应当合理运用法律赋予的权利，安排好公司的事务。公司法在实践中对传统合同法提出的挑战，促进了公司契约理论的发展，不完全契约理论对公司法的功能进行重新的定位为“契约缝隙填补”。尽管在公司契约理论下合同法为公司实践提供了强大的解释力，对公司法的适用的产生了积极的影响，但是必须坚持的原则是：合同法不能替代公司法，在公司法专属的领域应当坚守。

关键词：

公司契约理论；合同法；公司法

公司契约理论不仅是现代经济学（尤其是法律经济学）的一个前沿理论而且是现代法学（尤其是公司法学）的一个前沿理论。继创立公司契约理论的威廉姆斯教授获得了诺贝尔经济学奖之后，2016 年诺贝尔经济学奖又颁发给公司契约理论大家，不完全契约理论的缔造者——哈特教授。公司法的本质是私法，但却与传统的私法不同，因为其承担了对市场秩序的维护以及对一些公共利益目标的追求，也因此有观点认为公司法应当纳入经济法的范畴，而这种对公司法性质定位上的争议使得公司法的法律适用面临着许多的挑战。公司契

* 王睿，中山大学法学院 2016 级法学硕士研究生。

约理论把合同法这一私法的基础之法引入公司法中,使我们得以在合同法的视角下对公司法进行解读,或许我们可以从这个角度对如何适用公司法进行新的思考。

一、合同法与公司法的邂逅:公司契约理论的提出

(一)公司契约理论的问世

1937年,法经济学鼻祖科斯的开山之作——《企业的性质》问世。在这篇文章中,科斯创造性地提出了"交易成本"的概念,并指出当市场的交易成本大于企业内部的协调管理成本时,企业就出现了。企业和市场都属于契约的形式,其区别在于企业通过内部契约的安排实现了交易成本的降低,即是用交易费用较低的企业内部交易替代了市场交易。这个理论的提出为经济学界和法学界对公司的探索提供了新的方向和思路,学者们从契约的角度对公司的性质和公司法的功能进行了深入研究,公司契约理论得以发展。

公司契约理论在发展过程中出现了两个分支——交易费用理论和委托代理理论。交易费用理论的研究重点在于企业与市场的关系,即研究企业的边界以及企业存在的原因。而委托代理理论则侧重于企业的内部结构与企业中的代理关系,关注委托人对代理人的道德风险和逆向选择的控制和防范。虽然这两种理论的侧重点不同,但都是一脉相承,他们都认为公司是"一系列契约的联接",而这一系列的契约既包括文字的契约也囊括口头的契约,并且涵盖了明确的契约与隐含的契约。

在这两个分支当中,委托代理理论占据了主要的地位,是研究公司契约理论的主要进路。因此,公司契约理论对于公司内部的问题有着强大解释力。这是传统的"法人拟制说"或"法人实体说"等学说所无法比拟的,它们仅在解释公司对外的交易和责任方面有所优势,而面对公司内部的问题时则显得束手无策。将公司看作"合同束"的观点为生产者、管理者、权益投资者、债权投资者、担保债权人以及侵权损害赔偿求偿权人等众多角色的法律地位和功能定位提供了捷径,这是公司契约理论显而易见的优势。[1]

---

〔1〕 参见刘迎霜:《公司契约理论对公司法的解读》,载《当代法学》2009年第1期。

（二）契约自由在公司法中的确立

根据公司契约理论的观点，公司内部关系是当事人之间契约自由的选择，个人可以通过协商到达最佳的契约安排，国家不应当对这种自由进行侵蚀，而应当尊重市场、尊重主体自治。公司法的功能在于为公司提供了一种被大多数人所认可为最有效率的契约安排，但是否接受这种安排是当事人的自由，法律没有理由进行干预。因此，作为合同法理论基础和重要原则的契约自由，通过公司契约理论渗入到了公司法中。公司契约理论与自由经济的思潮密不可分，但是自由并非绝对，而是相对的自由。正如合同法中的契约自由是有限制、有秩序的自由，而非无序的恣意妄为，这体现在合同法中对可撤销合同、合同无效、合同要件等方面的强制性规定。公司契约理论并非否定公司法存在的必要性，而是倡导一种有序的更具自由性特质的公司法。〔2〕

合同法的契约自由原则应用到公司法中不会造成公司法的混乱，反而为公司法中当事人意思自治的范围划定了边界，将应当交由市场的事项留给当事人自决。我国的公司法从制定以来历经数次大修，从每一次的修订中我们都能够明显地看出强制性规定的减少。以公司注册资本为例，我国公司法关于公司最低注册资本的门槛一直在降低，而 2013 年的公司法修改甚至直接取消了最低注册资本的要求，只在一些特殊行业有所保留。公司认缴多少注册资本，是否分期缴纳，何时实缴出资，何时缴足出资，以何种财产形式出资，完全交由股东通过公司章程自主约定，法律不再设定诸多限制。例如公司董事的任免机制，其修改和变动的过程可以明显地反映出对公司章程契约自由尊重的逐步落实。1999 年《公司法》第 115 条第 2 款规定：董事在任期届满之前，股东大会不得无故解除其职务。这一条款在 2005 年的公司法修改中被删去，意味着把决定权交给了公司章程。公司章程既可以约定股东可以在董事的任期内将其无理由罢免，也可以约定在任期内不能对董事进行罢免或者设置罢免的相应设置，具体如何安排是当事人的自由领域，公司法应当做的就是对这种契约自由提供充分的尊重，而非对此进行干预。笔者还注意到，《民法总则》在 134 条第 2 款中将决议列为民事法律行为的一种，进一步印证契约自由在公司法中的存在并不突兀，而是应有之义。从中可以看出，公司法的私法性质正不断地巩固，契约自

〔2〕 参见吴飞飞：《"公司章程另有规定"条款的理论争点与司法解说——以公司合同理论与股东平等原则为认知路径》，载《甘肃政法学院学报》2014 年第 1 期。

由在公司法中得到确认。

(三)契约自由下公司法的适用

根据公司契约理论,股东间为了有效降低反复交易所引起的交易费用,通过达成一系列的契约而组成了公司,契约中包含了对公司内部关系的安排。公司契约作为合同的一种,其生效要件为:缔约能力之具备、意思表示之真实、不违反法律和行政法规的强制性规定,不损害国家或社会公共利益。只要满足以上要件,即为有效合同,公司法便不应专断介入,损害契约自由。契约自由下的公司法适用,应当尊重公司作为商主体、作为市场主体的意愿,尽量减少对其的不恰当干预,把判断权留给公司。司法部门在审判中对于公司法的适用在一定程度上能够体现对公司自我决定的认可。如最高人民法院公布的第三批第十号指导性案例明确法院对公司决议的司法审查范围仅限于:会议召集程序、表决方式是否违反法律、行政法规或者公司章程,以及决议内容是否违反公司章程,而并不包括决议所根据的事实。最高人民法院通过具有“应当参照适用”效力的指导性案例明确法院对公司决议司法审查的范围仅限于形式审查,而不涉及实质审查,是最大限度地尊重公司经营者作出决议的自主权,将判断权留给公司,正是契约自由在公司法司法适用中得以确立的印证。

当然,公司法的适用并不限于司法适用,还应当包括公司、股东、董事等公司法主体运用公司法对公司进行治理,与社会其他主体进行交往。契约自由下的公司法适用,更多地体现在公司的股东及其管理者们运用公司法所赋予的自治空间对公司中各主体间的权利义务以及其他公司内部的事务进行安排,并且这种基于契约自由的约定不应受到外部的干预。在公司契约理论中,公司章程是最典型的公司契约之一。公司章程是公司法中一个非常重要的法律文件,它能够为公司的自治提供充分保障的契约约束,是公司自治和契约自由的表现。我们甚至可以把公司章程看作公司的“宪法”,它对公司、股东、董事、监事、高管都有法律上的约束力,约定了公司的根本性事项。公司法对公司章程契约约束力的承认就是肯定公司的自治空间,公司的当事人可以对各方的权利义务、公司治理结构进行约定,充分发挥公司经营管理者的主观能动性。在契约自由的范围内,管理者可以通过公司章程对公司事项进行合理的安排,这有助于建立完善的企业经营制度,并避免未来可能发生的不必要的纠纷。但是我国的企业家长期以来对公司章程并没有足够的重视,当中包括一些著名的企业家和许多上市公司的管理层,如“宝万之争”中险被大股东通过临时股东大会进行罢免的万科集团的董事长王石。万科的管理层主导模式一直是业界的典范，这样的局面让人唏嘘，但也促使人们思考这种状况出现的原因。其实问题的根源在于万科的公司章程并没有对这种经营模式提供足够的保障，王石作为创始人在创立万科之初并没有充分地运用公司法赋予他的自由对公司章程进行完备的安排。万科的公司章程中约定的是同股同权，不区分 A 股 B 股，而管理层的持股比例相对来说相当低，与大股东根本无法抗衡，同时章程中也没有为创始人保留董事提名权，这使得他对资本的力量没有任何的招架之力。王石的遭遇让人联想到发生在 2001 年的另一件企业创始人"出走"的事件：新浪曾任董事长王志东在股权被稀释后遭逐，被迫离开他一手创办的新浪。事实虽然残酷，但这正是契约自由的体现，大股东运用公司章程中赋予他的权利，实现对公司管理层的安排。而作为制定公司章程的创始人，这些企业家之所以遭遇这种局面很大程度上可以说是因为他们没有充分利用公司法给予他们的自治空间。

二、公司法对合同法的创新：公司契约理论的发展

（一）不完全契约理论的出现

如前所述，合同法以公司契约理论作为媒介，将契约自由引入了公司法，对公司法的发展和正确适用起到了积极的作用。但公司契约理论并不止步于此，而是不断地发展和完善。发展至今日，公司契约理论的最新成果是不完全契约理论，它的缔造者哈特在 2016 年凭借着这项成果成为新晋诺贝尔经济学奖得主，这充分体现了公司契约理论强大的生命力和实践价值。任何理论的发展和完善都需要实践作为动力，实践中存在现有理论不能解决的问题则会推动理论的创新和发展，而完善后的理论又会反过来引导实践。在这一次发展中，公司法通过公司契约理论的发展对传统合同法的一些领域进行了创新，而这些变化又通过公司契约理论对公司法的适用产生了影响。

公司契约理论原有的两个分支——交易费用理论和委托代理理论的理论前提都是契约是完备的，也就是完全契约理论。完全契约是指缔约双方都能完全预见契约期内可能发生的重要事件，愿意遵守双方所签订的契约条款，当缔约方对契约条款产生争议时，第三方比如法院能够强制其执行。[3] 但是，正如

[3] 参见袁庆明：《新制度经济学教程》，中国发展出版社 2014 年版，第 202 页。

哈特所言:"在一个不确定性的世界里,要在签约时预测到所有可能出现的状态几乎是不可能的;即使预测到,要准确地描述每种状态也是很困难的;即使描述了,由于事后的信息不对称,当实际状态出现时,当事人也可能为什么是实际状态争论不休;就是当事人之间的信息是对称的,法院也不能证实;即使法院能证实,执行起来也可能成本太高。"[4]也就是说,由于人的有限理性、情况的复杂性、描述的模糊性、信息的不对称性、第三方裁判和执行的困难性,契约总是处于不完全的状态,而公司契约就是典型的不完全契约。公司契约作为不完全契约对以传统合同法理论为基础的公司契约理论提出了挑战。

(二)公司契约对合同法的发展

传统合同法所关注的民商事合同,大多数是双方当事人间为了实现某一目的而达成的可以即时结清的、短期的、单次的合同。这种合同中当事人的权利义务关系相对简单,涉及的事务较少,当事人在签订时有能力对可能发生的情形进行穷尽列举,并通过双方的谈判对这些可能发生的情况以及每种情况之下双方的权利和责任分配进行事前的约定。并且在传统合同法的观念中,合同经双方的要约和承诺而成立生效,其效力的基础就是双方一致的意思,因此合同一旦生效,就对双方有了约束力,双方应当按合同订立时的约定严格履行,不允许随意的变更,一旦变更,就形成了新的要约和承诺,其实质就是新的合同关系。公司契约具有特殊性,是长期契约和关系契约,其不完备性相较于普通的合同就更显而易见。由于公司契约的不完备性,公司契约在订立、履行、修改、终止方面存在许多的特殊性,并非传统的合同法能够解决。

公司契约是一种长期契约,原则上公司会一直存续下去,除非发生了特殊的可能导致公司解散的事由。在公司契约订立时,由于各方都无法对未来可能发生的细节进行准确的预测,并不可能在契约中进行详尽的约定。同时,出于合同的长期性和未来事务的不可预知性,合同当事人往往喜欢把合同的一些条款留空不作规定,而留待未来根据具体的情形再进行协商约定,这样的作法在很多情况下对当事人更有利。并且,合同的长期性使得其未来存在的争议事项可能非常多,即使当事人有能力进行列举,出于促成合同的意愿当事人可能并不愿意为仅是"有可能"出现的争议进行谈判,这样无疑会降低订约的可能性,

---

〔4〕 [美]哈特:《企业、合同与财务结构》,费方域译,上海三联书店1998年版,第28~29页。

增加交易成本。此外,公司契约作为关系契约,有着众多的当事人,这些当事人之间形成了复杂的网型关系结构。但公司在发展的过程中会根据市场条件的改变有许多相应的变动,比如公司注册资本的改变等,在这种网型关系结构下意思的一致无疑是极大的挑战。

以上所述都是公司法在实践中对传统合同法提出的挑战,为合同法的发展提供了新的动力和方向。公司契约作为契约的一种适用合同法的一般规则,但是公司契约作为一种长期契约和关系契约与普通的合同在订立、履行、变更与解除方面存在许多不同,传统的合同法并不能完全解决公司契约的问题,只能留待公司法自己解决。公司契约的不完全性使我们不能遵循传统合同法规则任由公司参与各方自由协商、拟定公司合同条款,因为这存在许多的缺陷。[5]但这并不意味着我们对公司契约理论的抛弃或是对公司法的合同法路径的否认。在面对公司契约带来的新挑战,传统合同法并不能从自身为公司契约提供解决方案,但它可以通过公司契约理论发生作用,具体来说就是对公司法的功能进行重新的定位,即"契约缝隙填补"。

(三)"契约缝隙填补"下的公司法的适用

所谓契约缝隙就是指因公司契约不完备所存在的漏洞,包括由于有限的理性所不能穷尽的事宜、对未来可能发生情形的改变的不能预测、为促成公司契约的订立而预留的"合意漏洞"、对其他相关人如公司债权人以及雇员的利益考虑的欠缺等。无论是当事人之力所不逮或是出于利益的衡量希望留待以后解决而产生的漏洞,都很难通过公司契约本身进行填补。而由于事后信息的不对称,还可能出现"敲竹竿"的现象,即机会主义行为。[6] 此外,公司契约由当事人基于自由协商而来,当事人为实现利益最大化,往往忽视了其他相关主体如债权人、雇员的利益,最终使公司契约难以为继,公司法的法律适用需要对这些缝隙进行有效的弥补。[7] 笔者认为,公司契约的不完全性使传统的合同法已不

---

〔5〕 参见罗培新:《公司法的合同路径与公司法规则的正当性》,载《法学研究》2004 年第 2 期。

〔6〕 虽然说"敲竹竿"并非是贬义词,只是描述当事人利用契约的漏洞实现利益的最大化,但这也说明了漏洞的事后填补对当事人带来的成本往往偏高。

〔7〕 参见罗培新:《公司法的合同路径与公司法规则的正当性》,载《法学研究》2004 年第 2 期。

能为之提供足够的规范,但公司契约理论可以通过把公司法的功能定位为“契约缝隙填补”以解决这个问题。公司法通过法律适用对公司契约进行介入,能够有效地实现“弥补合同缝隙”“解读隐含合同条款”的功能。

公司法的“契约缝隙填补”实质上反映了公司法对合同路径的坚守以及对契约自由的尊重。公司契约理论强调的是当事人对公司事务的自我安排,自行协商,但是信息的不完全和现实地位的不平等使公司契约在实现各方力量的博弈和平衡的功能受到很大的削弱,[8]这就是所谓的“合同的失灵”。公司法对公司契约中存在的漏洞在争议发生时进行有效的填补,是对当事人意思实现的保障。比如公司法规定的股东查阅权、反对股东的股权收购请求权、公司退出机制等一些公司契约中很可能缺漏,而又不可避免的问题,就是为公司股东实现真正的意思自治提供保障。但是我们必须注意,既然公司法只是对契约的缝隙进行填补,就必须强调公司法是对当事人的自行协商进行补充,而非替代。由此引出的一个值得关注的问题就是要防止公司法对契约缝隙的填补异化成为变相的行政干预。法官在适用公司法的规定时要避免行政干预循此缝隙潜入公司契约,破坏股东和债权人的合理预期。[9] 因此在适用公司法进行司法介入,对公司契约的缝隙进行填补时必须保持一定的谨慎性,防止对当事人的契约自由造成不必要的干预。比如仅进行司法程序性的干预,提供法律判断而非代替商人的商业判断。还有应当在当事人竭尽了公司内部的救济途径后才能进行公力救济。[10]

三、合同法与公司法的碰撞:冲突关系中的抉择

(一)合同法与公司法的不兼容性

在公司契约理论这一媒介的存在下,合同法和公司法发生了互动关系,合同法与公司法在相互的作用下都得到了发展。但是合同法与公司法并非在任

〔8〕 参见刘迎霜:《公司契约理论对公司法的解读》,载《当代法学》2009年第1期。

〔9〕 参见翟云岭、王莉莉:《评鉴公司法之意思自治理念》,载《河南省政法管理干部学院学报》2010年第6期。

〔10〕 参见蒋大兴、金剑锋:《论公司法的私法品格——检视司法的立场》,载《南京大学学报》2005年第1期。

何情况都兼容,某些领域里合同法与公司法会发生冲突。合同法与公司法发生不兼容,意味着我们需要在合同法与公司法中进行抉择。尽管在公司契约理论下合同法为公司实践提供了强大的解释力,对公司法的适用的产生了积极的影响,但是必须坚持的原则是:合同法不能替代公司法,在专属于公司法的领域应当对公司法进行坚守。

首先,合同法是行为法,为民事主体和商事主体的行为提供指引,规范的是人们的交易行为。对行为而言,秉承着理性人对自我行为负责的理念,行为法对人的意思自治给予充分的认可,而不会进行过多的干预。公司契约理论之所以能够把合同法引入公司法领域中来,正是基于公司法的私法性质,即公司法中有许多的事宜属于意思自治(进一步明确就是契约自由)的范畴,当事人可以自行约定。而公司法是组织法,是公司这种商主体的主体法,为保障交易安全,现代各国都通过制定大量的强行法规范,对商事主体市场准入以及推出的实体要件及程序要件予以严格规定和控制,从而形成了商事主体法定原则,其内容主要包括主体类型法定、程序法定、内容法定。〔11〕 从商主体法定的原则出发,可以预见到公司法定然会存在与合同法截然不同的差异,这种差异就是意思自治和商主体法定的碰撞结果。以公司的融资手段——借贷和股权融资为例对这种差异和不兼容进行说明。当公司需要从外部获得资金时,通常会采取借贷或者股权融资的手段。借贷是典型的商行为,所受的限制较少,以前被严令禁止的民间借贷也在逐步被放开。当事人选择借贷作为融资手段时,可以自行约定固定的利率,到期可以取回本息,并不需要承担公司经营的风险,也不会受到公司盈利状况的影响。而股权融资则不同,股权人是企业的所有者,必须承担企业的经营风险,股权的回报无法固定,随公司盈利状况的波动,到期也不能取回资本,在公司破产的时候还要后于公司债权人受偿。这种区别体现的正是公司法作为商主体法与合同法作为行为法之间的差异。如果按照合同法的思路,“债转股”和“股转债”都属于当事人的意思自治,但是“股转债”违反了公司法“资本三原则”当中的资本不变原则,显然是不能提倡的。这种差异使得合同法并非对公司法的所有领域都适用。作为一种组织性契约,公司契约与合同法中的其他契约有共同之处,但也存在其特殊的要求,是合同法所不能满足的,差异存在的领域,就是公司法特质的所在,在这些领域必须坚守公司法。

〔11〕 参见周林彬主编:《商法与企业经营》,北京大学出版社 2010 年版,第 95 页。

其次,合同法规范的是双方行为,没有办法对公司契约的这种多方行为提供合理的解释。以公司章程为例,合同法可以解释在公司设立的时候创始人通过同向的意思一致达成公司章程,自愿受其规制,但是却不能说明为什么新加入的股东也要受到公司章程的约束,更没有办法说明为什么公司章程对公司本身也有效力。同时,作为多方行为,公司契约的变更也与合同法的合同变更存在区别。合同的变更需要当事人的合意,但是在公司契约中,要对其进行变更却并不需要得到当事人的合意,而是采取资本多数决的公司决议模式。这使公司法需要加强作为资本弱势方的小股东倾斜保护,包括设置账簿查阅权、公司解散诉讼等制度。其目的在于防止大股东对小股东的意志剥夺。

再次,合同法难以对公司契约的负外部性进行有效的控制。公司法对公司契约的意思自治和契约自由的边界进行明确,即这种自由并非绝对的自由,而是有限制的自由,自由并非意味着恣意妄为。与一般的交易性契约不同,公司契约作为组织契约具有比较明显的负外部性,这也是公司法中的强制性规定要比合同法多的原因之一。这种负外部性难以通过公司自觉的安排进行消除,而需要辅以适当的规制。

最后,立法者制定公司法时,对其赋予了一些非效率性的目标,这与合同法作为市场经济的交易法倾向于追求纯效率的目标是不同的。例如,我国《公司法》第19条规定:在公司中,根据中国共产党章程的规定,设立中国共产党的组织,开展党的活动。公司应当为党组织的活动提供必要条件。我国公司法还规定国有公司中必须有职工董事和职工监事。这些都是我国公司法对政治目标进行追求的表现,这是公司法的政治属性的体现,是合同法所不具有并与其追求的价值相冲突的。当然,市场效率才是公司法的主导价值取向,但是我们不能忽视公司法中存在的非效率性目标,并要认识到在追求这些非效率性目标时是断然不可适用合同法的思维的。

(二)冲突关系中公司法的适用

公司契约理论对合同法的引入为公司法的法律适用提供了一个全新的分析框架和指引,使公司法的法律适用自然而然地强调契约自由和市场效率,对市场主体的意思自治给予了足够的尊重,有效地实现了公司自治。但是由于公司的特殊性和公司法的特质,在某些领域下合同法与公司法是冲突、不兼容的,最明显的冲突体现在公司法作为商主体的组织法必须体现商法的商主体法定原则,具体已如前述。在这种冲突关系之下,公司法与合同法的关系可以用特殊法与一般法的关系进行解释。这种特殊与一般体现在主体法与行为法的区别、商法与民法的差异、多方行为法与双方行为法的不同。对公司法的适用必须要应用公司法的思维和规则,保证公司法的独立,过于泛合同化的解释对于公司法的正确适用有害无益。公司契约理论是一个研究视角,解释力毕竟有限,我们要对其他视角的介入予以重视,从多个角度对公司和公司法进行阐释,〔12〕在面对错综复杂的公司法律关系时正确适用公司法。

此处以股东出资契约为例,简要说明合同法与公司法冲突时公司法的适用问题。2013 年《公司法》的修改以改革注册资本制度为重点。出资义务从法律规定向公司章程自由约定转变。当前的注册资本制度赋予股东极大的意思自治空间。公司认缴多少注册资本,是否分期缴纳,何时实缴出资,何时缴足出资,以何种财产形式出资,完全交由股东通过公司章程自主约定,法律不再设定诸多限制。但是这种放宽也带来了一些很实际的问题:注册资本增资随意性较大、注册资本实际到位率低、注册资本承诺出资期限过长、承诺出资但实际虚假缴纳。即当事人滥用注册资本制所赋予的便利,订立注册资本畸高和出资履行期限畸长的出资合同。如果按照合同法的规定对这种滥用权利的行为进行规制,无非就是要其承担缔约过失责任或对合同进行解除,〔13〕但是这对公司和其他利益相关者而言显然并非是较优的选择。

公司法作为主体法和商事法对股东出资契约这种组织契约的特别要求并不能通过合同法的规制得到满足。股东出资协议并非一般的民事协议,而是一种商事契约。和一般的民事契约不同,股东出资协议作为一种商事契约对其订立、履行、责任方面都存在特殊性。盈利目的的存在使得股东出资协议必然追求效率,并对当事人的注意义务有着更高的要求。这就意味着合理的履行期限和带有惩罚性的违约赔偿应当得以确认。合同法作为对全体民事主体都适用的法律,显然在这方面是有所欠缺的。

同时,股东出资协议属于组织性契约,即当事人间为了成立某一组织而达成同向性一致,是股东对股东的权利义务和公司运营控制权的安排。在这种契

〔12〕 参见李诗鸿:《公司契约理论新发展及其缺陷的反思》,载《华东政法大学学报》2014 年第 5 期。

〔13〕 参见蒋大兴:《“合同法”的局限:资本认缴制下的责任约束——股东私人出资承诺之公开履行》,载《现代法学》2015 年第 5 期。

约之下,他们的盈利和亏损是一致的。这种契约的本质和公司的本质间存在十分密切的联系。而合同法一般规范的是交易性合同,即当事人间达成双向的意思一致。因此组织性契约的特殊性要求股东在履行股东出资协议时不能援引合同法中规定的抗辩权,并且对契约的终止如合意终止和法定解除权行使的后果也要有所限制。

综上所述,在有关股东出资契约的法律适用中,应当体现公司法对公司资本的要求,遵守公司法的限制,并限制股东出资契约中合同履行抗辩权的适用,在契约的终止和违约责任方面进行特殊的安排。[14]

结　语

公司契约理论是法学和经济学的结合成果,学科的交叉能够为我们的研究另辟蹊径,提供不一样的视角。合同法与公司法这两个部门法的互动让我们认识到部门法之间有许多相似相同的地方,研究某一部门法特别是对法律适用问题进行研究时,应当坚持从多个视角分析问题,在面对错综复杂的法律关系时正确地适用法律。合同法的研究视角为公司法问题的解决提供了全新的分析思路和框架,有着强大的解释力。合同法视野下的公司法适用,着重的是公司法的私法品质,要对公司及公司经营者的意思自治予以尊重,尽量减少强制的干预。虽然传统合同法思维不能解决公司契约的长期性和关系型所带来的"契约不完备"问题,但通过将公司法的功能定位为对公司契约的"契约缝隙填补"能够实现解决。强调合同法视野并不意味着公司法的所有问题都能通过合同法进行解释,更不意味着合同法可以代替公司法。公司法的适用要有合同法的思维,但在合同法与公司法不兼容时必须坚持公司法的立场,运用公司法的思维和规则,保证公司法的独立,过于泛合同化的解释对于公司法的正确适用有害无益。

---

〔14〕 在合同终止方面,股东出资协议不能像一般的合同经当事人一致同意即解除,合同解除的后果也应符合公司法的规定。在违约责任方面,应该将强制继续履行作为主要的违约责任形式,并采用商法中的惩罚性赔偿。

临终关怀的民法规制

黄艳芳*

摘要：

建立在生命权、隐私权和医疗自主权基础上的临终关怀对于维护临终病人的尊严和缓解我国老龄化问题具有重要异议。在采取临终关怀治疗方案过程中，应当遵循临终病人意思自治、最大利益以及公平原则；实施临终关怀应当客观上符合严格的医学标准以及主观上符合病人的真实意愿；加强对病人的知情同意权以及医疗自主权的保护，排除他人非法干预；立法上应当明确规定订立生前预嘱和预立医疗委托代理人的程序和法律效力；协调好病人、医疗委托代理人、监护人和医师之间的关系。

关键词：

临终关怀；民法规制

近年来，我国新增癌症病例数字极速增长，加之日趋严重的老龄化问题都极大地挑战了我国的医疗体系，在此背景下，临终关怀逐渐为人们所推崇。临终关怀通过给予临终患者及其家属以支持性医疗措施，能够有效节约医疗资源，提高患者及家属生命质量，实现健康老龄化的目标。

尽管临终关怀具有不可比拟的优势，但由于我国传统死亡观念、医师职业道德等因素的影响以及对临终关怀的相关法理论证的忽略，临终关怀在我国大陆地区一直没有相应的民法规制，导致实践中挑战重重，因此有必要将临终关怀纳入民法规制。

本文首先对临终关怀的内涵进行界定，区分了临终关怀与缓和医疗的概念。其次，论证了临终关怀的法理基础即生命权、隐私权和患者医疗自主权，从

---

* 黄艳芳，中山大学法学院 2016 级法学硕士研究生。

而为法律规制奠定基础。之后从我国当前临终关怀实践中面临的诸多挑战诸如临终病人的界定、临终病人意愿的真实性问题和临终病人真实意愿的执行问题出发,在民法上提出解决措施,明确临终医疗决定的指导原则,严格限定临终关怀的适用条件,确认生前预嘱与医疗委托代理人制度,协调相关主体的关系。

一、临终关怀的内涵

中国自古以来就崇尚“寿终正寝”,这恰好也是临终关怀所追求的价值目标。临终关怀是指一种不以延长病人的生命为目的,而以提高临终病人的生命质量为宗旨而对临终病人及其家属提供生理、心理、宗教精神、生活环境以及社会支持等全方面的照护。[1]

值得注意的是,人们常常将“临终关怀”(hospice)与“缓和医疗”(palliative care)[2]等同看待,两者虽然在减轻、免除临终病人末期病人的生理、心理和灵性痛苦方面具有相同的效果,但在具体方面仍存在一些细微差异。首先,在服务对象上,缓和医疗主要针对末期病人,而临终关怀则涵盖了末期病人及其家属;其次,在服务范围上,缓和医疗强调医护人员的医疗过程,而临终关怀不仅涉及医护人员的照护行为,还关乎心理咨询师、宗教人士的关怀,重点在于关怀结果。总的来说,临终关怀的内涵更广,缓和医疗往往是临终阶段对病人进行关怀的一种最重要的方式,两者类似于目的与手段的关系。

显然,临终关怀对于维护生命尊严、缓解我国老龄化和推进医疗事业改革等方面具有重要作用,但目前我国临终关怀事业发展仍然十分缓慢,在立法上

〔1〕 参见朱贻庭:《伦理学大辞典》,上海辞书出版社2002年版,第172页以下。

〔2〕 对于palliative care的翻译也存在争议,WHO对palliative care的定义为“是一种照护方法,它通过运用早期确认、准确评估和完善治疗身体病痛及心理和精神疾病来干预并缓解患者痛苦,并以此提高罹患威胁生命疾病的患者及其家属的生活质量”,对此有学者认为WHO定义下的palliative care实为临终关怀,参见苏永刚:《英国临终关怀现状分析即对中国的启示》,载《山东社会科学》2012年第2期。

也是一片空白。[3] 不少民众认为临终关怀只是一项道德义务，法律不应当随意干预。对此，笔者认为临终关怀具有相应的法理基础，同时针对目前我国临终关怀的现状，有必要对其进行明确的法律规制。

二、临终关怀的法理基础

（一）生命权

生命权是进行一切民事活动的前提，临终关怀反映出对生命的尊重与敬畏。民法总则将民法通则中的“生命健康权”明确修改为“生命权”与“健康权”，但是对于“生命权”的内涵却语焉不详，由此引发学者的争论。有学者认为生命权的内容包括生命享有权，生命维护权和有限支配生命利益的权利。[4] 有学者将生命权分为防御权、享受生命的权利和生命保护请求权。[5] 由此可以看出目前我国学者对生命权的主要观点都包括自然人对生命的保有以及不受非法侵害的权利，而分歧则主要集中于自然人是否享有对生命的支配权以及这种支配权是否存在限制。笔者认为，生命权的内容除了生命享有权、有限的生命利益支配权外，还应具有享受生命价值的权利，临终病人的临终关怀决定完全符合保护生命权的宗旨。

临终病人享有生命利益，自然有权利决定采取何种保全维持生命的照护措施。

临终关怀并不意味着中止维持生命的措施，相反它基于病人的自主选择，持续为病人提供各种生理、心理上的支持，通过药剂以及营养输送满足病人身

---

〔3〕 目前关于关于临终关怀的法律法规主要有《国家卫生计生委关于印发安宁疗护中心基本标准和管理规范（试行）的通知》《北京市卫生计生委关于确定首批北京市临终关怀试点单位的通知》《广州市卫生计生委办公室关于引发〈广东省城乡基层医疗卫生机构开展临终关怀服务工作指引（试行）〉的通知》《关于下发上海市社区卫生服务中心舒缓疗护（临终关怀）科基本标准的通知》等。

〔4〕 参见王利明：《人格权法》，中国人民大学出版社 2016 年版，第 153 页以下；姚秋英：《人格权研究》，中国政法大学出版社 2012 年版，第 48 页以下；上官丕亮：《宪法与生命——生命权的宪法保障研究》，法律出版社 2010 年版，第 7 页以下。

〔5〕 参见韩大元：《生命权的宪法逻辑》，译林出版社 2012 年版，第 15 页。

体上的需求,采用某些心理疗法减轻病人的心理负担和焦虑,通过家属亲友的陪伴照护给予病人精神支持同时减轻物质上的负担。甚至有大量证据证明采取这些舒缓疗护方式的临终病人不仅生命质量高于采取积极治疗的临终病人,甚至存活生命期限也高于后者。[6]

生命权不仅包括肉体上的权利,还包括与肉体不可分割的精神方面的权利,而精神方面的权利才是生命权的核心,[7]也就是说,生命权作为一种独立的人格权,其内涵除了包括“活着”的权利外,还应包括“活的怎么样”,即生命本身的质量。世界卫生组织认为生命质量是指个体根据其随处的文化背景、价值系统对自身生活的主观感受。诚然,不同自然人的生命质量本身存在差异,也不存在一个评价生命质量的客观标准,法律更不可能保障每个人都以相同的模式活着。但是,以一个理性人的角度来看,切开临终病人的气管进行插管,采用强电流进行心肺复苏术,或许病人的濒死过程会得到短暂的延长,但病人的身心可能因此遭到额外的损害却仍无法摆脱死亡,这样的生命毫无质量可言,因此对于他们来说,临终关怀更加符合生命的价值要求。

对生命利益的有限支配权这一观点在理论和实践上都有很大争议。笔者认可生命权是支配权,任何人不得非法侵害他人的生命权;但同时生命对每个人来说都是进行民事活动的前提,如果允许个人对生命进行任意处分必然对社会的交往关系产生冲击,同时也对社会的良好道德和善良风俗产生消极影响,因此应当对生命权的处分进行限制,即承认自然人对生命的有限支配权,允许自然人对生命的维持和延长行为,否认自然人缩短生命的行为。

提及对生命权的尊重,也许会有人反驳相对于传统采用心肺复苏等积极抢救治疗的方式,不以延长生命期限的临终关怀实际上是对生命权的践踏,并指出无异于安乐死。对此,笔者持反对观点。根据是否采取积极手段缩短生命期限可将安乐死分为积极安乐死与消极安乐死。临终关怀与积极安乐死之间最

[6] See Jennifer S. Temel et al. ,Early Palliative Care for Patients with Metastatic Non – Small – Cell Lung Cancer, 363NEW ENG. J. MED. 733, pp. 736 – 38 (2010) (finding that patients recently diagnosed with lung cancer who began receiving palliative care immediately lived an average of three months longer than patients who received standard therapeutic treatment only).

[7] 参见张文显:《法理学》,高等教育出版社、北京大学出版社1999年版,第218页。

大的差异就是是否人为缩短生命期限,临终关怀虽不以延长临终者的生命期限为宗旨,但也不缩短生命期限,而是一种优化了的自然死亡;而安乐死则是采取人为手段加速病人的死亡,人为缩短了病人的生命期限,因此也常常被我国刑法学界诟病为故意杀人。消极安乐死则是对死亡持放任态度而不采取积极措施,而临终关怀对生命仍然持有肯定态度,将死亡看作一种正常的过程而致力于提高生命的品质。两者之间质的区别就在于是否采用了"人为的调节和控制"来使死亡达到某种理想的状态,即病人身体上的舒适感和心理上的尊严。前者强调没有痛苦的死亡,后者强调的是关怀照顾。[8]

(二)隐私权

我国学术界和司法实践主要认为隐私包括私人领域、个人私事以及私人信息,[9]隐私权则主要指自然人对个人隐私的自主权利。[10] 对于患者来说,病历、病因、生理缺陷等都属于私人信息的范畴;而患者的私人领域也由个人住所逐渐扩大到患者的诊疗环境;私人私事自然包括患者何时出院等行动自由。隐私权是私权,排除他人的非法干预,但是为了满足治疗的目的,病人的隐私权一般要让位于生命权和健康权而受到弱度保护,因此病人的一些个人信息、病历记录甚至身体部位都需要不同程度的公开。当一种利益与另一种利益相互冲突又不能同时得到满足的时候,应当作出一些价值判断,安排它们的秩序与确定它们的重要性,这是法律必须认真对待和处理的关键问题。[11] 笔者认为,对于末期病人而言,其死亡结果已经不可避免,生命权和健康权能均部分受损,此时病人的隐私权已经足以与生命权和健康权抗衡,从临终病人的最大利益出发,对临终病人的隐私权保护应当加强。在传统治疗中,为了延长生命,许多临终病人通常都裸露着身体,任由医生在其身体上插上各种胃管、静脉插管、尿管等;同时医院病房通常人来人往,病人几乎没有私人空间,而这些隐私的曝光只会增加临终病人的心理负担和苦痛。而临终关怀则对病人的隐私权给予高度

---

〔8〕 参见苏永刚:《中英临终关怀比较研究》,山东大学2013年博士学位论文。

〔9〕 参见张红:《人格权各论》,高等教育出版社2015年版,第500页以下。

〔10〕 参见王泽鉴:《人格权法:法释义学、比较法、案例研究》,北京大学出版社2013年版,第244页。

〔11〕 参见王泽鉴:《人格权法:法释义学、比较法、案例研究》,北京大学出版社2013年版,第244页。

重视。2017年2月9日国家卫生计生委发布《安宁疗护中心基本标准》要求安宁疗护病房每床净使用面积不少于5平方米,每床间距不少于1.5米;对于两人以上房间应当对每个床配备帷幕或隔帘从而保护病人的隐私。

(三)患者医疗自主权

如果临终关怀本身对生命质量的维护以及对病人身体隐私的尊重侧重于对生命权和隐私权的保护,那么允许病人作出放弃心肺复苏术的选择就充分体现了临终关怀对病人自主权的尊重。

患者医疗自主权最初来自美国,是指患者有权对自己的身体、生命等相关利益的自己决定权。1914年美国Schloendorff v. Society of Now York Hospital案的判决中,Cardozo法官认为所有具有健全精神状态的成年人都有权对自己的身体作出何种处置的权利。[12] 1990年美国议会通过《患者自主决定权法》,规定病人有权在丧失行为能力之前就是否采取诸如心肺复苏等维持生命的医疗措施作出预先指示。[13]

我国侵权责任法规定医护人员对患者的通知说明义务,同时在进行手术、特殊检查、特殊治疗前应取得患者的同意,这种知情同意原则就赋予了病人一定的自决权。[14] 患者的医疗决定权与医生的义务和伦理道德并不完全冲突,患者的医疗决定权或自主决定权强调的是尊重患者自己的意愿,决定的是与个体价值取向有关的事项,是一种道德决定权,而医师则集中于对技术方案的告知。根据我国现行的法律法规,自主决定权主要包括病人有权自主选择医疗机构、医疗服务方式以及医务人员,有权决定是否选择出院或转院,有权拒绝非医疗性活动,有权拒绝或接受任何指定药物、检查、处理或治疗,并有权知道相应的后果,有权自主决定其遗体或器官如何使用;有权享受来访与外界联系等其他事项。[15]

笔者认为,这种医疗自主权从根本上还是从生命权的基础上得来的,是生

---

〔12〕 See Schloendorff v. Society of NY. Hosp. ,211 N. Y. 125,127,105 N. E. 92,93 (1914).

〔13〕 See Pub. L. No. 101 – 508, §4206,1990 U. S. CODE CONG. & ADMIN. NEWS (104 Stat.) 291.

〔14〕 参见王利明:《人格权法》,中国人民大学出版社2016年版,第155页。

〔15〕 参见王岳:《医事法》,对外经济贸易大学出版社2013年版,第45页以下。

命权在医疗领域的体现。在医疗关系中,病人一方面遭受着病痛的折磨急需救治;另一方面病人又缺乏相关的医学知识经常处于弱势地位,而任何医疗方案都会直接关系到病人的生命健康,而且不同的医疗方案也会带来不同的效果,如罗京与霍英东的同病不同"命"。如果不赋予病人医疗选择权,很可能增加医生面临抉择的风险。同时,在医疗过程中,患者和医院之间达成了一个医疗服务合同,服务的形式多种多样,作为权利人一方的患者有权选择适合自己的治疗方案。正是出于对生命权的尊重,所以才赋予医疗方面的自主权。

三、我国临终关怀面临的挑战

目前我国临终关怀事业主要是民间组织在积极推行,虽然一些行政主管部门发布过关于临终关怀的行政规章,但大多从政策角度将临终关怀作为一项医疗卫生事业给予关注,并不涉及其法律地位和监管问题。由于缺乏具体的制度构建和监管,临终关怀在具体的推行过程中就可能被滥用,甚至适得其反。

(一)临终病人的认定问题

临终关怀涉及病人对是否放弃创伤性急救以及心肺复苏术的决定,因此其适用对象必须进行严格的认定和限制。目前我国主流学说仅规定临终关怀适用于末期病人,但对具体何为末期病人以及植物人是否适用临终关怀却没有统一明确的标准。2000 年我国台湾地区"立法院"通过的旨在保障末期病人医疗意愿和权益的"安宁缓和医疗条例"中对"末期病人"的定义为罹患严重伤病,经医师诊断为不可治愈,并且有医学上的证据证明近期内不可避免死亡的病人。[16] 部分学者认为末期病人是指患有医学上已经判明在当前医学技术水平条件下治愈无望的疾病,预计存活期限不超过 6 个月的病人。[17] 而 2015 年 1 月 6 日我国台湾地区"立法院"通过还暂未实施的"病人自主权利法"中则对决定终止、撤除或不施行维生治疗或人工营养及流体喂养全部或部分措施的病人进行了限定,仅限于末期病人、处于不可逆转的昏迷状态、处于永久植物人状

〔16〕 参见《安宁缓和医疗条例》第 3 条,载法源法律网:http://db.lawbank.com.tw/FLAW/FLAWDAT0202.aspx?lsid=FL013632,最后访问日期:2016 年 3 月 22 日。

〔17〕 参见尤金亮:《"临终关怀"的法律之维——法理基础、宪法依据与实体法规制》,载《法学论坛》2012 年第 4 期。

态、处于极重度失智状态以及其他经主管部门公告的疾病状态或痛苦难以忍受、疾病无法治愈并且依据当时的医疗水平没有其他合适办法的情形。[18]

另外,临终病人认定程序的不规范也引发民众的担忧,认定的结果可能受到病人自身的精神意志、医生个人医学知识、医疗设施以及现有整体医学发展水平的限制而各异,患者家属也难以对医师的错误进行举证。

(二)临终病人意愿的真实性问题

临终关怀强调尊重临终病人的真实意愿,因此探知临终病人的真实意愿是实施临终关怀的前提。但实践中大量临终病人因癌症或老年痴呆症的折磨而无法作出清晰明确的医疗决定。在此情况下,世界上许多国家都允许病人订立生前预嘱,但具体如何订立以及如何保存等问题我国法律都没有进行规定,因此很可能出现家属为了个人利益而篡改预嘱,违反病人意愿的情形。

在病人失去行为能力并没有生前预嘱的情况下,通常监护人会代其作出决定,但这在实践中引发了一系列纠纷。[19] 监护人可能本身无法达成一致意见,一些家属会出于利益考虑而伪造预嘱或利用患者的生前预嘱而规避相应的义务;家属也可能出于"尽孝"观念而无视病人的身体和精神状况一味采取创伤性抢救措施和心肺复苏,反而让病人在临终期遭遇更多痛苦。

(三)临终病人意愿的执行问题

即便病人表达出了真实的医疗意愿,但如果不能被落实,那么临终关怀只能沦为形象工程。一方面,受制于传统"孝"文化的制约、医生"救死扶伤"职业伦理道德,很多病人作出的放弃积极抢救的决定未能得到家属或医生的遵守;另一方面,由于法律未对临终关怀的内容程序明确规制,家属可能利用临终关怀逃避相应的责任和义务。

---

〔18〕 参见《病人自主权利法》第14条,载植根法律网:http://www.rootlaw.com.tw/LawArticle.aspx?LawID=A040170030017800-1050106,最后访问日期:2016年4月2日。

〔19〕 参见甘肃省兰州市西固区人民法院(2015)西福民初字第144号民事判决书,案情简介:彭某甲以彭某乙未告知其放弃对母亲的治疗导致母亲去世侵犯自身监护权为由起诉,最终法院认为目前我国医学尚未最终解决癌症问题,在原被告母亲经多次诊治无法避免死亡的情况下,被告决定放弃采取切开气管插管等极端抢救手段并无不妥,驳回原告的诉讼请求。

四、临终关怀的民法规制

要确保临终关怀不会步入歧途,必须要有完善的法律和制度来监督管理,具体来说就需要立法上明确临终关怀的指导原则、实施临终关怀的条件、临终关怀的决定主体以及临终关怀的内容。

(一)临终医疗的指导原则

临终医疗的指导原则是指目前国际公认的关于如何做出合理临终医疗决定的医学伦理规则。它主要来自《欧洲人权与基本自由公约》和《人权与生物医学公约》的规定,具体包括意思自治、最大利益以及公平正义三个原则,三者之间相互联系,共同服务于临终医疗决定过程。

1. 意思自治原则

意思自治原则的基础在于承认病人的医疗自决权,在具体实施上则需要保障病人在充分知情的前提下能够自由作出或撤回具体的医疗决定,并且有权在具备完全行为能力的情况下提前表达他们的医疗意愿。

对临终病人知情同意权的保护主要反映了《欧洲人权与基本自由公约》第8条的私人生活受到尊重的权利以及《人权与生物医学公约》的第2章的知情同意原则。具体来说要求医师等相关主体必须在合适的时间以恰当的方式告知病人其病情以及相关医疗措施的风险和效果。因此医师等相关主体与病人之间的沟通交流是能否保障病人知情权的关键因素;另外,随着病情、医学以及病人自身状态的变化,病人有权依据《人权与生物医学公约》第5条的规定随时撤回和更新其医疗决定。

值得注意的是,意思自治原则并不意味着当一项治疗措施明显无效的情况下仍然遵从病人的意愿。临终医疗决定过程其实是病人真实意愿与医师的专业医学判断之间的协调,因此,意思自治原则的实施仍然需要最大利益原则和公平正义原则配合。

2. 最大利益原则

最大利益原则可以追溯至《欧洲人权与基本自由公约》第2条对个人生存权的保护以及第3条不得使任何人受到非人道的待遇的规定,同时它也符合《人权与生物医学公约》第2条个人法益优先于社会利益以及第4条任何医疗行为必须遵守相应的职业道德和标准。

医疗行为潜在的伤害不仅包括生理上的伤害,还包括任何精神或人格上的伤害,如对病人隐私的侵犯。最大利益原则主要是指医生具有积极寻求对病人最有益、伤害最小的医疗方案的义务;它也要求医生采取最合适的治疗方案,限制无效的医疗措施。由于医生、病人以及家属之间的信任程度等因素都会对医疗方案的效果产生重要影响,因此在不同的个案情形中很难依据严格的医学标准判断何为最优方案,因此,在进行临终医疗决定的过程中,医生、病人及家属应当充分对各种医疗方案的益处以及潜在的风险进行充分的沟通,从而进行"整体利益"的衡量。

3. 公平正义原则

《人权与生物医学公约》第3条规定人人享有平等的接受医疗照护的权利。公平正义原则首先意味着无歧视,即政府应当保证包括缓和医疗在内的医疗资源尽可能得到公平分配;公平正义原则同样允许病人拒绝那些明显无效和负担过重的医疗措施,在满足相应条件的情况下,医生为此无须承担责任。

(二)临终关怀的条件

1. 客观上符合严格的医学标准

临终关怀的适用前提必须符合严格的医学标准。至于具体标准应当如何确定,笔者认为"上帝的归上帝,恺撒的归恺撒",即纯粹涉及医学领域的知识应当交给专业的医师进行判断;但如果不同的医学标准会对民事活动产生重大影响时应当允许法律在利益衡量的基础上进行选择;当法律对具体标准的制订与抉择无能为力时,应当从具体实施程序上保证标准得到落实。

因此对于临终病人的判断标准,笔者建议采取目前医学主流观点将末期病人限定为罹患严重伤病,经医师诊断认为不可治愈并且有医学上的证据证明病人预期存活期在3个月到6个月内的病人。[20]

植物人是否适用临终关怀,应当根据医学证据认定的苏醒和生存概率为依据区别对待。[21] 对于陷入"植物状态"(持续时间为1个月以内)和"持续性植物状态"(持续时间为1个月至1年)的植物人患者,由于其苏醒的概率较大,因此应当给予其充分的时间进行积极治疗而不应轻易允许其放弃治疗;对于医生

〔20〕 参见王志嘉:《末期病人医疗常规——台湾高等法院高雄分院九十六年度医上更(一)字第二号刑事判决评释》,载《月旦法学》2012年第11期。

〔21〕 参见张莉:《特殊残障者法律人格的民法保护》,法律出版社2015年版,第249页。

确诊的已经脑死亡的植物人以及永久性植物人，其治疗成功率极低，综合医学判断、病人本身的生活品质以及患者家属主观认知，应当允许其适用临终关怀，放弃创伤性抢救措施及心肺复苏术等维生医疗措施。

在判断程序上，法律应当要求至少2名专科医生确诊该患者符合临终关怀的医学标准，并出具书面确诊书，该诊断书随病人病历一同保存，保存期限不少于15年。

2. 主观上符合病人的真实意愿

基于患者的知情同意权，患者对医师提供的医疗选择具有决定的权利，其他人不得擅自干预。因此病人基于家属、医师的欺诈、胁迫等行为作出的决定不应当具有效力。但是如果病人基于特定的宗教信仰和生命价值观而坚持心肺复苏等治疗手段时，家属和医疗机构也应当充分尊重其决定。我国台湾地区在“病人自主权立法”中明确规定病人对医疗选项具有选择决定的权利，并规定预立的医疗决定应当注记在全民健康保险凭证上，允许病人变更医疗决定，但必须完成公示。

因此，为了确保临终病人的临终关怀决定是其真实意愿，原则上应当由临终病人填写临终关怀申请书，然后提交医疗机构进行审查，临终病人是否具有相应的行为能力，以及是否存在欺诈、胁迫等违背病人真实意愿的情形；如果病人不具有相应的行为能力，则需提供有效的生前预嘱，或通过医疗委托代理人、监护人等代其作出决定，并由医疗机构进行审查。审查通过后，医疗机构应当出具书面意见书；如果审核未通过，则应当提供相应的说明。尊重病人的意愿还应允许病人随时变更自身的决定，但同样需要经过严格的申请和审查程序，病人、医疗委托人或家属应当提交相应的变更文书，医疗机构审查后提供相应的文书。

（三）临终关怀决定的相关主体

1. 临终病人

基于医疗自主权，临终病人有权自主作出是否采取临终关怀决定。民事法律行为要求民事主体具有相应的民事行为能力，因此临终病人在申请临终关怀诊疗方式时必须具有完全民事行为能力，目前世界上大多数国家的法律也都如此规定。对此，有学者认为一些处在生命末期遭受着病痛折磨的未成年人本身清楚地知道何为临终关怀并且希望采取这种方式度过生命的最后阶段，他们的选择应当得到尊重。王泽鉴先生也认为行为能力的判断，在于维护交易秩序，而不在于病人对自己权益的处分。意思表示能力并不需要适用民法有关行为能力的规定,而应与侵权责任能力相同,应以病人有无识别能力为标准。[22] 对此笔者认为采取行为能力更具合理。首先,识别能力并不存在统一的标准,实践中操作性比较低;其次,我国的监护制度的初衷就是保护未成年人的身心健康,在未成年人无法作出临终医疗决定的情况下,应当由监护人按照未成年的意愿及最大利益原则作出医疗决定;最后,我国民法规定的对自然人财产进行处分的遗嘱尚且要求遗嘱人具有完全民事行为能力,举轻以明重,对人身关系进行相应支配的临终关怀决定至少应当要求相应主体具有完全民事行为能力。除此之外,临终病人在临终期作出的决定应当具有2名以上无利害关系的见证人在场见证。

为防止在无意识能力时无法表达自己是否听任死亡,而在有行为能力时订立的文件称为"生前预嘱"。[23] "选择与尊严"网站是我国首个倡导尊严死的网站,其成立之初就一直在推广"生前预嘱"的制订和实施,凡是年满18周岁的成年人均可以填写。生前预嘱的好处是可以确保病人在生命末期无法表达意愿时探知病人的真实意愿。尽管我国大陆地区还未将生前预嘱视为法律文件,但我国台湾地区、香港地区承认生前预嘱的法律效力。生前预嘱不同于遗嘱,遗嘱必须在立遗嘱人死亡后才能执行,而生前预嘱则是在意愿人处于临终期内生效;遗嘱涉及的主要是财产问题,而生前预嘱的范围则更加广泛。但是生前预嘱与遗嘱在有效要件上则具有相似之处,包括实质要件和形式要件。其中实质要件包括意愿人订立生前预嘱时必须具有完全民事行为能力,订立的生前预嘱必须是意愿人的真实意思表示,同时不违背社会公共利益与社会公德;形式要件要求采取公证形式或2名无利害关系的完全民事行为能力人在场见证即可。

2. 医疗委托代理人

如果临终病人失去民事行为能力,同时又没有订立生前预嘱时,预立的医疗委托代理人便可以代病人作出医疗决定。医疗委托代理人的权限来自临终病人的授权委托,代理病人行使包括知情权、同意权以及表达医疗意愿

[22] 参见王泽鉴:《侵权行为法》,三民书局2002年版,第274页。

[23] 施罗兴、罗唯:《人生终站的陪伴——临终关怀百题》,上海交通大学出版社2012年版,第44页。

的医疗自主权，因此医疗委托代理人必须具备完全民事行为能力。为了保障临终病人的意愿得到真实有效的落实，防止医疗委托代理人因个人利益损害病人的权益，应当对医疗委托代理人的范围进行限制，即要求医疗委托代理人不得因病人的死亡而获利。对于医疗委托代理人是否应当有数量进行限制的问题，我国台湾地区“病人自主权利法”规定病人可以委托2个以上医疗委托代理人，并且每个医疗委托代理人都有权单独表达意愿。对此，笔者持有异议。首先，从设立医疗委托代理人制度的功能上看，其本身就是为了规避众多家属难以达成一致意见的情形，如果允许2个以上医疗委托代理人则难以作出合理选择；其次，允许各自单独代理意愿人则可能导致最终执行一方代理人的决定而否定了另一方代理人的意愿，又会带来另一方代理人如何主张权利的问题。

3. 监护人

随着我国民法通则建立了成年人监护制度，当临终病人缺乏民事行为能力，同时又没有任何预先的医疗指示和医疗委托人时，监护人自然应当承担起保护临终病人相关合法权益的责任。但是监护人行使医疗决定权应当在满足客观条件的前提下和医师进行充分有效的沟通，最大限度地满足临终病人的世界观、人生观和价值观以及病人的最大利益。对于监护人能否代替临终病人作出放弃积极治疗的决定，有学者主张应当区分未成年临终病人和成年临终病人，对于未成年临终病人应当允许监护人作出决定，而对于成年临终病人，则不应赋予监护人绝对的选择权。〔24〕 笔者认为，尽管未成年临终病人和成年临终病人在生活阅历等方面的确存在较大差异，但因此区别对待是不现实的，因为需要监护人作出医疗决定的前提已经是末期病人失去意识，而此时他们已经确定无疑地落入了监护制度的调整范围内，也只有监护人才有责任作出决定；反之，若监护人没有决定权，那么临终病人的权益将处在十分不稳定的状态。因此，在临终病人失去行为能力同时没有任何医疗指示和医疗委托代理人的情况下，应当赋予监护人以医疗决定权。

4. 医师

医生在整个临终关怀决定中主要负责诊断病情、对病人的身体和精神状态进行评估，将病人的病情、治疗方案、用药以及相应的不良反应等事项告知病人

〔24〕 参见张莉：《特殊残障者法律人格的民法保护》，法律出版社2015年版，第249页。

或家属,在病人或家属决定是否采取临终关怀方式时,医生应当与之进行充分有效的沟通和建议,但是并不直接参与最终的决定。因此,医生在充分告知病人病情,严格按照临终关怀的标准并根据病人或家属的意愿而对病人放弃心肺复苏等维生医疗措施的情况下,并不需要承担刑事行政等责任。不过病人的医疗自主权固然应当受到高度的尊重和对待,但如果医护人员基于自身的价值观而无法认同病人的拒绝维生医疗决定时,如某个监护人主导决定胁迫其他监护人同意而不符合病人最大利益的情况下,医护人员有权拒绝执行其决定并应毫不迟疑地转诊给愿意尊重该决定地其他医护人员。这就是所谓的良知抗辩,[25]得以平衡病人的医疗自主权与医师的主观判断。[26]

(四)临终关怀的内容

临终关怀的内容应当着眼于临终病人及其家属的各项需求。对此,可以参照借鉴相关治疗准则以及相关专业协会的范本,如《广东省城乡基层医疗卫生机构开展临终关怀服务工作指引》(试行)规定开展临终关怀服务应当为临终患者及其家属提供包括医疗、护理、心理慰藉和社会支持,北京生前预嘱推广协会则通过一份愿望清单的方式允许病人自主选择各项医疗服务。

具体来说,对于临终病人而言,应当保障其具有充分的医疗服务选择权(是否不采取特定的增加痛苦的治疗和检查、是否接受可能影响神智的止痛药物、要求治疗护理过程中个人隐私得到保护、要求个人饮食卫生得到保障等)、临终阶段采用或拒绝特定生命支持治疗(如心肺复苏术、呼吸机、喂食管等)、对临终地点的选择、对临终仪式的选择(如是否采取宗教仪式)、希望有谁能够在身边陪伴等;对于临终病人的家属则应当侧重于心理疏导。因此笔者建议在将来的立法中应当明确规定临终关怀的内容包括是否施行心肺复苏术、是否采取维持生命治疗、是否接受人工营养及流体喂养、疼痛控制、药物使用、心理、社工、灵性照顾、生活环境、宗教信仰等,同时应配套相应的生前预嘱或意愿书范本供民众选择。

---

〔25〕 参见杨秀仪:《论病人之拒绝维生医疗权:法律理论与临床实践》,载《生命科学教育》2013年第5期。

〔26〕 参见陈殷正、刘郁孚等:《安宁缓和医疗条例回顾与探讨》,载《医学与健康期刊》2016年第1期。

结　语

"生如夏花之绚烂,逝如秋叶之静美。"[27]建立在生命权、隐私权和病人医疗自主权基础之上的临终关怀对于维护生命尊严、缓解我国老龄化和推进医疗事业改革等方面具有重要意义。面对实践中许多临终病人无法表达真实意愿以及真实意愿不被遵守的情况,应当在意思自治、最大利益以及公平原则的指导下,严格限制临终关怀的适用条件,在主观上应当遵守患者的真实自主意愿,客观上满足严格的医学标准,在整个医疗过程中应切实保障病人的知情同意权以及医疗自主权,允许病人订立生前预嘱和医疗委托代理人,协调好病人、医疗委托代理人、监护人和医师之间的关系。

---

〔27〕 泰戈尔:《飞鸟集》,郑振铎译,中国青年出版社 2015 年版,第 81 页。

商标侵权案件赔偿数额认定的实证研究

谢一格　詹丽蓉*

摘要：

通过对最高人民法院关于商标侵权损害赔偿的诸多判例进行分析，发现了两个严重的现象：一是根据我国《商标法》就商标侵权损害赔偿方式来说，本应优先适用"赔偿损害"和"侵权所获利益"，但实证数据显示上述两种方式极少被适用，被广泛适用的反而是位阶次序最低之"法院酌定判罚"；二是不考虑原告恶意扩大诉请赔偿金额之情况，法院最终判罚之金额总是大幅低于原告诉请金额。通过比对德日台陆的法律规定及相关学说，上述现象的原因可归结为我国诉讼制度对于商标侵权人举证责任之设计不尽合理，并对此提出相关建议。

关键词：

商标侵权；损害赔偿；实务标准

一、确定商标侵权赔偿额的法律比较

（一）德国对商标侵权赔偿额的法律规定

综观德国关于商标侵权损害赔偿额的法律规定，我们可以找到《德国商标法》第14条第6款，它提供了三种损害赔偿的计算标准：首先权利人可证明的具体损害，其次侵害者应当返还的侵权利润，最后系在合理的许可费基础上加以计算。[1]

然而，德国却并未在商标法上对不能证明或难以证明损害赔偿数额时应如何处置作出规定，而是完全通过民事诉讼法的制度建构来予以解决。

---

* 谢一格，中山大学法学院2014级本科生；詹丽蓉，中山大学法学院2014级本科生。

〔1〕 参见《德国商标法（德国商标与其他标志保护法）》，范长军译，知识产权出版社2013年版，第10页。

《德国民事诉讼法》在第286条规定法官可以自由心证，继而在第287条规定："(1)当事人对于是否有损害、损害的数额以及应赔偿的利益额有争论时，法院应考虑全部情况，经过自由心证，对此点作出判断。应否依申请而调查证据、是否依职权进行鉴定，以及调查和鉴定进行到何程度，都由法院酌量决定。法官就损害和利益可以讯问举证人。(2)在财产权的诉讼以及其他情形，当事人对于损害额有争议，如果要完全阐明一切有关情况有困难，而此种困难与债权的有争执的部分的价值比起来，很不相称时，准用第1款第1句和第2句的规定。"[2] 由此可见，《德国民事诉讼法》的立法目的是避免这样的情况：如果严格要求被害人就损害及其额度进行主张及举证，容易造成诉讼迟延、准确的额度难以或不能确定时，损害赔偿请求权陷入无从实现的状态。

《德国民事诉讼法》第287条规定的好处是它能够将法官形成确信的要求通过降低证明标准予以缓和，同时减轻原告的证明义务和事实主张的具体化义务。在德国，损害赔偿数额的确定被视为诉讼法规范，就损害赔偿数额等待证事实，降低自由心证要求的一般证明标准，仅具优越盖然性即可，据此减轻被害人的主张和举证的负担，加速法院的审理和裁判，以求公平正义之实现。[3] 但在司法实践中，损害赔偿数额的确定其实也兼有法官的自由裁量因素。[4]

(二)日本对商标侵权赔偿额的法律规定

在日本的商标法中，我们找到了确定商标侵权损害赔偿额的法条系《日本商标法》第38条，它对于商标侵权损害赔偿额是这样规定的：

1. 商标权人或专用使用权人对于因故意或过失侵害商标权或专用使用权之人，请求赔偿因其侵害所受之损害，而侵害人因侵害行为获有利益时，其所得之利益额推定为商标权人或专用使用权人所受之损害额。

2. 商标权人或专用使用权人，对于因故意或过失侵害商标权或专用使用权之人，得以与使用其注册商标所可获得之金钱，相当之数额，作为自己所受之损

---

[2] 《德意志联邦共和国民事诉讼法》，谢怀栻译，中国法制出版2001年版，第70页。

[3] 参见[德]奥特马·尧厄尼希：《民事诉讼法》，周翠译，法律出版社2003年版，第262页以下；[德]罗森贝克等：《德国民事诉讼法(下)》，李大雪译，中国法制出版社2007年版，第843页。

[4] 参见沈冠伶：《损害额之酌定——以医疗损害事件为例》，载《台湾法学杂志》2011年第179期。

害额,请求赔偿。

3. 前项之规定,不妨害请求超过该项规定金额之损害赔偿。此时,商标权或专用使用权之侵害人,如无故意或重大过失者,法院得参酌以定其损害赔偿额。

其中,"被侵权人损失"对赔偿额的确定方式为:

(1)侵权人出售的侵权商品的数量×(每个商品所应获得的利润－市场竞争关系的因素)=赔偿额。

(2)在没有出现消费者不选购侵权商品就会购买商标权人商品的竞争关系的情况下,再次扣除,即损害赔偿额－应扣除数额=最终损害赔偿额。

该条款中将"侵权人转让商品构成侵权行为"+"商标权人或专用使用人的使用能力的限度范围内"作为确定"被侵权人损失"所需要的必要条件,并设立了"扣除事由"作为补充条款。

根据《日本商标法》第38条,日本对损害赔偿的计算标准系首先权利人所遭受之损失,其次侵权人之获利,然后权利人应得之利益。[5] 另外,日本于1996年修订民事诉讼法时在第248条规定:"在承认损害确已存在的情况下,由于损害的性质决定了证明其损害金额极其困难时,法院可以根据口头辩论的全部旨意和证据调查的结果,认定适当的损害金额。"[6] 该规定主要是为了在损害事实业已确认而损害赔偿数额难以证明的情况下,缓和因严格证明而导致驳回原告诉讼请求所带来的不利益。

通过上面的观察,我们发现德国损害赔偿的基本计算标准有三种:权利人具体损失、侵权人所获利润、合理的许可费。日本损害赔偿之计算标准基本上也有三种:权利人遭受的损失、侵权人获得的利益、权利人应得利益或许可实施费用。

另外,德日两国的损害赔偿数额确定制度存在一些差异。两国对损害赔偿数额证明困难这一问题虽然都是通过专门的制度设置和诉讼法理论的运用来予以解决,但德国是完全委之于民事诉讼法的制度建构来予以应对,而日本则是先确立了民事诉讼法上的一般条款,而后通过知识产权相关立法的修改而将之规定于具体的实体法中。[7]

---

[5] 参见《日本商标法》,李扬译,知识产权出版社2011年版,第30页以下。

[6] 白绿铉编译:《日本新民事诉讼法》,中国法制出版社2000年版,第93页。

[7] 参见唐力、谷佳杰:《论知识产权诉讼中损害赔偿数额的确定》,载《法学评论》2014年第2期。

（三）我国台湾地区对商标侵权赔偿额的“法律”规定

我国台湾地区“商标法”第71条是采取以下几种方式确定商标侵权赔偿额的：

1. 依“民法”第216条规定。在不能提供证据方法以证明其损害时，商标权人得就其使用注册商标通常所可获得之利益，减除受侵害后使用同一商标所得之利益，以其差额为所受损害。

2. 依侵害商标权行为所得之利益；于侵害商标权者不能就其成本或必要费用举证时，以销售该项商品全部收入为所得利益。

3. 就查获侵害商标权商品之零售单价1500倍以下之金额。但所查获商品超过1500件时，以其总价定赔偿金额。

4. 以相当于商标权人授权他人使用所得收取之权利金数额为其损害。

另外，台湾地区对于商标侵权损害赔偿额的规定有些类似于德国，即除了“商标法”本身的规定外，不能证明或难以证明损害赔偿数额时就用“民法”和“民事诉讼法”的规定来解决商标侵权损害赔偿额的认定。

比如台湾地区“民法”第216条规定损害赔偿应以填补债权人所受损害及所失利益为限。第216－1条规定赔偿金额应扣除所受之利益。第217条规定如果被害人对损害的发生或扩大有过失的，或者被害人不预促其注意或怠于避免、减少损害的，可以减轻赔偿金额。第218条规定，损害非因故意或重大过失所致者，如其赔偿致赔偿义务人之生计有重大影响时，法院得减轻其赔偿金额。

台湾地区“民事诉讼法”第222条规定法官在认定商标侵权赔偿额的时候，应斟酌全辩论意旨及调查证据之结果，依自由心证判断事实之真伪。如果当事人已证明受有损害而不能证明其数额或证明显有重大困难者，法院应审酌一切情况，依所得心证定其数额。法官在依自由心证判断事实之真伪的时候，不得违背论理及经验法则。

（四）我国大陆对商标侵权赔偿额的法律规定

在我国大陆法律体系中，相关法律法规是《商标法》第63条、第64条以及《最高人民法院关于审理商标民事纠纷案件适用法律若干问题的解释》第13～18条。顺带一提，由于我国商标法和相关司法解释对商标侵权赔偿额的认定比较具体和详细，所以没有像德国、日本和我国台湾地区的实务那样直接适用民法和民诉法的规定来作为认定的标准。

《商标法》第63条是采取以下几种方式确定商标侵权赔偿额的：

1. 按照权利人因被侵权所受到的实际损失确定；

2. 实际损失难以确定的,可以按照侵权人因侵权所获得的利益确定;

3. 权利人的损失或者侵权人获得的利益难以确定的,参照该商标许可使用费的倍数合理确定;

4. 对恶意侵犯商标专用权,情节严重的,可以在按照上述方法确定数额的1倍以上3倍以下确定赔偿数额。赔偿数额应当包括权利人为制止侵权行为所支付的合理开支;

5. 权利人因被侵权所受到的实际损失、侵权人因侵权所获得的利益、注册商标许可使用费难以确定的,由人民法院根据侵权行为的情节判决给予300万元以下的赔偿。

其中,第4点和第5点分别是惩罚性赔偿和法定赔偿。

而《商标法》第64条属于免除赔偿额条款:

1. 被控侵权人以注册商标专用权人未使用注册商标提出抗辩的,注册商标专用权人不能证明此前3年内实际使用过该注册商标,也不能证明因侵权行为受到其他损失的,被控侵权人不承担赔偿责任。

2. 销售不知道是侵犯注册商标专用权的商品,能证明该商品是自己合法取得并说明提供者的,不承担赔偿责任。

通过对我国商标法与司法解释的分析,我国的商标侵权赔偿责任可以根据权利人选择的计算方法计算赔偿数额。计算方法主要有以下几种:

1. 侵权所获得的利益,可以根据侵权商品销售量与该商品单位利润乘积计算;该商品单位利润无法查明的,按照注册商标商品的单位利润计算。

2. 因被侵权所受到的损失,可以根据权利人因侵权所造成商品销售减少量或者侵权商品销售量与该注册商标商品的单位利润乘积计算。

3. 侵权人因侵权所获得的利益或者被侵权人因被侵权所受到的损失均难以确定的,法院可以根据当事人的请求或者依职权适用商标法的规定确定赔偿数额。

司法解释明确规定了法院在确定赔偿数额时,应当考虑侵权行为的性质、期间、后果,商标的声誉,商标使用许可费的数额,商标使用许可的种类、时间、范围及制止侵权行为的合理开支等因素综合确定。值得注意的是若双方当事人就赔偿数额达成协议的,法院应当准许,而不再运用其裁量权力。

另外,我国《商标法》2014年在赔偿金额方面的改革主要针对商标侵权案件中受害人维权成本高、“赢了官司赔了钱”的现象,增加了惩罚性赔偿规定,提高了法定的侵权赔偿数额:“恶意侵犯商标专用权情节严重的,可以在权利人因侵权受到的损失、侵权人因侵权获得的利益或者商标使用许可费的1倍到3倍的范围内确定赔偿数额”，还将法定的侵权赔偿额由“五十万元以下”修改为“三百万元以下”，即权利人因侵权受到的损失、侵权人因侵权获得的利益或者商标使用许可费难以确定的情况下，由法院根据侵权行为的情节判决给予300万元以下的赔偿。尤其是在举证责任分配上，新的商标法减轻了商标专用权人的举证负担：人民法院为确定赔偿数额，在权利人已经尽力举证，而与侵权行为相关的账簿、资料主要由侵权人掌握的情况下，可以责令侵权人提供与侵权行为相关的账簿、资料；侵权人不提供或者提供虚假的账簿、资料的，人民法院可以参考权利人的主张和提供的证据判定侵权赔偿数额。

表1　确定商标侵权赔偿额的法律规定综合比较

		比较对象			
		德国	日本	中国台湾地区	中国大陆
比较项目	损害赔偿标准及顺序	1. 权利人可证明的具体损害数额 2. 侵害者的侵权所得利润 3. 合理的许可费 4. 不能证明或难以证明损害赔偿数额时，法官依据民事诉讼法的规定进行自由心证	1. 权利人所遭受的损失 2. 侵权人的获利 3. 权利人应得利益或许可实施费用 4. 不能证明或难以证明损害赔偿数额时，法官依据民事诉讼法的一般条款及知识产权相关法律进行自由心证	1. 权利人所遭受的损失 2. 侵权行为所得之利益，以销售该项商品全部收入为准（查获商品不足1500件的，以商品之零售单价1500倍以下之金额为赔偿额；查获商品超过1500件时，以其总价定赔偿金额） 3. 授权他人使用所得收取之权利金数额 4. 法院在前项金额上酌减	1. 权利人因被侵权所受到的实际损失 2. 侵权人因侵权所获得的利益 3. 商标许可使用费的倍数 4. 对恶意侵犯商标专用权，情节严重的，可以在按照上述方法确定数额的1倍以上3倍以下确定赔偿数额。赔偿数额应当包括权利人为制止侵权行为所支付的合理开支 5. 根据侵权行为的情节判决给予300万元以下的赔偿

续表

		比较对象			
		德国	日本	中国台湾地区	中国大陆
比较项目	相关法律条文	1.《德国商标法》第14条第6款 2.《德国民事诉讼法》第286条、第287条	1.《日本商标法》第38条 2.《日本商标法》第40条 3.《民事诉讼法》第248条	1."商标法"第71条 2."民法"第216条、第216-1条、第217条、第218条 3."民事诉讼法"第222条	1.《商标法》第63条 2.《最高人民法院关于审理商标民事纠纷案件适用法律若干问题的解释》第13~18条
	法官酌情裁量的认定因素	1.考虑全部情况 2.应否依申请而调查证据、是否依职权进行鉴定以及调查和鉴定进行到何程度,都由法院酌量决定	1.口头辩论的全部旨意 2.证据调查的结果	1.斟酌全辩论意旨及调查证据之结果,依自由心证判断事实之真伪 2.论理及经验法则	1.侵权行为的性质、期间、后果 2.商标的声誉 3.商标使用许可费的数额 4.商标使用许可的种类、时间、范围 5.制止侵权行为的合理开支等

二、最高人民法院认定商标侵权案件赔偿数额的实证分析

为进一步了解最高人民法院在商标侵权案件中对于侵权赔偿数额认定的态度,本文从最高人民法院实际审理的案件出发,选取一定样本的最高人民法院裁判文书,并结合法律规定的几类商标侵权赔偿标准对裁判文书作研究分析,试图总结出一定规律以探索当下商标侵权赔偿认定的发展趋势。

(一)样本选取

为了确保选取样本的准确性,本组以"中国裁判文书网"上的相关案例作为样本。在样本选取的过程中,为同时保证样本数量及范围的准确性,本组将"案由"的检索条件锁定为:"民事案件"→"知识产权与竞争纠纷"→"知识产权权属、侵权纠纷"→"商标权权属、侵权纠纷"→"侵害商标权纠纷";并将"法院层级"选定为"最高人民法院"。截至报告准备期间(2016年12月14日),按照上

述检索条件得出的检索结果为68个相关案件。

在上述所选定的68份文书中,又为结合本文选定之“最高人民法院对于商标侵权案件赔偿数额认定之态度”主题范围,故我们排除了不符合研究范围的有关程序性问题(如管辖权异议、是否受理案件等)的民事裁定书,及未涉及最高人民法院对于侵权赔偿数额问题的认定态度的案件判决后,最终符合本文研究方向的相关裁判文书为25份。

(二)最高人民法院对于赔偿问题的支持率

在上述的25个案件中,我们首先分析了最高人民法院在侵权赔偿问题上对原一、二审法院(地方法院)所作认定的支持率和重判率。所谓支持率,是指最高人民法院在商标侵权案件的赔偿问题上肯定了原审法院所作判决并予以支持的概率。此外,在某些案件中最高人民法院虽未直接对侵权赔偿的适用方式和种类作出直接的裁判认定,但通过审查并支持原审法院的判决决定,亦可视为一种态度的反映,故也被列为分析的样本。而重判的案件,便可更清晰地反应最高人民法院对于侵权赔偿问题的考量,尤其是体现在与原审地方法院的裁判态度差异上。

在分析样本中,可以发现最高人民法院在侵权赔偿的问题上(即不包括对于商标是否构成侵权等实质侵权问题)的支持数和重判数分别为13件和12件,即总体而言约各占一半。该数据虽然不能直接反映某些结论,但与后续其他方面的数据结合便可发现一些问题,如最高人民法院在侵权赔偿问题上虽然支持和重判的案件各占一半,但若将支持和重判的案件各自与其中所选择的赔偿方式结合,便会得出支持的案件大多是以“损失赔偿”为标准诉请赔偿,而重判或驳回请求的多为以“侵权所得”作为诉请标准的案件。

(三)赔偿标准适用的落差

根据我国《商标法》第63条及相关司法解释的规定,商标侵权的损害赔偿方式可分为“侵权获利”“侵权损失”“许可使用费”“法官酌情确定”“惩罚性赔偿”这几种赔偿标准。但在具体案件中,原告的诉请和法官最终的判决在侵权赔偿的标准上却有可能出现差异,即法院不一定支持原告所主张的侵权赔偿计算标准及计算数额。故我们在对侵权赔偿标准适用的研究中,将原告诉请与法院最终判决分开统计,再加以结合比较,得出了一些结论。

首先,在原告诉请方面,由于不存在“酌情确定”,故主要分为“侵权获利”、“侵权损失”及“许可使用费”三种标准。在统计判决文书中有所列明的诉请赔偿标准后,结果为以“侵权获利”及“侵权损失”为诉请赔偿标准的案件占了大多数,分别占总数的47%和42%,而选择以“许可使用费”为赔偿的案件则相对较少,只占总数的11%。

然而,同一案件中的法院裁决结果却与上述的诉请出现了较大的落差。在样本案件中,最终判决结果以“侵权获利”作为侵权赔偿计算标准的仅有两个案件,而除去个别根据《商标法》第64条免除赔偿责任或判决惩罚性赔偿的案件,其余均为法官“酌情确定”赔偿数额,即绝大部分案件最终的侵权赔偿数额均为法官酌情确定。

我国《商标法》对于侵权赔偿标准的适用规定存在先后顺序,即优先适用“侵权获利”“侵权损失”及“许可使用费”,只有在这几项难以确定的情况下方可由法官“酌情确定”。故在原告诉请与法院判决之间出现的这一落差实际上反映了大陆商标法立法规定与司法实践之间的一大落差。

(四)诉请赔偿标准的相关证据

要分析上述落差出现的原因,须结合原告诉请的相关证据、论证过程及法院否定的因素。故此部分将大致归纳原告在选择侵权赔偿标准时所对应的相关证据。

在选择以“侵权获利”作为赔偿标准的案件中,由于涉及不同的侵权主体和适用类型,故司法实践中的相关证据呈现出多元化和个性化的特点,案件中所列举的不同证据相关证明力强弱差距也较大。由于“侵权获利”主要从商标侵权方销售相关商品的经营收入计算,而计算经营利润的方式多为“销售收入 * 利润率 * 侵权期间”,故选择“侵权获利”作为赔偿标准的原告所提交之证据也多为证明销售数量及销售利益等相关事实证据,如相关财务资料、海关进出口数量;[8]企业审计年表;[9]财务报表、企业电子账册等,[10]个别同时涉及刑事和行政诉讼的案件亦会引用刑事及行政审判之卷宗及相关认证证据。[11] 同时

[8] 参见最高人民法院(2014)民提字第25号民事判决书。

[9] 参见最高人民法院(2015)民提字第6号民事判决书。

[10] 参见最高人民法院(2013)民申字第788号民事判决书。

[11] 参见最高人民法院(2016)民申字第522号民事判决书;最高人民法院(2013)民申字第623号民事判决书。

亦有一些用于证明侵权收入的间接证据，如“行业平均利率”[12]等，更有将被告的财产状况(如其名下不动产及车辆等)作为证明其侵权期间收入的一种间接证据。[13]

相比之下，在选择以“侵权损失”作为赔偿标准的案件中，原告提交的证据则相对模糊和单一。实际上，绝大部分以“侵权损失”作为诉请标准的原告都没有明确提出具体的损失范围及标准，而仅在诉请中以一句“请求赔偿经济损失××元(含合理支出)”概括之。对所谓“经济损失”，并无如上述证明侵权利益相似之具体财务证据，仅对“合理支出”部分出示相关差旅费、公证费等收款与收据。

而以“许可使用费”作为赔偿标准的案件所呈请的证据则更为有限。一来是因为该标准的适用数量远不及前两项，在本文所选取的样本中，实际上即使被归纳为以“许可使用费”作为诉请赔偿数额的案件，在诉状部分的措辞亦为“经济损失”，仅在具体理由中列举了原告与其他企业或个人签订的品牌加盟协议或商标转让/使用许可合同作为证明损失之证据，[14]故被视为以“许可使用费”作为诉请赔偿之标准。

(五)法院否决诉请的因素

如上所述，在确定侵权赔偿数额的计算标准上，权利人(原告)的诉请选择与法院的最终判决之间存在巨大的落差，尤其体现在法院判决部分，依据法律规定，法院应优先适用“侵权获利”及“侵权损失”等标准，然在大部分权利人已作相关举证的情况下，最高人民法院适用“酌情确定”的情况仍高达75%以上，故法院否定权利人所选赔偿标准的论证过程应加以重视。

首先在“侵权获利”方面，法院否决原告关于侵权获利的诉请及相关证据的理由主要集中在两个方面：一是“侵权获利”的诉请数额不准确；二是商标权人滥用权利。对于前者，由于“侵权人因侵权所获得的利益”在实务上往往难以界定，故法院多以“总销售额”与“侵权所得”之间未作区分，[15]及“销售数量”与

〔12〕 参见最高人民法院(2014)民三终字第1号民事判决书。

〔13〕 参见最高人民法院(2016)民申字第522号民事判决书。

〔14〕 参见最高人民法院(2014)民提字第38号民事判决书；最高人民法院(2014)民提字第29号民事判决书。

〔15〕 参见最高人民法院(2016)民申字第522号民事判决书。

“利用商标侵权获利”之间的因果关系不明为理由否决原告诉请之赔偿数额。[16]

而对于“侵权损失”方面,如前文所述,本类型的诉请中原告举证方面本就模糊不清,即未提供财务资料等可证明自身因侵权所受损失之证据,故其更难获得法院支持亦为意料之中。值得一提的是,尽管在一些案件中以“侵权损失”为标准诉请侵权赔偿之原告最终得到与其诉请数额一致之赔偿判决,然最终适用赔偿标准仍为“法官酌情确定”而非“侵权损失”,原因在于侵权损失之证据不足。

(六)法院“酌情确定”的考量因素

既然最高人民法院适用“酌情确定”的概率如此之高,故其在“酌情”过程中主要考虑何种因素亦值得探讨。然而,在最高人民法院适用“酌情确定赔偿数额”标准的过程中,并未如另外几种标准一样作较为详细之陈述,而多以概括性语句统论之并得出一定赔偿数额的结论,如“综合考量了华威公司生产销售侵权产品的规模大、时间长、范围广、侵权情节严重,侵权产品的利润率较高,侵权的主观恶意,‘3M’商标和商号知名度较高,3M公司、3M中国有限公司为制止本案侵权行为支付的维权合理费用等因素”。[17] 但即便如此,在上述所列类似之诸多考虑因素中,亦有先后轻重之分:提及最多及所占分量最重之因素之一应为“侵权者主观过错程度”,盖既有因此因素之缺乏而免除赔偿责任者,[18]亦有因此因素之恶意违反而对侵权人适用惩罚性赔偿者。[19]

其次之考量因素为系争商标之知名度,若商标越知名,侵权人利用及攀附商标知名度之可能性越大,则法官酌情确定之赔偿数额则越高。而其余之法院酌情考量因素分别为双方使用商标的情况(经营规模、商誉等)、权利人本身是否有过错、侵权行为的性质、期间及后果等。

(七)诉请赔偿金额与判决赔偿金额的落差

除了前文所提及之原告诉请赔偿标准与法院判决赔偿标准之间的落差外,在本组所研究的案例中还呈现出另一种落差:原告诉请赔偿数额与最终判决赔

[16] 参见最高人民法院(2014)民三终字第5号民事判决书。

[17] 参见最高人民法院(2016)最高法民申187号民事判决书。

[18] 参见最高人民法院(2013)民提字第2号民事判决书。

[19] 参见最高人民法院(2016)最高法民申187号民事判决书。

偿数额之间的落差。该数据主要反映了法院对商标权人诉请商标侵权赔偿数额的支持程度,可据此窥探最高人民法院对一般商标侵权案件之赔偿数额如何定性之态度。

为最直观反映诉请赔偿金额与判决赔偿金额之落差,本文采用"判决赔偿数额/诉请赔偿数额"所得之百分比为呈现方式,占比越小,表明诉请赔偿金额与判决赔偿金额之落差越大,即法院的支持程度越低。据统计,在样本判决数据中,百分比为5%以下、10%至20%以及50%以上的,各占样本总数的1/3。换言之,判决赔偿金额不到诉请赔偿金额一半之案件占了大部分,且相当数量之案件判决赔偿金额不足诉请赔偿金额的5%。

而值得注意的是,在判决金额不足诉请金额5%的案件中,原告所采之诉请赔偿标准,全部为以"侵权获利"为标准,而以"侵权损失"为诉请赔偿标准之案件,则得到了相对较高的赔偿金额支持率(甚至高达100%)。故结合上述两种标准原告列举证据之分析,可得出另一结论,即相对提请较多证据、但往往诉请金额过高之"侵权获利"赔偿请求,法院对其金额之支持度往往很低;而对于所受损失一笔带过、多无现实证据支撑之"侵权损失"赔偿请求,反而因其所诉请之金额相对合理而得到法院较高的支持度。

三、结论与对策

(一)问题

通过对最高人民法院关于商标侵权损害赔偿的诸多案例进行分析,我们可以发现两个严重的现象:

第一,根据大陆商标法的有关规定,就商标侵权损害赔偿方式来说,"赔偿损害"和"侵权所获利益"本应被优先适用的,但是数据显示,在实务中上述两种方式极少被适用,反而是适用位阶次序最低之"法院酌定判罚"被广泛适用;

第二,不考虑原告恶意扩大诉请赔偿金额之情况,法院最终判罚之金额总是大幅低于原告诉请金额,这有可能导致原告权利得不到充分救济的现象。

发现问题不是本文要重点研究的,本文的价值在于通过比较德日台陆的法律规定和实务操作,分析问题背后的原因并试图提出我们认为较好的解决建议。

(二)成因

上述现象的原因可以归结为一点:当前商标侵权诉讼之制度设计对商标受

侵权一方来说不合理。特别在举证责任分配方面,原告所承受之举证责任过于沉重,以至于原告很难达到法院之要求,进而无法完成“赔偿损失”及“侵权获利”这两种赔偿方式所需之证据证明程度,也使法官无法充分认可原告诉请之赔偿金额。追本溯源,我们认为原告之所以举证责任过于沉重,又可以考虑加下几点因素:

第一,商标权本身的非物质性使侵权证明难度较大。作为智慧财产权的一种,作为商标权之权利客体的商标,具有非物质性的特点,而其上附着之商业价值,更是很难被予以量化和计算,加之商标权侵权行为具有隐秘性、可重复性等特点,又使我们认定商标侵权损失和侵权获利更加困难。

第二,商标侵权中的因果关系比较难以认定。一方面,当事人虽然可以举证在侵权行为期间其商品销售量之减少,营业利润之降低,但是很难证明上述现象与商标侵权行为之间的因果关系,因为利润之降低可能受到侵权行为以外的诸多因素的影响,如何将上述因素进行排除便是一大难题。

另一方面,就采取侵权行为所获利益之赔偿方式来说,关键证明往往掌握在侵权人手中,因而面临取证难得问题。

除此之外,商标权人同样难以证明,侵权人所获之利益与商标侵权行为具有直接性的因果关系。侵权人所获之利益完全也有可能与侵权人自身之努力贡献有关。

况且,商标侵权行为并身不一定就会导致侵权获利的现象发生。

总而言之,商标权人面临取证难、证明因果关系难等问题,目前大陆司法诉讼制度对于商标权人的举证责任负担过重,我们应该予以重新分配和调整。

(三)建议

针对目前国家的诉讼制度对于商标侵权人举证责任之设计不尽合理之处,我们建议从以下几个方面予以改进:

第一,完善商标侵权的证据保存制度和证据妨害排除规则,加强诉讼前的证据保存,防止当事人恶意隐藏、销毁、转移关键性证据,同时对于应有对方当事人提出而对方当事人无正当理由拒不提出的证据,可以推定该证据对于该当事人不利,并作出有利于商标权人之解释。

第二,针对因果关系证明较难这一问题,我们认为在确定商标侵权事实业已存在的基础上,遭受商标侵权行为侵害的一方只需要举证自己遭受到实际的损失即可,无须证明所受损失于侵权行为之间的因果关系,对于该因果关系的认定交由法官进行裁量。同时,赋予商标侵权人反证之权利,即若商标侵权人能够举证证明即便不存在商标侵权之行为,当事人依然会遭受损失,或者当事人之损失由其他原因造成(商标权人有配合调查之义务),那么则可以对抗商标权人之主张。

第三,目前我国商标侵权之案件的损害赔偿方面之所以难以认定,关键的问题不是出现在立法方面,而是诉讼制度领域:我们应该赋予法官更大的裁量权。在这里,我们赋予法官更大裁量权的目的不是追求所谓的“实际损失”,而是为了让法官毫无障碍地作出商标权人能够接受,商标侵权人可以承受的最终妥协结果。一旦妥协结果可以出现,我们便不必投入大量的司法资源去追求所谓的“实际损失”或“侵权获利”。

涉外立法的经验与未来

从国民待遇视角谈中国外资法体系重构

郑雅文*

摘要:

准入前和准入后国民待遇改革是中国外资法体系重构最重要的内容之一。准入前国民待遇改革将对大多数外资的逐案审批制改为备案制,而准入后国民待遇改革将内外资立法并轨以全面实行国民待遇。这两项改革可以提高外资待遇水平,但同时也给中国带来法律风险。基于此,本文将通过讨论国民待遇改革实施的方式及例外制度构建,探索保护中国利益及减少其法律风险的策略。

关键词:

外资法体系重构;国民待遇改革;例外制度

在深化市场开放和扩大对外投资政策的推动下,中国对外直接投资和吸收外资的数量急剧增长。到2015年,中国已成为世界第二大直接投资东道国和母国。[1] 为了进一步扩大对外开放和规范外资管理,商务部于2015年1月19日发布《中华人民共和国外国投资法(草案征求意见稿)》(以下简称《外资法草案》),向社会公开征求意见,[2]其中最大的亮点之一即是国民待遇改革。本文

---

* 郑雅文,爱丁堡大学法学院2016级法学博士研究生。

[1] World Bank Data, Foreign direct investment, net inflows (BoP, current US $), available at http://data. worldbank. org/indicator/BX. KLT. DINV. CD. WD? year_high_desc = true and outflows (BoP, current US $), available at http://data. worldbank. org/indicator/BM. KLT. DINV. CD. WD? year_high_desc = true.

[2] 《商务部就〈中华人民共和国外国投资法(草案征求意见稿)〉公开征求意见》,载中华人民共和国商务部条约法律司网站:http://tfs. mofcom. gov. cn/article/as/201501/20150100871010. shtml,最后访问日期:2016年10月30日。

将立足于《外资法草案》的内容,从准入前和准入后两个阶段的国民待遇改革入手,探讨国民待遇体系的制度构建。

一、中国国民待遇制度的发展

中国的国民待遇制度经历了漫长曲折的发展。改革开放初期,中国的工业基础比较薄弱,无法直接和进入中国市场的外资进行公平竞争,且中国的市场经济改革刚刚起步,也无法对外资提供需要市场经济土壤的国民待遇。因此早期中国对外签订的双边投资条约中都不包含国民待遇条款。[3] 随着中国本土工业水平提高以及市场经济体制改革发展,也为了更好地融入国际投资市场,中国对国民待遇的态度逐渐转变。1986年签订的中英双边投资条约中第一次出现了国民待遇条款,但附加了"在可能情况下"的限定,这使该条款成为不具强制约束力的义务。这种限定与当时中国采用的双边投资条约范本第二版中,国民待遇条款所附加的"尽最大努力"限定类似。在中国此后签订的双边投资条约中,国民待遇条款逐渐成为具有强制约束力的义务,但仍然附有诸如"祖父条款",[4]"保证正常发展"[5]或"不损害缔约一方法律法规"[6]之类的例外规定。目前为止,中国签订的所有双边投资条约中包含的国民待遇条款都附加了限定或例外,体现了中国对待国民待遇条款的谨慎态度。值得关注的是,正在进行谈判的中美双边投资条约将是中国第一个包含准入前国民待遇加负面清单的投资协定,体现了中国对准入前国民待遇进行探索和改革的成果。

中国外资管理体制对准入前国民待遇的探索始于2013年上海自贸区成立。2014年,广东、天津、福建自贸区成立,上海自贸区扩大范围。这些自贸区的功能之一即对准入前国民待遇加负面清单模式的实践探索。在该模式下,负面清单以外的外资仅需根据规定进行备案登记即可进入自贸区市场,不必再经过审批,从而极大地限制了有关部门在外资准入阶段进行干预的空间。从自贸区成立至今,负面清单共经过两次修改,清单上实施特别管理措施的产业目录

[3] 如1982年中国—瑞典双边投资条约和1984年中国—挪威双边投资条约。

[4] 如2003年中国—德国签订双边投资条约第3条第4款。

[5] 如1998年中国—日本签订双边投资条约第3项。

[6] 如2011年中国—乌兹别克斯坦双边投资条约第3条。

也从最初的190项减为122项。根据自贸区的实践经验,《外资法草案》第三章对外资准入备案制作出了规定。2016年9月3日,第十二届全国人民代表大会常务委员会第二十二次会议表决通过了《关于修改〈中华人民共和国外资企业法〉等四部法律的决定》,对三资企业法中涉及审批的条款作出修改。10月8日,商务部发布了《外商投资企业设立及变更备案管理暂行办法》,正式将外资备案管理制度在全国范围内推行。

准入后国民待遇改革也在不断推进,目标是将现行内外资双轨制管理合并为单轨制。具体而言,现行三资企业法将会被一部统一的外国投资法取代,该法将仅对外资作出基础性规定,而企业组织形式、经营管理等内容将转由现行《中华人民共和国公司法》(以下简称《公司法》)及相关法律法规调整。随着改革推进,准入后外资待遇将会从两个方向靠近国民待遇,一个是现行外资优惠待遇,即超国民待遇的逐渐废除;另一个是逐渐减少作为国民待遇例外的次国民待遇。因此,外资待遇将在一些方面逐渐降低,另一些方面逐渐提升,最终使内外资待遇平等。

上述国民待遇改革可以进一步推动中国市场开放,但也可能产生新问题。首先,扩大国民待遇范围的同时,有关部门监管的权力空间也会缩小,这可能会影响东道国对外资的监管和自身利益的保护。为此,中国必须合理构建国民待遇及其例外制度。其次,为了实现内外资待遇平等而逐渐取消的外资超国民待遇在客观上造成了外资待遇水平降低,这可能会由于违背对外国投资者的信赖保护而产生违反中国签订的双边投资条约中包含的公平与公正待遇条款的风险,因此在改革同时也需要采取措施以减小这种风险。

二、准入前国民待遇改革

因为东道国控制和监管外资市场准入属于行使主权的范围,在国际投资法实践中,国民待遇原本只适用于已经进入东道国市场的外资,并不包括准入阶段。美国第一个在双边投资条约中将国民待遇条款的范围扩大至市场准入阶段,并通过双边投资条约谈判不断推行,加上国际投资数量的快速增长对投资自由化提出更高要求,许多国家的双边投资条约也引入这一做法。它极大地限制了东道国在外资准入阶段行使主权控制的空间,创造了更自由便利的投资市场。[7] 随着本土产业的发展,市场经济改革的推进以及准入后监管水平的提高,中国已逐渐具备在一定范围内实施准入前国民待遇的条件。

《外资法草案》第三章到第五章构建了全面报告加有限许可的外资准入管理制度——符合外资法定义的外资均需履行报告义务,涉及负面清单的外资还需要申请准入许可。此外,所有危害或可能危害国家安全的外资都要经过安全审查。由此可见,准入前国民待遇的范围将由《外资法草案》对外资的定义和负面清单共同决定,而国家安全审查则是准入前国民待遇重要的例外制度。

(一)《外资法草案》对外资的定义

外资法对外资的定义决定其所调整的投资范围,属于外资法的先决问题。在原有外资法体系下,对外资的规定分散于大量法律法规和政策性文件中,并不存在一部统一的外资法。《外资法草案》是中国第一次尝试对外资作出统一基础性规定,其定义关系到外资法体系与中国签订双边投资条约之间的衔接。尤其随着准入前国民待遇的推行,其重要性更加凸显。

《外资法草案》第15条规定了其所调整的六种投资活动,范围小于2003版中国双边投资条约范本的投资定义,主要体现在两个方面:首先,从条款措辞来看,“指”一词的使用表明该条文对投资的列举属于穷尽式列举,而双边投资条约范本中以“包括但不限于”明确了其非穷尽式列举的性质。因此,虽然《外资法草案》比双边投资条约范本增加了绿地投资、融资及协议控制,这些投资都可被认为包含在双边投资条约范本的非穷尽式列举中。其次,双边投资条约范本中列出的知识产权及有经济价值的行为请求权在《外资法草案》的定义中没有体现,原因可能是这两种投资不在外资法计划调整的范围。

作为对外资进行调整的基础性法律,[8]《外资法草案》适用于外国投资者在中国境内的所有投资。而中国签订的绝大多数双边投资条约中的定义都沿用了2003版双边投资条约范本的模式,大于《外资法草案》的定义范围,由此可能导致一些属于双边投资条约定义范围内的外资虽然受到双边投资条约的保护,却缺少明确对其进行规范的法律。由此可能产生两个问题,一个是这类外

[7] UNCTAD “National Treatment”1999c. 如2014年签订的《加拿大—欧盟全面性经济与贸易协议》Art X. 6。

[8] 参见商务部《关于〈中华人民共和国外国投资法(草案征求意见稿)〉的说明》(2015年1月19日)。

资可能处于无法可依的状态，另一个是在投资争端解决程序中难以对外资合法性作出判断。中国的双边投资条约普遍在投资定义中对外资合法性作出了要求，[9]根据 Inceysa Vallisoletana v. El Salvador[10]等投资仲裁案的裁决，双边投资条约投资定义对外资的合法性要求可以保证只有合法的外资才属于双边投资条约定义下的外资而受到其保护。根据 Fraport v. Philippines 案的裁决，[11]如果双边投资条约对投资的定义包含合法性要求，外资的非法性可以排除仲裁庭对争端的管辖权。如果规范相关外资的法律不明确，则外资的合法性难以根据明确的东道国法律进行判断，从而给仲裁庭更大的自由解释空间，进而导致裁决结果难以预测，不利于保护东道国的利益。为此，作为调整外资基础性法律的外资法最好能扩大其外资定义，对相关外资作出诸如不动产投资一样的合法性要求。[12]

此外，《外资法草案》对外资定义的一大亮点是其首次引入实际控制原则，即判断一个企业是否属于外国投资者取决于其是否由外国主体实际控制。如果境内企业由外国主体实际控制，则该企业视同外国投资者；反之，如果外国投资者由中国投资者实际控制，则可根据申请将其视作中国投资者。这一原则将外资法管辖范围明确延伸至间接投资。考虑到大多数中国双边投资条约都明确包括间接投资，即使没有明确包括也会因为其对外资的宽泛定义和缺少明确排除表示而被视为包括，[13]外资法对间接投资的覆盖可以增加国内法与投资条约的一致性。此外，由于外国投资的形式越来越灵活，实际控制原则也可使外资法更准确地界定其所调整的外资范围。

《外资法草案》第 18 条规定了两个控制标准：一个是直接或间接持有企业 50% 以上股份或类似权益，或者有能力对该企业施加决定性影响。这一标准基

---

[9] 如 2013 年中国—坦桑尼亚双边投资条约第 1 条。

[10] ICSID case no ARB/03/26, Award, 2 August 2006 [186].

[11] ICSID case no ARB/03/25, Award, 16 August 2007 [344] [396].

[12] 外资法草案第 16 条规定：外国投资者取得中国境内土地使用权、房屋所有权等不动产权利的，适用有关法律法规的规定，同时还应遵守本法第四章[国家安全审查]、第五章[信息报告]的规定。

[13] Guaracachi America v. Bolivia, PCA Case no 2011 - 17, Award, 31 January 2014 [352] [353].

本上涵盖了投资者对一企业进行控制的主要模式。然而,对大型上市企业而言,投资者可能在不满足该标准的情况下成为企业的单一最大股东,如平安保险在富通集团的投资,[14]是否有必要设立其他标准以考虑这种股东对企业的控制值得考虑。另一个控制的标准是通过合同、信托等方式对企业施加决定性影响,这一标准承认了协议控制(Variable Interest Entibies,VIE)架构的投资属于外资法管辖范围。长期以来,采用VIE架构的投资一直处于法律监管的灰色地带,因此,许多外国投资者,尤其是意图进入限制甚至禁止投资领域进行投资的外国投资者倾向于选择VIE架构作为规避法律对外资限制的手段。外资法将采用VIE架构的投资明确置于调整范围之内相当于明确承认这种投资形式的合法性并在此基础上对该灰色地带进行监管,从而极大地提高了这种投资面临的司法确定性,最大限度杜绝外资对限制或禁止性规定的规避行为,以此保护中国作为东道国的利益。

准入前国民待遇的实施带来的一个问题是外国投资从何时开始符合外资定义从而受到投资待遇保护。中国的双边投资条约中部分投资待遇明确包含了投资设立阶段,[15]因而该阶段的支出受到这类投资待遇保护。至于其他不包含投资设立阶段的待遇,随着准入前国民待遇的实施,在缺少审批制作为门槛的情况下,外国投资从哪一个节点开始受到其保护是一个需要考虑的问题,尤其在发生投资纠纷时,这个问题可以影响仲裁庭的管辖权。

一些投资仲裁案对这个问题进行了讨论。Mihaly v. Sri Lanka[16]案的仲裁庭认为只有合同意向书的签订不足以使东道国和投资者承担具有法律约束力的义务,因此投资成立前的支出不能成为双边投资条约定义下的投资。在PSEG v. Turkey[17]案中仲裁庭认为在投资正式成立前投资者和东道国之间签订的有约束力的合同可以被认为是受双边投资条约保护的投资。这两个裁决都强调了东道国和投资者之间是否签订有约束力的合同对于认定这一问题的重要性。然而,有约束力的合同并不是认定这一问题的唯一因素,因为合同双方可能在合同正式签订前已向对方作出了特定承诺,有可能使承诺方承担先合

[14] Ping An v. Belgium, ICSID case no ARB/12/29, Award, 30 April 2015 [57].

[15] 如2011年中国—乌兹别克斯坦双边投资条约第4条最惠国待遇。

[16] ICSID case no ARB/00/2, Award, 15 March 2012 [59]-[61].

[17] ICSID case no ARB/02/5, Award, 19 January 2007 [304].

同义务。

道格拉斯教授对这一问题显然有不同看法,他认为所谓的投资前支出是一个具有误导性的概念,因为关于投资者的支出是否属于投资只需要考虑一个问题,即外国投资者是否在东道国领土上进行了投资。只要投资者的花费能够导致其投资成立且具有投资的经济特征,这种花费应被认定为投资。[18] 然而认定这个问题需要具体问题具体分析。投资的成立可能是一个长期而曲折的过程,即使有些投资的前期准备工作并未使投资成立,当投资者已经与东道国就投资达成合意且开始投资的实质准备阶段,由此产生的开支很可能被认定为投资且受到相关投资待遇的保护。

(二)国家安全审查制度

例外制度对外资待遇覆盖范围的重要性也不容忽视。对准入前国民待遇而言,最重要的例外就是国家安全审查制度。

中国安全审查制度的构建经历了漫长的过程。早在1987年,对外资的审批已涉及国家安全的内容。[19] 2003年,《外国投资者并购境内企业暂行规定》第19条规定了投资者对其可能严重影响国家经济安全的投资负报告义务。这一规定于2006年被《关于外国投资者并购境内企业的规定》取代,可能涉及国家安全的情况细化为涉及重点行业,可能影响国家经济安全或导致拥有驰名商标或中华老字号的境内企业实际控制权转移。2007年颁布的《中华人民共和国反垄断法》第一次在法律层面要求涉及国家安全的外资并购进行安全审查。然而,这些规定都没有涉及国家安全的具体内容及审查程序。

这一情况随着2011年《国务院办公厅关于建立外国投资者并购境内企业安全审查制度的通知》及《商务部实施外国投资者并购境内企业安全审查制度的规定》的颁布得到了极大改善。这两项规定通过细化安全审查的范围、内容、工作机制及程序初步建立了安全审查制度的雏形。然而,这些规定仅适用于外资并购境内企业,不涉及其他外国投资。2014年,《外商投资项目核准和备案管理办法》第7条和第16条明确对其他外国投资的安全审查提出要求,然而这些规章效力层级太低,且规定本身也存在很多问题。

相比之下,《外资法草案》对安全审查制度的规定有以下亮点。首先,它不

〔18〕 Zachary Douglas, The International Law of Investment Claims. (CUP 2009) 187.

〔19〕 参见《指导吸引外商投资方向暂行规定》第7条。

仅增加了安全审查因素,而且以非穷尽列举的形式列出,为安全审查因素的增改留下机动空间。考虑到安全审查因素很可能需要随着经济社会的发展而变化,这种机动空间允许有关部门在必要时根据形势及时调整,更好地发挥安全审查机制的作用;其次,它对安全审查程序作出了细致规定,包括流程、期限、决定及其他程序性事项,这些规定可以指导外国投资者和有关部门更好地开展工作,提高审查程序的透明度与决定的可预见性。最后,对已经通过安全审查的外国投资,它增加了一条安全阀条款,即已经通过安全审查的外资免于再次审查,除非其在审查过程中有欺瞒,或违反安全审查决定所附条件。这一规定保证了安全审查决定的终局性,从而鼓励相关外国投资者主动申请安全审查以避免投资设立后因为安全审查问题而面临的风险。但该规定的例外情况还需包括有重大变更的外资,以避免部分企业先通过安全审查,再做出可能影响国家安全的变更。

此外,《外资法草案》中的安全审查规定还存在两个问题。第一个问题涉及安全审查联席会议。《外资法草案》第49条规定,安全审查联席会议由发改委和外资主管部门发起,并由相关部门组成。然而,发改委和外资主管部门在联席会议中的具体职责和分工,以及可以参加联席会议的相关部门并没有规定,因此,联席会议召集及其工作的开展完全取决于部门间的合作,有可能因职责不清互相推诿或争夺权力。为此,可参照美国2007年《外商投资与国家安全法案》第三节的形式,[20] 对可以参加联席会议的有关部门及其职责作出细化规定。

第二个问题涉及行政复议和诉讼对安全审查决定的豁免。尽管国际习惯法要求国家向外国人提供合适的司法程序,然而这一义务的前提是该国国内法中存在相关程序权利。[21] 由于安全审查决定并不在行政法规定的可以提起行政复议和行政诉讼的范围内,对其豁免并不违反国际习惯法。考虑到安全审查决定可能涉及政治、经济等多方面因素,对其豁免可以使有关部门更有效地维护国家安全及利益。然而,安全审查决定对投资影响重大,最好能给不服决定

---

〔20〕 美国2007年《外商投资与国家安全法案》第三节共有7个条款,分别规定了安审联席会议的成立、主席、成员等,对联席会议的运作作了非常详细的规定。

〔21〕 Barcelona Traction, Light and Power Company, Limited (Belgium v. Spain) (Separate opinion of Judge Morelli) [1970] ICJ Rep 3,233.

的外国投资者提供一个救济渠道。既然国务院是商务部及其他安全审查联席会议成员的上级部门,可以允许没通过安全审查的外国投资者向国务院申请行政复议,由国务院成立的特别委员会负责审查并作出行政复议决定。与国务院作出的其他决定一样,这个决定也具有终局性,不得再对其提起行政复议和行政诉讼。这个救济渠道符合现行行政复议法和行政诉讼法的相关规定,且有利于在国家安全审查的过程中保护外国投资者的合法利益。

在准入前国民待遇改革大幅度提高外资待遇水平,扩大市场开放的同时,国家安全审查制度的科学构建能够更好地保护东道国利益,维护市场秩序。因此,对于安全审查制度设计中存在的缺漏需要给予足够的重视并合理解决,以使其更好地发挥作用。

三、准入后国民待遇改革

准入后国民待遇一直随着市场经济改革的推进逐步进行,这在中国双边投资条约所包含的国民待遇条款的发展变化中有所体现。20 世纪 70 年代中国接受外资初期,给予外资的待遇同时包括了超国民待遇,如税收优惠政策,和次国民待遇,如对企业组织机构的额外要求。[22] 其中,实施次国民待遇是为了保护中国新生工业,减少外资对这些工业的冲击,同时保证外资的运作可以促进中国发展;而超国民待遇则是为了吸引更多外资进入中国市场,同时也是一种对次国民待遇的补偿。

在中国逐步扩大市场开放的过程中,这两种差别待遇起了重要作用。然而,中国正在逐渐取消这两种差别待遇[23] 以达到整平游戏场地,使内外资公平竞争的目的。经过三十多年的改革,除了明确作为例外的差别待遇和不符措施外,中国逐渐在准入后阶段实现了国民待遇。这些例外主要来自目前的内外资双轨制立法模式。在此背景下,准入后国民待遇改革主要是将内外资并轨管理

---

〔22〕 如 1979 年颁布的《中华人民共和国中外合资经营企业法》第 6 条和第 7 条。

〔23〕 取消超国民待遇的其中一个例子是 2010 年国务院发布的《关于统一内外资企业和个人城市维护建设税和教育费附加制度的通知》,其标志着中外资税制统一的全部完成。取消次国民待遇的例子参见国务院每年颁布的《国务院关于取消和调整一批行政审批项目等事项的决定》,该决定每次都会取消一些针对外资的额外审批要求。

加上外资法作为统一的外资基础性法律。这一部分将探讨准入后国民待遇改革并着重讨论这种改革违反双边投资条约中的公平公正待遇条款的可能性。

(一)准入后国民待遇改革概述

尽管相当一部分中国双边投资条约中已经包含国民待遇条款,但《外资法草案》第6条是国民待遇条款第一次在国内法(草案)层面得到确认,这也表现了中国对外资提供全面国民待遇的决心,而其最大的阻碍来自内外资双轨制立法。除了外资三法及其实施细则外,现行外资法体系还存在大量行政法规、部门规章和其他规范性文件,其中包含了许多重复或冲突的规定。因此,统一内外资待遇最重要的步骤就是内外资立法并轨及清理现行法律法规规章,即除了外资基础性规定,其余关于企业组织形式和经营活动等内容将适用《公司法》等法律法规。这项改革将在一些方面移除对外资的额外限制,但同时随着超国民待遇的取消,在另一些方面,外资将面临更多要求。

与现行《公司法》相比,可能移除的其中一个准入后阶段对外资的限制便是对注册资金增减或转让的审批要求。[24] 根据《公司法》第37条和第38条,股东会是公司的权力机构并有权就类似事项作出决议,且不以经过有关部门的审批作为生效条件。如果内外资立法并轨,类似对外资的审批要求将被取消,公司在经营或运作过程中拥有的自主空间将极大提升。

对于可能取消的外资准入后优惠待遇,其中一个例子是中外合作经营企业中的外国合作者在合作期间先行回收投资的制度,这项制度有利于外国合作者回收合作成本和利润,减少其投资的商业风险,从而鼓励外资以中外合作的形式进入中国市场。然而这一制度却对中方合作者不公平,且《公司法》没有规定类似的制度,因此内外资并轨后这项外资优惠制度很有可能会被取消,以保证中外合作者之间的公平待遇。

从以上的分析可以看出,内外资立法并轨可以创造一个内外资平等竞争的环境。然而,对已经进入中国市场的外资来说,优惠待遇的取消可能会引起反对甚至争端。为此有必要评估这种改革违反中国双边投资条约的可能性,尤其是其中的公平公正待遇条款。

---

[24] 参见《外资企业法实施细则》第21条、第22条;《中外合资经营企业法实施条例》第19条、第21条。

(二)准入后国民待遇改革违反公平公正待遇条款的可能性

大多数中国双边投资条约都包含了公平公正待遇条款。尽管对这一条款的应用和解释因为其模糊和宽泛的措辞而存在争议,[25]但多数仲裁庭都认为公平公正待遇的其中一个要求是保护合法期待,[26]即要求东道国保护外国投资者因为东道国的行为而产生的合理且合法的预期以及基于这种期待所作出的投资决定,其中东道国的行为包括担保、促使合约签订的陈述以及行政行为等。[27] 外资法改革可能违反对东道国平稳和可预期的法律制度的合法期待,尤其当外国投资者被东道国有关法律法规赋予某些权利后,双边投资条约中的公平公正待遇条款要求东道国保护外国投资者对其能合法行使或享受这些权利的合法期待,因此,相关规定的改变很可能会因为违背外国投资者这种合法期待而违反公平公正待遇条款。[28] 这个问题在投资仲裁中有广泛的讨论。Tecmed v. Mexico 案的仲裁庭认为公平公正待遇条款要求东道国连续地、清晰地、透明地作出其行为,以使外国投资者在作出任何投资决定前能清楚地知道规范其投资的规则,即规范外国投资的相关法律法规的变化不能超出外国投资者的合理预期。OEPC v. Ecuador 案的仲裁庭确认了这一点,并进一步指出在投资成立后由法律制度的变化引起的法律不确定性及有关部门缺少清晰性和连续性的行为违反了公平公正待遇条款。[29] 此外,在2000年前后阿根廷为了应对本国严重的经济危机而修改其外资法律体系所引起的系列投资仲裁案件中,仲裁庭一致认为完全改变本国外资法律环境会使本国法律制度不平稳且不可预期,这与由阿根廷外资法律体系及其对外资作出的特别承诺所产生的外国投资者的合法预期相冲突,从而违反公平公正待遇条款。[30]

---

〔25〕 UNCTAD,"Fair and equitable treatment",2012.

〔26〕 如 Tecmed v. Mexico,ICSID case no ARB(AF)/00/2,Award,29 May 2003 [154]。

〔27〕 Andrew Newcombe and Lluís Paradell, Law and Practice of Investment Treaties: Standards of Treatment (Kluwer Law International 2009) 280.

〔28〕 Ibid., p. 286.

〔29〕 LCIA case no. UN 3467,Award,1 July 2004 [183]-[187].

〔30〕 BG Group v. Argentina, UNCITRAL, Final Award, 31 July 2007 [307]; CMS v. Argentina, ICSID Case no ARB/01/8, award, 25 September 2007 [274]; Enron v. Argentina, ICSID Case no ARB/01/3, Award, 22 May 2007 [264]-[266]; Sempra v. Argentina, ICSID Case no ARB/02/16, Award, 28 September 2007 [300].

然而,Saluka v. Czech Republic 案的仲裁庭指出任何对东道国法律环境在投资成立后会保持不变的期待都是不合理的。[31] 公平公正待遇条款并不否认东道国的立法权,也不要求东道国在外资进入市场后"冻结"其法律,[32] 除非其与外国投资者达成的协议中包含了稳定条款或作出了类似承诺。[33] 据此,公平公正待遇条款并不禁止东道国修改其法律,只是禁止东道国不公平、不公正和不合理的国家行为。[34] 在判断东道国对本国法律体系的修改是否违反公平公正待遇条款时需要对这种修改进行全面分析评估,还要考虑外国投资者合法期待与东道国合法权益之间的平衡。

至于中国正在进行的外资法体系改革,外国投资者应该在对中国法律环境进行尽职调查后对这种改革的进行有合理预期。自 20 世纪 80 年代中国开始改革开放以来,相关法律体系一直在随着市场经济改革的进行而不断修改。由于改革势头发展迅猛,近三十年法律的修改也随之相对频繁。在这种背景下,法律环境的进一步改变很可能会发生,因而对其在投资成立后静止不变的期待是不合法的,Parkering 案的仲裁庭也确认了这一点。[35] 此外,目前的改革从 2013 年起就已经在中国的自贸区实验和不断调整,且对外资优惠待遇和差别待遇的取消也在许多方面逐渐推行。尽管这次改革可能是中国外资法体系发展过程中变化最大的一次,但并不是激烈的、武断的和不可预期的。因此,对剩余外资优惠待遇的取消并不违反外国投资者的合法期待。另外《外资法草案》还给外资提供了 3 年过渡期进行调整和适应,这也可以有效避免改革违反公平公正待遇条款的问题。[36]

然而在现行外资法体系下,有关部门可以在合同或单方保证中对外资作出

---

[31] UNCITRAL case, Partial Award, 17 March 2006 [305].

[32] CMS, ibid. [277]; Enron, ibid. [261].

[33] Parkering v. Lithuania, ICSID Case no ARB/05/8, Award, 11 September 2007 [332].

[34] Parkering (n 50).

[35] Ibid., p. 335.

[36] Michele Potestà, "Legitimate Expectations in Investment Treaty Law: Understanding the Roots and the Limits of a Controversial Concept", (2013) 28 ICSID Review - Foreign Investment Law Journal 88.

特别承诺。例如,《中外合资经营企业法实施条例》第47条就允许地方政府在场地使用费一项给予外资优惠。如果取消类似规定,则地方政府根据相关规定给外资的优惠是否仍然有效将成为一个需要解决的问题。既然这种优惠比较具体且面对特定外国投资者,这些投资者很有可能产生对这种优惠不会被改革取消的合法期待,因而如果优惠随着改革一并取消将很可能违反公平公正待遇条款。

在许多投资仲裁案中仲裁庭都坚持投资者的期待是否合法取决于产生这种期待的东道国行为,其中特定的承诺和担保被认为足以产生合法期待。在Methanex v. United States案中仲裁庭认为美国对其法律的修改没有违反公平公正待遇条款,因为美国没有对仲裁申请人作出相关促使合约签订的承诺;[37]在Metalpar v. Argentina案中仲裁庭也认为在没有特别承诺的情况下,仲裁申请人的合法期待没有事实基础,因此对法律的修改没有违反公平公正待遇条款。[38] 从这些裁决可以推断,东道国在有关部门已作出特定承诺的情况下,对其法律作出的修改存在违反公平公正待遇条款的可能性。2014年韩国安城住宅有限公司提起对中国的投资仲裁,原因是江苏省政府没有提供其已经许可投资者使用的土地而导致了投资者因项目无法按计划进行遭受巨大损失,投资者认为中国这一行为违反了中韩双边投资条约中的公平公正待遇条款。[39] 尽管这个仲裁案中国因为程序性事项胜诉,但仍可作为对地方政府没有履行对外国投资者作出的特定承诺可能违反公平公正待遇条款的警告,尤其是在外资法体系改革的背景下。

基于此,最好的方案应该是让地方政府对外资的承诺在相关法律法规取消后继续生效直至承诺本身的有效期届满为止。对于改革后难以继续履行的承诺,Vivendi v. Argentina II案的仲裁庭建议在新政策实施后东道国可以尝试以透明且非强制性的形式与外国投资者重新谈判相关事项。[40] 此外,有关部门也可以在新政实施的同时采用一些过渡措施,在减少新政对外资负面影响的同时

---

〔37〕 UNCITRAL Case, Final Award, 3 August 2005, Part IV, Chapter D [9], [10].

〔38〕 ICSID Case No ARB/03/5, Award on the Merits, 6 June 2008 [186].

〔39〕 Ansung Housing v. China, ICSID Case no ARB/14/25, Award, 3 March 2007 [41] – [47].

〔40〕 ICSID Case no. ARB/97/3, Award, 20 August 2007 [7.4.31].

也可减少违反公平公正待遇条款的风险。

目前正在进行的外资法体系改革不仅正确使用了中国作为主权国家的立法权,也尊重了外国投资者的合法期待,因此这项改革本身基本不可能违反中国双边投资条约中的公平公正待遇条款。然而,违约风险仍然存在于地方政府在现行法律体制下对外国投资者作出的特别承诺中,为了避免相关法律风险,随着改革进行,这些承诺的履行或变更需要根据其不同特点设计不同的方案。

四、国民待遇例外制度的构建

由于国民待遇经常涉及经济、政治和社会敏感问题,至今为止没有任何国家对外国投资者提供不附加任何例外和限制的国民待遇以平衡外资监管和外国投资者的利益。现有国民待遇例外可以分为四类:一般例外,如公共健康和国家安全利益;特定事项例外,如税收和知识产权,特定产业例外和相互国民待遇例外。[41]《外资法草案》规定了属于国家安全利益例外的国家安全审查,属于特定产业例外的负面清单,以及相互国民待遇例外。此外,中国双边投资条约中包含的例外条款和拒绝授惠条款也可作为包括国民待遇在内的投资待遇例外。因为国家安全审查已在前文论述,这一部分将讨论剩余四个例外制度。

(一)负面清单

负面清单的应用源自美国投资条约实践,且逐渐为其他国家所效仿。[42] 这一模式是在清单上列出不适用国民待遇的行业与经营活动。与明确列出适用相关投资待遇的正面清单相比,负面清单模式极大地缩小了有关部门审批外资的权力空间与对外资市场准入的限制。目前,中国采用的《外商投资产业指导目录》实质上是正面清单与负面清单的结合。这一目录分了三个类别:鼓励类、限制类和禁止类,其中鼓励类即正面清单,而限制类与禁止类是负面清单,其余没列在清单上的产业为允许类。尽管经过多次修改,计划中的全国版负面清单将是变革最大的一次,因为这将是中国首次对外资仅采用负面清单管理,标志着中国向扩大市场开放迈了极其重要的一步。

《外资法草案》第6条为负面清单的实施提供了法律依据。该条规定,次国

〔41〕 UNCTAD (n 8).

〔42〕 Ibid.

民待遇仅可给予涉及负面清单的外资。因此,与现行投资产业目录相比,可以实施特别管理措施的产业及其措施更加明确,从而极大地缩小留给有关部门的自由裁量空间。《外资法草案》将负面清单分成两类,一类是禁止实施目录,另一类是限制实施目录,而限制类又进一步被划分为限制外资领域和超过特定金额标准的投资。涉及限制类的外资需要经过审批程序且可能被附加诸如业绩要求之类的投资条件。

全国版负面清单将根据现行产业指导目录及在自贸区实施的负面清单制定。现行负面清单存在的主要问题是对清单上的外资所实施的特别管理措施缺乏具体规定,这个问题在《外资法草案》中也存在。与审批程序细致的规定相比,《外资法草案》中仅有两条规定涉及限制类外资管理,一个是对其可以受到次国民待遇的原则性规定,另一个则是许可有关部门对其附加一定投资条件。然而,对于这些外资的监管并没有具体规定,因而这些事项将主要由有关部门的自由裁量权决定,由此容易造成相关法律适用的不确定性。

根据不同限制产业的特点明确其可以附加的条件及有权对其施加限制的部门可以解决这个问题。例如,在美国—乌拉圭双边投资条约附件三的负面清单里不但详细规定了对不同限制类行业、领域、业务的特别管理措施,还明确指出不同特别管理措施所适用的法律以及授权采取特别管理措施的行政部门,不仅统一了在同一行业、领域、业务可采取的特别管理措施,也提高了外资监管的透明度,为外国投资者及有关部门监管提供了明确指引,从而提高行政监管的效率。现今负面清单仅适用于自由贸易试验区,因此规定的不足很大程度上可以通过自贸区政府根据实际情况自主决定予以弥补,但是如果负面清单的适用推广到全国,则规定的不足很容易引起市场准入监管的混乱。更何况,法律改革应当奉行法治先行、改革附随的法治改革观,才能更好地贯彻依法治国的理念。〔43〕 因此,负面清单的补充和完善非常重要。

此外,全国版负面清单的范围将会受限于中国双边投资条约中附加的负面清单范围。如果全国版负面清单的范围超过了双边投资条约所附负面清单的范围,中国将面临违反条约义务的风险。因此,正如《外资法草案》第23条的规定,国内版负面清单需要根据投资条约制定。

〔43〕 参见刘晓红、贺小勇主编:《中国(上海)自由贸易试验区法制建设蓝皮书》,北京大学出版社2016年版,第9页。

(二)相互国民待遇例外

相互国民待遇例外指一国是否给予另一国投资者国民待遇取决于该国是否也给予本国投资者国民待遇,其目的是保证国民待遇在互惠的基础上实施。[44] 这类条款在双边投资条约中并不常见,原因是多数双边投资条约中包含的国民待遇条款对缔约双方都具有条约约束力,因此,其中一方如果没有给予对方投资者国民待遇就违反了条约义务,这种情况下,投资者及其母国都有权利通过双边投资条约中规定的争端解决程序要求东道国履行条约义务,没必要再另外规定相互国民待遇例外。目前中国签订的大多数双边投资条约都属于这种情况。

然而,《外资法草案》第165条的规定可以看作相互国民待遇例外,因为它允许中国在有任何国家或地区对中国投资者及其投资采取歧视性措施时采取对应措施。这一规定的性质并不明确。如果对中国投资者及其投资采取歧视性措施的国家或地区已经与中国签订了包含双边国民待遇条款的投资协定,则采取歧视性措施的行为已经违反了条约义务,而中国采取对应措施虽然也违反了条约义务,但可以被视为国际惯例法下的反措施从而排除其不法性。

但是,根据国际惯例法,反措施合法的5个条件非常苛刻。[45] 只要其中一个条件不满足,就无法排除反措施的不法性,受害国将因此承担国际责任。尤其比例性的标准争议较多,对其认定存在不确定性。例如,斯洛伐克针对匈牙利的违约行为采取的反措施就因为不符合比例原则的要求而被认定为不合法。[46] 考虑到大多数投资协定都约定了争端解决程序,在条约相对方违约对中国投资者及其投资采取歧视性措施时,选择条约规定的争端解决程序无疑更明智,因为其避免了反措施面临的法律风险。

---

[44] UNCTAD (n 8).

[45] 国际法律委员会起草的《国家对国际不法行为的责任条款草案》规定,合法的反措施需要同时满足下列条件:(1)反措施应由受害国对做出国际不法行为的责任国就其不法行为而做出;(2)受害国在采取反措施前应当先通知责任国;(3)采取反措施的目的应为促使责任国履行国际责任和重新修复两国关系;(4)反措施不能违反国际法强制性规范要求国家承担的义务;(5)反措施必须符合比例原则。参见第49条到第52条。

[46] Case Concerning the Gabcikovo-Nagymaros Project (Hungary/Slovakia) (Judgment) [1997] ICJ Rep 7 [87].

相反,如果采取歧视性措施的国家或地区没有给予中国投资者及其投资国民待遇的条约义务,则其行为无须承担国际责任。如果中国同样不对其负该义务,则中国可以自由决定是否对其投资者及其投资采取歧视性措施,只要这种措施不低于国际最低待遇标准即可。这种情况下,《外资法草案》的规定可以作为采取歧视性措施的法律基础,但最好能在规定中明确歧视性措施不应低于国际最低待遇标准,以避免违反国际惯例法的风险。

《外资法草案》第 165 条的目的是保护中国投资者及其投资不会在东道国受到歧视性待遇。然而这条规定的效果可能会因为其对适用条件的规定过于模糊而大打折扣。因此,最好能明确该规定只适用于尚未与中国签订包含双边国民待遇条款的投资协定的国家及地区。至于已经对中国负有相关条约义务的国家及地区,相关问题最好在投资条约框架内解决。

(三)非排除措施条款及其他例外

双边投资条约中规定的非排除措施条款可以在一国为了保护其根本安全利益而违反包括国民待遇义务在内的条约义务时豁免其国际责任。因此,非排除措施条款为东道国在紧急状况下保留了必要的行使国家主权的空间以平衡对外资与东道国利益的保护。随着投资者诉主权国家的案件增多,非排除措施条款变得愈加重要。

《外资法草案》和中国双边投资条约范本中都没有规定非排除措施条款,很多中国双边投资条约也没有包含这一条款。虽然在投资协定没有规定该条款的情况下,中国可以援引国际惯例法的危急情况以排除不法性,但需要满足非常苛刻且难以证明的条件,[47] 仲裁庭采用的标准也不统一。例如,尽管有一样的事实基础,CMS v. Argentina 案和 LG & E v. Argentina 案的仲裁庭在阿根廷能否在国际惯例法下援引危急情况以排除行为不法性的问题上作了相反的结论。[48]

---

[47] 根据《国家对国际不法行为的责任条款草案》的规定,援引危急情况排除不法性需要同时满足下列条件:(1)国家的基本利益正受到严重且迫切危险的威胁;(2)采取的措施是保护该国基本利益的唯一方法;(3)该行为并未严重损害其他国家或整个国际社会的基本利益;(4)国家违反的国际义务有援引危急情况的可能性;(5)该国并未促成该危急情况的发生。参见第 25 条。

[48] CMS (n 60) [319] - [331]; LG&E v Argentina, ICSID Case no. ARB/02/1, Decision on Liability, 3 October 2006 [238] - [242], [255] - [257].

裁决的不一致给意图通过危急情况排除不法性的国家带来了极大的法律风险。与之相对,援引双边投资条约中的非排除措施条款的条件由缔约国之间通过谈判签订条约决定,因此通常比国际惯例法规定的条件更容易满足,从而在危急情况下能更好地保护东道国的国家利益。中国签订的大量不包含非排除措施条款的双边投资条约很可能会限制中国在危急情况下采取行动的空间,这个问题需要在未来的条约谈判中解决。

此外,在中国双边投资条约中的现有非排除措施条款也需要改进。首先,很多条款都没有明确包括"必要性"要求。[49] 由于非排除措施条款允许东道国在极端情况下采取不符措施而不需要承担国际责任,对必要性的要求可以合理限制东道国实施不符措施,从而在危急情况下保护外资利益。但是,最好能在条约中明确给必要性要求附加具有自裁决性质的诸如"它认为"的措辞。阿根廷系列仲裁案的裁决认为,除非条约有明确声明,否则非排除措施条款不具有自裁决性质,[50] 理由是自裁决权利允许国家单方面决定其不符措施的合法性,[51] 从而有可能挖空投资保护条约体系,严重影响投资条约对东道国的条约约束力,因此认为自裁决权是非排除措施条款包含的固有权利是不合适的。既然必要性的认定对东道国来说至关重要,对必要性的自裁决权可以保证东道国在选择保护其根本安全的措施时有足够的灵活性。但在国际惯例法下,自裁决权的使用可能会受到"善意"的审查,[52] 因此不可随意和不合理地行使。

尽管很多观点认为根本安全包括经济危机、恐怖主义威胁、突发公共卫生事件及自然灾害,[53] 但仅有根本安全例外不足以保护东道国的利益,其他例外条款同样必不可少。例如,美国2012版双边投资条约范本中除了规定根本安全例外,还规定了金融服务例外和环境例外,且每项例外的范围、限制和解决相

〔49〕 如上述跟哥伦比亚签订的双边投资条约。

〔50〕 如 Continental Casualty v. Argentina, ICSID Case no ARB/03/9, Award, 5 September 2008 [177][178]。

〔51〕 CMS (n 60) [370].

〔52〕 Vienna Convention on the Law of Treaties (adopted 23 May 1969, entered into force 27 January 1980) 1155 UNTS 331 art26.

〔53〕 Anne van Asken, "International Investment Law Between Commitment and Flexibility: A Contract Theory Analysis", Journal of International Economic Law, 2009, p. 507.

关纠纷的程序都有详细规定。这些例外可以更好地保护美国的利益,而对这些例外的详细规定则提高了其适用的确定性和透明度。

当中国逐渐提高外资待遇和对外资简政放权,谨慎地设计包括非排除措施在内的双边投资条约例外条款可以为中国在例外情况下采取措施保护本国利益保留足够的空间。因此,中国未来的条约谈判需要注意例外条款的约定,以尽可能减少违反条约义务的风险。

(四)拒绝授惠条款

拒绝授惠条款是限制投资协定滥用最主要的模式,东道国可根据该条款拒绝对非缔约方国家投资者实际控制的外资或与母国无实质经济联系的外资授予投资协定规定的利益。这些投资仅仅是为了得到更优惠的投资协定的保护,尤其是为了适用条约中规定的对投资者更有利的投资争端解决程序而成立,因此基本不参与任何实质商业活动,对东道国的经济发展基本没有贡献。然而,东道国通过签订对外资优惠的双边投资条约吸引外资的目的,正是推动本国经济的发展。于是,为了限制仅为了滥用投资协定的外资进入东道国市场,而把更多有利资源留给真正有助于促进东道国经济发展的外资,才有了拒绝授惠条款。

和其他例外条款一样,拒绝授惠条款在中国的双边投资条约中出现也比较晚。在审批制下,这类投资很可能会在审批阶段就被拒绝进入中国市场,从而有效防止投资协定滥用。然而准入前国民待遇实施后,企图滥用投资协定的外资将会更容易进入中国市场,这也使在双边投资条约中加入拒绝授惠条款更加重要。

对于拒绝授惠条款的适用,仲裁庭普遍认为以许可形式规定的拒绝授惠条款不能在东道国未明确行使该权力时自动生效,只有像 1995 年《东盟服务业框架协议》第 6 条规定一样,明确表明在符合条件的情况下,投资协定中的利益会拒绝授予外资时,该条款才可自动生效。[54] 据此,目前中国双边投资条约中包含的拒绝授惠条款只是为东道国保留了拒绝授惠的权力,还需要东道国明确行使这项权力才能生效。

---

〔54〕 Plama v. Bulgaria, ICSID Case no ARB/03/24, Decision on Jurisdiction, 8 February 2005 [155]; See also Yukos v. Russia, PCA Case no AA 227, Interim Award on Jurisdiction and Admissibility, 30 November 2009 [456].

行使权力的效力和时间同样非常重要。Plama 案和 Yukos 案的仲裁庭都认为对拒绝授惠权力的行使不具有溯及力,原因是这两个投资争端都是在《能源宪章条约》下发生。这个条约的目的是推动长期合作,因此需要确保投资者合法期待的保护和投资待遇及东道国义务的确定性。为了实现条约目的,对拒绝授惠权力的行使不可溯及既往。[55] 考虑到投资的其中一个特征就是持续时间长,投资保护条约的其中一个目的即是推动长期投资项目,如果条约没有明确的相反表示,仲裁庭很可能会作出和 Plama 案和 Yukos 案的仲裁庭相同的裁决。

仲裁庭之间对可以有效行使权力的时间存在分歧。Plama 案和 Yukos 案的仲裁庭都认为既然拒绝授惠权力的行使不具有溯及力,东道国不可以在投资争端进入争端解决程序后行使该权力。[56] 相反,Pac Rim v. El Salvador 案的仲裁庭认为只要拒绝授惠的条件满足,东道国可以在投资争端解决程序开始后行使该权力。[57] 这个问题在中国—加拿大双边投资条约中已得到有效解决,因为其明确规定东道国可以在任何时候拒绝对外国投资授惠,包括在仲裁程序开始后。这一规定可以使东道国充分利用权力,但也可能使投资者对其能享受到的利益预期产生不确定性。因此拒绝授惠的条件要尽可能详细而清晰地在投资协定中加以规定,从而提高其适用的确定性和透明度。

其他中国双边投资条约中的拒绝授惠条款对这一问题的规定过于模糊。因此,最好能在出现投资争端或进入争端解决程序之前行使这项权力,这有赖于对外资准入后的有效监管。《外资法草案》规定了几个对外资准入后监管的方案,包括外国投资者的年度报告制度,对外资进行监督检查的程序以及对外国投资者信用信息的分享。在这些机制的共同运作下,有关部门应该能及时发现应被拒绝授惠的外资,从而在争端发生之前有效行使权力,以避免仲裁裁决的不确定性。

拒绝授惠条款的合理使用可以作为东道国对投资定义范围的补充。当投资定义将受保护的外资纳入外资法与投资协定的体系下时,拒绝授惠条款可以

---

〔55〕 Plama, Ibid., pp. 162 – 165; Yukos, ibid. [458].

〔56〕 Plama, Ibid. Yukos, Ibid. 459.

〔57〕 ICSID Case no ARB/09/12, Decision on the Respondent's Jurisdictional Objections, 1 June 2012 [4.60] – [4.92].

将东道国市场不欢迎的外资剔除。然而,拒绝授惠条款的条件和效力还需要明确,它与东道国本地外资法律体系的协调也需要考虑,以使拒绝授惠条款发挥更好的作用。

结　　语

目前正在进行的外资法体系改革不是对有关法律法规的小修小补,而是对整个外资法体系的重构,目的在于进一步扩大市场开放,改善中国的投资环境和提高外资待遇。随着中国经济和相关产业的发展,为满足市场开放的需求,国民待遇所附加的例外和限制将继续减少。因此,从各个方面不断完善外资法律体系,在对外资简政放权的同时保护中国作为东道国的利益,减小改革带来的法律风险将更加重要。只有兼顾东道国和投资者利益保护的外资法体系,才能给外资提供稳定的投资环境与市场,并最终打造外资及东道国的双赢局面,促进二者共同发展。

介入因素理论在船舶碰撞“跨越索赔”纠纷中的运用

陶思绮*

摘要：

海上侵权案件中，因果关系的判定是确定侵权损害赔偿责任最关键的因素。在现实的船舶碰撞纠纷中，有时与受害者发生直接侵权的当事船舶自身赔偿能力低下，导致受害者不能获得足额赔偿。因此，受害者试图通过“跨越索赔”的方式起诉非直接侵权的其他碰撞船舶，一并请求承担赔偿责任。由于一般侵权理论仅适用于判定直接侵权中的因果关系，而跨越索赔纠纷中因直接侵权主体的介入使得因果关系是间接性的，使一般侵权理论无法适用。所以本文旨在通过引入介入因素理论来解读跨越索赔中的间接因果关系要件，从而增加船舶碰撞纠纷中的赔偿责任主体，提高对成本碰撞受害方的保护力度。

关键词：

船舶碰撞；船舶碰撞致第三人损害；介入因素

船舶碰撞属于发生率较高的海上事故之一，船舶一旦碰撞，就会引发高额的财产损失、油污损失等侵权索赔纠纷。这类索赔纠纷导致的侵权诉讼只有两种：要么发生在互撞船舶之间，要么由因船舶碰撞而遭受损失的第三方受害者（非碰撞当事船舶）对碰撞当事船舶提起。

如果受害当事船舶或第三方受害者起诉与其损失具有直接因果关系（即直接侵权）的碰撞当事船舶，通常是指直接互撞的船舶“两两之间”、以及碰撞当事船舶直接触碰第三人造成的损失，那么一般的侵权因果关系理论就能够解决上述因果关系问题。但现实的船舶碰撞索赔往往复杂，特别是在如果船舶碰撞纠

---

* 陶思绮，中山大学法学院2016级法律硕士研究生。

纷中的受害方起诉直接侵权船舶，譬如实践中常有“船方母公司以其控制的单船公司的名义进行经营，单船公司的管理和经营全部由母公司操作和控制，而单船公司往往只是一个空壳”。[1] 在这种情形下，若船舶发生碰撞事故，由于该侵权船舶所在的单船公司根本没有偿付能力或者偿付能力低下，而无法足额赔偿，此时就会产生“跨越索赔”的间接侵权纠纷问题。

一、船舶碰撞跨越索赔纠纷

所谓“跨越索赔”，是指碰撞纠纷中的受害当事船舶或第三方受害者越过直接侵权的碰撞当事船舶，而要求“与其未发生直接接触或触碰，但与其损失具有法律上间接因果关系（即间接侵权或间接碰撞）”[2] 的其他碰撞当事船舶一并承担赔偿责任。此处“间接侵权”而“跨越索赔”因果关系，是指间接侵权的其他碰撞当事船舶的过失行为与该受害当事船舶或第三方受害者的损害结果之间的法律上因果关系。

但由于跨越索赔中在碰撞当事船舶与受害者之间介入了直接侵权的当事船舶，因此因果关系是间接性的，一般的侵权因果关系理论就显得捉襟见肘，难以适用。而介入因素理论可以弥补“短板”，解决跨越索赔中的间接侵权因果关系问题，从而有助于侵权受害者增加索赔对象，提高获得足额赔偿的概率。

介入因素理论，是指“在某种先前行为将引起损害结果发展的过程中，又介入了另一因素，造成了损害结果的发生，从而打破了原有因果关系的发展规律”，[3] 通过判断介入因素的异常程度来判断在先行为与损害结果之间是否具有法律上因果关系的学说。适用介入因素理论最为重要的是分辨出“先前行为”“介入因素”与“损害结果”三个关键要素，以及由于每场船舶碰撞事故的情况都是不一样的，因此要在具体的案件事故中去分析“介入因素”是否“异常”，

---

[1] 黄宇、邓晗：《船舶碰撞责任的承担主体——中美海商法的比较研究》，载《中国海商法年刊》2009 年第 4 期。

[2] 郭会玲：《论船舶间接碰撞的责任基础》，载《天津航海》2009 年第 1 期。

[3] 商凤廷：《介入因素下客观归责理论之借鉴》，载《中国刑事法杂志》2015 年第 6 期。

以及达到了哪一等级的异常程度”。[4]

“跨越索赔”在船舶碰撞侵权纠纷仅有的两类诉讼中的表现形式不同,为了全面展示介入因素理论是如何判断间接因果关系的,本文分为两个部分,分别讨论两类诉讼中跨越索赔的表现形式(也即介入因素理论的适用情形)及介入因素理论具体的适用方法。

二、介入因素理论在碰撞船舶之间跨越索赔纠纷中的运用

(一)碰撞船舶之间跨越索赔纠纷的表现形式

船舶碰撞按照碰撞船舶的数量可分为两类:一类为两艘船舶之间发生碰撞;另一类为船舶连环碰撞,即发生在三艘及以上船舶之间。在第一类中,当只有两艘船舶在海上或与海相通的可航水域相碰时,碰撞行为与各船舶损害结果之间的因果关系是显而易见的,借用一般的侵权因果关系理论就可以判定,也不存在跨越船舶索赔的情形。

然而,在第二类中,一旦船舶碰撞发生在多艘(即三艘及以上)船舶之间时,就可能产生跨越索赔纠纷。以三艘船舶碰撞为例,假如船舶甲与船舶乙发生第一次碰撞后,船舶乙在前一次碰撞的作用下又继而与船舶丙发生了第二次碰撞,那么前后两次碰撞之间是否存在法律上的因果关系?除了直接碰撞的船舶乙,船舶丙是否可以起诉请求船舶甲也对其承担损害赔偿责任?

这就涉及碰撞船舶之间的“跨越索赔”问题,是指船舶丙越过与其发生直接碰撞的船舶乙,而要求与其未发生直接接触的船舶甲承担侵权赔偿责任的情形。而判定船舶甲是否也应对船舶丙负有赔偿责任则取决于第一次碰撞中的船舶甲与船舶丙的损害结果之间是否具有法律上的间接因果关系,这正是引入介入理论所要解决的关键问题。

(二)介入因素理论在碰撞船舶之间跨越索赔中的具体适用

明确了跨越索赔的表现情形,也就确定了介入因素理论的适用情形。以上述三艘船舶的跨越索赔为例,对介入因素的具体适用进行详细分析,主要分为三个阶段:

---

[4] 胡胜、张斌全:《连环车祸中交通肇事责任如何区分——论刑事责任认定中异常介入因素对因果关系的切断》,载《广州市公安管理干部学院学报》2010年第4期。

第一阶段，先辨析出在船舶连环碰撞中哪些是"先前行为"，哪些是"介入因素"以及哪些是"损害结果"？由于最终要明确的是船舶甲与船舶丙的损害结果之间的法律关系，因此第二次碰撞中"船舶丙的损害结果"毫无疑问是此处讨论的"损害结果"。因为判断赔偿责任时是在事故已经发生完毕的情况下分析，所以可以综观连环碰撞的整体来看。在实践中，船舶甲与船舶乙可能是直接碰撞或间接碰撞，船舶乙与船舶丙亦是如此，但可以肯定的是船舶甲与船舶丙之间是不会发生直接接触的，因为如果发生直接接触，那么两者之间肯定具有因果关系，可以直接适用一般侵权原则进行判定，也就不存在适用介入因素分析的必要了。所以不妨将船舶甲与船舶丙之间看成"间接碰撞"，通过"船舶乙"作为介入的第三因素以便于分析，那么此处的"先前行为"自然是"船舶甲引发碰撞的过失行为"，而"介入因素"则是指"船舶乙碰撞船舶丙的行为"。

第二阶段，藉由介入因素的异常程度得出船舶甲与船舶丙的损害结果之间是否具有法律上因果关系的三个推论。如果"船舶乙实施的第二次碰撞行为"足够异常，那么就完全中断"船舶甲针对船舶丙实施的间接碰撞行为"与"船舶丙的损害结果"之间法律上因果关系，也就意味着船舶甲不需对船舶丙的损失承担任何责任，而由船舶乙按海商法"按份责任"的比例承担；如果"船舶乙实施的第二次碰撞行为"不够异常，不能完全中断"船舶甲针对船舶丙实施的间接碰撞行为"与"船舶丙的损害结果"之间法律上的因果关系，那么船舶甲与船舶丙的损失之间仍存在法律上因果关系，因而船舶甲与船舶乙共同对船舶丙承担赔偿责任；而如果"船舶乙实施的第二次碰撞行为"不异常，不能中断"船舶甲针对船舶丙实施的间接碰撞行为"与"船舶丙的损害结果"之间法律上的因果关系，那么船舶甲承担对船舶丙最终的赔偿责任。

第三阶段，分析介入因素异常程度来判定在某船舶连环碰撞案中成立上述哪一个因果关系推论，具体到船舶碰撞中，"异常"的标准通常可以是指船舶乙在发生第一次碰撞后与船舶丙之间的距离远近、前后两次碰撞发生的时间间隔、船舶乙在第一次碰撞后采取的行为等因素。当"船舶乙实施第二次碰撞行为"是可以"合理预见、出现的概率高或者对（船舶丙的）损害结果发生作用力小"，[5]那么说明该介入因素不异常，船舶甲与船舶丙的损害结果之间存在法

〔5〕 刘涛：《介入因素下刑法因果关系中断的判断》，载《江苏经济报》2014 年 5 月 14 日，B03 版。

律上的因果关系;同理,如果不能合理预见、出现的概率低下或者对船舶丙的损害结果发生作用力大,那么说明该介入因素异常,船舶甲与船舶丙的损害结果之间不存在法律上的因果关系。

(三)介入因素理论在碰撞船舶之间跨越索赔的司法实例分析

在司法实践中其实已经存在案例适用介入因素理论来判定船舶碰撞中的因果关系,特别是船舶连环碰撞中的赔偿责任认定,具体如下:

案例一:武汉海事法院审理的南京博洋海运有限公司与池州市交通轮船运输公司、营口腾翔船务有限公司等船舶碰撞损害赔偿纠纷一案,[6]涉案四艘船舶之间发生碰撞事故,系由"相继发生"的三次碰撞事故组成,即"腾翔8"轮碰撞"皖池州货2828"轮、"皖池州货2828"轮碰撞"博洋6"轮、"博洋6"轮碰撞"长江82013"船队。法院认为:"该三次碰撞事故表面上看似彼此独立,其间亦有一定时间间隔,但实质上相继影响,即之前碰撞事故的结果在一定程度上诱发后续碰撞事故的发生,而后续碰撞事故对之前碰撞事故所致损害亦产生影响。"从而判定"博洋6"的损失也应由引发后续碰撞的"腾翔8"轮和"皖池州货2828"轮都承担相应比例的责任。

案例二:上海海事法院审理的邢玉林与钦州市钦州港远顺达船务有限公司船舶碰撞损害责任纠纷一案,[7]涉及两次碰撞,第一次是"宁东湖680"轮碰撞"泰联达"轮,第二次是"泰联达"轮碰撞"宁连海606"轮。法院认为没有第一次碰撞,"泰联达"轮就不会倒车,也就不会和在其后航行的"宁连海606"轮发生碰撞,前次碰撞确实是造成后次碰撞事实上的原因。但在第二阶段的分析中,法院又否认了这种事实上的原因,因为法院认为在第一次碰撞完成后,"泰联达"轮倒车的过程中仍然对船舶有着完全的控制权,以谨慎、良好的船艺而言,应当在与"宁连海606"轮碰撞之前有充足的时间可以采取有效措施,停住船舶,避免第二次碰撞的发生。"泰联达"轮在第一次碰撞之后除保持倒车之外几乎未采取任何行动,有放弃操船之嫌,这种应对明显不符合常理,存在严重过失。而在同种情况下,一般的船员凭借一般的船艺水平,即使将第一次碰撞导致船员产生慌乱的情况考虑在内,也应能够避免第二次碰撞的发生。"泰联达"轮这种严重的过失使前后两次碰撞之间的因果关系得以中断。

[6] 参见武汉海事法院(2012)武海法事字第00029号民事判决书。

[7] 参见上海海事法院(2013)沪海法海初字第51号民事判决书。

案例三：在邵某欧与舟山市鼎衡造船有限公司、上海鼎衡船务有限责任公司船舶碰撞损害赔偿纠纷中，[8]涉及两次碰撞，第一次是“鼎衡9”碰撞“浙象988”轮，第二次是“浙象988”轮碰撞“舟海油9”轮。一审、二审法院都认为：“前后二次碰撞时间约为2分钟，两次碰撞不仅在时间上具有连续性，而且在间隔时间如此短暂及船员处于惊慌状态下，要通过正常船艺避免第二次碰撞事故的发生，已无可能。因此，前后三船碰撞具有因果关系，系连环碰撞。”

在上述列举的三个案件中，笔者发现法院虽然都意识到需要分析碰撞船舶之间的某种相互影响作为划分责任的标准，但始终无法点破到底是怎样的关系，这也是笔者写作此文的目的。其实在司法实践中，已经有法官运用介入因素理论的方法去判断赔偿责任，只是没有指明这就是“先前行为”“介入因素”“损害结果”三者之间的关系。譬如上述三个案例的共同点在于发生碰撞的各艘船舶都存在过失，但是如果独立分析，在当时的航行情况下，涉事船舶各自的过失单独存在很大程度上都不会导致碰撞的发生，正是由于各涉事船舶过失偶然同时存在，而依次导致了第一次碰撞的发生，继而又陆续地诱发了之后的连环碰撞的发生，从而使得各船舶损失之间存在了紧密联系。有趣的是，“诱发”“影响”这些用词证明上述的审判法院都有意识地去判别多次碰撞之间的某种联系，但只有案例二、案例三的法院明确指出这种“联系”本质即是“因果关系”。

以介入因素理论角度来依次分析三个案例：

案例一就是因为“之前的碰撞诱发了后续碰撞”，“一定的时间间隔”不能导致介入因素“皖池州货2828轮碰撞博洋6轮”的行为”被界定为异常，因此“腾翔8”轮与“博洋6”轮的损失存在因果关系，但因“皖池州货2828”轮对碰撞的发生也有过失，所以“腾翔8”轮和“皖池州货2828”对“博洋6”轮共同承担赔偿责任，可惜的是法院虽然判决合理合法，但是说理不够透彻，仅点出上述三方之间存在某种影响，而非存在因果关系。

而第二例则是因为第一次碰撞后，“泰联达”轮有足够的时间和距离将船舶停住，避免第二次碰撞，因而“泰联达轮的持续倒车行为”使得介入因素“‘泰联达’轮碰撞‘宁连海606’轮的行为”被判定为异常，中断了先前行为“‘宁东湖680’轮引发碰撞的过失行为”与“宁连海606”轮损失结果之间的因果关系。

[8] 参见浙江省高级人民法院(2012)浙海终字第31号民事判决书。

在第三例中,法官以“两次碰撞之间间隔短暂”及“正常船艺仍无法避免碰撞事故”为由判定介入因素“‘浙象988’轮碰撞‘舟海油9’轮的行为”在当时情形下不是异常的,所以先前行为“‘鼎衡9’引发碰撞的过失行为”与“舟海油9”轮的损失结果之间的因果关系并未中断,前者要对后者负有赔偿责任。

除此之外,笔者还发现此类判决中的另一问题,在此仅点明以供参阅。笔者发现,不管是两船之间的碰撞还是复杂的连环碰撞,法官最终都会以海商法第169条第1款和第2款作为判案依据。似乎海事法院之间达成一致默认,认为船舶连环碰撞也应适用《海商法》第169条前两款判定碰撞的赔偿责任承担问题。然而笔者对此持有保留看法。

海商法第八章船舶碰撞并没有如司法解释《最高人民法院关于审理船舶碰撞和触碰案件财产损害赔偿的规定》中明确指出此处的“船舶碰撞”包括“两船以上”的连环碰撞,这会使第169条第2款中的“第三人”的含义产生分歧,即该第三人是否包括第二次碰撞中的第三方船舶,从而影响到连环碰撞中第三方船舶的权益保护的法律依据和程度不同。如果海商法第八章“船舶碰撞”不包括连环碰撞,那么第二次碰撞中的第三方船舶会被识别为第一次碰撞中的“第三人”,对于第三方船舶的财产损失,则应依据第2款的后半段,由第一次碰撞中的过失船舶承担按份责任;对于第三方船舶的人身损失,应按照第3款,由第一次碰撞中的过失船舶承担连带责任。然而,如果“船舶碰撞”包括连环碰撞,那么第三方船舶不会被识别为“第三人”,而是“碰撞当事船舶”。所以,对于该第三方船舶的财产损失,应当依据第1款和第2款的前半段,仍由第一次碰撞中的过失船舶承担按份责任;但对于第三方船舶的人身损失,则不能再直接适用第3款。同时又因第169条也没有指明碰撞当事船舶船上人员的人身伤亡如何承担责任,此时第三方船舶的人身伤亡就成了需要探究问题。尽管有学者提出《最高人民法院公布第二次全国涉外商事海事审判工作会议纪要》第132条明确了海商法第169条第3款的“第三人”包括“碰撞当事船舶上的船员、旅客和其他人员的人身伤亡”,但笔者认为会议纪要只是一场会议的记录,是否具有法律效力是存在疑问的,对于存在法律效力疑问的非规范性法律文件当然不能作为判案依据,只能是学说理论的一种。

因此,目前司法实践中适用海商法第169条的3款规定作为船舶连环碰撞责任划分的依据是否合理是需要进一步探讨的问题。

三、介入因素理论在船舶碰撞致第三人损害跨越索赔中的运用

（一）船舶碰撞致第三人损害跨越索赔的表现形式

船舶碰撞致第三人损害是指“当发生船舶碰撞后，碰撞当事船舶又造成碰撞船舶以外的第三人的损失”。由于碰撞当事船舶与第三人的损失是存在于两方之间直接引起与被引起的因果关系，因此适用一般侵权理论即可判断，第三人可以直接起诉该当事船舶进行索赔。但有时当事船舶可能出现自身被撞沉或者赔偿能力低下，无法足额赔偿等原因，此时第三人就会试图越过该当事船舶，起诉船舶碰撞中的其他当事船舶，要求承担赔偿责任，这就是船舶碰撞致第三人损害纠纷中的“跨越索赔”。

此种跨越索赔其实存在多种表现形式，譬如当事船舶被碰撞后因无法及时停住而触碰港口设施，造成设施损坏，港口经营者要求当事船舶以外的、未与港口设施直接触碰的其他碰撞船舶也承担设备损坏的责任；又或者常见的船舶碰撞导致当事船舶漏油，在漏油区域圈养鱼群的渔民鱼群遭受污染、实施开发作业的企业所有的各种平台、设备因沾染油污的清洗费用或遭受损坏等，油污受害方要求非漏油船舶承担赔偿责任。

因司法实践中船舶碰撞致油污损害发生频率较高，同时有学者曾提出“相关因果关系说”来解决船舶碰撞致油污损害问题，所以本文借此为例展示介入因素理论如何在碰撞致第三人损害情形中适用，并兼评相关因果关系说。

（二）介入因素理论在船舶碰撞致第三人损害跨越索赔的具体适用——以船舶碰撞致油污损害为例

“船舶油污损害赔偿责任制度的原则是‘谁漏油，谁赔偿’，但在实践中会出现这样的案例：漏油船舶对于漏油不存在任何过失，而是完全基于非漏油船舶的过错发生碰撞导致漏油。如果基于上述原则，油污受害方也只能向漏油船舶索赔。”[9]然而，有时漏油船舶的船东可能属于单船公司，或者根本没有投保油污保险，赔付能力极弱，对于油污受害方的利益保护就不力了。

---

〔9〕 司玉琢：《沿海运输船舶油污损害赔偿若干法律问题研究》，载《大连海事大学学报》2002 年第 Z1 期。

曾有一种说法认为:“油污损害是因漏油行为引起,而非碰撞行为引起,油污损害的近因是漏油而非碰撞,因为碰撞并非必然导致油污,而漏油则一定会导致油污,因此,漏油船才是污染的源头,应由漏油方承担油污责任,而非漏油方与油污受害人间并不存在直接的关系,不必对油污受害人直接承担油污损害。而非漏油方与油污受害人间并不存在直接的关系,不必对油污受害人直接承担油污损害。”[10]笔者认为,这是不合理的,介入因素理论可以为油污受害方跨越漏油船舶,起诉非漏油方要求承担油污损害责任提供法理支持。

以船舶甲碰撞船舶乙,引发船舶乙漏油导致第三方的油污损害为例,探讨非漏油方船舶甲是否对漏油行为所致的第三方油污损害存在因果关系。

在该例中先分析三个要素,即“先前行为”是非漏油方船舶甲的过失碰撞行为,“损害结果”是第三方的油污损害,“介入因素”是漏油方船舶乙的漏油行为。然后结合具体案情分析,在当时发生碰撞后船舶乙漏油是否异常,一般来说通过分析碰撞的角度、部位、力度、船舶材质硬度等因素可以判断,比如碰撞部位刚好是油箱,则说明船舶乙漏油不异常,非漏油方船舶甲的过失碰撞行为与第三方油污损害之间具有法律上因果关系,船舶甲也要对油污损害承担直接的赔偿责任;反之如果碰撞力度其实轻微,正常情况下不可能发生漏油,则说明船舶乙漏油异常,非漏油方船舶甲的过失碰撞行为与第三方油污损害之间不存在因果关系,船舶甲对油污损害不承担赔偿责任。

(三)在船舶碰撞致油污损害中介入因素理论与相当因果关系说的辨析

在《从因果关系要件解读船舶碰撞致油污损害的请求权竞合》(以下简称《因果关系解读》)一文中,该作者将此问题识别为“碰撞损害赔偿请求权”与“油污损害赔偿请求权”的请求权竞合问题,油污受害方可自由选择其中一个请求权行使,并提出了“采用两阶段的因果关系理论,对于有效地确定海上侵权损害赔偿范围有着积极的意义”。[11] 司玉琢老师认为判断船舶碰撞与损害结果之间是否存在因果关系需要“两阶段”。

该“两阶段”是指:“以相当因果关系说确立责任的成立,从而确定第一层次

〔10〕 韩立新、刘红:《油污损害赔偿中非漏油方的责任主体地位探析》,载《河北法学》2008年第9期。

〔11〕 司玉琢:《从因果关系要件解读船舶碰撞致油污损害的请求权竞合》,载《中国海商法年刊》2009年第19期。

的权利损害；然后结合法律目的和法律规定的适用，确定与权利损害有相当因果关系的进一步损害，从而确定第二层次的损害赔偿范围，对相当因果关系加以适当限制。如碰撞致溢油损害属权利损害，碰撞行为与溢油间存在相当因果关系，因此，溢油的权利损害属于第一层次的赔偿范围，与权利损害有因果关系的渔捞损失、清污费用、环境损害则属第二层次的赔偿范围。”〔12〕也就是说，首先适用“相当因果关系说”确定碰撞行为造成溢油损害有“相当的可能性”，从而确定该损害结果属于“权利损害”；其次再适用“相当因果关系说”和“法律目的”共同确定油污损害属于与权利损害之间具有“相当的”因果关系，那么该油污损害也属于与碰撞行为具有“相当的”因果关系的损害结果，从而实施碰撞行为的船舶要对油污损害承担赔偿责任。

介入因素理论与相当因果关系说都能证明船舶碰撞行为与油污损害之间具有因果关系。然而，笔者更青睐于介入因素理论，基于以下几点理由：

1. 两种理论都需要法官行使自由裁量权据以判断“异常”“相当”的程度范围，但前者比后者更便于限制自由裁量的滥用。

《因果关系解读》中提出了一种方法来限制这种无限扩大“相当性”。然而，“法律目的的复杂性决定了可从多种意义上去理解，在特定情况下究竟以何种法律目的为准？”〔13〕是涉及的某个具体法条的个别目的还是整部法律的整体目的？是立法者的目的还是法律条文的目的？此外，有时出现上述因果关系无法判断或者赔偿范围不明确的问题正是由于立法（法律）缺失所导致，因而反过来又以存在法律规定为前提去判断赔偿范围，就会陷入自相矛盾的循环，在实践中无法操作。何况一项立法工作耗时长，难以赶上现实变化，损害结果的范围本就是无法完全列举的，如果针对某一损失法律没有明确规定，同样也会遭遇尴尬。更为重要的是，法律目的或法律条文是需要进行法律解释的，因此对其的理解容易遭遇分歧，而易于导致同案不同判，损害判决的可预见性。

介入因素理论却有着相对具体的参考因素作为标准，而且不需要依赖法律规定来限制因果关系联系的无限扩大。此外，介入因素理论已在刑法中获得了

〔12〕 司玉琢：《从因果关系要件解读船舶碰撞致油污损害的请求权竞合》，载《中国海商法年刊》2009 年第 19 期。

〔13〕 刘国：《目的解释之真谛——目的解释方法中的“目的”辨考》，载《浙江社会科学》2012 年第 1 期。

多年的理论研究和实践运用,可以充分借鉴这些既有的成熟的资料作为参照。尽管两者在分辨“先前行为、介入因素、损害结果”三个要素上会有不同之处,但介入因素理论用于解决介入因素是否异常的本质是相同的。不排除发生在海上的船舶碰撞事故将来可能归为(海上)交通肇事罪的可能性。

2. 在确定海上侵权赔偿责任上,介入因素理论比相当因果关系说能获得更为合理的结果。

在解决譬如油污损害等物质损害请求权问题上两种理论都适用,但遇到非物质损害请求权时,相当因果关系说就存在障碍。因为“权利损害”的涵义是模糊的,是仅指财产损害还是也包括纯经济损失?例如,船舶甲与船舶乙之间发生了间接碰撞,船舶乙因浪冲击力太大而偏离了原航向发生搁浅或其他事故,尽管船舶乙的船体及船上货物、人员等可能都没有遭受物理损坏,但因搁浅而延误航期,导致船舶乙承运人要承担运输合同的迟延履行违约责任。那么此时就出现一个问题:根据一般的侵权理论,纯经济损失是不予赔偿的,损害结果必须以有物质损失为基础。也就意味着由船舶乙独自承担纯经济损失的迟延履行责任,而且不能向船舶甲追偿。但是显然,船舶乙承担的迟延履行责任是因船舶甲的间接碰撞行为而起,此种处理结果对船舶乙是否不公平?另外,纯经济损失是否属于此处的第一层次“权利损害”,或是第二层次的“权利损害”引起的损害却是值得思考的问题。

相比之下,介入因素理论则可以通过分析在当时情况下,介入因素“船舶乙发生搁浅”是否异常来推断出船舶甲的间接碰撞行为与迟延履行之间是否具有法律上因果关系,从而直接确定是否应对这种纯经济损失承担赔偿责任,结果可能更为令人信服。

3. 介入因素理论比相当因果关系说适用范围更为广泛。相当因果关系说只适用于判断两船相撞的情形下的侵权赔偿责任范围,当存在多艘船舶连环碰撞时就不适用了。例如,在船舶甲与船舶乙发生第一次碰撞后,船舶乙在前一次碰撞的作用下又继而与船舶丙发生了第二次碰撞的案件中,船舶乙的权利损害结果显然不可能导致船舶丙被撞的事实,因果关系的分析就变得没有依据。但介入因素理论可以作出合理解释。

介入因素理论的引入为船舶碰撞赔偿责任纠纷中判断间接因果关系提供了支持,将间接侵权的碰撞当事船舶也纳为赔偿责任主体,更有力地保护了船舶碰撞纠纷中受害者的权益。

中国外资准入“负面清单”模式研究

黄兰程*

摘要：

目前，中国自贸区试验的准入前国民待遇加“负面清单”模式仍有改进空间。在“负面清单”方面，与美式双边投资条约相比，中国自贸区版的形式和内容尚欠缺透明度。应当在全面梳理国家产业的基础上调整清单结构，细化措施描述。在外资监管体制方面，当前“混合清单”模式在监管的定位、主体、方式上与“负面清单”模式尚有差距。应当在借鉴美国、印度尼西亚和中国自贸区经验的基础上，确立以有限权力实现有效监管的定位，建立多元主体的多层次监管网络，借助电子信息平台创新监管方式，最终建立统一的高水准市场监管体系。

关键词：

外资准入；国民待遇；负面清单；外资监管；中国自贸区

一、准入前国民待遇加“负面清单”模式的概念

国民待遇原则在国际投资法中由来已久，但长期以来只适用于外资进入东道国后的阶段。在准入阶段东道国享有充分的规制权，一般以“正面清单”的形式规定外资可以进入的产业部门，或以“混合清单”的形式同时规定外资可以进入和禁止进入的产业部门，并保留清单之外产业部门的规制权。准入前国民待遇加“负面清单”模式首先由《北美自由贸易协定》（NAFTA）确立，之后成为美式双边投资条约（Bilateral Investment Treaty，BIT）的范本条款。美国长期主导该模式在区域性协议中的实践，所缔结条约无一例外。据商务部统计，世界上

* 黄兰程，中山大学法学院2016级法律硕士研究生。

已经有77个国家实施了外资准入的负面清单。[1] 在这样的实践趋势下,尤其当前"负面清单"已成为中美双边投资条约谈判的重点,研究"负面清单"模式具有充分的现实必要性和紧迫性。

在开展研究之前,有必要厘清准入前国民待遇加"负面清单"模式的概念。首先,在国际投资协议中,准入前国民待遇加"负面清单"模式是指,缔约方承诺缔约他方的投资或投资者在准入阶段也享有国民待遇,只有明确列举的不符措施可以除外。尽管"负面清单"常用于指代美式BIT的不符措施清单,但是二者并不总是等同。根据《2012年美国BIT范本》第14条,不符措施包括了与国民待遇、最惠国待遇、业绩要求、高层管理和董事会不符的措施。尽管大部分不符措施都涉及国民待遇,但是当研究视角限于准入前国民待遇时,"负面清单"就不等同于一份完整的不符措施清单,而仅是其中涉及国民待遇的部分。

其次,缔约国对准入前国民待遇的例外保留也不仅体现于"负面清单"。一般地,缔约方还会在投资协议正文对税收、国家安全等特定事项作出一般性保留。例如,《2012年美国—卢旺达BIT》第21条规定了特定纳税对象适用特别征税措施;又如,NAFTA第2102条规定了重大国家安全不受协议拘束。

最后,本文研究的对象"负面清单"模式由"负面清单"文本和外资监管体制构成。实际上,准入前国民待遇加"负面清单"模式大幅缩小了东道国准入阶段规制权的范围,相应地对外资监管体制提出了更高要求。故而从东道国的视角出发,"负面清单"模式的辐射范围涵盖了从条约谈判到外资落地的整个流程,"负面清单"文本与对应的外资监管体制相互依存,不可偏废。

二、美式BIT与中国自贸区的"负面清单"比较研究

(一)美式BIT"负面清单"的形式、内容和价值

如前所述,准入前国民待遇加"负面清单"模式由美国开创并主导实践,其BIT范本几经修订,发展已较为成熟。而中美BIT"负面清单"仍处于紧张谈判中。因此,以美式BIT"负面清单"为参照对我国颇具借鉴价值和现实意义。

《2012年美国BIT范本》第14条是对不符措施的一般规定。第1款的规定

〔1〕 参见王中美:《"负面清单"转型经验的国际比较及对中国的借鉴意义》,载《国际经贸探索》2014年第9期。

对象是附件一和附件三。其中第 1 项规定缔约方可以维持现存不符措施,包括中央政府、地区政府和地方政府三个层级;第 2 项保留缔约方延续或即时更新第 1 项中不符措施的权力;第 3 项限定缔约方修订不符措施不得减损与国民待遇等义务的一致性。第 2 项与第 3 项构成了美式 BIT 附件一与附件三的"棘轮机制",即现存不符措施只得延续、修订和废止,而不得加严。第 2 款的规定对象是附件二,缔约方可以在附件二范围内加严现存措施或者新增不符措施,但不得溯及既存投资。

以《2012 年美国—卢旺达 BIT》为例,可以考察美式 BIT"负面清单"的具体内容。从协议正文来看,《2012 年美国—卢旺达 BIT》的不符措施条款与《2012 年美国 BIT 范本》中的完全一致,是典型的美式准入前国民待遇加"负面清单"模式。从附件来看,《2012 年美国—卢旺达 BIT》包含三个不符措施清单,均由解释性说明与两国清单构成。解释性说明重申了国民待遇、最惠国待遇、高层管理和董事会以及履行要求不适用于不符措施。

附件一为现存不符措施清单,由部门、所涉义务、政府层级、措施和描述组成。附件一所列措施为东道国政府在 BIT 生效后希望维持的现存不符措施,受棘轮机制约束。附件二为可新增不符措施的部门清单,由部门、所涉义务、描述和现存措施组成。缔约方可以加严现存不符措施,也可以保留整个部门的规制权。附件三为金融清单,由部门、子部门、所涉义务、政府层级、措施和描述组成。附件一、附件二只列举一般投资,附件三则专门适用于金融业。尽管《2012 年美国—卢旺达 BIT》对此没有明确表述,但可见于美国缔结的其他投资协议,如《2012 年美国—韩国 FTA》《2012 年美国—哥伦比亚 FTA》的附件三。值得一提的是,美国部分投资协议的附件三兼采了附件一和附件二的形式。例如,《2012 年美国—韩国 FTA》的附件三分为 A 节与 B 节,缔约方不得加严 A 节的现存措施,而可以不溯及既往地加严 B 节的现存措施或者新增不符措施。

从清单具体内容来看,美国的"负面清单"整体比卢旺达的更长。美国在附件一限制了原子能、航空运输等关乎国家安全的产业,在附件三详细列举了对金融业各子部门的限制。反观卢旺达的"负面清单",仅在附件一限制了给予投资与贸易出口的鼓励措施和非政府组织审批程序,在附件二保留了采取符合卢旺达弱势群体经济或社会权益的措施的权力,在附件三限制保险业。

由此可见,发达国家的清单未必比发展中国家的短,不符措施少也未必是开放程度高。美国为金融业专设附件三列举,足见金融业对美国国家安全之重。而卢旺达不限制原子能与航空运输等行业,也并非因为它们不重要,而是尚未建立。“负面清单”的长度、具体内容受多方面因素影响,其价值并不在于短小,而在于透明。所有不符措施都已列明,投资者可依此指导自身的投资实践。这也正是美式BIT“负面清单”虽非最短,但仍是典范的原因。

因此,设计“负面清单”时必须全面梳理国家产业,认真考察哪些产业攸关国家安全,哪些产业尚处于幼稚期。既要避免因清单粗疏而增加发生争议的概率,也要避免为吸引外资而贸然开放重要产业。“负面清单”透明度高,至于能否短小则由国家综合实力决定,不可强求。[2]

(二)中国自贸区“负面清单”的形式、内容与存在问题

中国自贸区现行有效的“负面清单”版本是国务院于2015年颁布的《自由贸易试验区外商投资准入特别管理措施(负面清单)》(以下简称《自贸区负面清单》),属于行政法规。继2013年版、2014年版之后,2015年版“负面清单”进一步将特别管理措施缩减至122条。

《自贸区负面清单》之前的“说明”首先表明“负面清单列明了不符合国民待遇等原则的外商投资准入特别管理措施”,“《自贸试验区负面清单》之外的领域,在自贸试验区内按照内外资一致原则实施管理”。尽管该说明突显了国民待遇原则,但是并未像美式BIT那样列明所有不符义务。“领域”一词的范畴则显然大于“措施”,清单领域内未涉及不符措施的产业部门待遇不明,严重减损了清单的透明度。此外,“说明”保留了我国对国家安全、公共秩序、公共文化、金融审慎、政府采购、补贴、特殊手续和税收的规制权,与美式BIT基本一致。

《自贸区负面清单》由部门、子部门、特别管理措施三个部分构成。就所涉部门而言,清单涵盖了采矿业、制造业等14个产业;就措施内容而言,清单项目繁多,法律依据来源也较为杂乱,主要表现为以下问题:

第一,清单没有全面系统地梳理国家产业,错误列举了与外资准入无关的管理措施。清单照搬了部分“混合清单”即《外商投资产业指导目录》(以下简称《指导目录》)的项目,例如,第121项直接将《指导目录》里的禁止类以及标注有“限于合资”“限于合作”“限于合资、合作”“中方控股”“中方相对控股”和

[2] 参见钱晓萍:《国际投资市场准入“国民待遇与负面清单”研究——以美国晚近缔约实践为主要研究对象》,载《上海对外经贸大学学报》2015年第4期。

有外资比例要求的项目,都列入不得设立外商投资合伙企业的范畴。这种粗疏导致与外资准入无关的管理措施也错误地被列入“负面清单”。其中一些是不属于市场准入阶段的管理措施,例如,第94(3)项规定,教育教学活动和课程教材须遵守我国相关法律法规及有关规定。该措施是对运营活动的限制,且无论内外资均须遵守。另一些则是不属于对外资特有的管理措施,例如,第5(17)类对专营和特许经营的限制不仅适用于外资,也同样适用于内资。

第二,管理措施所不符合的义务不明。“说明”没有穷尽清单涉及的不符义务,而正文也未具体说明特定管理措施涉及的不符义务,降低了不符措施的可预见性。例如第50项规定,公共航空运输企业董事长和法定代表人须由中国籍公民担任,涉及高管和董事会要求;第23项规定,城市轨道交通项目设备国产化比例须达到70%及以上,涉及履行要求。

第三,特别管理措施的法律依据不明。《自贸区负面清单》没有如美式BIT般直接以具体的国内法条文为“现存措施”,只是描述了现存措施。并且部分措施的描述十分笼统,简单将某产业部门归于“限制类”。例如,第2(6)类“金属矿及非金属矿采选”下所有措施的描述都是“属于限制类”,没有任何进一步说明。还有部分描述笼统地规定外资必须符合“特定条件”或“相关法律法规”,例如,第66项规定,境外投资者投资货币经纪公司须满足相关业务年限、全球机构网络和资讯通信网络等特定条件;第94(3)项规定,教育教学活动和课程教材须遵守我国相关法律法规及有关规定。

第四,部分管理措施的描述有歧义。一些歧义源于表达不统一,例如,第18项“海洋工程装备(含模块)制造与修理,须由中方控股”和第19项“船舶(含分段)修理、设计与制造属于限制类,须由中方控股”同样表示“中方控股”这一限制,后者却多出了“属于限制类”,让人不解“限制类”即后文的“中方控股”还是别有限制。还有一些歧义源于措辞本身具有多种可适用的含义,例如,第63项规定,互联网新闻信息服务单位与外国投资者进行涉及互联网新闻信息服务业务的合作,应报经中国政府进行安全评估。其中“合作”一词究竟是日常用语中的“相互配合的行为”,还是法律术语中的“中外合作”?如果是前者,那么无论以何形式投资该业务都必须进行安全评估;如果是后者,则只有以合作形式投资才需要进行安全评估。该项还可能意在同时表达该业务只能以合作形式投资,并需要进行安全评估。歧义纷纭,难以辨别。

综上所述,无论是从结构还是内容上看,虽然《自贸区负面清单》大幅精简了《指导目录》的管理措施,也较以往版本的"负面清单"更简短,但是本质上仍像对《指导目录》禁止类和限制类的重整编排,没有达到"负面清单"应有的透明度效果。

(三)中国版"负面清单"的改进方向

尽管《自贸区负面清单》只是试行,但是如果不以真正的"负面清单"为设计标准,难以反映准入前国民待遇加"负面清单"模式对我国的现实影响。以降低透明度来缩短清单更是有违"负面清单"模式的法理和制度目的,也难以令美国或者潜在缔约国接受。因此,设计中国版"负面清单"必须紧密围绕透明度,切忌盲目求短。

首先,应全面审慎地梳理国家产业。现有清单有未穷尽特别管理措施之嫌,例如,《中国民政部殡葬管理条例》第8条所规定的"利用外资建设殡葬设施,经省、自治区、直辖市人民政府民政部门审核同意后,报国务院民政部门审批"并未在《自贸区负面清单》中体现,但据称我国民政部实际是对这个行业有市场准入限制的。[3] 这究竟表示自贸区放开了对殡葬业的特别限制,还是仅因自贸区显然不可能发展殡葬业而忽视了,甚至是为缩短清单而刻意省略,投资者不得而知。根据我国现行法律的某些规定,即使在自贸区没有任何产业规模的行业,也能找到与之相关的连接点,例如,我国公司法第10条规定:"公司以其主要办事机构所在地为住所。"[4] 如确有外商对殡葬业有投资意向,而民政部的实际做法又与清单不一,实在有伤"负面清单"的权威性。因此,全面审慎地梳理国家产业不仅是为了保护本国利益,也是为了避免清单与国家本意不一而造成法律适用上的尴尬。

其次,应重新调整"负面清单"的结构。一方面,现有清单缺乏对不符义务的一般说明和具体说明,既降低了投资者对不符措施的预见可能性,也导致立法者误将与准入前国民待遇无关的管理措施列入"负面清单"。因此很有必要在"说明"中列举清单涉及的不符义务,在清单正文中增设"不符义务"一项以表明特定措施涉及的具体不符义务。另一方面,现有清单中缺乏管理措施的具

[3] 参见龚柏华:《"法无禁止即可为"的法理与上海自贸区"负面清单"模式》,载《东方法学》2013年第6期。

[4] 胡加祥:《国际投资准入前国民待遇法律问题探析——兼论上海自贸区"负面清单"》,载《上海交通大学学报》2014年第1期。

体国内法依据,甚至笼统地规定“属于限制类”“满足相关条件”“遵守相关法律”。而清单解释权又归东道国政府,那么“限制类”与“禁止类”的实行效果几无差异。因此应当区分特别管理措施的法律依据和对特别管理措施的描述,还原“限制类”“相关条件”“相关法律依据”等含糊措辞所指向的具体国内法依据,减少任意解释的空间。

最后,应细化特别管理措施的描述。细化描述必然建立在实质梳理产业和重整清单结构的基础上。描述中措辞不统一,究其原因就在于没有实质梳理全国产业,只是照搬《指导目录》或简单摘录现有法律法规,术语来源杂乱不一。而过于简单的清单结构加剧了描述的含糊杂糅,没有在外资准入“负面清单”的特别语境中重新考虑不同来源术语的含义,导致清单缺乏体系性。因此应明确“负面清单”的价值理念,重新审视国家产业和外商投资法律体系,统一梳理确有必要的特别管理措施,注意不同法律中同一术语的可能含义,切忌把“负面清单”当作现有外资准入特别管理措施的汇总。

综上所述,设计中国版“负面清单”应以实质梳理国家产业为基础,合理规划项目分类,明确列举法律依据,准确描述措施内容。

三、中国外资监管体制的转型研究

(一)中国外资管理模式与“负面清单”管理模式的比较分析

外资监管体制是平衡东道国和外国投资者利益的重要制度,也是东道国遏制外资不利影响的根本方法。唯当一国拥有完善的外资监管体制,才真正具备推行“负面清单”模式的实力。因此不能撇开外资监管体制空谈“负面清单”文本。以往我国一直对外资准入采用“混合清单”模式,即外资在准入阶段不享有国民待遇,依《指导目录》进行审批,我国保留目录外行业的规制权。“负面清单”模式和“混合清单”模式在监管定位、监管主体、监管方式等方面均有差异。

首先,从监管定位来看,“混合清单”模式侧重东道国政府对外资的规制权,即权力保留和有限开放。除自贸区外,其他地区均以《指导目录》为依据审批外资项目。在“混合清单”模式下,我国政府把握着外资准入的主导权,可以通过修订《指导目录》调整外资准入标准。而“负面清单”模式则侧重于外国投资者在东道国享有的权利,即国民待遇和有限权力。除附件二外,东道国政府既不能新增也不能加严“负面清单”不符措施。如果依赖于“负面清单”完成主要的监管任务,势必捉襟见肘,也无法适应产业未来的发展。

其次,从监管主体来看,"混合清单"模式以政府为主要的监管主体,这也是外资规制权的逻辑结果。外资监管权集中于政府,主管部门掌握外资运营状况,而社会公众难以获取监督外资的必要信息。而"负面清单"模式下东道国政府的外资规制权十分有限,必须探索多主体协作的监管模式,方能应对规制权受限引起的监管放松。监管主体的多样化既包括不同监管主体类型多样化,譬如公主体、私主体和社会主体以不同方式监督外资运营,优势互补;也包括同一主体内部类型多样化,譬如立法、司法和执法部门在不同领域监管外资运营,工商、海关、税务等执法部门内部协调配合。

最后,从监管方式来看,"混合清单"模式侧重事前监管,以行政审批为主。[5] 以广东省为例,2015年广东省商务厅颁布的《广东投资指南》规定,外商在广东省设立外商投资企业的一般程序必经所在地外经贸主管部门或其上级部门审批。即使所投资项目属于鼓励类,也依总投资金额分归相应级别的外经贸主管部门审批。而"负面清单"模式已将涉及特别管理措施的产业部门减少到东道国当前可接受的极限,亦即部门有限、措施有限、部分措施不得加严,政府不能再对外资"按需放行"。如果东道国政府不相应将监管重心转移到事中、事后,仍以行政审批为主,势必既管不住清单外部门,也管不全清单内部门。

(二)外国建立"负面清单"管理模式的经验

作为"负面清单"模式的典范,美国模式可为我国借鉴。

在立法层面,美国有一系列规范流程。政府制定新政策需提前一定周期公示,为市场预留反应期。所颁布的投资管理法律法规公开透明,"负面清单"列明所有对外资的不符措施。

在准入阶段,在美国设立公司只要符合美国法律要求并提交相关文件即可。申请注册公司的程序各州有所不同,一般包括准备公司章程、签署和认证公司章程,将公司章程连同所需费用提交拟注册州,收到州务卿颁发的公司执

[5] 参见梁咏、代思浓:《上海自贸区热"负面清单"背后的冷思考》,载《金陵法律评论》2014年秋季卷。

照等。[6]

在运营阶段，为满足美国政府税务、社保和劳工等方面监管的要求，投资者需要申请雇主识别号码、注册州销售税、进行雇主登记和安排职工赔偿保险。这一系列程序均可在美国国内收入局、州税务和财政厅、劳动厅等主管部门的网站下载申请表格。递交申请后，主管部门将在限定时间内处理。依据不同行业，投资者还需要申请符合美国联邦、地方州政府规定的许可，如环境保护、建筑施工、农产品加工检验检疫等特殊行业。[7] 此外，美国设有企业年报制度。在注册成立之后，美国公司需要向注册地政府和运营地政府报备一份年报，并且每年需要向相关政府支付费用维持公司的续存。[8]

作为经历了由“正面清单”模式转变为“负面清单”模式的发展中国家，印度尼西亚的经验对同为发展中国家的我国也具有一定的借鉴意义。

在立法层面，印度尼西亚政府一直致力于解决法律重叠和不明确引起的监管冲突问题。印度尼西亚政府通过加强与企业界的沟通，共同探讨尽快解决中央和地方条例重叠或冲突等问题的办法。2012 年，印度尼西亚政府废除或修订了 824 项与中央条例重叠或冲突的地方条例。[9]

在准入阶段，印度尼西亚政府一直致力于简化投资执照的审批程序，将所有审批职能集中至投资协调委员会，由投资协调委员会统一负责投资许可和非许可服务，在全国范围内实行一站式服务。在中央政府层面，原主管部门并不向投资协调委员会转移监管权力，而是通过指派专员到投资协调委员会任职来

---

[6] 参见《投资美国指南》，载中华人民共和国商务部网：http://us. mofcom. gov. cn/article/zt_investguide/lanmutwo/201201/20120107935079. shtml#4. 2，最后访问日期：2017 年 5 月 9 日。

[7] 参见《投资美国指南》，载中华人民共和国商务部网：http://us. mofcom. gov. cn/article/zt_investguide/lanmutwo/201201/20120107935079. shtml#4. 2，最后访问日期：2017 年 5 月 9 日。

[8] 参见孙欣元：《外资负面清单管理的国际镜鉴：上海自贸区例证》，载《宏观经济》2014 年第 10 期。

[9] 参见中国商务部：《印尼政府将解决法律不明确问题以改善投资环境》，载印度尼西亚商报网：http://id. mofcom. gov. cn/article/ztdy/ddqy/201211/20121108440264. shtml，最后访问日期：2017 年 5 月 9 日。

减少权力转移的阻力和冲突;在地方政府层面,原地方主管部门将监管职能委托给投资协调委员会下属的地方投资委员会和市镇投资委员会,由委员会统一对外。此外,印度尼西亚政府明确规定了行政许可程序办理的期限。据印度尼西亚《新投资改革政策》第1条第(4)款规定,在"同一屋檐下"服务模式下,发放外商投资许可的时间从42天减到10个工作日,其他行政手续时间也缩减至4到10个工作日。[10] 此外,印度尼西亚政府还对不同的投资者分类管理,尽量将减少准入阶段的审查程序,例如,对个人投资者的相关审查程序适度放宽,对投资额度不大的新投资者可以延后尽职调查。[11]

(三)中国自贸区试验"负面清单"管理模式的成果

上海自贸区作为中国最早的自贸区,已实践出一些可行的管理方案。

在准入阶段,上海自贸区将原有的外资项目核准制改为清单内核准和清单外备案的双轨制,极大地简化了外资准入的行政程序。同时,上海自贸区以"宽准入严监管"为理念将工商登记前置审批改为后置审批,外资企业实际开展经营活动时才需向工商部门申请核定经营范围。简化后的准入流程切实减少了外资企业设立和项目审批的障碍,监管重点从准入阶段向运营阶段转移,切合"负面清单"模式的要求。

在运营阶段,上海自贸区从以政府为监管主体向多主体共同监管过渡。各主管部门依照相关法律法规协同各行业协会依照行业惯例,对外资分工监管。上海自贸区还重视创新监管方式,依托上海市法人信息共享与应用系统,各监管部门之间实时共享基础数据和监管信息,为执法队伍联动监管创造了客观条件。

从广东省人民政府发布的《中国(广东)自由贸易试验区首批可复制推广改革创新经验任务分工表》来看,广东自贸区也探索出了一些独特经验。

在工商登记方面,广东自贸区实行多合一式管理,包括统一窗口办理多项审批,统一编码一证颁发工商、税务、社保等多份证照。同时,广东自贸区还依托工商登记数字证书管理系统实现全程电子化登记模式,赋予加具电子签名的

---

〔10〕 参见顾晨:《印度尼西亚"负面清单"改革之经验》,载《法学》2014年第9期。

〔11〕 参见中国商务部:《印尼金融服务管理局将简化程序吸引个人投资》,载印度尼西亚商报网:http://id.mofcom.gov.cn/article/ztdy/ddqy/201411/20141100805955.shtml,最后访问日期:2017年5月9日。

电子文件、电子档案与纸质形式材料同等的法律效力。统一化、信息化的登记模式不仅便利外商投资,也有利于政府系统管理外资,避免多头监管、权责不清。

在海关通关方面,广东自贸区实行自动化和信息化管理,按信用级别准许快速通关,国际转运自助通关,加工贸易手册电子化管理。同时广东自贸区依托港口码头作业信息化系统,取消纸本申报和人工核查手续,实现24小时全天候自动通关。自动化、信息化管理节省了行政资源,减少行政人员失误,并极大地压缩了"寻租"空间,置外资于统一透明的监管系统中。

在税务方面,广东自贸区实行分类管理,按纳税信用级别提供融资便利,按纳税规模决定申报时限,尤为注重满足中小企业的合理需求。税务部门建立了国税与地税合作机制,投资者可"一窗联办"两税务主管部门的业务,相关工作人员内部流转办结后再"一窗出件"。分类管理可以优化配置行政资源,充分利用税务信息,不仅缩短了纳税信用等级高企业的资金流转周期,也能合理满足中小企业的融资需求。

(四)中国外资监管体制的转型方向

通过对比"负面清单"模式和"混合清单"模式,参考国内外经验,可以发现我国目前的外资监管体制在监管定位、监管主体和监管方式方面尚有改进空间。相应地,转型应从这三个方面入手。

第一,从监管定位出发,明确以有限权力实现有效监管的制度定位,寻求市场经济与外资监管之间的平衡点。应当注意的是,准入前国民待遇加"负面清单"模式的重点在于准入前国民待遇,如果过分关注"负面清单"而忽视了国民待遇这一大前提,易落入清单"瘦了身"监管却跟不上的窘境。在中美BIT达成之后,准入前国民待遇将成为我国的条约义务,此时如对国民待遇和不符措施的关系处理不当,可能引发投资纠纷。因此,在监管体制的转型中有必要先强调权力有限。

为适应从"混合清单"到"负面清单"的权限变化,可以"负面清单"为基础建立相应的"权力清单"。广东省人民政府针对企业投资颁布的《广东省企业投资项目行政审批清单》《广东省企业投资项目政府监管清单》就是很好地过渡尝试。两份清单都列明实施依据、行政主体和措施内容,对投资者能起到良好的指引作用。此外,广东省人民政府颁布的《广东省试点部门和地区纵向权责清单》也涉及对外资监管的权责划分。该清单列明了审批类别、实施层级、权责划分和实施依据,其中实施依据能精确到具体法律、法规、规章以及规范性文件的具体条款,与美式BIT“负面清单”的结构相似。为便于投资者理解,该清单还设有通用事项名称一项。这种详细、清晰的“权力清单”结构值得推广。但应注意的是,过多的“权力清单”也会矫枉过正,反而造成权限模糊。因此,应当以现有合理结构为基础,颁布一份统一的“权力清单”。

同时,基于印度尼西亚政府中央和地方法律法规冲突而造成监管混乱的前车之鉴,应当注意在中美BIT达成之后调整“权力清单”的实施依据,保证所依据的国内法确有效力。一方面需要注意以往的外资管理措施如未列入“负面清单”,会因“负面清单”条约义务优先而失效,不能再引为实施依据;另一方面还需要及时清理这些实际已失效的法律法规,与“负面清单”保持一致,避免引起有关部门误解或投资纠纷。

更进一步地,为配合“权力清单”的落实,还应当将执法裁量标准具体化、公开化。可采用分类、分级管理的思路,视企业违法情节规定相应的惩罚措施,再依托综合执法信息平台,实现行政执法信息的公示与管理。具体而言,企业有工商总局颁布的《企业经营异常名录管理暂行办法》中的情形,即加入企业经营异常名录;有工商总局颁布的《严重违法失信企业名单管理暂行办法》中的情形,即加入严重违法失信企业名单。衔接两张名单的同时,也需注意衔接刑事司法与行政执法。一环扣一环,不留空白地带。信息公示既是“阳光行政”的要求,也是对违法企业的无形处罚,发挥市场的决定性作用,让市场参与者在信息对称下决策,淘汰不良企业。这也正是“负面清单”模式的题中之义。

第二,在监管主体方面,可通过信息公示实现多主体共同监管。首先以主管部门检查结合企业主动申报,采集企业经营状况信息;然后依托企业信用信息公示、企业年度报告公示和企业经营异常名录等网络信息平台,披露企业从设立到注销的整个过程;进而通过整合公示信息来构建企业信用评级制度,依企业评级分类管理,建立全面且精确的现代企业监管体制。不仅主管部门能监管企业动态,公众也能通过信息公示平台发现企业存在的经营问题甚至违法现象,获得决策依据和举报途径。更重要的是信息公示减少了消费者与经营者间、经营者与经营者间信息不对称的情况,促进市场充分竞争,顺应市场自由化的潮流。

而政府自身也应发挥不同行政主体的优势,建立多方位、多层次监管网络。总体上需要注意市场管理的一般性和外资监管的特殊性,把握准入前与准入后监管方式的衔接。具体而言,地方工商、海关、税务等部门的常态监管应与相应中央主管部门对外资的特殊监管协同,确立地方与中央的有效沟通机制。在准入前阶段,地方主管部门应主动告知投资涉及国家安全审查、反垄断审查或特别管理措施的投资者,先向中央主管部门提出审查申请。审查通过之后,地方主管部门再对外资项目核准或备案。在准入后阶段,因外资在地方落地,地方政府更具监管便利,应充分利用就近优势发现外资异常动向,对于涉及国家安全审查和反垄断审查的应及时向中央主管部门反馈。

第三,准入阶段、运营阶段和退出阶段均可创新监管方式。

在准入阶段,可沿用自贸区对外资实施的双轨制和分类管理。在具体的备案程序中,可借鉴广东自贸区“多证合一”的工商信息注册和电子营业执照制度,节省行政资源,减少“寻租”空间;也可借鉴上海自贸区的工商后置审批程序,将与运营相关的审批程序放在运营阶段,并且实行“先照后证”制度,理顺开展经营活动每个环节所需审批的事项流程,避免过多堆积在准入阶段,有违准入前国民待遇。

在运营阶段,从国内外经验来看,“一站式”电子化管理是大势所趋。以往“混合清单”模式下投资者与政府是一对多的关系,投资者需要处理与多个平行部门的关系、地方与中央政府的关系,而这些行政主体之间可能存在冲突,给投资者带来诸多不便。“负面清单”模式则要求合零为整,将东道国政府作为一个整体进行内部优化。政府是一个有机系统,统一接收投资者输入的信息,再经内部分工协调统一向投资者输出信息,实现市场与政府的良性互动。这也是服务型政府的题中之义。

在退出阶段,也可采用分类管理的思路平衡市场竞争和企业责任,理顺外资从准入到退出的一系列流程。当出现一般性经营困难时,未开业且无债权债务的市场主体可以简易注销程序退出市场。需要注意的是,简易注销程序对申请主体只作形式审查,对信息真实性有很高要求。因此,简易注销程序必须结合上述多元动态的监管制度,确认申请主体无股权质押、动产抵押等债权债务关系和经营异常状态,避免被用于逃避债务。同时,对于采用一般注销程序的市场主体,主管部门也应利用好企业信息公示制度,既不遗漏也不重复核查。

综上所述,“负面清单”模式的核心是以有限权力实现有效监管。政府应从此定位出发,激活多元主体的监管优势协调分工,依托电子信息平台创新监管方式、整合行政资源,实行统一对外的系统化管理,逐步向现代市场监管体系转型。

结　语

试验"负面清单"模式是我国外资监管体制改革迈出的重要一步,象征着我国已深刻意识到唯当政府有能力管住外资,才能贯彻"负面清单"的透明度要求,建立统一的高水准市场监管体系。尽管我国目前的"负面清单"与美式BIT"负面清单"尚存在差距,但是只要能找准"负面清单"的核心价值,以公开透明为导向完善清单文本和相应的外资监管体制,为"负面清单"模式向全国推广打下坚实基础,那么中国便能在新一轮的国际贸易与投资竞争中占据有利地位。

论受控外国公司税制及其法律规制

李梦骐*

摘要:

随着经济全球化及各国经济迅猛发展,越来越多的企业选择通过建立受控外国公司利用延迟纳税制度对利润不作分配而将其长期累积在避税港以逃避纳税。面对这一情况,世界各国进行了相关法学理论和法律制度的研究和构建,其中关于受控外国公司税制的适用范围和豁免等制度的设计存在极大的争议。反观我国,在反避税起步晚、研究少、基础薄弱的情况下,大胆引进国际先进立法技术的同时法律制度仍有许多不足和缺陷,并且在司法实践中受控外国公司税制的实施也面对着相当大的限制和困难。笔者通过对国际避税与受控外国公司的理论辨析和各国相应反避税制度特别是关于适用范围、豁免以及相关具体标准的不同学术立场和立法态度的比较分析,以期对我国相关制度的构建提出一些方向性的思路和想法。

关键词:

受控外国公司;税收筹划;反避税

面对越来越严重的税收流失,各国为了反避税在本国税法中采用了受控外国公司税制,在他国先例和国际税收协定的框架下纷纷形成了具有各国特点的税制,对应当归属于本国居民而被受控外国公司利用延迟纳税制度不作分配从而长期累积在避税港的利润进行征税。随着我国经济"走出去"的步伐,2007年修订的企业所得税法中也出现了相应的制度,这标志着我国反避税立法的重大突破。然而,大胆地引进国际上先进的立法技术意味着相关制度的配套更新,在我国反避税起步晚、研究少、基础薄弱的情况下,受控外国公司税制的实

* 李梦骐,中山大学法学院2016级法学硕士研究生。

施受到了相当大的限制和困难,在司法实践中往往因为信息难以获取,案例难以借鉴等原因使相关工作难以开展。其中豁免条款的规定与适用,更是成了学术界广泛讨论的对象,也给了避税一定的可乘之机。

一、受控外国公司的立法概况

(一)受控外国公司税制的现实背景

随着贸易、资本、技术、服务等领域的国际交流不断加快,经济全球化已然成为世界经济的必然发展趋势,许多如交通、通信等行业的不断进步给在全球范围内开展业务、获取利润的跨国一体化公司的出现和发展提供了优厚的现实条件,而各国不断开放的经济态度和政策使跨国公司的经营者们获得了广阔的业务开展地点的备选区域。出于对利润最大化的追求,经营者们往往要把在该区域开展业务的各项综合因素进行横向和纵向的比对,在此过程中资本也自然而然地向能够产生最丰厚利润的国家和地区流动。然而,除了市场潜力、劳动力价格、科技水准等影响生产性业务的因素,一些过去往往不被重视的因素慢慢成为了左右公司选址的决定性因素,例如,税收低廉的国家和地区会吸引投资者在此设立财务中心等主要进行管理和投资业务的机构以借助税收筹划将应负担的税务降到最低。这种将控股公司设在此类有税收优惠的国家并借助具有独立法人地位的机构进行关联交易从而达到避税目的的活动具有可操作性强、较为隐蔽、成本较低的特点,[1]这类机构被称为"受控外国公司"。

上述的避税行为一方面减轻了纳税人的纳税负担,是实现利润最大化和资本积累的有效手段,而另一方面这种行为还对实体业务所在国的税收造成了较大的影响,在阻碍该国及时地对应税利润进行课税的同时还使得国家财政资金主要来源之一的征税税基严重缩水。如果不及时有效地制止此类行为,国家的税收利益就会受到极大的影响,甚至危害到国家的长远发展。

在此背景下,以美国为开端的世界各国纷纷在本国的法律中设置了针对受控外国公司的课税制度,相关的学术研究也日渐成为广大专家学者的聚焦点。

---

[1] 参见靳东升:《税收国际化趋势》,经济科学出版社2003年版,第141页以下。

（二）受控外国公司立法的相关概念和理论

1. 公司人格独立和延迟税收制度

公司人格独立制度为当今世界经济的迅速发展作出了不可磨灭的贡献，被学术领域以及各国立法广泛地公认和采用，让商人有理由以投资的形式参与到经济运行中来而不至于承担与利益不对称的风险。然而，对风险的限制在债务方面可能使得债权人的合法利益受到挤压，在税收上则意味着拥有独立法人人格的公司在产生利润后到尚未分配给自然人和法人股东前的时间内，股东居住国政府没有权利对该笔利润主张居民税收管辖权并据此进行课税。该针对未分配利润的特别税收制度又被称为延迟纳税制度，[2]这项建立在公司人格独立基础上的税收领域的原理成为无数纳税义务人在避税港设立受控外国公司以达到避税目的的理论依据和操作办法。可以说，该制度下纳税义务人获得的延迟期间越长，纳税人获得的不当利益和居住国受到的损害就越大。

2. 公司人格否定制度

公司人格否认制度，又称"刺破公司的面纱"或"揭开公司面纱"，指"为阻止公司独立法人人格的滥用和保护公司债权人利益及社会公共利益，就具体法律关系中的特定事实，否认公司与其背后的股东各自独立的人格及股东的有限责任，责令公司的股东（包括自然人股东和法人股东）对公司的债权或公共利益直接负责，以实现公平、正义目标之要求而设置的一种法律措施"。[3]

公司人格否认制度是在股东的个人利益与公共利益发生冲突时的一种补救制度，公司人格否认制度可以穿过这种有缺陷的公司独立人格透视公司背后的实际权利义务承担者——股东并要求他们承担相应的法律责任。这一制度在税法方面的体现就在于可以戳穿那些单纯为了达到避税目的从而获得不当利益的受控外国公司的面纱，直接向应承担纳税义务的股东追索税务，对上述避税行为的对策的提出和制定具有重要的意义。

3. 税收公平原则

在国际税法领域的研究中，先后提出了许多税收应当遵循的原则，包括量能课税、依法课税、降低纳税成本等，其中量能课税原则的观点是让所有的纳税人根据其

[2] 参见姜波、刘成军：《汲取美国实践经验　发展我国海外经营》，载《国际经济合作》2002 年第 4 期。

[3] 朱慈蕴：《公司法人格否认法理研究》，法律出版社 1998 年版，第 75 页。

进行纳税的各方面能力因素综合考虑确定其应当负担的税收额度,其思想基础就是将税收负担在每个纳税人身上进行相对公正地分配。同样是出于公平方面的要求,税收公平原则自从被提出以来就被国际认为国际税法的基本宗旨之一。

相对于量能课税偏向社会成员个人之间的公平分配,税收公平原则在国际税法上更多地体现了对跨国纳税主体的纳税进行合理地分配,这不仅意味着对纳税义务人个人来说征税要符合公平原则的要求;还意味着要在涉及税收问题的各个相关国家之间进行税收权益的协调与分配,使两国在获取合理应得的税收的同时促进国际上的经济交流,对国际贸易发展起到正面的促进作用,而这方面的要求则在实务中体现为对国际避税的规制。

4. 资本输入、输出中性原则

以美国为代表的西方国家的学者在资本的输入输出方面有着不同的主张,其中一项往往被坚持和采用的就是资本的输入和输出必须保持中性。[4] 所谓资本输入中性,是指同一个国家在面对来自不同国际的投资者征税时,应当一视同仁,给予同等的税收待遇,让他们承担相等的税负;而后者主张同一投资者在国内和国外的各种投资都应当承担相同的税收负担,让税收因素不成为影响投资者的业务开展地点的重要因素。这一方面从微观上保证了涉及跨国纳税的国家的利益合理分配、使投资者承担与其纳税能力相对应的纳税义务,另一方面从宏观上则使得资本在世界范围内合理均匀地进行自发分配布局不至于过于集中于个别国家和地区,保证国际贸易的正常运行。

避税港的存在无疑违反了资本输出中性原则,税率差使投资者在国内和国外所应当承担的纳税义务不再同等,也就是鼓励追求利润最大化的商人将资本集中在避税港地区。对该类行为的规制势在必行。

二、受控外国公司的法律特征

(一)国际避税的基本元素

1. 避税港

避税港是指税率较低或者针对某些资本免征税款的国家和地区,其存在是

[4] 参见胡坚、姚露:《国际资本流动的理想税收中性原则》,载《税务与经济》1996年第4期。

利用受控外国公司进行国际避税的现实前提之一。在1998年发布的相关报告中,经济发展与合作组织(OECD)在对有害税收竞争的描述中首次给避税港下了一个较为正式的定义:(1)对所得采取无税或仅有名义税收;(2)在立法、司法及行政管理制度中存在妨碍或可能妨碍有效情报交换的条款;(3)缺乏透明度,如税收制度和税收征管的不公开;(4)无实质性的经营活动。[5] 而在后来的发展中,该定义在经过许多次发展和细化之后逐渐形成了时下更加直观更加详细具体的解释版本:"(1)不征税或者汇率很低,特别是所得税和资本利得税;(2)实行僵硬的银行或商务保密法,为当事人保密,不得通融;(3)外汇开放,毫无限制,资金来去自由;(4)拒绝与外国税务当局进行任何合作;(5)一般不定税收协定或只有很少的税收协定;(6)是非常便利的金融、交通和信息中心。"[6]上述标准也成为判定避税港的现实标准,在现实中被认为符合这些条件的国家和地区往往会被认定成为避税港,因为纳税人只要将公司业务产生的利润集中在这些地区,就可以达到减免、延迟纳税的效果。

2. 居民税收管辖权与收入来源地税收管辖权

国家税收管辖权是国家对领域内的一切事物行使主权的一个重要方面,分为居民税收管辖权和收入来源地税收管辖权。其中居民税收管辖权的是指国家基于与纳税人之间的密切关系如国籍等对其产生的征收税款的权利。实践中自然人往往按照居所和逗留时间两个标准进行判定,若自然人的习惯性住所位于一国领土内或者在一国领域内逗留达到一定时间,那么国家就得以就其所得进行课税;而法人纳税人的税收管辖权往往按其注册所在地或者管理、主要机构所在地进行判定,上述机构所在的国家往往可以对其行使征税权。居民税收管辖权就是国家对居民纳税人在全世界范围内的所得有进行征税的权力,这意味着居民纳税人来源于国外的收入也在居住国的课税范围之内。然而在利用受控外国公司进行国际避税的过程中,由于受控外国公司是在境外注册成立,股东所在国没有对其行使管辖权的根据,股东就避开了居住国的税收属人

[5] 参见经济合作和发展组织:《有害税收竞争——经济合作与发展组织的两个研究报告》,国家税务总局国际税务司译,中国税务出版社2003年版,第9页以下。

[6] 荷兰国际财政文献局:《国际税收词汇》,国家税务总局税收科学研究所译,中国财政经济出版社1992年版,第61页以下。

管辖,损害了居住国的税收权益。[7]

收入来源地税收管辖权是指征税国基于非居民所得来源于本国领土作为连接因素行使的税收管辖权,其认定标准往往包括常设机构、独立企业、实际联系等,其共同特点就是纳税人在征税国的领域内取得了一定的所得。然而许多设立在此的受控外国公司并没有在本地开展实际业务或者获得任何利润,其收入往往是来源于国外,这使受控外国公司的国外收入成功地避开了避税港的税收管辖。这意味着由于各国采用的管辖权立场的不同,受控外国公司避开了股东所在国的居民税收管辖权和受控外国公司所在国的收入来源地税收管辖权的两重规制,使实际税收受到了不合理的减轻。

3. 控制权判定

说到受控外国公司,就必须明确其受控的标准,不同的国家针对不同的情况确立了两个不同层面的标准。首先是控股比例标准,这项标准正如其名所示就是指按照股东持有的公司的股份份额进行判断,许多国家采用了实际的利润分配权、投票权等标准进行具体规定。在实务中,控股比例标准是优先适用也是最经常被使用、最直观的控制权判定标准,然而随着这一标准已经难以涵盖所有现实情况,在此推动下,第二项补充性的规定——实际控制标准就应运而生。

实际控制标准并不像前者一般用直观确定的数据作为判断标准,而是以对公司在运行中开展业务、作出决策等事务的实际影响力这一相对抽象的标准在某些不符合前者的情况下额外划分出了那些没有被覆盖而又确实应当属于受控公司的范围。实际控制标准的运用可以有效地保护股东所在国的税收权益使之不因实际控制者的精心策划而受到损害。

(二)受控外国公司及其形式、运转

结合上述元素,可以对受控外国公司下一个初步的定义:受控外国公司是指那些以避税为主要目的,在被认定为避税港的国家或者地区设立的由本国居民或居民企业直接或者间接控制的外国公司。受控外国公司往往是在那些对外来人员在本地设立企业不作太多限制和干预的避税地通过履行登记手续设立的,也就是说从形式上来讲受控外国公司具有独立的法人资格,这也是其利用独立纳税个体资格达到规避税收的效果的重要基础。

[7] 参见何洋:《红筹上市与反避税问题研究》,载《涉外税务》2007年第4期。

大部分的受控外国公司并没有实质性的经营活动的事实也直接致使其不具有正式的营业地点，有的只是一间办公室、一张办公桌甚至只有一张孤零零的招牌，这也使得这类公司被称为“信箱公司”“招牌公司”，这类公司难以管理也难以直接追责，成为国际贸易的隐形危害。

在现实中，居民股东往往首先在税率较低或者享受税收优惠较大等有税率差的避税港设立受控外国公司，然后利用其独立法人身份以关联交易中的转让定价手段、无形资产转让、机构管理费等形式将国内的利润收入尽量集中到避税港并将该笔利润长期地保留在受控外国公司而不分配给股东，通过这条途径获取实质税收利益。

三、受控外国公司税制现状及存在的问题

（一）受控外国公司税制概述

受控外国公司税制主要指的是针对应当承担纳税义务的本国居民利用受控外国公司转移利润将其集中在避税区的情况，防止他们通过逃避管辖权以规避税收或者利用延迟纳税制度无限期延迟缴纳本国税收损害国家税收权益。该税制的直接规制对象是那些以避税为主要目的直接或间接对受控外国公司享有控制权的本国居民。需要注意的是，受控外国公司税制的实际纳税人绝对不是受控外国公司本身，而是位于征税国境内的对受控外国公司进行实际控制的居民或居民企业，因为虽然应税的利润直接归属于受控外国公司并且没有分配给股东，而企图直接对位于其他国家和地区、处在他国政府的税收管辖下并且与本国缺乏实际联系的受控外国公司进行课税是没有依据、不能被接受的，在现实中也极难得到执行，这也严重损害了税务机关的形象和公信力。[8] 那么，税收相关制度应该以什么方式对利用受控外国公司避税进行规制并使之既符合法理情理，又有效可行就成为一个不可回避的问题。

（二）受控外国公司税制的常见规制手段措施及其现实问题

对于此类的避税安排，许多国家设立的规制措施往往分为三种类型：第一种是从源头上禁止这类不合理避税行为的方式，也即设立相关制度对本国的居民或居民企业向境外投资设立公司进行严格的审核和备案以及相关的外汇登

〔8〕 参见苏国品：《论国际避税的危害》，载《中国——东盟博览》2012 年第 1 期。

记,避免纳税人单纯出于避税目的在境外设立基地公司;第二种是从该避税途径的关键环节——将利润转移并长期滞留在避税港入手,截断利润从国内转移到避税天堂的无形之路,手段包括外汇管制、对纳税人向国外的汇款以及支付进行审查、对利用关联方在交易中设定转让定价或者弱化投资的行为进行严格限制和取缔等。许多国家还在税法中除了各项具体条款还规定了一般条款,也被称为“一般反避税条款”,这种条款的产生和存在保证了税务主管机关具有了一定弹性的调查执法权也给了主管机关一定的自由裁量权,很大程度上延展了税制的覆盖面。[9]

然而,即使建立了上述三项规定,在现实中仍然存在不合理避税的生存空间。一方面执法机关在进行调查的时候信息难以获取使得规定的措施难以落实;另一方面市场主体避税手段的不断升级,许多避税手段甚至达到了看似合理而传统法律又难以合理规制的地步。

(三)受控外国公司税制的适用范围及存在的问题与争议

有了具体的措施和规定,就必须明确这些措施和规定对谁生效、何时生效、怎么生效,也就是受控外国公司税制在具体实践当中应当适用的范围,这个范围往往包括纳税主体的范围、适用的地域范围和课税对象的范围,当前立法的相关规定仍存在极大的问题和争议。

1.受控外国公司税制的纳税主体范围不明

纳税主体范围是指受控外国公司税制具体适用于何种类型的纳税人,在实际控制受控外国公司的股东当中,满足一定条件被划入纳税主体范围的人在公司中尚未分配的那部分利润会被直接包括到该股东当期应税所得当中,以防止延迟纳税产生不正当的利益。

首先,在划定纳税主体范围的过程中必然包括对所谓“受控”的认定,在我国目前的相关制度中采用的是一种复合性的判断标准:即以所有权为主要判断依据,实际控制为辅助判断标准。然而现阶段对这两种判断标准的规定还相当模糊,对前者缺乏对间接持股判断标准的规定,而对后者则没有作出明确的认定标准规定。这类规定的缺位无疑使税收筹划成为可能,也对税收征管工作造成了一定的负面影响。

---

〔9〕 参见王宗涛:《我国一般反避税条款:法律性质及其立法建构》,载《税务研究》2014年第8期。

适用主体范围的划分在学术界有两种观点，一种观点认为仅有那些对受控外国公司的利润分配产生现实影响的较大的股东应当被划入适用范围，比如持有股份比例较大并达到一定标准的股东等；而另一种观点则认为一旦某些股东被认定为受控外国公司的直接或间接控制者，他们全都会因受控外国公司税制被迫缴纳未分配利润所对应的所得税。[10]

可以说，两种观点各有其长也都有不足之处，前者因相对公平、人性化而被广泛采用，但股东可能通过分散股权等手段避免达到法律规定的持股比例标准，在现实中进行调查认定也面临极大的困难；而全部适用规则在弥补了前述不足的情况下也显得太过僵化、不近人情，同时也违反了法律的公平原则，还值得进一步商榷。

2. 受控外国公司税制的适用地域范围划定方法不统一

受控外国公司税制的适用地域范围是指该税制针对受控外国公司适用时应当满足的地域条件。与纳税主体相似的是，在这个问题上学者们同样提出了全部适用和部分适用的主张。全部适用规则认为应当将本国居民纳税人在全球范围内设立的受控外国公司全部纳入规制范围之内，不考虑当地的税率等其他情况；而部分使用规则主张将税制适用于特定区域，以符合上文提到的相关标准的避税港国家和地区为主。全部适用固然最大限度地维护了本国的税收利益，但一定程度上抑制了本国的资本输出以及外国资本的引进，现实操作也存在困难；后者依赖于相关标准的制定，然而随着经济形势改变，法律得不到及时的更新可能会失去其原有的意义。此时就涉及了相关标准的立法技术问题。

在国际上，各个国家往往会采用以下四种方法对适用受控外国公司税制的地区进行界定：(1)名义税率法。即把受控外国公司所在的外国国家和地区的法定税率与股东居住国的该税率进行直接比较。这种方法在便于操作的同时有着不可忽略的缺陷，许多情况下在规定之外可能隐藏着不合理的低税率。(2)实际税率法。针对前述名义税率法的缺陷，该方法对外国的实际税收进行调查得出实际税率，再与本国的实际税率进行比对。由于现实中的抵免、免税、补贴等各种综合原因，实际税率往往是低于法律所规定的税率的，这种方法在

---

〔10〕 参见[美]罗伊·罗哈吉：《国际税收基础》，林海宁、范文祥译，北京大学出版社2006年版，第379页。

税率的确定上更加准确客观。[11] 然而此方法涉及了信息收集更新和国际合作的问题难以操作。(3)实际税额对比法。这种方法更为具体,就是用受控外国公司实际上给当地缴纳的税额和相同情况下的居民企业应当缴纳的税款进行直接对比。这种方法虽然直观,但是涉及了现实中种种复杂因素和对假想情况的猜测导致最终的比较结果可能出现偏差。(4)列举法。此方法是将某些国家和地区直接列入了适用或者不适用受控外国公司税制的名单之中,也就是我们俗称的"黑名单""白名单"。然而这种方法除了直观易参照之外几乎具有上述提到的各种方法的所有缺点:抑制投资、信息获取难、更新要求高、主观影响大等等,所以这种方法在逐步地被抛弃。

从我国国家税务总局《特别纳税调整实施办法(试行)》第84条来看,立法者主要采用了实际税率法的方法,但是在一些情况下设立在国家税务总局指定的非低税率国家(地区)的外国企业也可以免受相关规则的约束,这也意味着列举法也被应用在我国的相关立法之中。现行的判断标准不仅对税务机关及其工作人员的能力提出了很高的要求,还相当依赖于国际合作和信息交换,这对判断结果的科学性和准确性无疑有所影响。

3. 我国受控外国公司税制的课税对象范围判定方法较为落后

国际上通行的受控外国公司税制的课税对象范围的划分和计算方法主要分为两种:交易法和实体法。交易法是对受控外国公司所进行的各笔独立的交易逐一进行判断分析,对其中属于"受污所得"或者"不洁所得"的收入进行课税,其中所谓的"不洁所得"指的是股息、利息、租金等投资所得以及纳税人非出于正常经营目的在国外设立受控外国公司并通过各种手段转移到避税港的那部分资本。这种方法具有准确系统的优点但调查和整理花费的征管成本较高,目前使用国家不多。此外"消极所得"和"积极所得"的区别、[12]"正当经营目的"的界定在世界范围内仍然存在较大的争议。

由于前述缺陷的存在,包括我国在内的有些国家的课税对象判定方法采用了实体法,当受控外国公司符合一定的法律设定的条件时,该公司的全部利润就被没有例外地划入了受控外国公司税制的课税对象中,股东必须向居住国缴

〔11〕 参见张文春、张飞飞:《避税地避税及其规范》,载《涉外税务》2007年第11期。

〔12〕 参见刘飞虎:《论我国受控外国公司税制的纳税客体》,载《重庆科技学院学报》2012年第3期。

纳所得税。法律设定的条件往往包括公司的业务活动、所在地的税收征管、公司的收入性质与管理等方面，只要在宏观上符合了这些条件，就不必浪费更多的资源进行调查核实。同时，这种“一刀切”的标准也显然存在较大误差，不符合我国现阶段经济发展“鼓励海外投资、增强我国企业国际竞争力”的政策目标，也必然地会对我国企业“走出去”进行海外投资活动产生一些负面的影响。[13]

随着经济发展，各国发挥主观能动性开辟了第三条道路——混合法，比如在受控外国公司的利润来源、从事业务等因素符合一定的条件时，该公司利润中的“受污”部分就被划入课税对象范围，这些方法的出现意味着相关的标准仍在发展、趋向完善，这也是我国相关立法的发展方向。

（四）受控外国公司税制的豁免

受控外国公司税制的豁免是指该税制在现实中的适用例外，除了上述的从正面规定受控外国公司税制的适用范围的条文，法律中还规定了某些特殊情况下可以免于本税制的适用的情况。

1. 真实营业活动豁免

真实营业活动豁免又称为积极营业活动豁免，是一种出于受控外国公司从事了一定的真实经营活动从而获得的适用例外。这类公司设立的主要目的往往并不是单纯的避税，但在实际当中该规定需要税务主管机关发挥自身的裁量权进行判断，难以保证完全公平、准确，故该豁免的设立和适用还存在极大的争议。

根据上述“交易法”的规定，只有消极所得被划入应税范围，在受控外国公司主要进行积极营业活动获取利润的情况下，该公司的主要利润都属于积极利润，不在课税之列。不对交易进行逐笔判断而采用实体方法判断的国家为真实营业活动豁免设定了一定的判断标准：(1)受控外国公司必须是存在公司实体的，排除了“招牌公司”这类公司的赦免权，从前提上限制了豁免的适用；(2)受控外国公司从事了某些符合特定条件的业务而获利，这些条件往往包括从事业务的性质、利润来源地、交易对象等，这项规定是对公司在运营过程提出的要求；(3)在课税对象的来源方面，管辖国往往要求积极收入与消极收入形成一定

---

〔13〕 参见林德木：《CFC 税制评析与我国 CFC 税制的完善》，载《商业时代》2009 年第 26 期。

的比例,也就是要求公司的积极收入达到了公司收入的绝大部分,才能够予以豁免。

2. 行业豁免

行业豁免是指部分国家的受控外国公司税制的豁免仅仅给予某些特定的行业,往往是一些与生产紧密相关的重要行业,比如工业生产、运输业、服务业、加工业等。而其他行业如一些不进行实体生产的行业则不享受豁免,投资、银行业、保险业等行业也因此在许多国家成为受控外国公司税制适用的主要行业。

3. 最小豁免

最小豁免又称小额豁免,这种情况下由于受污所得数额较小,进行调查和课税可能发生付出的代价比获得的税收利益更大的情况。故此时对这些较小的受污所得网开一面不予追究。此处"较小"往往通过两种方式进行界定,一种是直接规定数额,在该数额以下的不洁利润就可以免于课税;另一种是通过规定不洁所得占全部所得的比利来划分,这种情况下的最小豁免实际上与真实营业活动豁免产生了一些相似之处。

四、我国受控外国公司税制的现状分析及完善方向

(一)我国受控外国公司避税现状及构建相应税制的必要性

自1999年我国明确提出实施"走出去"战略之后,我国的海外投资规模就以惊人的速度蓬勃发展,许多大型企业都在国外进行了数额巨大的投资并设立了海外公司。根据联合国贸易和发展会议发布的《全球投资趋势监测报告》称,"2014年亚洲发展中经济体对外直接投资额高达4400亿美元,首次超过北美和欧洲成为全球最大的对外投资来源地。其中,中国对外直接投资额再创新高,达到1160亿美元"。在投资设立外国公司的居民企业当中,不乏为了获取国家对外资企业的税收优惠或者海外融资乃至转移利润进行避税而专门设立受控外国公司的。这些纳税人利用我国日渐开放的经济政策和不断放松的外汇管制进行了违法的避税行为,对我国的税基造成了数额巨大的损害,不但减少了国家赖以生存的财政收入,还向市场传达了错误的经济讯号,对我国的经济社会发展造成了极其不利的影响。

由于我国改革开放后的很长一段时间,经济工作的重心更多地放在了引进

外资上,外来资本产生的利润需要专门的法律进行规制,这就造成了我国内外两套税制[14]规定详细而针对境外投资的法律起步晚基础差的局面。而随着投资规模的扩大,财政部、国家税务总局于1995年9月22日发布了《境外所得计征所得税暂行办法》(以下简称《办法》),该办法的出台标志着我国受控外国公司税制的萌芽和起步,是我国税收法律制度建设的重大进步。虽然如此,《办法》和配套的实施细则的相关规定在今天看来显得十分的稚嫩、不成熟,主要体现在太多的"一刀切"规定,造成了适用范围过于宽泛,例如,第8条规定:纳税人来自境外的所得,无论是否汇回,均应按照《中华人民国和国企业所得税暂行条例》及其《实施细则》规定的纳税年度计算申报并缴纳所得税,这就意味着受控外国公司的一切收入无论是积极所得还是消极所得都要无差别地进行课税,这是明显不合理的,相似的还有在纳税时间、纳税主体、减免规定方面的条文,也是笼统简单缺乏可操作性,对促进经济发展和国际贸易起到了一定程度上的反作用。

经过了数年的发展进步,我国于2007年3月16日通过了新修订的《中华人民共和国企业所得税法》,在这部吸收了中外立法个实践经验的法律中,我国正式提出并创造性地引入了较为完整的受控外国公司税制。这意味着,纳税人可以轻松利用受控外国公司延迟、规避纳税的时代已经过去,我国正在实行的税法已经针对这种不合理地扩大个人利益、损害国家利益的行为制定了规制措施。根据新法中的相关规定,由居民或居民企业控制的设在低税率的国家或者地区的企业在利润分配时非出于"正当经营目的"迟迟不执行分配或者减少分配的,我国税务机关可以就该部分应当归属于居民纳税人却没有实际分配的部分进行课税。

非常明显,我国法律中有关受控外国公司税制的规定虽然采用了国际上比较先进的立法技术和观点,但整体的表述还十分概念化、框架化,对于"控制""合理经营需要"等用语还没有进行系统解释和给出具体的判断标准,此外对于受控外国公司的利润和亏损的计算和处理、国际重复征税问题、豁免条款等问题,新的企业所得税法还表达得相当抽象。另外,国家税务总局还在2009年1月8日出台了《特别纳税调整实施办法(试行)》,该办法的第八章是关于受控外

〔14〕 参见陈新宇:《为了"走出去":受控外国公司规则宜缓行》,载《涉外税务》2006年第12期。

国企业管理的规定,该办法的出台一定程度上明确了一些此前尚未得到完善的地方,但是其中的缺陷和不明也仍然存在。可以说,我国的受控外国公司税制的构建已经成功地迈开了里程碑性的一步并逐步稳健地走在发展道路上,但我们面前的路仍然遥远,要使该税制合理可行而又行之有效,更需要集思广益共同探讨,为税制的早日成熟而继续努力。

(二)我国受控外国公司税制的构建与完善

如上文所述,我国当前关于受控外国公司税制的规定十分的笼统缺乏可行性,那么细化和补充相关的环节就成为紧迫的现实需求,为了保障国家的税收权益、遏制违法避税、保障纳税人的正当获利乃至我国经济的长远发展,笔者对我国的受控外国公司税制的构建和完善方向重点提出以下几点建议:

1. 针对受控外国公司税制的基本问题

首先在受控外国公司的定义问题上,笔者认为应当采用与美国类似的所有权和实际控制的双重标准进行衡量,同时将有关标准进行明确规定并引入推定所有制度以应对纳税人通关关联方来避免适用。对于纳税主体,笔者更偏向于设定最低持股比例标准进行部分课税,因为小股东对公司运行产生的影响有限,获取的利益也相对较少,花费资源进行征管不尽合算,同时也可以一定程度上给予较小的税收筹划空间,刺激我国在国际贸易中的发展。在适用地域的划分上笔者建议借鉴德国的做法采用实际税率法和列举法相配合的办法,既保证合理性,又使之更加直观,便于操作。针对课税对象的界定问题,由于我国税收管理部门起步晚基础差人员少,再加上我国巨大的投资数量,运用交易法逐一审查几乎是不可能的,所以应当采用实体法,但在制定相关标准的时候应当结合本国实际进行探究,必要时还可以规定采用两种方法相结合的途径进行处理,保证特定领域的税收权益不受侵害。

2. 关于豁免条款的设定

对于受控外国公司税制的豁免的设定是一个充满挑战性的课题,若设定的豁免条文过多、范围太广则使违法避税可乘之机太大,法律规定成为一纸空文,而豁免过少导致税制太过严苛的话又会抑制本国在国际贸易和对外投资方面的发展,不符合我国的经济发展需求,充分的豁免是必须付出的制度成本。[15]

---

〔15〕 参见欧阳天健:《非居民企业间简介股权转让反避税法律问题研究》,载《商丘师范学院学报》2015年第7期。

笔者认为,我国在《特别纳税调整实施办法(试行)》中规定的豁免条款用语太过笼统,“主要取得积极经营活动所得”和“合理经营需要”的说法在现实中的可实用性太低,因此应当借鉴上文中的相关学术观点和各国立法设立真实营业活动豁免和最小豁免规则。设置真实营业活动豁免并通过是否开展了实质业务,有无实质机构、所得的性质等进行界定,可以鼓励那些真正为了开发海外市场,增强企业实力而进行海外投资的企业在这条路上走得更远更好;而设置最小豁免可以大幅度地节省税收征管资源,避免法律管辖过宽产生的种种不利。

3. 补充规定重复征税的处理问题

国际重复征税主要来源于上述税收管辖权的重叠,[16]其处理可以从以下三个方面入手:首先对受控外国公司在外国已经负担的税收给予抵免并且在现有规定的基础上扩大抵免范围将特定的预提所得税纳入其中,合理地减轻纳税人的税务负担;其次就是现实中的操作实行问题,有些纳税人由于受控外国公司税制的适用已经缴纳过相应的所得税,而在受控外国公司是即将利润分配给该股东时,该股东又被要求缴纳税款,这就造成了实际上是国内的两次重复征税,要建立完整的备案和监督工作,让受控外国公司税制高效地运行;最后是已经缴纳过所得税的股份利益在发生转让时国家对转让人再次进行课税的问题,针对这个问题除了可以抵免外还应设置相关的退税申请途径,凭缴纳凭证申请退税,保证税收的公平合理。

---

〔16〕 参见王传纶、王平武主编:《中国新税制业务全书》,中国金融出版社1994年版,第790页以下。

“区域”活动中担保国的义务与责任

黄　颖*

摘要:

《联合国海洋法公约》规定了缔约国作为“区域”活动实体的担保国时的义务以及责任。担保国的法律义务可以分为三类,其中确保义务是一种“行为义务”而非“结果义务”。担保国的赔偿责任是过错责任而非严格责任,在担保国已经履行其确保义务时可以免除,其范围应当小于所担保的承包者所造成的实际损害。

关键词:

区域;担保国;义务;责任

“区域”是指国家管辖范围以外的海床和洋底及其底土,[1]也就是各国内水、领海、毗连区、专属经济区以及大陆架以外的深海洋底及其底土。“区域”蕴藏着丰富的矿产资源,在20世纪60年代,海洋科学技术的发展和新技术革命的兴起让各国开始为争取“区域”的海洋权益展开了激烈的竞争。

由我国政府担保的“中国大洋矿产资源研究开发协会”(以下简称中国大洋协会)是“区域”开发的先驱投资者,其在2001年和2011年分别与管理局签订了多金属结核勘探合同以及多金属硫化物勘探合同,目前在太平洋克拉里昂——科里波顿断裂带和西南印度洋脊分别获得了7.5万平方千米的多金属结核勘探合同区和1万多平方千米的多金属硫化物勘探合同区。作为“中国大洋协会”的担保国,中国政府当然地承担着担保国的义务和责任,担保国义务与责任的不明确,显然不利于我国海洋权益的维护,也不利于我国发展海洋事业。

---

* 黄颖,中山大学法学院2016级法学硕士研究生。

〔1〕 参见1982年《联合国海洋法公约》第1条第1款第1项。

因此，担保国的义务与责任问题是我国，乃至整个国际社会都十分关注的重要问题。本文拟结合《联合国海洋公约》及其相关法律，以及分庭的《咨询意见》，就担保国义务与责任的相关问题进行探讨。

一、担保国义务与责任相关规定

国际上关于担保国义务与责任的规定，主要有《联合国海洋法公约》《关于执行1982年12月10日〈联合国海洋法公约〉第十一部分的协定》《“区域”内多金属结合探矿和勘探规章》《“区域”内多金属硫化物探矿和勘探规章》《“区域”内富钴铁锰结壳探矿和勘探规章》，并且还包括国际海洋法法庭海底分庭2011年对担保国的义务与责任问题发表了正式的法律咨询意见。

以人类共同继承财产原则为基础的国际海底区域制度是1982年《联合国海洋法公约》(the United Nations Convention on the Law of the Sea of 10 December 1982，以下简称《公约》)的重大贡献之一，《公约》第十一部分对支配国际海底区域的基本原则、勘探开发方式、开发的基本条件和政策作出了明确详细的规范，并且首次出现了关于担保国义务与责任的初步规定。

《公约》中规定对“区域”内资源的勘探和开发适用“平行开发制”，结合《公约》附件三第3条、第8条以及第9条可以得知，平行开发制的具体做法是：申请者须向管理局同时提出两块具有同等估计商业价值的矿区，管理局在45天之内制定其中一个矿区作为管理局的保留区；另一个矿区则作为合同区，由申请者在同管理局签订合同后自行开发。[2] 当申请者不是由《公约》直接约束的缔约国时，根据《公约》第139条，缔约国有责任确保“区域”内活动依照规定进行，此时缔约国便成为合同区承包者承担担保义务的担保国。

而担保国的义务与责任是一个事关“区域”内活动的重要问题。在陆地采矿中，一国面临的风险仅仅是丧失其已经拥有的物品(如它的自然环境)；但是当其需要为“区域”内活动负责时，它可能失去的远不止是它已经拥有的东西。[3] 鉴于《公约》以人类共同继承财产原则为其基本原则，因此“区域”内活

[2] 参见张海文主编：《〈联合国海洋法公约〉释义集》，海洋出版社2006年版，第288页。

[3] See ISBA/16/C/6, p. 14.

动中发展中国家的加入便更加引人注目,而由于发展中国家的技术和经济能力限制,其加入"区域"内活动时面临的风险也比大部分发达国家要大。在这种情况下,如果担保国的义务与责任无法明确,就意味着担保国将面临着无法预见的赔偿责任和风险,而发展中国家将很可能因为这些风险远超过其经济实力而使其在事实上无法加入"区域"内活动,从而违背了人类共同继承财产的原则。而从国内视角来看,担保国义务与责任问题也事关中国海洋权益的维护。而涉及这一问题的相关规定,除了《公约》第十一部分外,还有不少规章、协定,以及国际海洋法法庭海底分庭出示的一份《咨询意见》。

《关于执行1982年12月10日〈联合国海洋法公约〉第十一部分的协定》(the 1994 Agreement relating to the Implementation of Part XI of the United Nations Convention on the Law of the Sea of 10 December 1982,以下简称《执行协定》)是为了使《公约》第十一部分得到切实的执行而通过的,该《执行协定》对担保国的范围进行了扩大。而管理局也在2000年通过了首部规范"区域"内活动的规章,即《'区域'内多金属结合探矿和勘探规章》(ISBA/6/A/18,以下简称《多金属规章》),随后管理局又通过了《"区域"内多金属硫化物探矿和勘探规章》(以下简称《硫化物规章》)以及《"区域"内富钴铁锰结壳探矿和勘探规章》,这其中有对担保国终止担保等问题进行规制。

以上诸多法律规定虽然都对担保国义务与责任有所涉及,但都不够明晰,并且缺乏可操作性。直到2010年,瑙鲁政府向管理局提交了"就担保国的责任和赔偿责任问题请国际海洋法法庭海底分庭提供咨询意见的提议",经管理局理事会协商总结出三大问题,请求海底分庭发表咨询意见。海底分庭于2010年将其列为第17号案,并于2011年对担保国的义务与责任问题发表了正式的法律咨询意见(以下简称《咨询意见》)。该《咨询意见》对"区域"内活动担保国承担的义务与责任、担保国应采取的必要和适当措施、严格法律责任和剩余责任制度以及损害赔偿的范围和限度等实体问题一一作出了回应。

二、担保国的法律义务

担保国的义务是其承担法律责任的前提。综观《公约》第十一部分的规定,可以将担保国的义务分为三个层次,分别是确保义务、直接义务以及普遍义务。确保义务要求担保国在自己国内法律体系中制订相应的法律规定并采取相关行政措施确保承包者履行其义务；而直接义务是指《公约》和其他法律文书明确要求担保国本身所要履行的义务；普遍义务则是《公约》第十二部分规定的适用于包括“区域”在内的所有领域的国家义务。

(一)确保义务

如前文所述，由于传统的国际法理论规定国际法的主体只能是国家和国际组织，为了保证非国家主体能受到《公约》的约束，因此需要缔约国为非国家主体参与“区域”内活动提供担保。在“担保国义务与责任咨询意见案”中提到，担保国的“确保义务”是来源于《公约》的第139条第1款、第153条第4款(特别是最后一句)、附件三第4条第4款(特别是第一句)。[4]

其中《公约》第139条第1款以及第135条第4款规定了缔约国应“采取一切必要措施”确保所担保的承包者遵守规定；而《公约》附件三第4条第4款进一步明确了确保义务需要在法律制度范围内有所体现，亦即担保国应当在国内制定相关的法律和规章以及采取行政措施，同时最后一句明确了担保国的免责条件。由此可知，担保国的确保义务主要是确保所担保的承包者“符合”并“遵守”与区域内活动相关的规则，[5]要求担保国在自己国内的法律体系中有相应的法律规定并采取相关行政措施，也就是将国际法律义务转化为国内法的法律义务。换言之，担保国的确保义务在于履行其国际法律义务，而非确保被担保的承包者没有损害行为或损害结果的发生，这一点与《国家责任法》中的规定一致。

与此同时，《咨询意见》中海底分庭也明确了确保义务是尽职义务(due diligence)，即采取足够的手段，尽最大可能的努力获得此种结果的义务，一般来说要求担保国做到通过国内立法使承包者能够履行公约义务。从这一点同样可以得知，确保义务是“行为义务”(of conduct)而非“结果义务”(of result)。

而对于义务的程度和标准，分庭认为“尽职义务”是可变的而非精确的概

[4] See Responsibilities and Obligation of States Sponsoring Persons and Entities with Respect to Activities in the Area (Request for Advisory Opinion Submitted to The Seabed Disputes Chamber), p. 38.

[5] See Responsibilities and Obligation of States Sponsoring Persons and Entities with Respect to Activities in the Area (Request for Advisory Opinion Submitted to The Seabed Disputes Chamber), p. 103.

念,由于尽职义务具有特定情境性和事件敏感性,义务的标准便应当随着风险水平而产生变化。“对于‘区域’活动,探矿活动的风险比勘探活动的风险小,而勘探活动又比开发活动的风险小……而在风险更大的活动中,尽职义务的标准就更高。”[6]对于具体标准,则根据上文提及的《公约》第153条第4款规定可知,缔约国应按照第139条采取一切必要措施,协助管理局确保这些规定得到遵守;同时结合附件三第4条第4款的要求:担保国应负责在其法律制度范围内履行担保的责任。以上可以得知,《公约》所要求的确保义务应当为担保国必须在其法律体系内采取措施,并且这些措施是合理而适当的(Reasonably Appropriate)。[7]

(二)直接义务

担保国的义务不仅仅局限于确保义务,从《公约》及其相关法律看来,担保国还需要承担其直接义务,担保国的直接义务就是指《公约》和其他法律文书明确要求担保国本身所要履行的义务。

《咨询意见》第121段对直接义务作出了明确的解析,认为直接义务是担保国根据《公约》和相关文书必须独立地遵守,以确保所担保的承包者遵守某些行为的义务。[8] 同时,《咨询意见》中表示直接义务的遵守是满足确保义务的相关因素,但之所以将直接义务区别于确保义务,是因为义务的来源有所不同,直接义务来自于相关法律文书的直接规定,而确保义务则是要求担保国通过相关国内立法确保承包者行为的安全性。

但是,确保义务和直接义务也有重合之处。譬如《咨询意见》中给出的担保国直接义务包括:协助管理局对“区域”进行控制的义务、采取预防措施和最佳

[6] Responsibilities and Obligation of States Sponsoring Persons and Entities with Respect to Activities in the Area (Request for Advisory Opinion Submitted to The Seabed Disputes Chamber), p. 117.

[7] See Responsibilities and Obligation of States Sponsoring Persons and Entities with Respect to Activities in the Area (Request for Advisory Opinion Submitted to The Seabed Disputes Chamber), p. 120.

[8] See Responsibilities and Obligation of States Sponsoring Persons and Entities with Respect to Activities in the Area (Request for Advisory Opinion Submitted to The Seabed Disputes Chamber), p. 44.

环境做法的义务、保证所担保的承包者服从管理局的紧急命令的义务、对在其管辖下的自然人和法人引起的海洋环境污染损害提供赔偿追索权,以及进行环境影响评估的义务。其中部分直接义务的履行需要通过担保国制定相关的国内法律和规章以及采取行政措施来进行保障,即这些直接义务包含确保义务的履行;同时,对直接义务的遵守也是满足确保义务的相关因素。

(三)普遍义务

普遍义务主要出现在《公约》第十二部分,譬如第 192 条便专门规定了各国有保护和保全整个海洋环境的义务,以及第 197 条关于国际合作的普遍义务。这些普遍义务虽然出现在第十二部分,但是当然地适用于国际海底区域活动。与此相对应,《公约》第十一部分第 145 条也作出了关于"海洋环境的保护"的普遍义务规定。

三、担保国的赔偿责任

责任的承担是以违反现有的既定义务为前提的,是一种违反义务的后果的规则。

(一)担保国承担赔偿责任的条件

担保国责任的产生与其义务的履行息息相关,其赔偿责任主要规定在《公约》第 139 条第 2 款,该条款第一句话:"在不妨害国际法规则和附件三第二十二条的情形下,缔约国或国际组织应对由于其没有履行本部分规定的义务而造成的损害负有赔偿责任。"便清楚地表述出承担赔偿责任的其中三个条件:首先,赔偿责任一定是由于担保国没有履行其义务而产生的,这一条件说明了赔偿责任的产生是过错责任,而非严格责任;其次,必须存在损害,担保国没有履行确保遵守的义务虽然构成了国际不法行为,但尚不足以引发其赔偿责任,赔偿责任只有在存在损害的情况下才出现;最后,损害必须与没有履行义务之间存在因果关系,且这种因果关系必须是证实的而非推定的。

(二)担保国责任的归责原则

上文对《公约》第 139 条第 2 款的分析中,可得知担保国对其确保义务以及直接义务的责任归责原则均为过错责任。

国际法上的国家责任,是指国家对其国际不法行为所应承担的国际法律责任。而国际不法行为的客观要件是指可以归因于一国的行为违反了该国承担的有效的国际义务,也就是说,国家只需要为自己没有履行义务的行为承担责任。而担保国所担保的承包者的行为并不是担保国自己的行为,因此承包者不履行义务所造成的损害当然地不需要担保国承担。

(三)担保国责任与被担保的承包者责任之间的关系

在《咨询意见》第201段中,分庭即表示担保国责任与被担保的承包者责任之间不是连带责任的关系,因为两者之间并不是共同侵权的关系。虽然在《公约》第139条第2款中有提到"共同进行活动的缔约国或国际组织应承担连带赔偿责任",但本句中的"共同进行活动"指的是"多个缔约国或国际组织共同进行'区域'内活动",这有区别于缔约国与其担保的承包者之间的关系。正如上文中所提到的,担保国的赔偿责任源于其没有履行《公约》所规定的义务,而被担保的承包者的赔偿责任源于其进行业务时的不法行为,两者之间不构成共同侵权,两者赔偿责任之间自然不构成连带责任。这一点有必要区分开来。

而对于两者之间的关系,笔者认为承包者和管理局责任是主要责任,担保国责任在二者之间则处于次要地位。

可以注意到,附件三第22条中没有提及担保国的赔偿责任,而仅提及承包者以及管理局之间的责任分配;第139条第2款则规定了担保国的责任。在发生事故需要承担责任之时,可以推测出有两种情况:一种情况是担保国履行了其确保义务,而所担保的承包者或管理局因自身的不法行为造成损害,不难看出,这种情况应当按照附件三第22条进行责任分配,即承包者或管理局担责而担保国无责任;另一种情况是担保国没能履行其确保义务,同时承包者或管理局的不法行为损害引发了担保国责任。这时应当同时适用附件三第22条和第139条第2款,承包者或管理局以及担保国都需要担责。因为赔偿责任只有在存在损害的情况下才出现,因此不存在担保国承担责任而承包者与管理局无责任的情形。

也就是说,担保国的责任承担也并不影响承包者和管理局按照第22条承担赔偿责任。"由此可以推断,承包者在进行业务时和管理局在行使权力和职务时所作的不法行为的主要赔偿责任分别由承包者和管理局,而非担保国承担。……这反映了深海'区域'内活动的责任在承包者、管理局和担保国之间的分配。”〔9〕由此可知,与承包者和管理局的赔偿责任相比,担保国在这方面只承担“次要作用”。因此可以得知,当所担保的承包者由于其不法行为造成损害时,应当由承包者首先承担赔偿责任。换言之,承包者履行赔偿责任应先于担保国履行其赔偿责任。

(四)担保国承担赔偿责任的范围

1. 担保国责任免除的范围

上文中屡次提及《公约》第139条第2款的规定,该款项最后一句话是“如缔约国已依据第一百五十三条第四款和附件三第四条第四款采取一切必要和适当措施,以确保其根据第一百五十三条第二款(b)项担保的人切实遵守规定,则该缔约国对于因这种人没有遵守本部分规定而造成的损害,应无赔偿责任”。该款项规定了担保国承担责任的条件,同时也表述了担保国责任免除的范围。

而该句中提及的第153条第4款,是要求担保国按照第139条采取一切必要措施以协助管理局确保规定的遵守;而附件三第4条第4款则规定:“担保国应按照第一百三十九条,负责在其法律制度范围内,确保所担保的承包者依据合同条款及其在本公约下的义务进行‘区域’内活动。但如该担保国已制定法律和规章并采取行政措施,而这些法律和规章及行政措施在其法律制度范围内可以合理地认为足以使在其管辖下的人遵守时,则该国对其所担保的承包者因不履行义务而造成的损害,应无赔偿责任。”从上述条款中可以知道,担保国履行确保义务而采取的必要和适当措施,在形式上应当为“制定法律和规章并采取行政措施”,并且在效力上,这些法律规章以及行政措施应能确保承包者履行义务,或者在其法律制度范围内足以使承包者遵守。由此可以看出,这些法律规章以及行政措施的范围和效力取决于担保国的法律制度。

2. 担保国承担责任的范围应当小于实际损害

根据上文的分析可知,当担保国没有履行其确保义务时,其需要为所担保的承包者的不法行为造成的损害负赔偿责任。但是《公约》及其相关法律都没有确切地规定担保国承担责任的范围。笔者结合《公约》附件三第22条以及《公约》第139条第2款,认为担保国承担责任的范围应当小于实际损害。

---

〔9〕 Responsibilities and Obligation of States Sponsoring Persons and Entities with Respect to Activities in the Area (Request for Advisory Opinion Submitted to The Seabed Disputes Chamber), p. 63.

《公约》附件三第22条规定承包者进行其业务时的不法行为,或者管理局行使权力和职务时的不法行为或违职行为造成损害的,“在任何情形下,赔偿应与实际损害相等”。

而关于实际损害的理解,可以从《多金属规章》附件四第16.1节中略窥一二:“承包者应对其本身及其雇员……所有人员的不法行为或不行为所造成的任何损害,包括对海洋环境损害的实际数额负赔偿责任,其中包括为防止或限制对海洋环境造成损害而采取的合理措施的的费用,但应顾及有辅助作用的管理局的行为或不行为。”

而同时,《公约》第139条第2款又提到“缔约国或国际组织应对由于其没有履行本部分规定的义务而造成的损害负有赔偿责任”,因此,“实际损害”应当为担保国须为其所担保的承包者的不法行为所造成的损害承担责任的最大范围。这是因为我们在权衡承包者的赔偿责任时,还应当“顾及有辅助作用的管理局的行为或不行为”,并且还需考虑“对有关活动进行管辖和控制的国家”的责任。综合考虑以上两种因素,担保国所承担的赔偿责任是小于或者等于“实际损害”的。

首先,应当考虑“有辅助作用的管理局的行为或不行为”。这句话出现在附件三第22条中,已经明确表述了管理局在承包者不法行为造成损害时承担辅助责任。譬如根据《公约》附件三第6条第2款以及第4条第2款,管理局在审查承包者申请请求核准合同形式的工作计划时,应当查明申请者的财政能力和技术能力,以及其履行之前与管理局订立的任何合同。一旦出现管理局对于上述要求的不作为情形,导致承包者违反其义务而造成损害后果,则根据附件三第22条规定,管理局应当承担其负主责任。应当注意到,“管理局的行为或不行为”不需要是不法行为,只要这些“行为或不行为”对损害后果的发生有辅助作用即可。[10]

其次,还应当考虑“管辖或控制有关活动的国家”的责任。《公约》第194条第2款规定:“各国应采取一切必要措施,确保在其管辖或控制下的活动的进行不致使其他国家及其环境遭受污染的损害,并确保在其管辖或控制范围内的时间或活动所造成的污染不致扩大到其按照本《公约》行使主权权利的区域之

〔10〕 参见高建军:《国际海底区域内活动的担保国的赔偿责任》,载《国际安全研究》2013年第5期。

外。"本条说明"管辖或控制有关活动的国家"也应当对损害承担部分责任。这其中"管辖或控制有关活动的国家"可能包括对船只进行管辖的船旗国、"区域"内活动的分包商,以及在多重担保的情况下部分终止其担保的担保国等。

对船只进行管辖的船旗国的责任在《公约》第209条第2款有所规定:"……以防止、减少和控制由悬挂其旗帜,或在其国内登记,或在其权力下经营的船只、设施、结构和其他装置所进行的'区域'内活动造成对海洋环境的污染。"

同时,分包商很可能进入"区域"内的活动中,此时分包商虽然不是承包者或者担保国,但其也应当为其不当行为造成的损害负赔偿责任。

而在多重担保的情况下终止其担保的担保国也有可能在损害出现的情况下负赔偿责任。《多金属规章》第29条是关于"担保的终止"的相关规定,其中第4款规定:"担保国不应因担保终止而免除在作为担保国期间承担的任何义务,担保终止也不应影响在担保期间产生的任何法律权利和义务。",再参照其附件四第20条第2款"……如果承包者未能找到另一符合《规章》所要求的担保国,在《规章》规定的时限内以规定的格式为承包者向管理局提交担保书,则本合同应即予终止"。综合这些条款可以推论出,当承包者有多重担保时,部分担保国的退出并不影响合同的继续,退出担保的担保国在担保期间仍然应当承担其义务与责任;只有在所有担保国退出,且无法找到新的担保国时,合同才予以终止。因此,在多重担保的情况下,终止其担保的担保国虽然已经不在担保国序列中,但仍应对其未履行义务而导致的承包者不法行为造成的损害承担赔偿责任。

综上所述,承包者、管理局、管辖或控制有关活动的国家,以及担保国都应当按照它们各自的过错承担对承包者不法行为造成的实际损害负责,而担保国只是对其应当承担的部分负责,因此担保国承担责任的范围小于实际损害。

3. 担保国的剩余赔偿责任问题

这里所说的剩余赔偿责任是指担保国已经履行其确保义务的情况下,承包者不能负担的剩余责任。关于此时担保国是否需要承担该部分剩余赔偿责任,这个问题主要在《咨询意见》中有所涉及。

墨西哥等国在口述程序以及书面意见中,都表示这种情况下担保国仍应承担剩余赔偿责任,但最终并未被分庭采纳。分庭重申担保国的赔偿责任应是基于行为的过错责任,并强调《公约》第139条及相关法律文件中的责任制度都没有关于剩余责任的规定,同时还建议管理局建立信托基金的方式来弥补这一法律空白。这便意味着,担保国并不需要承担剩余赔偿责任。

(五)担保国之间义务与责任的平等性

关于能力不同的国家(发达国家与发展中国家)承担担保国义务与责任的平等性问题,其争议程度和分歧是不言而喻的。但是目前从《公约》及其相关法律和《咨询意见》中来看,发展中国家在承担担保国义务与责任时,并没有所谓的特殊待遇。

首先,从《公约》及其相关法律来看,对发展中国家在担保国责任义务方面并无特殊规定。虽然《公约》序言提及“……这种秩序将照顾到全人类的利益和需要,特别是发展中国家的特殊利益和需要……”《公约》第十一部分中,第140条第1段、148条和150条等也特别规定“区域”内活动应特别考虑到发展中国家的利益和需要,并促进发展中国家有效参加“区域”内活动。同时也有照顾发展中国家的具体制度规定,譬如《咨询意见》中提及的《公约》附件三第8条、第9条、《公约》第143条第3款等,都对发展中国家以及地理不利国在技术转让、培训等方面进行倾斜,但均未在担保国责任方面有所规定。

其次,从现实情况上看,可能出现的方便担保国的问题使得发展中国家不应获得特殊照顾。在咨询案中,俄罗斯曾在其书面陈述中指出,如果国家间义务与责任的标准不同,将会导致部分私人公司寻找潜在风险较低且责任较小的国家作为其担保国。而目前国际海运领域的“方便旗”以及国际投资领域出现的“基地公司”就是前车之鉴。我们可以预测,一旦发展中国家在担保国责任方面获得待遇倾斜,部分私人公司从发展中国家获得其国籍与担保,从而躲避高标准的规定和监督执法,标准的不统一最终将损害“区域”内活动的安全开展,破坏人类共同继承财产的保护。[11]

从这两个视角分析来看,分庭主张的“共同但有区别的责任”是很有道理的。

结　语

本文对“区域”活动中担保国的义务进行具体的分层,明确了担保国的担保

---

[11] 参见张辉:《国际海底区域开发国之担保义务研究》,载《中国地质大学学报》2014年第3期。

义务应当是“行为义务”;而由担保国承担责任的条件解析得出担保国责任应当为过错责任,它与所担保的承包者责任之间并非连带责任的关系,应当由承包者承担主要责任,担保国责任处于次要地位;同时,担保国承担的责任范围小于承包者造成的“实际损害”,并且在担保国采取了一切和适当措施的情况下,可以免除其担保责任;还应当注意,担保国没有过错的情况下,并不需要承担承包者不能负担的剩余责任;在论及发达国家和发展中国家承担担保国义务与责任是否平等时,其答案是肯定的。

法学理论与实践的历史之维

明清典权制度的典卖人偏向

——外部视角与内部视角下的新解释

黄志成*

摘要：

相较于典权的性质，典权制度中招贴，期限等问题，典权的成因没有得到足够关注，尤其没有注意到成因存在民间法对于典权人的偏向。本文突破了传统解释，从外部的裁判者与内部的农村共同体两个角度，对典权制度的典权人偏向提供跨学科的解释，最终得出结论，外部视角上，地方官员拥有资源配置，息讼与判决效率的主观动机和塑造制度的客观地位，内部视角中，“理性自利—互助，存在规范”的农村共同体中，贫农拥有年纪增长的权威而得以保有典权制度对典卖人的偏好。“安全经济学”的逻辑下这一种偏好被进一步加强。三者作用下，典权制度的出典人偏好得到解释。内部农村共同体的视角和安全经济学可见民间法与国家法的张力，外部地方官员的角度则可知国家法中的地方与中间的对立，而三者共同作用体现了国家法和民间法的互动。

关键词：

典卖制度；法官；道义经济学

本文的主要目的在于探讨典权制度的成因，并将焦点放在典权的典卖人偏向上。相较于典权的性质，典权制度中招贴，期限等问题，典权的成因，似乎并不是学者们的研究中心。需要注意，典权制度的特殊意义是其对出典人明显的倾斜保护。只要与15、16世纪欧洲的土地制度稍加比较，这种偏向便十分明显。圈地运动中的欧洲农民必须在固定期限清偿他们的债务，否则抵押物的所有权便将全部转移到债权人手中，大地主们也得以在这“羊吃人”的运动中实现

---

* 黄志成，中山大学法学院2015级本科生。

了土地的高度集中。而对于典权的解释也应落脚于何以典权制度如此保护出典人。而欧洲农民的中国同行却大多能够实现自己永保土地的理想,这正受益于中国典权制度的典、卖不分和制度赋予典权人的无限期的回赎权。本文的基本思路是,先简单对典权制度从表达/律令与实践/习惯两个角度进行勾勒,指出实践对表达的背离,然后分别从外部的法官视角与农村共同体内部的社会类型两个维度对这种背离背后的逻辑进行分析。本文对典权表达/律令与实践/习惯的描述集中在明清,因为此时最能突出表达与实践的背离。

明代典权规定主要特点是:(1)未就出典与回赎期限作出限制。(2)在土地收益达原典当价值之2倍与典限到期2年后的两种情形之下,典权人均需交回土地。(3)对典卖甚至绝卖的回赎,招贴等行为不作规定,任由民间调节。(4)典卖混同。

清代典权规定主要特点是:(1)明确区分典卖。(2)在前者的基础上,以乾隆18年为界,契约已达30年者,一律视为绝产,有无"绝卖"字样在所不问。未达30年者,需明载"回赎"方可找、赎。[1] (3)明确出典年限至长为10年的,但是典权人在期限已至时,仅获得转典的处分权。出典人仍然拥有无限期的回赎权,尽管不能直接对转典权人行使。(4)禁止典、卖旗产。[2]

典权制度的民间习惯与官方规定多有背离。巴县,龙泉,淡新三地档案表明,民间习惯与地方官府很大程度上无视了清廷关于区分典卖,保护典权人权益的相关规定。典卖依旧不分;典与卖的招贴与回赎普遍存在;长于30年的回赎期限;以其他名义被典卖的旗产;地方官员承认出典人对转典人拥有回赎的权利;在回赎时,回赎的价格以原典价为准等。[3]

对这种表达与实践的背离进行进一步的分析,可以得到一个结论。相较于国家成文法的规定,民间习惯与地方官府(很多时候他们是互相影响的)更加保护典权人。那么,何以民间习惯与地方政府有着相较于中央,更强的动力保护

[1] 对此之理解,清代实务与学者皆未同一,本文采取的是律学家薛允升的解释,乾隆18年后,不再有30年期限,不再存在无限回赎期。此为当然解释,亦更符合区分典卖的立法意图。

[2] 参见郭建:《典权制度源流考》,社会科学文献出版社2009年版,第167~184页;黄宗智:《中国历史上的典权》,载《清华法律评论》2006年卷。

[3] 参见郭建:《典权制度源流考》,社会科学文献出版社2009年版,第167~184页;黄宗智:《中国历史上的典权》,载《清华法律评论》2006年卷。

出典人？这就突破了以往从中西对比中展开对典权制度的研究，而把民间与国家的对立作为切入。

如前所述，过去并未从民间与国家的对立的角度分析典权制度的成因，而是给出了比较笼统的解释。这些解释大致可以分为经济的与思想文化的解释。总体上，思想文化解释指儒家思想，并且可以进一步细分为国家与民间两个维度。而这里的对国家与民间的划分实际上仍然为一个统一的儒家思想所统摄，民间与国家只是单纯区分而并不强调两者之间的张力。

就国家维度而言，典权制度这一体现对出卖土地的弱势群体特殊保护的制度可以彰显仁政之理念。[4] 民间维度则分为两种，其一者，安土重迁，永保土地；其二者，延续香火，落地归根。这使得土地超越了单纯的财产而成为拥有了极强的符号意味。例如，在土地交易中，买方会设宴庆祝以感谢中人，而卖方则没有设宴的义务。与之相反，西方文化中由卖方支付中介佣金。[5] 同时，出卖土地者也必须在契约中说明理由，以求祖宗谅解。[6]

而学者的经济解释认为典权制度的优势之处是“既可筹得应急资金，又可保留其对土地的回赎”，[7] 同时，方便不长久逗留的寓居官员。实际上，对于可以选择典的古人而言，典权制度确实是经济便利的。但是，这个解释经不起推敲。因为这些功能亦可以为租佃、抵押等制度发挥，而欧洲国家亦是以此解决，何以典权制度唯在中国成立呢？在进一步的追问下，学者也许要复归传统文化解释。其他的经济解释是小农经济下政府限制抵押等民事制度的发展，[8] 换言之，政府欲巩固帝国的经济基础，这是可以成立的，只是稍嫌空乏。

我们可以发现，在这里，文化又一次成为了苏力在《阅读秩序》所言的“百试不爽、打遍天下无敌手的武器”。然而，对司法档案的研究使我们发现这些思想

---

[4] 参见黄宗智：《清代的法律、社会与文化》，上海书店出版社 2001 年版，第 55～56 页。

[5] 参见郭建：《典权制度源流考》，社会科学文献出版社 2009 年版，第 150～210 页；戴建国：《宋代的民田典卖与“一田两主制”》，载《历史研究》2011 年第 6 期；黄宗智：《清代的法律、社会与文化》，上海书店出版社 2001 年版，第 55～56 页。

[6] 参见戴建国：《宋代的民田典卖与“一田两主制”》，载《历史研究》2011 年第 6 期。

[7] 肖光辉：《中国法制史专题研究》，苏州大学出版社 2014 年版，第 292～293 页。

[8] 参见郭建：《典权制度源流考》，社会科学文献出版社 2009 年版，第 150～210 页。

并没有全然内化,比起道德规范的遵守,人们更热衷于土地这切实利益的争斗。国家的仁政理念云云则完全不能解释明清时期成文法推进典权制度市场化的努力。经济解释上,只有绝对正确却又稍显空泛的经济基础可以成立。提出新的解释便显得很有必要起来。新的解释,首先从外部(相对于村庄作为内部),亦是个体的视角提出法官作为制度塑造者的重要作用,其次剖析了村庄"理性自利—互助,存在规范"的特性和村庄内部个人的"安全经济学"的行动逻辑。实际上,学者以往的解释是建立在中西比较之上,即将中国视作一个整体,而没有发现中国其实在典权制度上的偏向是非均质整体。然而,上述表达/律令与实践/习惯之间的冲突提示我们有必要划分民间与国家二元。本文的中心正是对民间习惯与地方政府相较于国家成文法更强的倾向性保护提供解释。

一、外部视角:客观条件与主观动机

(一)法官塑造规范的一般性讨论

本部分讨论作为农村的外部视角下法官如何塑造典权制度。谈到法官立法,读者诸君脑海中浮现的,或是判例法国家之"legislator on the bench",或是活法,行动中的法,法律乃对法官所为之预测等法律现实主义命题,或是对法官角色的实证观察,[9]这些研究共同说明,在划分法学的知识形态为三者价值,规范与事实时,作为事实而存在的法官长期,稳定的行动,可以塑造出足够强的可期待性而转化为规范,或起码可以转化为非正式规范。

然而,上述命题都是现代性或者西方性的,因此不能回答我们这样一个问题,中国古代的法官是否同样拥有塑造规范的力量?前者在司法审查,司法独立,判例法等制度下地位尊荣,后者在传统印象中则缺乏独立地位,严格受到皇权法令的控制,一个极端的例子便是一种极端限制自由裁量的"一个萝卜一个坑"[10]的立法模式。对这个问题我们首先可以给出一些一般性的肯定答复。哈特所言的语义的开放结构,德沃金用连载小说所作的比喻都表明了法官的能动地位。波斯纳也曾指出同时存在于大前提中与小前提中的三段论的不确定

---

〔9〕 参见[美]波斯纳:《法官如何思考》,苏力译,北京大学出版社2009年版。

〔10〕 参见徐忠明:《清代中国司法裁判的形式化与实质化——以〈病榻梦痕录〉所载案件为中心的考察》,载《政法论坛》2007年第2期。

性,从而打破法律机械运作的幻想。[11] 一个自然的推断是,法官通过一种稳定、持续的不遵守规则,便可以在另外一种意义上塑造出事实上的、新的规则。

(二)牧令塑造典权:客观条件与主观动力

为了使论证更加有力,我们还需要给出上述一般性的讨论以外的更加细致的说明,这可以分为客观条件与主观动力两个层次进行分析,即中国古代的牧令们是否拥有塑造规范的客观条件与主观动力。在本文语境下,则转化为中国古代的牧令们是否拥有塑造典权的客观条件与主观动力。

首先,结合学者的已有的贡献,[12] 从官员地位和裁判依据两方面讨论客观条件。客观条件这个问题的实质就是解释地方牧令何以拥有相当大的自由裁量权。另外,文中出现的官员特指州牧和县令,正是这些一方土地的父母官才亲历审判而参与典权制度的塑造。同时,为了强调这种塑造是通过裁判的方式完成的,本文也称牧令为法官。

1. 典权塑造的客观条件:牧令地位与裁判依据

下面从牧令地位与裁判依据两方面对典权塑造的客观条件进行分析。

从牧令地位来看,州县乃"一人政府",牧令自然权力极大。而一人政府的原因又有消极限制与积极追求两方面,当然前者为根本原因。就消极限制而言,一者,财政赋税有限。二者,中国土地广阔,每个地区可以"分到"的官员必然有限。就积极追求而言,一人政府下有益于实现以下的追求。其一,地方官势力弱小,不会出现横行一地的现象。其二,精兵简政,勿扰民的追求。其三,提高行政效率,降低官民沟通的成本。其四,国家十分不信赖未曾浸淫圣贤书的胥吏而只赋予政府大权于正式编制的地方官一人。我们可以看见一个悖论,为了限制官员权力,皇朝只提供给牧令们相当有限的权力和资源。但牧令在其有限的权力范围内行使着一种"无限的权力"。

---

[11] 参见[美]理查德·A. 波斯纳:《法理学问题》,苏力译,中国政法大学出版社 2002 年版,第 60 页。

[12] 参见[日]滋贺秀三:《清代诉讼制度之民事法源的概括性考察——情、理、法》,范愉译,载[日]滋贺秀三等:《明清时期的民事审判与民间契约》,法律出版社 1998 年版,第 19 ~ 53 页;[日]滋贺秀三:《清代诉讼制度之法源的考察——作为法源的习惯》,王亚新译,载[日]滋贺秀三等:《明清时期的民事审判与民间契约》,法律出版社 1998 年版,第 54 ~ 96 页等。

从裁判依据来看,又可以分为何以不用作为表达的国法与何以偏爱情理、习惯两方面。就何以不用国法而言,可分为两点。其一,国家抓大放小,比起直接关系皇权巩固与社会秩序稳定的命盗案件,处理“民间细故”的民事规范不被重视。其二,就已有的规范而言,律令的设定往往是机械的,这使得牧令有跳出设定而进行裁量的必要。就何以用情理习惯而言,则将分为两点:其一,广阔的中国,各有习惯,难以形成统一,稳定的民事法;其二,官员对以情理裁判极其青睐,或者起码是极力追求实现情法两尽。对于官员来说,道德主义的论证往往既有效率又有正当性。

当然,一人政府实际上不能够充分行使其全部权力或者说提供地方所需的全部服务。[13] 尽管如此,上述分析仍然从“一人政府”官员和规范两个角度对官员何以拥有极大自由裁量权完成了论证。机敏的读者甚至可以发现,上述的论证实际上可以作更广的理解,朝廷实际上不仅在司法裁判,而是在很多方面都缺乏足够强的控制力。尽管封建王朝是专制的,却是一个事实上的“小政府,大社会”,所谓皇权不下县是也。

然而,我们必然会遇到一个疑问,拥有极大自由裁量权的法官为何会拥有偏向典权人的动力。这虽然是对主观动机的观察,但是我们不求表明牧令内心活动的直接记录。一方面,是资料的欠缺。这是可以理解的,因为官员几乎没有任何激励以记录自己判决时真实心意。甚至,即使真的存在这些证据,我们也将怀疑这些记录是否足够真诚。实际上,现代法官又何尝不是如此呢?连篇累牍的论证往往只是提供事后的正当性,判决在作出这些论证前早已在心中形成。另一方面,即使缺乏这些直接证据也丝毫不妨碍我们对其动机的分析。因为我们丝毫没有理由怀疑这些官员是和我们一样是理性人。即使他们不懂得边际效率、边际损害这些术语、却不能否认他们也同样追求效率。

2. 典权塑造的主观动机:资源配置,息讼与判决效率

我们将对塑造典权制度的动机给予一个经济学的解释。已然完成了对法官塑造典权制度的客观条件的论述,也即法官拥有极强的自由裁量权,但是,这种自由裁量权为什么没有引向其对典权的破坏,如其视某些民间习俗为“土风”“陋俗”而全然排斥?而是相反地,无视成文法关于回赎年限的限制而承认出典

---

〔13〕 官员以外的公共服务提供者有,其一,乡绅、宗族、行会等势力。其二,可以称得上“半官方”的幕友、胥吏、衙役、地保、乡约。

人回赎期限的无限,从而加强了典权制度对于出典人的倾斜保护。显然,我们将不会再用一个文化这样的大词加以搪塞。更加深入的分析十分必要。

首先需要回答,出典人意味着什么?我国学者普遍认为,“出典人大多是经济上的弱者”。[14] 浏览宝坻与龙泉档案,我们可以发现,在回赎纠纷中,出典人普遍将自己塑造为经济上之弱者而对方则为富一方。可能的疑问是,这是否仅仅表现了中国古代基于“冤抑”而“从不同的侧面展示对方欺压的横暴和自己不堪凌辱的惨状”[15]而进行“伸冤”的诉讼型呢?答案是否定的。就典卖案件而言,典受人并没有否认自己的富裕的事实,[16]尽管富贫很有可能是欺压的前提。同时,就逻辑而言,出典人比典受人更贫穷,更急需现钱也是可以理解的。有实证研究对典卖人为经济弱者这一结论给出实证支持,张泰苏对华北一个典型农村进行考察后发现,“20 世纪 30 年代后期的典卖者中,有百分之八十五土地占有量在农村平均水平以下,将近百分之四十的典卖者连平均水准的三分之一都难以达到”。[17] 因此,出典人的弱势并非虚造。同时,出典后的数十年,依然要求回赎的出典人或其后代,也往往被视为弱者。例外的是,法官们会清楚地意识到,出典人或其后代仅仅是出于经济需求而以回赎为名要求“寻租”。对于其中过于明显的敲诈勒索,法官会直接处以笞杖。

在完成了出典人在绝大多数时作为经济弱者的论证后,我们可以得到这样一个结论,法官倾斜出典人的动机是保障经济效率。在出典人案件中,我们将

〔14〕 李婉丽:《中国典权法律制度研究》,载梁慧星主编:《民商法论丛》(第 1 卷),法律出版社 1994 年版。

〔15〕 [日]滋贺秀三:《清代诉讼制度之民事法源的概括性考察——情、理、法》,载[日]滋贺秀三:《明清时期的民事审判与民间契约》,范愉译,法律出版社 1998 年版,第 1 ~53 页。

〔16〕 See Taisu Zhang,《Social Hierarchies and the Formation of Customary Property Law in Pre-Industrial China and England》,62 American Journal of Comparative Law171 (2014),载 http://scholarship. law. duke. edu/cgi/viewcontent. cgi? article = 5545&context = faculty _ scholarship,最后访问日期:2016 年 11 月 13 日。

〔17〕 Taisu Zhang,《Social Hierarchies and the Formation of Customary Property Law in Pre-Industrial China and England》,62 American Journal of Comparative Law171 (2014),载 http://scholarship. law. duke. edu/cgi/viewcontent. cgi? article = 5545&context = faculty _ scholarship,最后访问日期:2016 年 11 月 13 日。

案件分为两种类型:第一类,是前文已经言及的出典人的无赖行为,如虚假诉讼,对于此种行为,法官往往直接处以笞杖。第二类,则是判决任何一方胜诉都不无道理的两可案件,实际上,在国家法与习惯法的纠缠中,大部分案件可以视为此类。在张泰苏博士随机考察的80个案例中,他选择了26件作为典限案例。其中,有16件距离原初契约时间至少已有30年,最古老的一份甚至是72年前作出的。同时,至少有5起显示买主明确引用了一条1917年禁止30年后回赎的省例。国家法与民间法的缠绕,漫长的时间,可疑的证据,都证明这些案件给予法官很大的裁量空间。那么,法官究竟会如何裁量呢?这里,我们引入苏力提出的"海瑞定理ⅡA",即在经济资产的两可案件中,无法明晰的产权应配置给经济资产缺乏的人,用海瑞自己的话,"事在争产业,与其屈小民,宁屈乡宦。以救弊也"。[18] 如前所述,出典人及其后代往往以弱者的面貌出现,排除掉确切无疑的敲诈,面对法律或契约明确规定的有限回赎与永保土地的道德理想的纠缠,案件事实的错综复杂与难以查证,典卖案件往往是一种"难明狱情"下的"两可难决"。这样的情况下,判决典卖人这弱势一方更加有效率。首先,同样的钱财,无论其体现为何种形式,对于经济上的弱者,总有着比强者更高的边际利用效率。同样的钱财,弱者能够收获更大的满足。其次,这也符合息讼以实现和谐这一中国古代法官最高追求,[19] 由于边际损害小,较富一方会受到更少的激励提起上诉而出典人作为弱势一方在败诉之时更可能上诉而纷争不断。这一点尤其体现在一人政府之下,官员压力极大。"案结事了""摆平理顺"是司法与行政兼任的州牧县令们的必然追求。对于官员们来说,社会秩序的修复的要义便在于无人再来"闹",那么,将利益更多地分配于有更大可能性"闹"的弱者出典方也就十分可以理解了。这也就是所谓的,中国古代的民事审判所重者并非依法裁判,保障权利的"定分"而是使得双方不再有矛盾"之争"。实际上,这体现了司法行政合一下的中国古代社会既无法律权威,又没有源于法官独立裁判的司法权威。如此,现代社会建立在法治权威上,通过依法裁判的"定分"来实现"止争"的路子便走不通了。

除了实现社会资源的有效配置与息讼而节约社会成本,判决出典人获利还是更有判决效率的方式。在极度的人少案多的情况下,面对转典、借贷等多种

---

〔18〕 苏力:《"海瑞定理"的经济学解读》,载《中国社会科学》2006年第6期。

〔19〕 参见梁治平:《法律史的视界》,广西师范大学出版社2013年版,第355~359页。

情节相纠缠的案件，比起仔细梳理案情，判出典人获胜也是更加有效率的处理方式。可能的疑问是，这是否会带来虚假诉讼反而背离对效率的要求呢？我们认为诉讼之潮有一定的可能成立，但是基于任期制和古代信息流动的低俗，虚假诉讼之潮的后果往往由下任官员承担，[20]因此，这仍然将是一个对法官有效率的判决。

资源高效配置、息讼与判决效率，正是此三者构成了法官塑造倾斜出典人制度的动力。在前面论证的客观条件下，法官拥有极强的能动性，从而可以摆脱清代法典在乾隆18年对回赎期限作出的30年之限制，或者承认法典明文禁止的转典行为，但保留了原典人的回赎权利，又或者认可同样为法律禁止的招贴行为。那么，法官塑造了典权制度这一结论，也就基本可以成立了。问题二，何以地方政府有着相较于成文法更强的动力保护出典人也就被回答了。

二、内部视角：共同体的第三种范式与安全经济学

（一）传统范式："理性自利—欠缺合作，缺乏规范"和"道德利他—互助，存在规范"

在完成了从外在的法官视角的论证，下面开始从内部视角进行论述就必然涉及一个问题，也就是中国古代农村作为一种共同体，其性质何如。在研究乡村共同体时，存在两个基本进路。其一者，是从外部视角，强调共同体拥有相对于国家的自治。这种自治的性质在上一部分的分析也稍有涉及。其二者，则是从内部出发，观察乡村的性质。也即其究竟是一个含情脉脉的有机整体，亦或是个体之间相互分散，而不能成为共同体。而第二种进路又涉及到如何理解共同体中的个体（这并不是说第一种进路就与对共同体个体的理解截然无关），他们究竟是追求个人利益的理性人，还是愿意牺牲，重视共同利益的道德农民。在这个问题上，我国学者秦晖似乎开辟了一条新路，[21]他认为，"传统中国农民便很大程度上置身于'道德农民'与'理性农民'之外：小共同体在这里不够发育，但这并非意味着个性的发育，而是'大共同体'的膨胀之结果"。也即，传统

---

〔20〕 参见苏力：《"关于海瑞定理I"》，载《法律和社会科学》2009年第1期。

〔21〕 参见秦晖：《"大共同体本位"与传统中国社会（上）》，载《社会学研究》1998年第5期。

中国农村的性质既不是和谐的小共同体,也不是真正个人主义主导的原子化社会,而是国家这一大共同体本位下的"伪个人主义"社会。实际上,秦晖的观点与其说是清楚阐明了中古乡村的性质,毋宁是对以往学说的"纠偏",即,与传统想象的不同,西方拥有着极强的小共同体传统,而儒教、家族盛行的中国则实际上只有零散的农民。这个理论无法解释中国古代农村确实存在的共同体,以及这些共同体中存在的发达合作。例如,秦晖以明清官府打击强宗大族论证中国古代有王朝而无宗族。然而,正是因为这些宗族足够强大,正是因为宗族观念足够盛行,朝廷才有压制的必要。这是为构建理想类型(ideal type)而不得不作的选择性的使用材料并对已选择的材料进行特定的解读。秦晖论证的最大问题在于,他没有提出一个与"道德"或"理性"相对照的话语对农民形象进行形容。确实,秦晖提到了"伪个人主义",但是这个"伪个人主义"显然不能与前两者相对应。不进行严格定义的话,个人主义与理性自利在很大程度上是相容的。而从秦晖将"理性"修饰"个人主义",并将理性与"个性发达"和"个人主义"相对应来看,他本人亦是如此理解的。[22] 那么我们就会发现,"伪个人主义"实际上仍然是"理性"。只不过,秦晖为了避免使用理性而不得不转而使用"伪个人主义"。归根结底,这是因为"伪个人主义"只是在强调"个人主义"或者说"理性"的来源,"伪个人主义"仍然将表现为"个人主义",也即,一种理性自利而缺乏共同体约束的存在。于是我们将得出一个结论,那就是农民的描述仍然将不能够脱离"理性"/"个人主义"和"道德"这两种描述。那么秦晖教授提出的大共同体本位的新范式,仍然将归为"理性"与"道德"。

如此一来,对共同体性质的研究仍然只存在两种范式。我们抽象出"农民形象—村庄特质"的模型进行描述,也即"理性自利—欠缺合作,缺乏规范,斗争"和"道德利他—互助,存在规范,和谐"。这里所指的规范,指的是"先问亲邻"、公田、宗亲学校这一类能够促进个人作出一定牺牲以实现共同体利益的制度。这两种模型各有其提倡者。而日本学者平野雁太郎与戒能通孝之间的论战与美国学者斯科特和波普金的论战为这两种模型提供的经典叙述。平野雁

---

〔22〕 "如果农民社会缺少'理性'(突出'个人理性'),这就意味着'小共同体的道德自治'吗?反之,如果农民对社区、宗族缺少依附感,他就一定是个性发达的'便士资本家'或理性至上的个人主义者吗?"参见秦晖:《"大共同体本位"与传统中国社会(上)》,载《社会学研究》1998年第5期。

太郎和斯科特分别针对中国农民和越南稻农进行描述，支持了村庄作为共同体的，农民作为道德农民的叙述。斯科特认为东南亚稻农容易受到地理环境影响与外部压榨剥削而在生存线上挣扎，他们必须遵守两大原则，第一，尊重每个人都有维持生计的基本权利和道德观念。第二，追求风险最小化而不是资本主义式的，追求利润最大化的经济逻辑。平野认为包括中国在内的亚洲村落以水稻农业为基础存在“乡土共同体”，要求宗亲邻保之间相互帮助。他特别强调，这些互助可以上升到精神层面的和谐统一，包括祭祀信仰、娱乐、婚葬以及农民的道德等。波希金和戒能则描述出截然不同的画面。波普金认为，理性自利的越南农民所组成的村落并没有形成紧密联系的共同体纽带。对于村邻或全村利益的照顾，仅仅是一种例外状态。村庄联系松散，缺乏约束，农民在其中相互竞争并追求各自利益最大化。戒能则如此描述中国农村，他认为中国农村仅仅是在“看青”“打更”等安全防卫之类的日常需求上有所合作，而缺乏精神层次的认同与信赖。[23]

（二）新的范式：“理性自利—互助，存在规范”

无论是“理性自利—欠缺合作，缺乏规范”和“道德利他—互助，存在规范”都将“农民形象”和“村庄特质”进行了单向度的联系，也即“理性自利”的农民形象必然对应出联系松散、欠缺合作的村落，而“道德利他”的农民特质则必然得到一个存在合作，规范约束性强的共同体。这种对应，初看之下，十分有道理。然而，仔细推敲，却可以发现这样一种可能，即“理性自利”的农民对应出“存在约束性规范，让渡个别利益”的模式。这种模式的出现，正可以摆脱以往研究所必需的对事实的裁剪或选择性忽视。如秦晖教授将所有能够体现共同体合作的制度都称作只是一种表达而不是实践，又或将西方学者研究限缩为仅仅是对中国东南沿海农村的观察。得出这种模式的前提在于，判断村落为共同体与否，是通过对客观的合作规范和让渡利益的制度的观察得出的。而农民形象特质则是对于主体的判定。两者性质不同，是可以分离的。

---

〔23〕 参见李国庆：《关于中国村落共同体的论战——以“戒能—平野论战”为核心》，载《社会学研究》2005年第6期；[日]岸本美绪：《伦理经济论与中国社会研究》，载[日]滋贺秀三等：《明清时期的民事审判与民间契约》，陈少峰译，法律出版社1998年版；[美]詹姆斯·斯科特：《农民的道义经济学——东南亚的反叛与生存》，程立显等译，译林出版社2001年版。

在突破了“理性自利—欠缺合作,缺乏规范”和“道德利他—互助,存在规范”这两种范式,而运用“理性自利—互助,存在规范”模式进行制度的分析与解读,我们可以得出一个结论,典权制度的典卖人偏向,是理性自利的农民利用共同体中约束性规范进行博弈后得到的结果。也即无论是典卖人还是典受人,其形象均为理性自利。但客观存在的家族等级制度使得典卖人在这一博弈中取得胜利,而使得典权制度在实践中出现了典卖不分,无限回赎期限等有利于典卖人不利于典受人的特点。而这个问题,实际上是农村之中富贵分离。这里的富,如前文所揭,是对典受人的描述。而贵则特指由于血缘关系和家族等级制度赋予的权威。这种权威是由于年纪增长而获得的,因此具有极强的流动性。比起财富,这种类型的权威不能够继承,同时能够更好地流动而不具有集中性。于是,作为出典人利益代表的,贫穷但具有权威的群体,便可以对抗作为典受人利益代表的富有,但数量一定少于贫农而力量更弱的势力。[24] 也即,富裕的典受人是理性自利的,只是面对这种流动性的权威无可奈何。而农村依然可以成为一个共同体,只不过必须摆脱那些带有价值偏向的形容,如“和谐”“精神上彼此认同,依附”。因为,只要存在类似于典权这样的制度,我们就可以认定农村是一个联系的,存在约束性规范的共同体。

中国农民权威获得方式的特殊性,在于欧洲农村权威获得途径相比较后将会更加清晰。欧洲权威获得,来自财富与贵族地位。无论是财富与贵族地位,在农业经济下,都是缺乏流动性并且集中分布的。而欧洲贫农则缺乏权威获得的途径,他们的社会地位并不能像他们的中国同行一样随着年纪的增长而提升。一个必然的结论是,欧洲贫农也就无法像中国农民一样获得与富农博弈的社会资本。因此,存在典权人偏向的典权制度也就不可能在欧洲产生或者长久存在的了。于是,“富贵分离”的中国农村便能够比“富贵结合”的欧洲获得更多的平等。而典权制度正是体现这种平等的制度之一。

---

〔24〕 这里直接受到张泰苏文关于出典人以宗族地位获得优势地位的启发。在此基础上,笔者才可以在区分主观与客观的基础上归纳出“理性自利—互助,存在规范”的第三种范式。See Zhang Taisu:《Social Hierarchies and the Formation of Customary Property Law in Pre-Industrial China and England》,62 American Journal of Comparative Law171(2014),载 http://scholarship. law. duke. edu/cgi/viewcontent. cgi? article = 5545&context = faculty_scholarship,最后访问日期:2016 年 11 月 13 日。

(三)安全经济学:偏好典权制度的逻辑

下面将从前文提到的斯科特的道义经济学中攫取智识。如前所述,斯科特的道义经济学理论存在两个原则,第一,尊重每个人都有维持生计的基本权利和道德观念。第二,追求风险最小化的逻辑。学者似乎甚少注意到这两点存在分别讨论的空间。如果说,第一点是直接与共同体存在与否密切相关,是关于共同体的描述,而第二点则完全可以用于解释个体行动的逻辑而与共同体存在与否并无必然关系。也正因如此,这种追求风险最小化的"安全经济学"直到今日仍然有其解释力。[25] 这种行动逻辑虽然是个体的,但却是普遍的。因此,仍然可以将其视作一种宏观与内部的视角。

于是,我们可以从"安全经济学"上解释农民们对于土地的极端重视和对于典卖制度的偏好。与现代农业不同,传统农业既无先进技术也缺保险制度以应对干旱,洪涝,风灾,雨灾带来的毁灭性损失。为此,农民只能够发展出一套安全经济学以应对近乎无限大的风险。生存压力下农民都作着相同的选择,这些选择最小化风险而往往不能实现利润最大化。

比起彻底地出卖土地以获得全部利益,农民在缺失农田耕作以外的获利之道的情况下,不期冀于以获得的全部利益而实现利益最大化。相反,通过牺牲四成左右的收入以保有回赎土地的可能,或者起码是招贴的可能,而以此避免钱财的一次性挥霍而带来的巨大打击。这也是学者们将其视作出典人或许留给未来的自己或是自己后代的一种保险的深层次原因。尽管这会带来复杂地权的代价,如打击典权人对土地进行投资的热情与信心,不利于土地集中形成专业化农场,增大交易成本,但是在安全经济的逻辑之下,保险制度比起获利手段更受到普遍的青睐,典权制度也就因此长期存在。

总之,"安全经济学"解释农民对于土地的重视和对典权制度这种能够保有土地的制度的高度偏好。而本文在突破了传统的"理性自利—欠缺合作,缺乏规范"和"道德利他—互助,存在规范"这两种范式后,运用一种全新的范式"理性自利—互助,存在规范"来解释典权制度的形成,也即理性自利的贫农依靠他们在宗族制度中的地位与权威维持了典权制度中的典卖人偏向。

[25] 参见毛丹、王燕锋:《J市农民为什么不愿做市民——城郊农民的安全经济学》,载《社会学研究》2006年第6期。

三、余　论

以跨学科方法,本文在指出传统的解释的不足后,提供了外部视角和内部视角的新解释。法官与安全经济学的逻辑都倾向于保护作为弱者的出典人,而"理性自利—互助,存在规范"的农村共同体中,贫农们拥有年纪增长带来的权威而有能力保有典权制度对典卖人的偏好。三者塑造了偏向典权人的典权制度,也由此回答了学者们尚未发现的问题,即何以民间习惯与地方政府有着相较于成文法更强的动力去保护出典人。这个问题的回答首先建立在关注民间法与国家法间的张力,其次,又将国家法内部的中央与地方的对立进行了分析。本文还以典权为例,发现了作为国家法一部分的地方官员的规范性行为与民间法存在互动关系而绝非昂格尔所言之官僚法与习俗法的截然二分。

这种新的解释对于理解中国古代社会的图景有着一种突破。无论是内部视角还是外部视角,都打破了中国法制史学界对中国固有的最为古老的想象,即一个等级森严,充满压制的吃人社会。本文也没有用一种旧的想象替代一种新的想象,即古代农民们是在村庄共同体中温情脉脉,和谐共存,又或者中国古代社会是一些学者"建构"的和谐礼法的社会。无论是法官,贫农还是富农,本文都将他们的形象定位为自私的理性人。这三类理性人,在追求各自利益最大化的过程中,却减少了土地压制、兼并与极端贫富分化。当然,这不利于土地集中,规模化生产与市场的充分发育,也不利于一种权利观念、个人主义与私的精神的生长,却使15、16世纪欧洲"羊吃人"那一类的惨剧没有被复制在中国的土地上,使得贫农有着一定保障。以此观之,利己与利他并非决然对立,这也许能够为今日各种制度的设计提供一些启示。

民事诉讼诚实信用原则的发端与流变

——兼谈我国的司法适用现状及完善

陈炬亮*

摘要：

民事诉讼中的诚实信用原则最初起源于罗马法。但发展到近现代，以法德为代表的大陆法系国家并未继受罗马法时代的诚实信用原则，而是发展出绝对的当事人主义诉讼模式，诚实信用原则一度出现“断代”。随着该诉讼模式弊端的出现和对其进行的修正，大陆法系开始回溯罗马法中的诚实信用原则，同时通过司法裁判奠定了诚实信用原则在民事诉讼中的基础地位，并发展出包括具体内涵、表现形态及司法适用在内的一套完整体系。如今诚实信用原则在我国民事诉讼运用中方兴未艾，却存在不加区分随意适用的现象。结合法德的理论与实践，我国司法实践对诚实信用原则的适用应当明确主体、案件类型，同时厘清与其他原则和具体条款的关系。

关键词：

民事诉讼；诚实信用；表现形态；司法适用

针对实践中虚假诉讼等滥用诉讼权利的猖獗现象，我国在2012年《民事诉讼法》修法之际，正式纳入了诚实信用原则。而早在20世纪末21世纪初，便有学者主张在民事诉讼法中确立诚实信用原则。但学者们将诚实信用原则定位为“民事实体法上的准则”，[1]主张其进入民事诉讼程序的理由是“民事诉讼法和民法之间存在内在精神上的关联性或一脉相承性”“民事实体法中的诚信原

---

* 陈炬亮，西南政法大学硕士研究生。

[1] 参见王福华：《民事诉讼诚实信用原则论》，载《法商研究》1999年第4期。

则也应当体现在民事诉讼法中”,[2]诸如此等,不胜枚举。学术界普遍认为民事诉讼法中的诚实信用原则是从民法中“移植”而来。然追溯历史,作为现代民事诉讼起源的罗马法中早已出现诚实信用原则,[3]近现代大陆法系民事诉讼中依据诚实信用原则对滥诉进行规制、要求当事人承担真实义务等在罗马法中均有所体现。

本文通过对诚实信用原则在罗马法时代的起源以及在近现代大陆法系民事诉讼中的流变进行考察,从中追寻诚实信用原则在民事诉讼中的独立价值内涵和具体表现形态,以利于民事诉讼诚实信用原则的理论解读与司法实践。同时,鉴于诚实信用原则在我国存在司法适用泛滥的问题,本文在分析上述理论与实践并结合我国司法适用的基础上,亦提出有益于我国民事诉讼诚实信用原则规范适用的建议。

一、古代起源:民事诉讼诚实信用原则的罗马法考察

民事诉讼在罗马法中经历了三个主要发展时期,即“法律诉讼”(legis actiones)、“程式诉讼”(processo per formulas)和“非常审判”(cognitio extraordinaria)。在不同的时期,诚实信用体现为不同的具体形态并逐渐深化。

(一)法律诉讼时期的滥诉规制

法律诉讼是罗马法中最古老的诉讼程序,其中“誓金法律诉讼”(Legis actio sacramenti)是最典型的法律诉讼形式。如果被告否认原告主张,就要求原被告分别就自己诉讼主张的真实性发出“赌誓”(sacramentum),并承诺缴纳一定数额的誓金。[4] 一方败诉后,誓金将作为对败诉方违背真实性的惩罚,由裁判官

---

[2] 汤唯建:《论民事诉讼中的诚信原则》,载《法学家》2003年第3期。

[3] 罗马法最初并不区分诉讼法和实体法,权利与救济都来源于“诉”,人们依赖于“诉”实现权利,甚至可以认为实体法是从“诉”演变而来。

[4] 《十二铜表法》第二表第1条规定:“诉讼款额在一千或一千以上阿斯者,缴誓金五百阿斯。诉讼款额不满一千阿斯的,缴誓金五十阿斯。如争论有关某人的自由,则即使此人财产估价极高,但法律仍规定,缴五十阿斯。”参见《十二铜表法》,法律出版社2000年版,第6页。

将之纳入公共钱库(Gai. 4,13)。[5] 此外,《十二铜表法》还规定了被告无理或轻率地否定原告诉讼请求的责任。[6] 例如,原告借物品给被告使用,被告在诉讼中否认借用关系的存在,在查明确实存在借用关系后,被告除要返还该物外,还要承担相当于该出借物价额2倍的罚金,纳入公共钱库。

"请求给付的法律诉讼"(legis actio per condictionem)中也存在誓金。诉讼中原被告可以达成协议,约定将争议金额的一部分作为誓金。与誓金诉讼不同的是,该誓金不是纳入公共钱库,而是给付给胜诉方。给付之诉的誓金被认为是誓金诉讼的改良模式,强调在不诚信导致的损害上更应重视当事人利益而非国家秩序。《十二铜表法》还规定了滥诉的赔偿责任。原告滥诉的除了丧失誓金,最高审判官还可以按照仲裁人判定的赔偿额2倍判处原告赔偿被告损失。[7]

可见在法律诉讼时期,从剥夺当事人缴纳的特定数额的誓金,到要求当事人缴纳2倍诉讼标的额的罚金,再到让当事人向对方当事人给付誓金,甚至到最高审判官可依职权判处当事人向对方当事人给付2倍赔偿额,诚实信用原则的运用在这一时期表现为对"滥诉"规制的层层深入。

(二)程式诉讼时期的诚信诉讼和诚信裁判

随着法律诉讼逐渐暴露如适用范围狭窄、审判方式僵化等缺陷,程式诉讼作为对法律诉讼的补充逐渐受到罗马法的青睐,诚实信用原则也在这一时期得到集中体现。

在程式诉讼中,裁判官可以通过创设程式赋予当事人新的诉权,而司法裁量权的扩大让"诚信"进入程式诉讼有了更多的空间。程式的灵活性和审判员的裁量权打破了法律诉讼拘泥于形式主义的桎梏,程式诉讼逐渐发展为适用于整个罗马的诉讼模式,对诚信和公平的追求亦成为民事诉讼程序的基本准则。

---

[5] 参见[古罗马]盖尤斯:《法学阶梯》,黄风译,中国政法大学出版社1996年版,第292页。

[6] 《十二铜表法》第六表第2条后半部规定:"缔结契约后又否认的,处以双倍于标的的罚金"。参见《十二铜表法》,法律出版社2000年版,第21页。

[7] 《十二铜表法》第十二表第3条规定:"如果某人提起了没有依据的物权诉求,如果愿意,最高审判官应指定三个仲裁人,根据他们的裁量,按损害的双倍赔偿损失"。参见《十二铜表法》,法律出版社2000年版,第55页。

程式诉讼正式划分了“法律审”(in iure)和“事实审”(apud iudicem)。“法律审”意味裁判官需要审查当事人实施的有关诉讼行为是否合法和诚信。同时,程式诉讼发展出在“法律审”和“事实审”之间起承上启下作用的“证讼程序”:当事人通过在裁判官和见证人面前缔结“诉讼契约”[8]来界定争议的事项和范围,确定解决争议的程式并且选择审判员或仲裁人。“诉讼契约”一旦达成,就要求当事人必须基于内心诚信,以契约意思为依据接受审判。

另外,在程式书中裁判官通常会批注“依诚信”字样,这也是程式诉讼被称为“诚信诉讼”的理由之一。在程式诉讼中,审判员或仲裁人无须严格依照法律或裁判官告示进行审理,而是可以依照诚信和公平原则,根据具体情况作出衡平判决。例如,原告存在诈欺行为,即使程式书中被告未提出抗辩,审判员或仲裁人也有权减免被告责任。

可见,在程式诉讼时期,诚实信用原则要求裁判官依诚信为当事人固定“诚信契约”,要求当事人依诚信契约诉讼,要求审判员或仲裁人依诚信裁判。即在当事人层面,诚信体现为当事人对诉讼的契约自治以及遵守,在国家层面,诚信体现为司法裁量权的诚信裁判。

(三)非常审判时期的真实义务和草率诉讼规制

非常审判时期法律审和事实审的划分被取消,由裁判官主持整个诉讼活动。优士丁尼在这个时期开始组织编撰《法学阶梯》,确立了许多与诚信相关的制度。

例如,规定了当事人的真实义务。罗马法将当事人违反真实义务的行为(Calumniao Calumnia)分为三种类型:一是诉讼法上故意主张非真实者(Mendacium);二是故意违背法律而请求权利保护或作防御者(Calumnioso Petition);三是主张虽是真实或已得到法律准许,但目的在使诉讼迟延或混乱,而致真实发现感觉困难者(Fraus Frustatio)。[9] 罗马法要求当事人进行善意宣誓(kalumnieneid)来保证当事人的诚信,并对违反真实义务者判处虚言罚(Luegenstrafen)。

---

[8] “诉讼契约”指的是当事人一旦在裁判官面前确定下来诉讼的理由,就应当把它固定在一个书面的“计划”中专供审判员使用。

[9] 参见蔡章麟:《民事诉讼法上诚实信用原则》,载杨建华主编:《民事诉讼法论文选辑(上)》,五南图书出版社1984年版,第16页。

另外,罗马法还专门规定了对“草率诉讼”的规制措施。优士丁尼表示可以通过金钱制裁、宣誓、判处破廉耻等手段来压制草率诉讼。第一是金钱制裁:优士丁尼规定了当事人提起的诉讼标的额在庭审前承认真实债权额的不受惩罚;当事人在庭审前并未承认,但在开庭后证实其提起的诉讼标的额超过真实债权额的,除不得获得超出部分外,还要剥夺当事人本有的债权额。第二是宣誓:优士丁尼对原告规定需“就未作出诬告作出宣誓”,〔10〕原告拒绝的不得起诉;对被告规定“要预先宣誓认为自己是运用了良好的论据的情况下进行反驳的”,〔11〕被告拒绝的推定原告主张成立。第三是判处破廉耻:破廉耻将导致被判者的权利能力受到不同程度的限制,但判处破廉耻是基于规制滥诉的角度出发的,只有行为人被认定为草率胡乱提起诉讼,才会判处破廉耻。

可见,罗马法发展到非常审判时期,诚实信用原则已形成多项具体制度,主要体现为当事人的诚信诉讼义务和法官依诚信自由裁量权这两者的扩张。但值得注意的是,古罗马从一开始的权利与救济不可分割发展到非常审判时期,已经开始出现诉讼法与实体法的分离,诉讼法逐渐被赋予“工具价值”,因而人们也逐渐将诚实信用原则视为实体法产物加以运用,忽略其最初的诉讼法起源。但借今溯古,民事诉讼中的诚实信用原则的确发端于诉讼法而非实体法。

二、近现代流变:大陆法系民事诉讼诚实信用原则的体系构建

法国作为神圣罗马帝国解体后欧陆最强大的国家,在继承罗马法上具有独特的优势,但囿于法国“民事诉讼中的法官完全是消极的,并不直接参与其中”,〔12〕因此1806年的《法国民事诉讼法典》排斥法官权力,并未将罗马法中的诚实信用原则传承下来。

而大陆法系另一重要代表德国,其民事诉讼基本是借鉴法国发展起来的,

---

〔10〕 [古罗马]优士丁尼:《法学阶梯》,徐国栋译,中国政法大学出版社2005年版,第527页。

〔11〕 [古罗马]优士丁尼:《法学阶梯》,徐国栋译,中国政法大学出版社2005年版,第525页。

〔12〕 [法]艾涅斯特·格拉松:《法国民事诉讼程序的起源》,巢志雄译,北京大学出版社2013年版,第114页。

虽进行了一定程度修正,但并未改变当事人主义诉讼模式。因而,罗马法中的诚实信用原则在1877年的《德国民事诉讼法》中也几无踪影。

(一)法国民事诉讼程序的诚实信用原则

法官权力的扩大导致司法出现可交易性并且被广泛诟病,为改变这一现状,多位国王颁布敕令剥夺法官的权力,对民事诉讼程序进行改革。1806年《法国民事诉讼法典》诞生时借鉴了前面多位国王颁布的敕令,几乎是一部完全意义上的"当事人主义诉讼模式"法典,基本抛弃了罗马法诉讼程序中对法官的信任,法官"依诚信"裁判几乎消亡,诚实信用原则出现了"断代"现象。直到当事人对诉讼程序的绝对控制引发了滥诉、恶意拖延诉讼等缺陷,罗马法中的诚实信用原则才重新进入法官的视野,司法实践也开始出现对诚实信用原则的运用。到了21世纪初,最高司法法院通过裁判奠定了诚实信用原则作为民事诉讼指导原则的地位,引起了法国法律界的重视。[13]

随着司法适用的增多,诚实信用原则逐渐被广泛接受并成为法国民事诉讼法学界关注的重点。学术著作也开始出现民事诉讼中上位原则与诚实信用原则之间关系的研究,要求在上位原则即在对席原则和合作原则之下遵守诚实信用原则。对席原则之下的诚实信用原则主要体现为当事人在各个诉讼阶段中的诚信义务。例如,证据交换中,当事人的程序诚信义务体现为:第一,持有相关资料的当事人必须提交给诉讼的其他各方当事人;第二,当事人必须提交原始资料,而不能只提交资料清单;第三,当事人所提交的资料中必须包含足以使对方当事人提出有效抗辩的内容。而在辩论阶段中,当事人应当充分发表事实及理由,辩论终结后,"各方当事人均不得再提出任何简要解释说明来支持其已作出之陈述"等。[14] 而合作原则之下的诚实信用原则包括了当事人的义务和法官的权力两个方面:当事人负担"协助司法机关查明事实真相"来推动诉讼进

---

〔13〕 法官有义务自行遵守并让当事人遵守"辩论诚实"(loyauté des débate)原则,由最高司法法院第一民事庭在2005年6月7日的判决中确定,引起法国学术界和司法界对诚实信用原则的关注。参见《法国新民事诉讼法典(上)》,罗结珍译,法律出版社2008年版,第5~6页。

〔14〕 《法国新民事诉讼法典》第445条。参见《法国新民事诉讼法典(上)》,罗结珍译,法律出版社2008年版,第452~453页。

程的义务,[15]而法官对主张和证明事实也拥有重要的权力,例如,有权“保障诉讼正常进展、规定期限与命令各项必要措施”“命令采取法律允许的各项调查措施”。[16]

诚实信用原则成为热门话题的同时,法国民事诉讼法学界也出现了三点主要的批评意见,集中在对诚实信用原则的司法适用上应当具备必要性、相关性和正当性。[17] 首先,诚实信用原则适用的必要性指的是:一方面假如存在可以直接适用的具体条款,则无援引原则条款的必要;另一方面假如适用其他原则可以解决问题,同样无须再援引诚实信用原则。其次,诚实信用原则的适用应当具备足够的相关性。尽管诚实信用属于原则性条款,但并非所有的诉讼活动都可以援引诚实信用原则,只有在具备足够关联度的情况下才可以进行援引。最后,诚实信用原则的适用还应当具备正当性。即在具体的案件中,法官针对某一诉讼行为适用该原则的,应当正确理解该诉讼行为的性质,考察该原则的适用是否符合基本的法律逻辑,是否符合公平正义。

(二)德国民事诉讼程序的诚实信用原则

1877 年的《德国民事诉讼法》是对法国民事诉讼法的仿效,实行当事人主义诉讼模式。这种模式产生的当事人无端拖延诉讼、虚假陈述等弊端也促进了民事诉讼法引入诚实信用原则的思考。德国民事诉讼法学界进行了长达近半个世纪的激烈讨论,最终在 1933 年确立了“当事人真实义务”条款,奠定了诚实信用原则在民事诉讼中的基础地位。

概括来说,从 1877 年的完全当事人主义,到 1933 年发展出代表诚实信用原则的当事人真实义务,德国不断地增强法官对诉讼进程的控制权。尤其从 1898 年开始,德国对诉讼程序的每一次修正,都是逐渐缩小当事人自由、扩张法官职权的过程。直至 1933 年,德国民事诉讼已经逐渐走向以当事人主义为主导,以法官职权探知主义为辅助的一种折中型诉讼模式,并出现新的诉讼模式

---

〔15〕《法国新民事诉讼法典》第 10 条。参见《法国新民事诉讼法典(上)》,罗结珍译,法律出版社 2008 年版,第 26 ~ 27 页。

〔16〕《法国新民事诉讼法典》第 3 条。参见《法国新民事诉讼法典(上)》,罗结珍译,法律出版社 2008 年版,第 5 页。

〔17〕参见巢志雄:《我国民事诉讼诚实信用原则的适用现象、问题与完善——兼以法国民事诉讼的理论争论与实务判例为参照》,载《比较法研究》2015 年第 3 期。

名词——协同主义。在这种主义模式下,当事人的诉讼促进义务和法官的诉讼促进责任并行,甚至当事人的诉讼促进义务拥有优先地位,诚实信用原则也因此获得了立足之地。

德国现行的民事诉讼法中体现诚实信用原则的条款主要包括"当事人应就事实状况为完全而真实的陈述"[18]"言词辩论终结后,再不能提出攻击和防御方法"[19]"当事人在第一审中丧失责问权的,在控诉审中也不能再提出"[20]等。和法国类似的是,现行的德国民事诉讼法中亦没有对诚实信用原则的直接规定。德国通过裁判案例总结了诚实信用原则的四种主要适用类型,即"骗取诉讼法律地位"(arglistige schaffung prozessualer rechtslagen)、"矛盾行为"(ventire contra factum proprium)、"滥用诉讼权限"(missbr uchlche ausübung prozessualer befugnisse)、"怠于行使诉讼权利"(verwirkung prozessualer befugnisse)。[21] 首先,骗取诉讼法律地位系指当事人意图骗取某种对自己有利的法律地位或权利,例如,规避法律、恶意阻碍送达等均有违诚实信用原则。禁止矛盾行为,即禁止当事人在对方当事人形成诉讼信赖之后作出与之前的诉讼行为相反的诉讼行为。滥用诉讼权限指的是当事人无正当理由恶意行使诉讼权利,例如,为拖延诉讼恶意申请鉴定、恶意提出管辖权异议等。怠于行使诉讼权利是指当事人在长时间内不行使诉讼权利,[22]对方当事人对此已经产生"该当事人不会再行使"的基本信赖,则当事人可能无权继续行使该项诉讼权利。

在裁判案例中,德国民事诉讼中的诚实信用原则也存在其适用限制。最根本的限制为"诚实信用原则旨在服务于现存法律关系的具体评价,因之,不得任

---

〔18〕《德国民事诉讼法》第138条第1款。参见《德国民事诉讼法》,丁启明译,厦门大学出版社2016年版,第36页。

〔19〕《德国民事诉讼法》第296条之一。参见《德国民事诉讼法》,丁启明译,厦门大学出版社2016年版,第70页。

〔20〕《德国民事诉讼法》第531条第1款。参见《德国民事诉讼法》,丁启明译,厦门大学出版社2016年版,第118页。

〔21〕赵秀举:《德国民事诉讼中的诚实信用原则》,载《华东政法大学学报》2013年第2期。

〔22〕大部分的权利实施法律都规定了期间,法律没有规定的,当事人应当依照诚实信用原则及时行使权利。印证了"法律不保护在权利上睡觉之人"的古老法谚。

意援用该原则创制新的法律规范。”[23]具体而言，只要诉讼中的各方行为符合现行民事诉讼法的规定，则不得援引诚实信用原则进行否定性评价。而在诉讼行为可能违反诚实信用原则的情况下，还需要针对个案分析，如果现行的民事诉讼法中已经为处理该行为提供了具体的解决方案，同样无须援引诚实信用原则。德国这一限制与法国的必要性限制存在异曲同工之妙，但德国更为强调法律的安定性。

可以看出，代表近现代大陆法系民事诉讼法律的两部最重要的民事诉讼法典——1806年的《法国民事诉讼法典》与1877年的《德国民事诉讼法》，均没有继承罗马法中的诚实信用原则。法国和德国均系在其民事诉讼程序后来的发展过程中，随着当事人主义诉讼模式的弊端逐渐显现，才开始回溯罗马法中的诚实信用原则，并通过学说或司法实践加以具化，形成诚实信用的价值内涵、具体表现形态、司法适用规制等一套完整的体系。

三、我国民事诉讼诚实信用原则的司法适用现状及完善

与法德两国相似的是，我国的诚实信用原则也从司法裁判中获得巨大发展。以“诚实信用原则”为关键词在北大法宝上进行判例检索、筛选分析，可知诚实信用原则在司法实践中主要表现为禁止滥用诉权、禁反言、诉讼促进义务这三种形态并且可进一步细分为不同类型的表现形式，下文分别阐述。

（一）诚实信用原则的司法表现形态

1. 表现形态一：禁止滥用诉权

在裁判案例中，当事人滥用诉权被认定为违反诚实信用原则的现象表现最为突出，具体可分为虚假诉讼、违背诉权契约、重复起诉、滥用上诉权、一般恶意诉讼等。

第一，虚假诉讼。裁判案例中虚假诉讼大多数表现为当事人出于非法目的的恶意串通，通过伪造证据、虚构事实等手段，借助民事诉讼或调解等方式侵害他人合法权益。在危害方面，法院普遍认定为严重干扰审判秩序，损害司法权威和国家利益等。在与诚实信用原则的关系上，基本上都被法院定性为对诚实信

[23] Soergel/Siebert/Knopp, BGB, 10. Aufl., § 242 Rn. 5. 转引自赵秀举：《德国民事诉讼中的诚实信用原则》，载《华东政法大学学报》2013年第2期。

用原则的严重违反。[24] 在法律后果方面,虚假诉讼于诉讼期间被识别出来的,法院判决驳回当事人的诉讼请求;于审判监督程序中被识别出来的,法院判决撤销原判决或调解书,驳回原审原告的诉讼请求。另外,不少法院对虚假诉讼行为人采取训诫、罚款等司法制裁。

第二,违背诉权契约。诉权契约在裁判案例中经常表现为当事人在契约中作出放弃诉权的意思表示。当事人达成契约的时间包括诉讼外[25]和诉讼中[26]两个阶段,产生相同的法律效果即具有使当事人丧失诉权的效力。当事人违背诉权契约的,会被认定为违反诚实信用原则,其诉讼请求也得不到法院的支持。

第三,重复起诉。重复起诉在民事诉讼法的理论中早已有之,法院通常用"一事不再理原则"加以解决,但也不乏法院认为当事人重复起诉的行为违反诚实信用原则的裁判案例。[27]

第四,滥用上诉权。诉权包括了起诉权、上诉权、申请审判监督权等多个内容。在裁判案例中,也有法院认为当事人滥用上诉权,违背了诚实信用原则。[28]

第五,一般恶意诉讼。除了具有特定形态或名称的诉权滥用类型之外,还存在其他的类型,本文称为"一般恶意诉讼"。这一类诉讼中当事人出于骚扰对方当事人或其他恶意目的提起诉讼的,部分法院也会将其认定为违反诚实信用原则,甚至有法院作出了惩罚性措施。[29]

2. 表现形态二:禁反言

禁止民事诉讼中出现前后矛盾的言行,在大陆法系的民事诉讼理论中被称为"禁反言"原则,是诚实信用原则的体现之一。而我国早在民事诉讼法确立诚实信用原则之前,司法实践中就已经出现法院运用禁反言原则的现象。

从纵向上看,禁反言原则的运用可能发生在同案中,也可能发生在不同案

---

[24] 如常州市中级人民法院(2012)武民初字第1668号民事判决书。

[25] 如上海市虹口区人民法院(2013)虹民四(民)初字第3000号民事判决书。

[26] 诉讼中达成诉权契约的可以分为两种情形,第一种是在前诉中达成诉权放弃契约后当事人反悔,撤诉后再次起诉的情形;第二种是在诉讼中达成诉权放弃契约后当事人反悔,不予撤诉的情形。

[27] 如宣城市中级人民法院(2014)宣中民一终字第00090号民事裁定书。

[28] 如湘潭市中级人民法院(2016)湘03民终908号民事判决书。

[29] 如西藏自治区桑日县人民法院(2016)藏2224民初15号民事判决书。

中。同案中的禁反言从诉讼进程的角度而言,既可能发生在仲裁和一审,也可能发生在同一审级不同的诉讼阶段,还可能发生在不同的审级。禁反言原则的运用还可能发生在前案与后案中。并且,即使前案没有获得生效裁判,例如,当事人在前案中撤诉的,其前案中的言行仍然约束后案。[30] 在这些案例中,法院基本都将当事人的反言行为认定为违反诚实信用原则。

从横向上看,禁反言原则不仅规制当事人,也可能规制其他诉讼参与人,还可能规制诉讼参与人在不同诉讼阶段以不同诉讼身份作出的反言行为。我国裁判案例中的禁反言原则也体现了这两点,例如,当事人与代理人的言行出现矛盾,[31] 一审代理人作为二审证人作出与一审相反言行等情形,[32] 均被认定为违反诚实信用原则。

3. 表现形态三:诉讼促进义务

当事人在诉讼中的促进义务是指当事人有不妨害诉讼程序推进且尽自己最大的努力和善意推动诉讼程序进行的义务。随着诚实信用原则在民事诉讼程序的确立,诉讼促进义务也被日渐赋予重要价值,其内涵也日益丰富,在裁判案例中主要体现为以下四个方面。

第一,履行举证责任。当事人对自己提出的主张所依据的事实有责任提供证据,没有证据或证据不足以证明当事人的事实主张的,由负有举证责任的当事人承担不利后果,并且有可能被法院认定为违背诚实信用原则。[33]

第二,禁止证明妨碍。在德国的民事诉讼法理论中,禁止证明妨碍被视为当事人的阐明义务。即无举证责任的当事人有义务在可期待的范围内保存所有可能在诉讼中有价值的证据,并在对方当事人提出主张或法院要求配合调查时予以阐明并进行一定的证据提交协助。如果当事人过错性违反阐明义务,则法院可以认定负有举证责任的当事人的主张已经得到证明。在我国的裁判案例中,当事人掌握可能支持对方当事人主张的证据,对方当事人要求提供或法院要求配合查明真相,当事人无正当理由拒不提供的,会被法院认定为违反诚实信用原则,并要求当事人承担不利后果,一般表现为法院推定对方当事人的

---

〔30〕 如达州市达川区人民法院(2015)达达民初字第338号民事判决书。

〔31〕 如宁波市海曙区人民法院(2017)浙0203民初1117号民事判决书。

〔32〕 如最高人民法院(2013)民一终字第187号民事判决书。

〔33〕 如江苏省泰州市中级人民法院(2016)苏12民终1162号民事判决书。

主张成立。[34] 这与德国的阐明义务理论存在相通之处。

第三,禁止诉讼拖延。禁止诉讼拖延体现为当事人无理变更诉讼请求、无理申请回避和鉴定、滥用管辖权异议等。以管辖权异议为例,提出管辖权异议是民事诉讼法赋予的诉讼权利,但诉讼权利的行使应当尊重事实和法律。实践中部分当事人和代理人滥用管辖权异议,拖延诉讼的现象屡见不鲜。[35] 虽法院对这些行为持否定态度,部分法院也会对相关人员进行批评教育,但并没有有效遏制这等诉讼拖延行为。

第四,禁止其他不诚信的诉讼形态。司法实践中对诚实信用原则的解读还包括禁止当事人进行虚假陈述、伪造证据、拒不出庭等行为。当事人有上述行为的,部分法院也会基于诚实信用原则给予否定性评价,甚至对当事人违背诉讼诚信的行为作出一定惩戒。[36]

(二)民事诉讼诚实信用原则的司法适用完善

对比我国和法德两国,可以发现三者之间具有一定的共同点:均系从民事司法实践中发展出诚实信用原则的具体适用类型。我国在适用诚实信用原则时出现的亟待解决的问题,恰可以从法德两国的理论与实践中获取珍贵的经验性启发。

首先,关于适用主体。法学界的主要分歧在于适用主体是否包括法院。回顾我国的民事诉讼法修改历程,全国人大常委会法律委员会曾经建议在第13条中增加的诚实信用原则条款为“当事人行使权利应当遵循诚实信用原则”,后形成了民事诉讼法修正案(草案)的二次审议稿,明确限定诚实信用原则约束的主体为当事人,不包括法院。但在最终颁布的修正案中将诚实信用原则条款改为了“民事诉讼应当遵循诚实信用原则”,可见立法者并未将法院排除在诚实信用原则的适用主体之外。

从文义解释出发,诚实信用条款并未对主体作出限制,因此诚实信用原则的适用主体应当包括所有诉讼参与人。这就要求所有民事诉讼法律关系主体即法院、当事人及其他诉讼参与人都应当适用诚实信用原则,在民事诉讼中真实、善意地行使诉讼权利、履行诉讼义务,否则将承担不利的法律后果。这也是

[34] 如浙江省绍兴市柯桥区人民法院(2016)浙0603民初3029号民事判决书。

[35] 如上海知识产权法院(2017)沪73民辖终29号民事裁定书。

[36] 如瓮安县人民法院(2015)瓮民初字第2527号民事判决书。

大陆法系的主流观点，比如德国的诚实信用原则适用于“民事诉讼法律关系的各个主体”，[37]日本学者谷口安平认为适用主体“不仅包括狭义的当事人和法院，还包括法定代理人、诉讼代理人、辅助人、证人以及鉴定人”。[38]

其次，关于适用案件类型。我国与法国出现类似的问题是适用诚实信用原则时是否具有足够的相关性？无足够的相关性则无适用的空间。在裁判案例中，诚实信用原则的适用方式分为两种，一种是间接适用，即结合具体性条款或制度将诚实信用原则适用于具体案件；另一种是直接适用，即通过对诚实信用原则的法解释来寻找诉讼行为违法性的判断依据，在这种方式中尤其应当注意适用的案件类型。违背诉权契约、禁反言等几类案件从性质来看与诚实信用原则之间具有强烈的关联程度，从现行立法来看在无具体条款规制的情况下援引诚实信用原则亦属合理。但在大量的案例中并不具有这种相关性，例如，在重复起诉、滥用上诉权、怠于履行举证责任、拒不出庭等案例中，援引诚实信用原则明显缺乏必要的相关性，此时援引诚实信用原则尚属勉强。在这些案例中，法院也未阐明上述诉讼行为与诚实信用原则之间的内在必要联系，只是简单认定为“违反诚实信用原则”。这种模糊化的处理方式因无严密的逻辑推理而缺乏说服力，并不适宜在裁判中大量运用。因此，司法实践的适用应当首先考虑案件类型是否与诚实信用原则具有足够的相关性。

最后，关于具体适用限制。诚实信用毕竟属于原则性条款，对诚实信用原则作出必要的适用限制是由法的安定性这一基本理念决定的。法的安定性决定了民事诉讼法必须尽量的具体、清晰和确定，否则当事人处于程序之中却不知程序后果，不仅使程序法失去震慑力，也将导致当事人的信任危机，这一理由也是德国对诚实信用原则作出限制的根本理由。具体来说，诚实信用原则的适用限制主要包括三个方面的内容，第一，诚实信用原则与上位原则的关系；第二，诚实信用原则与同位原则的关系；第三，诚实信用原则与具体条款的关系。

法国的学术界研究认为，诚实信用原则应当在服务上位原则的基础上适用，上文已述，这对我国具有借鉴意义。早在诚实信用原则确立前，《民事诉讼法》就已经确立了代表当事人主义模式的辩论原则、处分原则，这两大原则在民

---

〔37〕 刘荣军：《诚实信用原则在民事诉讼中的适用》，载《法学研究》1998年第4期。

〔38〕 [日]谷日平安：《程序的正义与诉讼》，王亚新、刘荣军译，中国政法大学出版社1996年版，第142页。

事诉讼具有支配性和主导性。虽立法将诚实信用原则规定在处分原则之前,但绝不意味着诚实信用原则成为处分原则的上位原则。相对于辩论原则和处分原则适用于整个民事诉讼程序的特点而言,诚实信用原则只是对当事人的不法诉讼行为进行规制。诚实信用原则应当服务于辩论原则和处分原则,只要当事人的行为符合辩论主义和处分主义的一般含义,就不应当适用诚实信用原则加以干涉,否则当事人的程序自主可能受到限制,法官的完全职权主义思维可能死灰复燃,以辩论原则和处分原则为基石的程序自由可能遭到破坏。因此,在诚实信用原则的司法适用上,应牢记诚实信用原则发挥的是对辩论原则和处分原则过度适用的衡平功能,对诚实信用原则的司法适用应当持审慎态度。

另外,民事诉讼程序在发展的过程中,在辩论原则和处分原则之下也形成了一些和诚实信用原则具有相当重要性的下位原则,如一事不再理原则等。在上文所举重复起诉的案件中,法院将其认定为同时违反一事不再理原则和诚实信用原则。但,诚实信用原则作为补充性原则,其适用应当保持谦抑性,在一事不再理原则等其他原则条款足以发挥作用时,不宜再适用诚实信用原则。

同时,诚实信用原则在司法适用的过程中,除了要注意与其他原则的关系之外,如何处理与具体条款之间的关系也是重点问题之一。《民事诉讼法》中存在大量体现诚实信用精神的具体条款,法官在司法裁判中应当首先适用具体条款,个别无法用具体条款解决的方可适用诚实信用原则。例如,虚假诉讼可适用《民事诉讼法》第112条的规定,重复起诉可适用民诉法解释第247条的规定,举证责任可适用《民事诉讼法》第64条的规定,证明妨碍可适用证据规定第75条的规定,协助法院调查可适用《民事诉讼法》第67条的规定等,这些具体条款均蕴含了诚实信用原则的基本内涵,在处理相关案件时应首先适用这些具体条款,并无援引诚实信用原则的必要。因此,一般而言,民事诉讼法存在特别规定可以对诉讼行为进行直接评价的,不宜越过具体条款直接适用诚实信用原则,否则将受到诟病。

民事诉讼法正式确立诚实信用原则无疑给法官带来了新的裁判武器,但在司法适用的过程中应当注意适用方式。在辩论原则和处分原则之下,诚实信用原则应发挥其作为民事诉讼补充性原则的作用,同时充当“制度推手”的角色,促进其他原则和具体规定的有效适用,才能真正丰富诚实信用原则的价值内涵,让其永葆生命力。

经 典 译 丛

“保密”的程序法与经济学分析*

——以律师与客户关系的信息保密性为例

Gillian K. Hadfield　Shmuel Leshem 著**
何雅婷 译***

一、引　　言

英美法系的基本特性之一是保护律师与客户关系中形成和共享的信息。在英美法系中，除了法院传唤和证据开示等向法院、监管机构及诉讼对方当事人披露信息的一般方法，基于“律师保密特权”，律师一般不会被强制要求披露他们告诉客户或者客户告诉他们的内容；基于“工作成果豁免原则”，律师不会被强制要求披露他们在诉讼准备过程中发生的任何事实或者形成的任何计划；[1]而且，基于法律职业道德规范，律师也不能违背客户的意愿而主动选择披露或者威胁客户披露这些信息。这三种不同形式的保护共同构成了“律师与客

---

* 原文见 Gillian K. Hadfield and Shmuel Leshem：Attorney-client confidentiality，Procedural Law and Economics. Edited by Chris William Sanchirico，Edward Elgar Publishing Limited，2012，pp. 52 – 66。

** Gillian Hadfield，Professor，University of Southern California Law School. Shmuel Leshem，Associate Professor，University of Southern California Law School.

*** 何雅婷，中山大学法学院 2016 级法学硕士研究生。

[1] “律师保密特权”仅保护律师与客户之间的口头交流，除非涉及客户正在进行的犯罪或者欺诈行为，否则“律师保密特权”很难被突破。“工作成果豁免原则”除了保护律师与客户之间的口头交流之外，还保护在准备诉讼过程中从其他人那里获得的书面文件和证人证言，在对方当事人认为有必要的情况下，法庭可以突破“工作成果原则”，要求当事人披露信息。

户关系的信息保密性”的具体内容。

律师与客户关系中的信息包括了律师和客户交流的内容,以及律师代理客户过程中产生的法律成果。信息保密性的保护通过影响向法庭提交信息和向对方当事人开示信息的过程,从而对诉讼的成本和收益效应产生了直接影响。此外,基于信息保密性在法律职业道德规范中的作用,信息保密性的保护也对法律市场的经济特征产生了实质性的间接影响。例如,基于律师与客户关系的信息保密性理论,法律市场衍生出一系列特有的特征,例如,禁止公司提供法律服务,同时也禁止非律师人士掌握律所的所有权、财务控制权和管理权,这类特征可能限制了法律市场的竞争。

在本文中,我们将会梳理现有文献中直接或者间接讨论到律师与客户关系信息保密性的线索,通过对信息保密性的成本和收益进行整体性分析,来建构保密性理论的文献综述框架,从而确定保密性理论中应当讨论的问题。

二、现有文献:法律意见及其策略性披露

在刑事语境中,律师与客户关系的信息保密性的保护被视为反对自证其罪以及被告人获得有效的律师协助等宪法性权利的扩张。而在刑事语境之外,其传统职业理论基础具有明显的经济特征,即信息保密性的实质保护对激励客户寻求法律意见、法律信息以及向律师披露信息而言具有十分重要的经济效应影响。[2] 然而,尽管事实上律师与客户关系的信息保密性是法律职业道德规范的核心原则,并且构成了法律市场不同监管体制的重要理论基础,关于这一话题的法经济学文献也仍然是单薄且不成体系的,和律师与客户关系的信息保密性相关的问题很少被正面讨论。因此,我们尝试将涉及分析信息保密性的相关文献体系化。

现有文献主要集中讨论了在不同的渠道中,信息保密性保护对激励人们提供或者传递相关法律信息的影响,这些渠道包括但不限于客户向律师披露已知事实、律师向客户提供法律信息、律师在事实和法律意见方面进行研究投入、诉

[2] 例如,美国律师协会《职业行为规范准则》在序言中表明,“律师可以确信,保护客户的秘密通常是为公共利益服务的,因为当客户知道其与律师进行的交流会得到保密时,他们更有可能寻求法律意见,从而关注他们相应的法律义务”。

讼中向对方当事人披露信息,以及向法院或者其他决策机构传递信息等。从社会福利的角度出发,存在两种基本的时间情境设定:第一种是在行为人作出可能被制裁的行为之前,第二种是在诉讼进行期间。[3] 第一种情境关注的是信息保密性是否通过增加行为人可获得的信息的数量和价值,从而促使行为人将行为和社会福利更好地结合。第二种情境关注的是信息保密性是否通过增加当事人向法院提交的信息及其可靠性,从而促进司法裁判的准确度提高和法律规则的效用增加。这两种情境中信息保密性的保护是否存在以及存在多高的社会价值,取决于信息保密性是否使上述渠道中形成了越来越多可靠的信息传递,以及这些信息的社会价值。

信息保密性在诉讼成本上是否存在其他潜在福利效应,例如,信息保密性是否促进和解的可能性,是否促进法律规则的动态发展,现有文献总体上并未进行体系化研究,因此下文将对此展开讨论。信息保密性与社会福利之间的因果关系链条非常复杂,虽然不同的学者研究了文献拼图中不同的版块,但几乎没有人将这些分散的版块进行系统且正式的整合,导致信息保密性的保护会产生什么净社会效益这一根本问题没有得到讨论,这在某种程度上解释了文献呈现出断裂和非体系化的原因。本文认为现有文献由三个部分组成,下面分别阐述。

(一)律师与客户关系的信息保密性先于客户的预期行为

文献中最关注的问题是客户获得法律意见的激励因素以及法律意见带来的社会福利效应。就在客户作出行为之前,为客户提供法律意见的信息保密性会产生什么影响这一话题,沙维尔(Shavell)在1998年首先作出了经济学分析。该分析重点关注的对象是律师告知客户的信息,即关于法律规则和制裁的信息;但是它同时也关注客户告知律师的信息,即关于客户计划和替代性方案的信息。沙维尔指出,在相对简单的模型中,信息保密性的社会福利效应并不是绝对积极的。沙维尔提出的可能情况包括三种:在第一种情况中,客户获得法律信息的动机是遵守法律规则和避免执法风险,则信息保密性并不产生社会福利效应。因为客户作出相关行为的目的在于避免潜在诉讼,信息是否保密没有任何影响。在第二种情况中,当事人无论如何都会选择违反法律规则,那么信

[3] 该诉讼由某个行为引发,不同于第一种情境的是,行为人在作出该行为之前并没有获得法律意见,下文的诉讼期间同此含义。

息保密性也不会产生任何社会福利效应，因为当事人从一开始就没有为法律信息支付报酬的动机。在第三种情况中，法律的盖然性导致人们虽然设法遵守法律规则并减少制裁风险，但是仍然预计到了未来发生诉讼的可能性，则信息保密性的社会福利效应取决于法律规则是否达到最优。如果法律规则是最优的，即行为所受到的真正制裁（以下简称预期制裁）与行为带来的实际损害（以下简称预期损害）相等，则经过优化的法律规则信息更能引导人们作出法律规则所提倡的行为，即信息保密性将通过优化信息而改善社会福利。但是如果法律规则是次优的，则即使信息经过优化，也可能不会优化行为。例如，假设预期制裁低于预期损害，但是代理人高估了预期制裁的严重程度，那么对法律的不知情反而提高了法律的震慑力，从而使人们选择作出有利于福利改善的行为。类似地，如果法律事实上颇具震慑力，但是行为人低估了其行为的法律后果，即使不惩罚他们的错误估计造成的后果，社会福利也不会得到改善。[4] 邦迪（Bundy）和埃尔豪格（Elhauge）在1993年强调，由于法律规则具有一般性，即使它们被最优地设计和实施，司法实践还是可能出现两种错误，第一种错误是震慑了某些法律提倡的行为，我们称为“过分震慑”；第二种错误是未能震慑某些不受法律提倡的行为，我们称为“过低震慑”。而且，人们对法律规则的看法存在差异，人们可能高估也可能低估制裁真正发生的概率，这使得人们在考虑某项行为时获得的法律意见可能产生的福利效应并不清晰，并因此使得人们普遍选择对该法律意见进行保密。但是邦迪和埃尔豪格认为，凭经验而言，信息保密性的影响大体而言是积极的。

沙维尔的分析假设了这样一个前提，即如果客户获得法律意见的行为或者向律师披露的信息[5]被第三方如潜在的原告或者执法机构知悉，则对违法行为的预期制裁将会增加。沙维尔认为，如果原告、监管机构或者公诉人认为假定的被告已经寻求法律意见，则他们更有可能调查潜在的违法行为；如果法律规则明确规定了被告对法律后果的主观认知是构成要件之一，[6]或者法官或陪审团认为被告表现为故意或者过失违法，则按照司法实践的惯例他们更有可能查

---

〔4〕 指行为人因估了预期制裁的严重程度而作出了不受法律规则提倡的行为，所以社会福利并没有得到改善。

〔5〕 如客户预期的行为范围。

〔6〕 如规定对专利权的故意侵权处以比过失侵权更重的制裁。

明被告应当承担的责任并且施加更严厉的惩罚。这一假设将作出行为之前获得法律意见和诉讼期间获得法律意见这两者的保密性影响分析联系了起来。

（二）关于两部分信息的保密性：律师与客户共享的信息；诉讼期间律师获得的信息

卡普罗（Kaplow）和沙维尔分别于1989年和1990年分析了对以下两部分信息进行保密产生的福利效应：律师与客户共享的信息；诉讼期间律师获得的信息。他们认为，诉讼期间获得的法律意见主要的私人价值在于，律师向法庭披露以及隐瞒什么信息的专业策略性选择能力。如果当事人均不进行完整的证据开示，即任何一方当事人均无法通过合理的成本获得对方当事人向律师披露的所有信息，或者对方律师调查第三方来源和文件获得的所有信息，则律师和客户之间的保密性交流和律师的保密性工作成果对产生理想的诉讼结果并不会起到多大的促进作用。

对于被告，他们认为在被告没有对法庭进行策略性披露的情况下，如果预期制裁会震慑不受法律规则提倡的行为，则信息保密性会对社会福利产生消极影响，即保密性的法律意见会减少预期制裁本应产生的震慑作用。艾伦（Allen）等在1990年通过关注那些可能进行有效答辩的被告反驳了这个结论，特别是被告可能提出像受害方也具有过失之类的抗辩理由。他们认为这类答辩要求被告承认他们可能觉得对自己不利的事实，例如，被告自己的过失，此时除非被告相信他们和律师之间的交流是保密的，否则被告有可能在法庭说谎并且向他们的律师错误地隐瞒信息。而增加这类信息向律师的披露可以增加其向法院的披露，并且同时真正地减少预期制裁，这有助于净福利增长。

虽然卡普罗和沙维尔着重分析了在客户作出行为之前和之后交换信息的区别，得出了信息保密性会产生什么作用取决于其是否改变主要行为决定的结论，但是沙维尔1998年的分析模糊了这一区别的界限。正如上文所述，沙维尔的分析建立在以下设想的基础上：客户作出行为之前与律师交换的信息在诉讼期间将继续保密，因此不会改变预期制裁。沙维尔因此得出结论，当法律规则最优时，如果要使信息保密性对行为选择产生积极影响，则要求在诉讼期间各方当事人能够策略性并有效地隐瞒相关信息。这些信息包括了两个部分，第一是客户作出行为决定时获得的法律意见或者向律师披露的信息，例如，律师可能告知客户在专利侵权中法律规则明确规定了对故意违法处以比过失违法更重处罚的信息；第二是在诉讼中可能被开示的相关证据，包括了客户在作出行为时就知道的信息,例如,在一个就业歧视诉讼中参与晋升考核的候选员工的相关绩效信息。沙维尔 1998 年的研究结果表明,对考虑某项行为时获得的法律意见是否有必要进行保密,取决于在后来的诉讼中隐瞒相关信息的能力。在专利侵权的例子中,这些信息指的是律师告诉客户关于行为合法性的信息;在就业歧视诉讼的例子中,这些信息指的是客户告诉律师在作出行为时客户纳入考虑的替代性方案。然而,卡普罗 1989 年的分析和沙维尔 1990 年的分析似乎将隐瞒在行为作出之前获得的信息这一法律意见视为诉讼意见,并且因此得出结论:信息保密性通常不具有必要性。

而且,正如邦迪和埃尔豪格 1993 年强调的,在实践中特别是对于雇佣了法律顾问的公司或者其他组织而言,预期行为在作出之前获得的法律意见和随后在该行为引发的诉讼期间获得的法律意见之间的区别是难以分辨的。因为对于产品设计、雇佣行为或者合同行为等正在进行的行为而言,诉讼期间对过去行为的法律意见也是对未来行为的有效法律意见。除此之外,邦迪和埃尔豪格指出,和主要行为一样,证据行为同样遵循法律规则,例如,要遵循证据开示义务,因此在诉讼期间提出的法律意见,同时也是对可能受到法律制裁的预期行为的有效法律意见。然而,卡普罗和沙维尔的这种区分的意义在于,它说明了信息保密性通过影响多方主体即客户、律师、诉讼对方当事人以及司法裁判者的行为,从而来影响福利。这使我们认识到信息保密性的综合分析需要整合以上所有行为人的决定。

(三)信息保密性与向法庭策略性披露信息

卡普罗和沙维尔的分析强调了在诉讼期间,专业法律意见的私人价值在于作出披露什么信息的策略性决定的能力,并且提出了信息保密性对社会福利的影响在某些情况下会出现模糊性,因为很难确定隐瞒不利信息和披露有利信息会对事实的司法推断产生什么净影响。他们认为,根据策略性法律意见,当事人可能在法庭上隐瞒不利信息,而律师与客户关系信息保密性产生什么福利效应,取决于法庭是否会考虑这种不利信息的隐瞒而调整预期制裁,但是他们没有明确地将当事人和法庭之间的策略性互动模型化。

分析向裁判者策略性披露信息的经济学文献相对丰富一些,〔7〕但是并未重

---

〔7〕 包括了米尔格罗姆(Milgrom)和罗伯特(Roberts)1986 年的分析,弗罗布(Froeb)和小林(Kobayashi)1996 年的分析,沙维尔 1989 年的第二次分析,辛(Shin)1998 年的分析,多尔蒂(Daughety)和里根纳姆(Reinganum)2000 年的分析。

视律师和信息保密性保护的作用。[8] 这些分析都推定了当事人或者在诉讼开始时就掌握了信息,或者在庭前准备阶段就能搜索到信息,并且当事人能不带成本地选择披露或者隐瞒哪些信息。这些经济学模型评估了可能没有信息不对称处理经验的裁判者在面对当事人隐瞒信息的情况时,当事人之间的竞争达到何种程度的成果可以使法官对基本事实作出准确推断。米尔格罗姆和罗伯特在 1986 年提出一种模型,表明即使裁判者缺乏信息不对称的处理经验,信息对称且都意欲争取对己方有利裁判的代理人之间会进行竞争,最终导致信息的充分披露。这一结论以 1981 年米尔格罗姆和格罗斯曼(Grossman)提出的理论为基础,他们表示如果没有面临竞争的利害当事人不向法庭提交有利信息时,一个有经验的裁判者可能会怀疑该当事人不提交有利信息的原因,进而作出最不利推断,这样就促成了利害当事人对有利信息的充分披露。与之相关的是,沙维尔 1989 年的第一次分析表明法庭可以通过惩罚不举证的制裁机制来促成代理人的充分披露。

米尔格罗姆和罗伯特的模型旨在应用到比司法更广范围的决策情形,包括市场竞争和政治游说等情形,但应用于司法情形时,这种信息结构引起了敏感的问题。他们主张信息对称的利害当事人之间的竞争可以形成充分的信息披露,这一事实也体现了证据开示和法院传唤的作用。但是除非所有相关信息都是从律师以外的来源获得,或者从除律师以外的其他人指导下的调查中获得,否则律师与客户关系的信息保密性将会破坏由证据开示形成的信息对称。因此,在"律师保密特权"的背景下,米尔格罗姆和罗伯特关于竞争能力能促使信息向决策者充分披露的基本结论适用于司法情形的可能性不大。

辛 1998 年的分析、多尔蒂的分析和里根纳姆 2000 年的分析削弱了这种信息对称假设。辛在 1998 年表明,尽管一般而言法官和当事人有同等机会查明真相,但是当事人有能力向法官隐瞒不利信息的对抗式诉讼程序,比由法官而不是当事人自行开展调查的纠问式诉讼程序,更有可能查明案件真相。在这个模型中,当事人掌握更多有关真相的证据,但是对抗制下的法官尽管处于信息不对称之下,却可以获得双方当事人披露的信息,进而利用不对称减少策略性隐瞒证据造成的成本,总体而言比只能依靠自己调查的纠问式法官有更大优

---

[8] 对于切(Che)和谢韦里诺夫(Severinov)2008 年的分析,在下文的第三部分将谈到。

势。多尔蒂和里根纳姆2000年的建构了这样一种模型:双方当事人均可以在证据池中进行策略性的有序调查,但是当事人也可以策略性地隐瞒不利的调查结果。他们表示,调查成本、抽样分布、利益、当事人的角色[9]等因素的不对称,将导致规则导向的法庭即使在信息对称的情况下,作出准确裁判的能力也可能出现系统偏差。文献中的其他模型,[10]改变了取证成本和司法推断说理等因素,就在双方当事人均策略性隐瞒证据的情况下,就法院是否具备作出准确裁判的能力这一问题得出了不同的结论。

有关策略性披露的文献就隐瞒证据如何影响司法裁判的准确度这一问题提供了一系列丰富的结论。这些法律文献虽然没有正式分析这一问题,但是关于保密性法律意见产生何种影响的论争得到了促进。证据开示和律师与客户关系的信息保密性这两者被视为政策性变量,因此法律文献中的论证并不关注它们在建立支持法庭策略性披露博弈的信息结构中会起到何种作用。但是通过提高法庭作出准确裁判的能力以及法律对行为作出更有效引导的能力,信息保密性最终是服务于社会福利的,在评析这一主张时,中心任务是整合有关策略性披露的文献与有关政策性法律意见的文献。

三、开示和交换法律信息的福利效应:基于律师—客户信息保密性的分析

本文的结论部分将考察如何将法经济学文献中的不同线索联系起来,以及如果我们对律师与客户关系信息保密性的福利效有了一个更好的理解的话,还有什么问题尚需解决。

(一)裁判准确性和主要行为动机

现有文献重点关注了信息保密性对司法裁判的准确度和主要行为动机的影响。但是为了评估律师与客户关系信息保密性对证据开示限制的福利效应,还需要一个分析多方主体之间策略性互动的模型,这个模型中的主体包括了需承担法律责任或者制裁的主要行为的参与者,未来的原告、提起诉讼的公诉人,

---

[9] 原告启动案件。

[10] 包括了弗罗布和小林1996年的分析,法默(Farmer)和佩科里诺(Pecorino)2000年的分析。

可能会就主要行为决定和诉讼决定提出意见的律师、代理客户在诉讼前和诉讼期间开展调查的律师,以及法官和陪审团等裁判者。均衡裁判是否以及如何利用法律服务?是否受到律师—客户信息保密性的影响?如果不对法庭的策略性披露博弈进行更细化的建模,就无法对上述问题进行评估。只有当基础信息结构被内生化时,[11]策略性披露博弈均衡才为以下这一政策问题提供了信息:律师与客户关系的信息保密性是否应当被保护以及在多大程度上应当被保护。

作为分析律师和关于法庭上策略性披露博弈的法律意见这两者的社会福利效应的第一个模型,切和谢韦里诺夫 2008 年的一篇文章里在这个方向取得了一些进展。就像其余关于策略性披露的文献那样,他们假设了当事人可以不带成本地隐瞒不利信息。由于律师能够更好地理解一系列信息的法律意义,因此有能力帮助客户作出披露哪些信息的决定,文献也明确地分析了客户聘请一位律师的激励因素。然而他们也表明当法院进行策略性回应时,[12]不管信息是否不对称,如果关于披露决定的法律意见不需要任何成本,[13]则法律意见不会对社会福利产生影响。这是因为即使对信息对称的法官来说,不管当事人是否获得法律意见,鉴于当事人存在不同的披露策略,因此均衡推断并不会受到法律意见的影响。之后切和谢韦里诺夫论证了高昂的律师聘请成本对社会福利有积极的影响,不过不是因为律师通过其专业意见帮助客户作出了披露决定,而是因为当事人获得的高成本法律意见维持了信息均衡,而选择不聘请律师的客户会披露更多信息。[14] 同时他们表明,通过建立隐瞒有利证据的声誉机制,[15]律师可以为客户改善诉讼结果,但这恰恰减少而不是增加了社会福利。因此这篇文章对整合法律意见分析与策略性披露分析的成果具有借鉴意义。但这项工作并没有结合证据开示的影响,以至于我们无法将信息保密性作为或者不作为证据开示程序的例外产生的福利进行比较。

这项工作另一个潜在的方向包括:对诉讼中具备或者不具备法律意见的策略性披露博弈的影响,反向延伸至在客户作出行为之前,相对于可开示的法律

〔11〕 谁被告知信息及以多大成本被告知。

〔12〕 他们的模型足以使裁判者策略的精明程度多样化。

〔13〕 我们在大多数法律文献中看到的假设。

〔14〕 这些信息在有些案件中结果是对他们自身不利。

〔15〕 当没有信息被披露时将减少对均衡司法推断的损害。

意见,获得保密性法律意见的激励因素。可以明确的是,信息保密性降低了获得关于预期行为的法律意见的成本。然而这是否会导致行为人寻求法律信息数量的增加,取决于保持信息不对称的结果。如果保持信息不对称的成本超过获取信息[16]的成本,那么除非减少获取信息的成本,否则行为人没有更多的动机去获取信息。沙维尔在1988年以简单的模型对这一问题进行了研究,在他的模型中,行为人只能选择是否实施行为,并不能选择改变成本太高以至于可能要放弃的行为。然而大部分法学和经济学文献中功利主义的推断预设了:主要行为决定从一开始就受到了法律规则的影响,以便从一系列选择中选择出一个最优的行为,例如,对预防行为的最佳投资程度。而在缺乏法律意见的情况下,如果行为人朴素地认为行为选择的的风险非常高,额外的保密性动机就没有存在的必要。

这个问题在文献中已经基本被忽略。威克尔格伦(Wickelgren)在2010年提出了一个模型,这个模型研究了公司根据在未来的民事诉讼中不利信息被披露的风险,对预期行为的潜在损害进行调查的动机,但重点关注了沉默权对动机的影响,即禁止法院因反驳责任的举证不能作出不利推断。威克尔格伦的分析建立在沙维尔1992年的观点之上,威克尔格伦强调了因为存在想要减轻潜在预期制裁的私人利益,信息开示可能出现相对于社会最优水平而言投资过度的情况,而沉默权通过降低保持信息不对称的成本可以减少过度投资的动机。这个模型没有明确地阐述律师与客户关系的信息保密性这一问题,因为它假设了被告在诉讼中可以不带成本地隐瞒不利信息,但它很清楚地表明,我们不能简单地假设在缺乏信息保密性的情况下,关于主要行为选择的法律规则会出现信息投资不足。

在有策略的设置下,诉讼期间开示不利信息的风险是否会削弱调查的动机也是不明确的。正如邦迪和埃尔豪格1993年指出,在另一方当事人可能独立开示不利信息的情况下,为了做好防御性答辩,当事人调查以获知不利信息的动机就得到了加强。策略性披露模型[17]虽然整合了信息调查决定,但是并未考虑在另一方当事人开示了不利信息的情况下,一方当事人为了准备答辩而开示

〔16〕 包括增加披露关于法律制裁的任何信息。

〔17〕 包括弗罗布和小林1996年的分析,法默和佩科里诺2000年的分析,多尔蒂和里根纳姆2000年的分析。

不利信息的价值;该模型认为当事人进行调查只是为了找到有利信息。这些考量和律师与客户关系信息保密性的价值分析相关:即使存在不利信息为法庭所知悉的可能性增大的风险,只要存在寻找不利信息作为答辩策略的动机,那么律师与客户关系信息保密性的保护对当事人向法庭开示信息的整体影响可能就不像大部分非正式分析表明的那样大。

现有的模型都没有讨论行为人是公司或者其他组织这一更复杂的难题,在这种情况下隐瞒律师提出的信息的能力激发了行为人通过律师而不是其他代理人去开展调查的全部动机。规模足够大的公司经常会预见到未来发生诉讼的可能性,这时候公司就会面临由客户还是律师来开展调查或者收集信息的选择。例如,在引进新的消费品,或者在另一个税收管辖区域内建立分公司,或者完成并购等多数案例中,这些调查的最优方案是在行为作出之前开展。如果这些调查由客户或者其他代理人,如会计或者顾问等来开展,如果发生诉讼,则调查的结果将会被开示;而如果由律师来开展,或者在律师的指导下进行调查,其结果很大程度上〔18〕会受到保护。我们可以合理地假设:大部分信息,例如,一项新产品的安全性、外国税收负担程度、并购对销售与利润的影响等,无论有无律师的指导都会被收集到,因此工作成果豁免原则只会减少而不会增加向法庭提交的相关法律信息。而且,在律师的建议之下,许多公司可能会对书面文件进行一定的制作和管理,以及采用减少可获取的文件总数量的做法,例如,避免使用电子邮件或者养成定期清理电子邮件的习惯。这不仅可能影响诉讼中信息的获得,通常也影响公司和信息流动的效率,而且也会影响关于利益和关于损害他人权益的决策的质量。雇用了内部法律顾问的现代公司中并不缺乏法律意见,这些法律意见对律师与客户关系信息保密性的福利效应会带来什么影响尚未在文献中探讨。

我们现在跳脱出司法裁判的准确度以及主要行为选择的分析,转向基本被

〔18〕 问题在于早期的调查是否在律师的指导下在诉讼准备过程中开展,而不是在普通的商事活动中开展。在美国联邦法庭的观点是如果证人证言或者书面文件只包括事实,而不包括律师意见,在对方当事人认为必要的情况下该证人证言或者书面文件可能会被法庭要求开示。但是,开示书面文件可能披露"当事人律师或者代理人的心理印象、结论、意见或者法律理论"的,即使该书面文件是事实性文件,也会从开示程序中排除。见联邦民事诉讼规则26(b)(3)(B)。

文献忽略的律师与客户关系信息保密性的额外福利效应。

(二)诉讼成本

尽管一些文献[19]已经考虑到获得法律信息,无论是关于法律意见还是关于实施调查的法律信息,均是高成本的这一事实,但是律师与客户关系的信息保密性对于诉讼整体成本的影响并没有被探究过。信息保密性产生直接成本和间接成本,与裁判准确度的目标和高效选择主要行为的动机两相平衡。

律师与客户关系的信息保密性通过要求双方当事人在调查和法律分析上进行重复工作,直接增加了诉讼成本。一般来说,这就增加了法律体系的整体成本。高成本的法律意见可能存在一些好处:例如,波斯纳(Posner)在1999年的分析中认为,要求重复工作通过要求原告承担其提出能够充分支持诉讼主张的事实的费用,从而减少了无根据诉讼。切和谢韦里诺夫在2008年的分析中假设了当事人可以通过诉讼费用来识别一个案件的质量或者有证据支撑的请求是否可靠,但他们并没有通过比较分析的方法来评估要求重复工作而导致的成本增加,是否因获得福利而被认为具有正当性。

然而,除了重复工作以外,律师与客户关系的信息保密性可能是英美法系证据开示程序成本迅速增加的重要根源。书证在证据开示程序中被披露之前,它们通常会被加以甄别以决定对它们是采用“律师保密特权”还是采用“工作成果豁免原则”进行保护。这就要求大量高成本的法律投入。而且,律师与客户关系的信息保密性保护的范围争议也是高成本的证据开示程序争议和延迟的重要原因。在没有与其潜在的巨大成本相衡量的情况下,在司法裁判准确度方面以及在高效的行为动机方面,信息保密性的保护的效益可能并不明确。

律师与客户关系的信息保密性还可以间接地增加交易和诉讼的法律成本。这种情况可能发生的一个途径是信息流动中的失真,这种失真可能是公司为了保护诉讼中的保密性导致的。包括书证的破坏或减少,以及通过公司内部法律部门和外面高成本律所的常规调查和分析。

律师与客户关系的信息保密性还可能通过另一种间接的,但潜在的非常重要的途径,即通过扭曲法律商品和服务市场来增加成本。由于律师可以为他们的客户提供其他潜在的竞争性服务提供者所不能提供的保密性利益,法律服务

〔19〕 包括沙维尔1988年的分析,弗罗布和小林1996年的分析,法默和佩科里诺2000年的分析,切和谢韦里诺夫2008年的分析。

的需求便得以增大,而竞争却被缩小。[20] 然而更微妙的是,律师与客户关系的信息保密性被律师他们自己用来作为证明法律市场大量规则合理性的核心要点,而这些规则明显限制了竞争的可能性和法律市场成本降低的改革。[21] 对律师与客户关系信息保密性的保护关注在一定程度上促使了美国律师协会持续禁止多种违纪业务,同时禁止非律师人员对律所享有所有权或者对律所进行投资。

律师与客户关系的信息保密性也可能通过影响和解的倾向性及时机,从而对诉讼成本产生影响。此处的影响是通过作用于证据开示的范围而发生的。正如关于证据开示的法经济学文献[22]中所论证的一样,庭前的信息交换影响了庭审发生的可能性。[23] 通过限制证据开示,律师与客户关系的信息保密性就可能因此降低形成庭前确信的概率,以及成功达成和解协议的可能性。海在 1995 年的分析中明确地提出:律师与客户关系的信息保密性,尤其是对案件准备过程中律师工作成果的保密程度,可能对不对称确信的持续产生影响,进而导致和解失败。

(三)法律的动态性

文献中完全缺失的是这一方面分析:律师与客户关系的信息保密性和诉讼中向法庭提交信息的动机对法律规则发展的影响。在所有的法律体系中,最明显的还是在普通法法系中,法律规则的发展及其动态性[24]主要取决于当事人向法庭提交的信息。普通法法庭在解释和调整法律规则以适应外界环境变化时,当事人陈述是其获得材料的唯一来源。这种信息的积累,[25]在哈德菲尔德 2008 年的分析中被称为法律的人力资本。法律的人力资本反过来决定了司法错误和司法专业化,并因此支撑了关于司法能力的假设,尤其是面临不完整的、可能是片面的证据时的司法推理能力。而且,正如哈德菲尔德 2008 年所论证

〔20〕 参见菲谢尔(Fischel)1998 年的分析。

〔21〕 参见哈德菲尔德(Hadfield)2008 年的分析。

〔22〕 参见沙维尔 1986 年的第二次分析,库特(Cooter)和鲁宾菲尔德(Rubinfeld)1994 年的分析,海(Hay)1994 年和 1995 年的分析。

〔23〕 当事人在庭前的证据交换可能促成庭前和解。

〔24〕 不同于法律规则在特定案件中静态的确定性和效力。

〔25〕 取决于制度属性,如关于法律制度的观点论述和出版实践。

的,当事人在收集、展示事实和法律分析方面消耗资源的动机部分取决于解释和运用证据以及论点时出现司法错误的概率。[26] 这些动机并不明显,如果几乎没有法律人力资本的积累并且司法因此极易出错,那么当事人即使持有可以促进法律进行社会最优解释和适用的信息,也会减少投资的动机。而持有将会损害社会最优决策的信息的当事人,即那些致力于向法庭提交虚假信息的人,则会由于司法专业化的低概率而受到鼓舞。对律师与客户关系的信息保密性进行经济分析时,法律体系中信息获取和积累的数量及构成纳入考虑因素。

法律的动态性还取决于法律的复杂程度。如果诉讼中积累了过量的信息,法律也会变得格外复杂。在哈德菲尔德2008年的分析中,他认为在信息的数量以及实施复杂规则的必要分析方面,法律的复杂性直接提升了法律成本,在法律服务市场变得有竞争力的可能性方面,法律的复杂性间接提升了法律成本。律师与客户关系的信息保密性会对提供给律师并最终提交给法庭的信息整体数量产生影响,对这一影响进行评估不仅需要考虑特定案件中增加的信息在裁判中的价值,而且还要考虑对法律制度整体的成本和复杂性产生的外部作用。

[26] 可以理解为做出一个社会最优决定的可能性。

图书在版编目(CIP)数据

中山大学青年法律评论. 第1卷 /《中山大学青年法律评论》编辑部组编. —北京:法律出版社,2017
ISBN 978-7-5197-1180-1

Ⅰ. ①中… Ⅱ. ①中… Ⅲ. ①法律—文集 Ⅳ. ①D9-53

中国版本图书馆 CIP 数据核字(2017)第190505号

中山大学青年法律评论(第1卷)
ZHONGSHAN DAXUE QINGNIAN FALÜ PINGLUN (DI 1 JUAN)

《中山大学青年法律评论》编辑部 组编
黄蔚菁 执行主编

策划编辑 李峰沄
责任编辑 李峰沄
装帧设计 李 瞻

出版 法律出版社
总发行 中国法律图书有限公司
经销 新华书店
印刷 北京京华虎彩印刷有限公司
责任校对 王沁陶
责任印制 陶 松

编辑统筹 学术·对外出版分社
开本 720毫米×960毫米 1/16
印张 23
字数 356千
版本 2017年8月第1版
印次 2017年8月第1次印刷

法律出版社/北京市丰台区莲花池西里7号(100073)
网址/www.lawpress.com.cn
投稿邮箱/info@lawpress.com.cn
举报维权邮箱/jbwq@lawpress.com.cn
销售热线/010-63939792
咨询电话/010-63939796

中国法律图书有限公司/北京市丰台区莲花池西里7号(100073)
全国各地中法图分、子公司销售电话:
统一销售客服/400-660-6393
第一法律书店/010-63939781/9782 西安分公司/029-85330678 重庆分公司/023-67453036
上海分公司/021-62071639/1636 深圳分公司/0755-83072995

书号:ISBN 978-7-5197-1180-1 **定价**:68.00元
(如有缺页或倒装,中国法律图书有限公司负责退换)